मंजरी जारुहा

मंजरी जारुहार भारतीय पुलिस सेवा के 1976 बैच की अधिकारी हैं। उन्होंने बिहार व झारखंड में, सरदार वल्लभभाई पटेल राष्ट्रीय पुलिस अकादमी में तथा केन्द्रीय औद्योगिक सुरक्षा बल (सी.आई.एस.एफ़.) व केन्द्रीय रिज़र्व पुलिस बल (सी.आर.पी.एफ़.) में अपनी सेवाएँ दीं। 2010 में सेवानिवृत्ति के समय वे केन्द्रीय औद्योगिक सुरक्षा बल में विशेष महानिदेशक थीं। बिहार में भारतीय पुलिस सेवा की पहली महिला अधिकारी मंजरी जारुहार ने अपने कार्यकाल के दौरान एक अत्यन्त प्रभावी, योग्य व सख़्त मगर साथ ही संवेदनशील अधिकारी के रूप में अपनी साख बनाई। उन्हें उत्कृष्ट सेवाओं के लिए पुलिस पदक व विशिष्ट सेवाओं के लिए राष्ट्रपति पुलिस पदक से सम्मानित किया गया। सेवानिवृत्ति के बाद उन्होंने इंडियन म्यूज़िक इंडस्ट्री के चोरी-निरोधक विंग के प्रमुख की भूमिका निभाई। आजकल वे टाटा कन्सलटेंसी सर्विसेज़ (टी.सी.एस.) को होमलैंड सिक्योरिटी पर परामर्श देने का काम कर रही हैं। भारतीय वाणिज्य व उद्योग मंडल महासंघ (फ़िक्की) की निजी सुरक्षा समिति की सलाहकार भी हैं। मंजरी अंग्रेज़ी साहित्य की विद्यार्थी हैं। पढ़ने के अलावा उन्हें यात्राएँ करना, खाना पकाना और पोते-पोतियों के संग समय बिताना अच्छा लगता है। वे अपने पति श्री राकेश जारुहार के साथ, जो भारतीय पुलिस सेवा में उनके साथी थे, दिल्ली में रहती हैं।

रंजना श्रीवास्तव

रंजना श्रीवास्तव ने अंग्रेज़ी की कई महत्त्वपूर्ण पुस्तकों और कहानियों के हिन्दी अनुवाद किए हैं। उनके द्वारा किए गए अनुवादों में झुम्पा लाहिरी की पुस्तक 'अनअकस्टम्ड अर्थ', लीडिया एविलोव की 'चेखव इन माई लाइफ़', श्टैफ़न स्वाइग द्वारा लिखित बॅलज़ैक की जीवनी 'बॅलज़ैक' तथा फुटबॉल खिलाड़ी रोनाल्डो की जीवनी आदि चर्चित हैं। उन्होंने मन्नू भंडारी और सरयू शर्मा की कहानियों का हिन्दी से अंग्रेज़ी में अनुवाद किया है। वे 'दुभाषिया' नाम से एक ब्लॉग चलाती हैं। उन्होंने कुछ वर्षों तक दिल्ली विश्वविद्यालय के मिरांडा हाउस कॉलेज में अनुवाद का अध्यापन भी किया है।

मैडम सर

बिहार की पहली महिला आईपीएस अधिकारी की कहानी

मंजरी जारुहार

अनुवाद
रंजना श्रीवास्तव

राजकमल पेपरबैक्स

मूल अंग्रेज़ी पुस्तक *Madam Sir : The Story of Bihar's First Woman IPS Officer* का अनुवाद

राजकमल पेपरबैक्स में
पहला संस्करण : 2023
तीसरा संस्करण : 2026

राजकमल पेपरबैक्स : उत्कृष्ट साहित्य के जनसुलभ संस्करण

राजकमल प्रकाशन प्रा. लि.
1-बी, नेताजी सुभाष मार्ग, दरियागंज
नई दिल्ली-110 002
द्वारा प्रकाशित

शाखाएँ : अशोक राजपथ, साइंस कॉलेज के सामने, पटना-800 006
पहली मंज़िल, दरबारी बिल्डिंग, महात्मा गांधी मार्ग, प्रयागराज-211 001
1, अनमोल सोराबजी सन्तुक लेन, धोबी तलाव, मरीन लाइंस, मुम्बई-400 002
वेबसाइट : www.rajkamalprakashan.com
ई-मेल : info@rajkamalprakashan.com

विकास कंप्यूटर एंड प्रिंटर्स
ट्रॉनिका सिटी-201 102
द्वारा मुद्रित

मूल्य : ₹450

MADAM SIR
Memoirs by Manjari Jaruhar
Translated by Ranjana Srivastava

ISBN : 978-81-19835-15-7

उन महिलाओं के नाम जिन्हें बेड़ियाँ मंज़ूर नहीं, जिन्हें विश्वास है कि राह न मिली तो अपनी राह वे ख़ुद बना लेंगी...

क्रम

आभार

सच कहूँ तो मैं यह किताब लिखना ही नहीं चाहती थी। भला किसी को मेरी ज़िन्दगी और उसके संघर्षों से क्या सरोकार?

मैं अपनी कहानी लिखूँ, यह मेरे भाई प्रमथ की इच्छा थी, और इस दिशा में मुझे प्रोत्साहित करने के लिए भाई ने न अपनी कोशिशें कम कीं न मेरा साथ छोड़ा। मेरे बच्चों, तुषार और अंशुमान को भी, जिन्होंने मेरी कहानी को मेरे साथ जिया है, यह विचार बहुत भाया और वे भी मुझे हमेशा याद दिलाते रहते कि अपनी जीवन यात्रा काग़ज़ पर उतारूँ।

फिर भी अपने जीवन की सारी अहम घटनाओं को याद करने में मुझे काफ़ी समय लग गया। लिखना शुरू किया तो यह जाँचने के लिए कि चालीस सालों में फैले तथ्य मुझे सही-सही याद हैं कि नहीं, मेरे पास एक ही ज़रिया था—मेरे पति राकेश। और फिर जैसा जीवन भर करती आई थी, इस किताब को लिखने में मदद के लिए भी मैं बस उन्हीं के पास पहुँच जाती।

आभारी हूँ कि राकेश, तुषार और अंशुमान मेरे जीवन में हैं, ख़ुश हूँ कि इन लोगों ने मुझे लिखने के लिए प्रेरित किया। किताब लिखने में मुझे बहुत मज़ा आया, और यह सम्भव हो पाया संहिता चक्रवर्ती के कारण जो मेरी सम्पादक थीं और पुलिस रिपोर्ट लिखने की मेरी शैली में से किसी तरह पूरी कहानी बाहर निकाल ले आईं। प्रारम्भिक प्रारूप का सम्पादन प्रीति सिंह ने बहुत बारीकी से किया जिसके लिए मैं उनकी कृतज्ञ हूँ। किताब के हिन्दी अनुवाद के प्रकाशन में सहयोग के लिए आरती जैन का धन्यवाद।

इन सभी का हृदय से आभार। और प्रिय पाठक, मेरी कहानी पढ़ने के लिए सबसे ज़्यादा आभार आपका।

आमुख

कोई कुछ भी कर सकता है। नवयुवाओं को उनके कैरियर के बारे में सलाह देते वक़्त मैं अक्सर यह दावा करता हूँ। मेरे लिए यह केवल कहने भर की बात नहीं है, इस सोच के बीज तो मेरे जीवन में बहुत बचपन में ही पड़ गए थे।

मैडम सर पढ़ लेने के बाद आप जान जाएँगे कि क्यों।

1976 में मंजरी सिन्हा जब भारतीय पुलिस सेवा में आईं तो बिहार की सबसे पहली और देश की पाँचवीं 'महिला अधिकारी' थीं। यह उन्हीं के असाधारण जीवन की कहानी है। बरसों मैं उनसे कहता रहा कि अपनी कहानी ज़रूर लिखें। अद्‌भुत है उनकी यात्रा जिसके बारे में अधिकतर लोग, शायद उनके अपने भी, ज़्यादा नहीं जानते। यह कहानी लोगों के दिलों को छुएगी, उन्हें आन्दोलित करेगी, प्रेरित करेगी...जैसे मुझे किया। शिक्षा के क्षेत्र से जुड़े होने के कारण मैं अनेकानेक लीडरों से मिला हूँ, उनसे प्रभावित हुआ हूँ, उनकी कहानी ने मुझ पर अमिट छाप छोड़ी है। इनमें से अनेक को मैंने छात्रों के साथ अपनी कहानी साझा करने के लिए आमंत्रित किया है। मैं इस बात का गवाह रहा हूँ कि उनकी जीवन-यात्रा के सीधे-सच्चे विवरण में किसी की ज़िन्दगी को सदा के लिए बदल देने की ताक़त होती है। आशा है यही काम *मैडम सर* आपके लिए करेगी।

यह कहानी दुख और निराशा की कहानी है तो साहस और आशा की, कभी हार न मानने और अपने विश्वास पर अड़े रहने की कहानी भी है। जहाँ एक ओर यह रोज़मर्रा की बात कहती है तो दूसरी ओर इसमें कभी न झुकने, कभी न रुकने की एक असामान्य ज़िद, मन की सच्चाई व व्यक्तित्व की गरिमा और अपने मकसद को हासिल करने का अदम्य हौसला भी दिखता

है। यह हमारे देश में घर की चारदीवारी के भीतर-बाहर काम में जुटी उन असंख्य लड़कियों और महिलाओं की कहानी भी है जिनके हिस्से बस यही आया है कि वे समाज के दकियानूसी क़ायदों और रूढ़िवादी सोच से जूझती रहें। यह कहानी बताती है कि अपने काम में शक्ति और अधिकार का सन्तुलन बरकरार रखते हुए मानवीय भी रह सकते हैं। ऐसे वक़्त में जब अफ़सरशाही लगातार निशाने पर है, यह उम्मीद बँधाती है कि जब तक अच्छे इनसान रहेंगे तब तक अच्छे सिविल अधिकारी भी रहेंगे, अच्छा शासन भी रहेगा। 'मैडम सर' सम्बोधन में छुपा अन्तर्विरोध उन अनेक विरोधाभासों और विसंगतियों का संकेत देता है जो इस किताब में जगह-जगह पर हमसे टकराते हैं।

मैडम सर हमारे समय का इतिहास भी है। इसमें एक छोटे शहर की ज़िन्दगी, वहाँ की जात-पाँत की राजनीति और साथ ही पीढ़ी दर पीढ़ी बदल रहे हमारे देश की चर्चा है। भागलपुर में आरोपियों को अन्धा किए जाने और 1984 के सिख विरोधी दंगों जैसी देश पर गहरा असर डालने वाली घटनाओं का ज़िक्र भी इस किताब में है। हममें से बहुतों के लिए ये केवल अख़बार में छपे लेख या इतिहास की किताबों में पढ़े गए शब्द ही होंगे पर यहाँ आप एक जाँच अधिकारी और महिला पुलिसकर्मी की पैनी नज़रों से इन घटनाओं को देखेंगे।

मंजरी जारुहार, आई.पी.एस. (हमारे बाबूजी अपने पत्रों में साग्रह उन्हें इसी तरह सम्बोधित करते थे) मेरी दीदी भी हैं, मेरी तीन बड़ी बहनों में सबसे बड़ी। हमारी पिछली चार पीढ़ियों में हिन्दी लेखक हुए। हालाँकि बाबूजी ने भी दीदी के शुरुआती जीवन को कुछ फेर-बदल कर कहानियों का रूप दिया, इस पुस्तक को लिखना जैसे दीदी की नियति थी।

हर परिवार की अपनी एक ऐसी कहानी होती है जो पूरे परिवार की जीवन-दिशा बदल देती है। मेरे परिवार के लिए वह कहानी *मैडम सर* है। इस कहानी ने हमें कितना बदला यह हम कभी नहीं जान पाएँगे, क्योंकि क्या मालूम इसके बिना हमारा जीवन कैसा होता। पर अम्मा-बाबूजी के सामने कोई चारा नहीं बचा कि मन में जमी पुरानी मान्यताओं को त्याग कर वे जीने का एक अपरिचित और नया तरीक़ा अपना लें। मेरी सारी बहनें बहुत पढ़ी-लिखी हैं, अपने कैरियर के प्रति समर्पित हैं और अलग देशों में स्वतंत्र रूप से काम कर रही हैं। मैं चूँकि लम्बे अन्तराल के बाद सबसे बाद में जन्मा, बहुत छुटपन से ही गम्भीर मुद्दों पर बुज़ुर्गों और सयानों की बातें सुनते हुए बड़ा हुआ। इन

सारी बातों ने हम सबको एक-दूसरे के इतना क़रीब कर दिया जो कोई ऐसी ही कहानी, जिसे अब आप पढ़ने जा रहे हैं, मुमकिन बना सकती है।

बरसों तक कहते रहने के बाद और फिर एक लगभग नाकामयाब शुरुआत के बावजूद, आज बहुत ख़ुशी और गर्व के साथ मैं आपके सामने प्रस्तुत करता हूँ—*मैडम सर*।

—प्रमथ राज सिन्हा

नई दिल्ली
20 अक्तूबर, 2020

पूर्वाध्याय

सन् 1977 के दिसम्बर की एक सर्द सुबह। अम्मा-बाबूजी के पटना वाले घर में मैं भोर से ही जगी थी पर बिस्तर से उठी नहीं थी। क्या था मेरे मन में? घबराहट? उत्साह? कुछ-कुछ शायद दोनों ही। एक नई शुरुआत जो होने को थी। कर्तव्यपथ पर जीवन-यात्रा की शुरुआत।

नई वर्दी पहनी। मेरी प्रिय स्मार्ट खाकी वर्दी। कमीज़ पतलून के भीतर, स्वेटर, वर्दी के ऊपर क्रॉस बेल्ट, पीक्ड कैप और चमचम करते जूते जो मुझे आँख मार रहे थे। आईने में झाँका। एक दृढ़-मन, युवा पुलिस अधिकारी मुझे देख रही थी। तभी मेरा हालचाल लेने अम्मा भीतर आईं। ऐसा लगा कि मुझे देख वे ज़रा चकित, बल्कि कुछ हत्बुद्धि-सी हो गईं। सबसे बड़ी बिटिया को वे पहली बार खाकी में देख रही थीं।

'वाह,' वे मुस्कराईं।

जवाब में मैं भी घबराहट जीतने की कोशिश में मुस्कुरा दी। दूर घंटाघर की घड़ी के गज़र ने वक़्त का पता दिया। समय हो चला था। इसी दिन के लिए मैंने इतनी कड़ी मेहनत की थी। पढ़ाई के लम्बे घंटे, पस्त कर देने वाली परीक्षाएँ, कठिन साक्षात्कार, कठोर प्रशिक्षण, सैन्य शिविर में अभ्यास—पिछले पाँच सालों से ये कष्ट इसी दिन के लिए तो झेले थे। अब मैं तैयार थी।

ईंटों की ऊँची मीनार पर लगी गोलाकार 'चर्चिल' घड़ी पटना सचिवालय की विस्तृत और भव्य इमारत का ही एक अंग है। शहर के स्थापत्य के सर्वाधिक जाने-पहचाने चिह्नों में एक। इस घड़ी के घंटे मेरे बचपन से ही हमारे पटना जीवन का अभिन्न अंग बने हुए थे।

उन दिनों हमारे घर और मीनार के बीच का स्थान खाली पड़ा था। यह शानदार इमारत हरदम हमारी नज़रों के सामने रहती थी, इसका गज़र हर घंटे सुनाई देता था। बचपन में सोचती थी कि इस विशाल, सुगबुगाती इमारत में जाने क्या होता है। मुझे याद है बाबूजी हमें एक बार सचिवालय का बगीचा दिखाने ले गए थे जो सर्दियों में फूलों से सदा पूरी तरह खिला रहता था।

वही आलीशान इमारत अब मेरी मंज़िल थी। सचिवालय के अनेक खंडों में से एक में स्थित बिहार पुलिस के महा-निरीक्षक कार्यालय में मुझे क्षेत्र-प्रशिक्षण के सिलसिले में हाज़िर होना था।

बाबूजी की कार से उतरते वक़्त मैंने अनेक जोड़ी आँखें ख़ुद पर महसूस कीं। सीढ़ियाँ चढ़ते समय भी वह आँखें मेरा पीछा करती रहीं। पतलून में शायद मैं वहाँ एकमात्र स्त्री थी। महा-निरीक्षक कार्यालय के कर्मचारी काम रोक कर मुझे घूरने लगे थे। मैंने पूरा प्रयास किया कि उन चुभती निगाहों से बचने के लिए अपने चारों ओर एक कवच खड़ा कर लूँ।

आने वाले दिनों में मैं जहाँ कहीं भी वर्दी में जाती, अजायबघर में रखा एक अजूबा होने का अहसास मेरे साथ-साथ चला करता।

हल्की-सी सिहरन महसूस हुई। इमारत में आया कोई ठंडा झोंका था या मेरी घबराहट? आस-पास के माहौल व मुझे लेकर उठ रहे कौतूहल ने मुझे कुछ भयभीत सा कर दिया था, पर इतना कठोर प्रशिक्षण पूरा कर लेने पर मैं गर्व और आत्मविश्वास से छलक भी रही थी।

सक्रिय पुलिस ड्यूटी निभाने के लिए मैं पूरी तरह तैयार थी।

पहले मुझे उप-महानिरीक्षक या डी.आई.जी. (प्रशासन), श्री कैलाशपति के कार्यालय में ले जाया गया, जिन्होंने मुझे कुछ काग़ज़ी कार्रवाई पूरी करने के लिए कहा। फिर मुझसे कुछ विचित्र से प्रश्न किए—मैं पुलिस सेवा में क्यों आई, क्या मैं जानती हूँ यह काम कितना मुश्किल है, क्या मैं रात की पारी में काम कर पाऊँगी...!

आश्चर्य कि उन्हें मेरे विषय में पहले से ही जैसे सब मालूम था—कौन हूँ, माता-पिता कौन हैं, पृष्ठभूमि, यहाँ तक कि जीवन का छोटे से छोटा ब्यौरा। जल्द ही पता चलने वाला था कि बिहार पुलिस का यही चलन है। इसके पहले कि अपने पद-स्थापन के स्थान पर पहुँचें, जैसे ही आपको किसी स्थान विशेष पर जाकर कार्यभार सँभालने के लिए अधिसूचित किया जाता है, अधिकारीगण ढूँढ़ कर आपके विषय में पूरी जानकारी निकाल लेते

हैं—विशेष तौर पर आपके परिवार, जाति, समुदाय व व्यक्तिगत इतिहास के विषय में।

कुछ देर की प्रतीक्षा के बाद कहा गया कि जा कर महानिरीक्षक (आई. जी.) श्री राजेश्वर लाल से मिल लूँ। मैं उनके कमरे में गई और एक कड़क सैल्यूट दिया। मन में उनके प्रति एक भय मिश्रित श्रद्धा थी और उन पर मैं अच्छा प्रभाव छोड़ना चाहती थी। सैल्यूट के बाद उनके निर्देश की प्रतीक्षा में मैं सावधान मुद्रा में खड़ी रही। वे कुछ बोले नहीं और एक के बाद एक पल गुज़रते चले गए। उन्होंने ऊपर देखा तक नहीं, बस लिखना ज़ारी रखा।

लम्बे मौन के बाद आख़िर नज़र उठाई। यह नहीं पूछा कि मैं कौन हूँ। वे पहले ही जानते थे।

'ओह, आप आ गईं?' एक निगाह मुझ पर डाल वे अपनी फ़ाइल पर लौट गए।

'पर आपका करूँ क्या, यही समझ नहीं आ रहा। जब तक किरण बेदी की फ़ाइल न देख लूँ आपकी पोस्टिंग नहीं कर सकता। मँगाई है दिल्ली से।'

ख़ामोश खड़ी मैं सोचती रही कि मेरी पोस्टिंग के लिए भला दूसरी अधिकारी की फ़ाइल क्यों आवश्यक है। किरण बेदी सन् 1972 बैच की भारतीय पुलिस सेवा अधिकारी थीं; मैं 1976 बैच की।

जल्द ही यह भी मालूम हो गया। किरण बेदी भारतीय पुलिस सेवा में आने वाली भारतवर्ष की पहली महिला अधिकारी थीं, मैं बिहार काडर की। महानिरीक्षक महोदय पुलिस-जल में एक 'महिला अधिकारी' की उपस्थिति को लेकर आशंकित थे, 'किरण बेदी तो दिल्ली में हैं। बिहार एक बिलकुल ही अलग जगह है। समझ नहीं आ रहा ट्रेनिंग के लिए आपको कहाँ तैनात किया जाए।' इतना कह कर उन्होंने मुझे बाहर भेज दिया।

मैं टूट गई। कार्यालय से निकलते वक़्त फिर एक बार काँपी। इस बार कँपकँपी का कारण वह ठंडा रवैया था जिसके साथ मेरा अभी-अभी स्वागत किया गया था।

तो यह था काम पर मेरा पहला दिन।

परन्तु जैसे जीवन में, वैसे ही कार्यजीवन में भी हमेशा अगला दिन आता है, उसके बाद फिर अगला। इस आरम्भिक निराशा को मैंने नई वर्दी पर गिरे धूल-कण के समान झटक दिया। बाधाओं और समस्याओं के पार देख पाने के इस सामर्थ्य ने पूरे कार्यजीवन सदा मेरा साथ निभाया।

उस क्षण मैं अपना पूरा ध्यान मात्र इस बात पर केन्द्रित रखना चाहती थी कि बिहार पुलिस की प्रथम महिला पुलिस अधिकारी होना कितना बड़ा सम्मान है।

यह मेरी कहानी है।

मैडम सर

बिहार की पहली महिला आईपीएस अधिकारी की कहानी

1970 : पटना वीमेंस कॉलेज की छात्रा

1980 : पुलिस अधीक्षक (एसपी)

1

सुकुमारी बिटिया

मेरी सबसे पुरानी स्मृतियों में एक है कक्षा एक में पढ़ना—दो बार।

मैं एक सुखी-सन्तुष्ट और शान्त बच्ची थी और पटना में नाना-नानी के बड़े से घर में उनकी लाड़ भरी मगर चौकन्नी नज़रों के सामने बड़ी हो रही थी। छह की हुई तो नानी—श्रीमती पार्बती वर्मा—ने माउंट कार्मल स्कूल में मेरा नाम पहली में लिखवा दिया। मैं रोज़ रोया करती, शायद इसलिए कि मेरा पिछला स्कूल 'सुहास कानन' घर के ठीक बगल में था। मेरी क्लास और नाना-नानी के मकान के बरामदे के बीच यूकलिप्टस के पेड़ लगे थे जिनके ऊँचे, सफ़ेद तनों को देखकर महसूस होता था कि मैं सुरक्षित हूँ।

साल बीता और मैं दूसरी में पहुँच गई। वहाँ मैं और भी रोती। तो एक दिन नानी प्रिंसिपल महोदया के दफ़्तर में आ पहुँची।

'मंजरी बहुत दुखी है स्कूल से, हरदम रोती रहती है। मालूम नहीं आपकी दूसरी क्लास की टीचर कैसी हैं, पर मंजरी को बिलकुल नहीं सुहाती। उसे वापस पहली में भेज दीजिए। पिछले साल की क्लास-टीचर से मंजरी को लगाव हो गया था; वह उन्हीं के साथ ख़ुश रहेगी।'

मैं दोबारा पहली में पहुँच गई। अम्मा-बाबूजी को पता ही नहीं चला, न ही कोई परेशान हुआ। किसी को ज़रा भी अनुमान नहीं था कि एक वर्ष की इस क्षति का मेरी ज़िन्दगी और कैरियर पर क्या प्रभाव पड़ने वाला है। किसी ने शायद सोचा ही नहीं था कि मेरा भी कभी अपना एक कैरियर होगा। आजकल तो लोग जानबूझकर यह सब करते हैं, यहाँ तक कि सरकारी काग़ज़ात में बच्चों की उम्र भी कम लिखवा देते हैं। मगर तब, नानी ने तय कर लिया और बात ख़त्म!

सख़्त और अनुशासन प्रिय होने के बावजूद प्रिंसिपल मेरी नानी का कहा नहीं टाल पाईं। सीधे पल्लू की सधे हुए पारम्परिक ढंग से पहनी अपनी सूती साड़ी में क्या ही रोबदार दिखती रही होंगी नानी! थोड़ी-बहुत अंग्रेज़ी उन्हें आती थी जो वे धड़ल्ले से बोला करतीं। अक्सर उन्हें ब्रिज की मेज़ पर दक्षता से पत्ते बाँटते या हाथों में सिगरेट थामे देखा जाता। घर हो या बाहर, किसी की फ़ालतू बात उन्हें बर्दाश्त नहीं थी। उनकी इस ज़ोरदार शख़्सियत के सामने बेचारी ननों की क्या चलती!

नानी का अनुशासन कड़ा था और व्यवहार सख़्त। उनकी नज़रों से कुछ न बचता। एकदम चाकचौबन्द, बेहद मिलनसार, अत्यन्त सक्षम—नानी की यही सबसे स्पष्ट याद मेरे मन में है।

'कपड़े ढंग से पहनो, घर में भी।'

'हाथ हमेशा धो कर तौलिए से पोछो।'

'रोज़ ठीक से अंडे और टोस्ट का नाश्ता करो।'

'हमेशा मेज़ पर बैठकर काँटे और छुरी से खाना खाओ।'

'नहीं, सहेलियों के साथ तुम बाहर नहीं जा सकती।'

नानी ख़ुद कभी स्कूल नहीं गई थीं। नाना डॉ. बी.पी. वर्मा इंग्लैंड के रॉयल कॉलेज ऑफ़ सर्जन्स की फ़ेलोशिप (एफ़आरसीएस) लेकर लौटे थे, जो उन दिनों बहुत बड़ी बात थी। विवाह के उपरान्त नाना ने स्वयं नानी को पढ़ाया था। देशवासियों की सेवा के लिए भारत लौटने का निर्णय नाना ने महात्मा गांधी के शब्दों से प्रेरित होकर लिया था।

मेरे बचपन में अम्मा-बाबूजी—शीला और उदयराज सिन्हा—मेरे पास अधिक नहीं रहे, अक्सर वे मुझे नाना-नानी के पास छोड़कर बाबूजी के पुश्तैनी गाँव सूरजपुरा चले जाया करते थे। अम्मा का घर का नाम बेबी था। बाबूजी जब 'बेबी...बेबी' की पुकार लगाते और उत्तर उनकी पत्नी देतीं तो सबको बड़ा मज़ा आता।

मेरे बाद अम्मा-बाबूजी की दो और लड़कियाँ, मेरी प्यारी बहनें रेशमा और मिनी हुईं। छोटा प्रमथ राज—घर में समीर—बहुत बाद में तब आया जब मैं लगभग चौदह की थी। बाबूजी के परिवार में सभी पुरुषों के दो नाम थे, बाबूजी के भी, जिन्हें शिवाजी भी बुलाते थे।

नाना-नानी के घर में जीवन कड़े कायदे-क़ानून से चलता था। मैं लीला मौसी के बच्चों—बेटे रणजीत और बेटी रंजना के साथ बड़ी हुई और हम

सबने अनुशासन माना। न पिक्चरें देखी, न पटना के नामी गोल्डन ठेलेवालों की आइसक्रीम खाई, न रेड़ीवालों से ख़रीद कर भुनी मूँगफली का मज़ा लिया।

हमें तो रेस्तराँओं में ले जाकर बढ़िया खाना खिलाया जाता था या फिर घर में पकवान बनाए जाते। खिलौने और किताबें दी जातीं, लाड़-दुलार लुटाया जाता। पर एकदम बचपन की मेरी सबसे स्पष्ट याद कड़े अनुशासन की ही है। सोचो तो लगता है कि वे जैसे तभी से मुझे उस अनुशासित जीवन के लिए तैयार कर रहे थे जो एक पुलिस अधिकारी के तौर पर मैं जीने वाली थी!

जबकि यह बात सच से कोसों दूर है।

बावजूद इसके कि स्कूल जाने और परीक्षा में अच्छा परिणाम लाने पर बहुत ज़ोर था, लड़कियों के कैरियर की बात कोई नहीं सोचता था। नानी का ज़ोर इस बात पर ज़रूर था कि मुझे हिन्दी में पहाड़े याद हों पर वह तो केवल एक शैक्षिक कवायद थी। कैरियर, उच्चाकांक्षा, स्वाधीनता, आत्मनिर्भरता हमारे लिए नहीं थे। हमसे अपेक्षा थी कि ठीक से पढ़ाई करें, अपनी और घर की साज-सँवार-सँभाल सीखें ताकि हमारी शादी एक अच्छे परिवार में हो सके, वह भी किसी ऐसे व्यक्ति से जो वे हमारे लिए चुनें।

सालों बाद मैंने हैदराबाद की सरदार वल्लभभाई पटेल रा.पु.अ. के सहायक निदेशक के तौर पर भारतीय प्रबन्ध संस्थान, कोलकाता के प्रख्यात डॉ. गौरांग चट्टोपाध्याय के काउंसिलिंग सेशन में भाग लिया था। उन्होंने बताया कि अनेक बच्चों को, जिनका पालन-पोषण उनके दादा-दादी, नाना-नानी ने, या माता-पिता के स्थान पर अन्य किसी अभिभावक ने किया हो, यही याद रहता है कि उन्हें बहुत कड़े अनुशासन में रखा गया था। दरअसल अभिभावकों के ऊपर बच्चों को ठीक ढंग से पालने का दबाव होता है और अनजाने में यह दबाव बच्चों तक पहुँच जाता है। वहीं माता-पिता यही काम अधिक तनाव रहित रह कर कर पाते हैं। पीछे मुड़ कर देखती हूँ तो लगता है कि प्राइमरी स्कूल में मेरे लगातार रोते रहने का कारण कहीं यह तो नहीं था कि उन वर्षों में, जब मैं बड़ी हो रही थी, अम्मा-बाबूजी मेरे पास नहीं थे।

आज भी, जबकि सेवामुक्त हुए दस वर्ष हो चुके हैं अनुशासन ही मेरे जीवन को परिभाषित करता है। टोस्ट, मक्खन और जैम का मेरा नाश्ता बिलकुल सही, बिलकुल एक सा बना होना चाहिए, हर रोज़। कपड़े बेशिकन, दैनिक कैलैंडर अप-टु-डेट, आँख हरदम घड़ी पर और इसलिए मैं तयशुदा समय से कभी एक मिनट भी देर से नहीं पहुँचती। बतौर पुलिस-अधिकारी अक्सर

मैं समय से पहले ही पहुँच जाती थी और फिर गाड़ी में बैठे-बैठे समय होने की प्रतीक्षा करती थी।

*

बाबूजी ज़मींदारों के एक सामन्ती परिवार से थे, सब के सब उच्च शिक्षित पर अत्यन्त रूढ़िवादी। बेटियों की शिक्षा में उनकी कभी कोई रुचि नहीं रही, बस अम्मा की ज़िद थी कि लड़कियाँ कॉन्वेंट में पढ़ें। 1959 में, जब मैं कक्षा तीन में थी, माँ ने मेरा और बहनों का नाम सेंट जोज़ेफ़ कॉन्वेंट में लिखवा दिया।

थोड़ी बड़ी हुई तो अम्मा-बाबूजी पटना आ गए और नाना-नानी के समीप घर बनवा लिया। मेरा अधिक समय अब अम्मा-बाबूजी के साथ बीतने लगा। पर जब भी बीमार पड़ती मुझे नाना-नानी के घर भेज दिया जाता, जहाँ नाना मेरी खूब देखभाल करते थे। मैं बार-बार बीमार पड़ जाती थी। कभी डिफ्थीरिया, कभी काली खाँसी, कभी गलसुआ। डॉक्टर नाना अपनी सुकुमारी मंजरी के लिए स्कूल के नाम पर्ची लिख देते और मैं पी.टी. क्लास या अन्य बाहरी गतिविधियों से छुट्टी पा आराम से ख़ुशी-ख़ुशी बैठी रहती। तब क्या मालूम था कि बड़े होने पर घंटों परेड करनी पड़ेगी जो मुझे थका कर बेहाल कर देगी।

नाना मुझे घर में पढ़ाने में बहुत रुचि लेते थे। पढ़ने की आदत उन्हीं ने मुझमें डाली। सर आर्थर कॉनन डॉयल की 'द ऐडवेंचर्स ऑफ़ शर्लक होम्स', पी.जी. वुडहाउस की हास्य-कहानियाँ या फिर अर्ल स्टॅनली गार्डनर की पॅरी मेसन वाली जासूसी कहानियाँ लेकर आते, पहले स्वयं पढ़ते फिर जो किताबें मेरे लिए सही लगतीं, वही मुझे पढ़ने को देते।

नाना बहुत अच्छे डॉक्टर थे और उनके कारण मेरे अन्दर मानव-शरीर-विज्ञान में रुचि विकसित हुई। इस विषय में मैं बहुत अच्छी थी, इतनी अच्छी कि कुछ समय के लिए डॉक्टर बनने का सपना भी देखा। मेरा गणित किसी काम का नहीं था हालाँकि क्लास में हमेशा पहली पाँच-छह लड़कियों में रहती थी और वह इसलिए कि सिलाई के कारण मेरे अंक कुल मिला कर अच्छे आ जाते थे।

हमें सिलाई सिखाने वाली जर्मन ननें बेहद बारीकी से काम देखती थीं। अम्मा ने हम तीनों बहनों को सीने-पिरोने में दक्ष कर दिया था और इसी कारण मैं सिस्टर ऐग्नेस की, जो वैसे तो अत्यन्त सख़्त थीं, प्रिय बन गई थी।

स्कूल में मैं एक अच्छी आयोजक के रूप में जानी जाती थी और मेलों, प्रदर्शनियों व अन्य कार्यक्रमों के आयोजन में बढ़-चढ़ कर भाग लेती थी। इन सामूहिक गतिविधियों का हिस्सा होना मुझे बहुत ज़्यादा भाता था और हाँ, इस तरह मैं अनेक उबाऊ क्लासों से छुटकारा भी पा जाती थी। हमारे स्कूल के कार्यक्रमों में अम्मा अवश्य आतीं। बाबूजी के पास न तो समय था न उन कार्यक्रमों में दिलचस्पी थी।

अपनी सिलाई पर भी मुझे बहुत गर्व था और जब मैं दसवीं में थी, मेरे काम को स्कूल की वार्षिक प्रदर्शनी में सबसे आगे रखा गया था। प्रदर्शनी ख़त्म हुई तो अम्मा ने मेरी बनाई एक-एक चीज़ सँभाल ली, मुस्कुराते हुए मेरी शिक्षिकाओं ने कहा, 'यह सब तुम्हारी शादी के सामान में जाएगा।'

मैं बस सोलह की ही थी, फिर भी यूँ लगता था शादी बस होने को है। जब से याद है, ऐसा ही था। अम्मा और बाबूजी के परिवार, जिनका सोच-विचार और रहन-सहन एक-दूसरे से एकदम अलग था, शादी के मुद्दे पर बिलकुल एकमत थे।

छठी कक्षा की बात है, एक दिन मैं और मेरी बहनें जन्मदिन की पार्टी से लौटे ही थे कि हममें से किसी की टक्कर गर्म दूध की देगची ला रही नौकरानी से हो गई। नौकरानी का सन्तुलन बिगड़ गया और गर्म दूध मेरी टाँगों पर बिखर गया। मैंने बैलेरिना जूते पहन रखे थे और नायलॉन के लम्बे मोज़े, जो मेरी त्वचा से चिपक गए। अम्मा-बाबूजी घर पर नहीं थे, मैं ख़ुद ही दौड़ कर बाथरूम में गई और दर्द से रोते-रोते अपनी जलती त्वचा पर जल्दी-जल्दी पानी डालने लगी। मोज़ों को भी मैंने खींच कर हटाने की कोशिश की पर नायलॉन के टुकड़े त्वचा से चिपके ही रहे।

मिनटों में मेरी टाँगें लाल-लाल फफोलों से भर गईं। दुर्घटना की ख़बर मिलते ही नाना-नानी दौड़े आए। जले हिस्से पर नाना ने अंडे की सफ़ेदी लगाने को कहा। अंडों की सूखती सफ़ेदी के नीचे तनती मेरी खुली, झुलसी लाल त्वचा की जलन मुझे आज भी याद है। रात भर मैं दर्द से तो रोई ही, इसलिए भी रोई कि अगले दिन की छमाही परीक्षा मुझसे छूट जाएगी। मैं भरसक आगे रहना चाहती थी और नहीं चाहती थी कि परीक्षा न दे पाने के कारण क्लास में पिछड़ जाऊँ।

देर रात गए जब बाबूजी लौटे तो बहुत चिन्तित हो गए। उनके शब्द अब भी मेरी स्मृति में टँके हैं : 'ओह, इससे तो उसकी टाँगों पर दाग़ रह जाएँगे,

शादी का रिश्ता लेकर जाने में दिक़्क़त हो जाएगी।'

और एक बात। बहुत छोटी थी जब बिस्तर से गिर गई थी और सामने के दो दाँत टूट गए थे। अम्मा-बाबूजी बेहद परेशान हो गए कि अब तो मेरे दाँत टेढ़े-मेढ़े निकलेंगे और अच्छा रिश्ता नहीं मिलेगा। बाद में मुझे कोलकाता के एक चीनी डॉक्टर के पास ले जाया गया, जिसने उनकी यह आशंका दूर की। ख़ैर, गर्म दूध ने तो मेरी टाँगों पर दाग़ नहीं छोड़े, पर दाँत ज़रूर बहुत समतल नहीं हैं। लेकिन दोनों ही बातों का मेरे एक अच्छी—या फिर बुरी-पत्नी होने में कोई हाथ नहीं रहा!

हो सकता है आज यह बात विचित्र लगे लेकिन मेरे विवाह को लेकर यह उतावलापन मुझे परेशान नहीं करता था, मुझ पर इसका कोई असर ही नहीं पड़ता था। कम उम्र में विवाह की बात सुन आज अधिकांश लड़कियाँ बग़ावत पर उतर आएँगीं पर उन दिनों बात अलग थी। मैं बस अपना जीवन जी रही थी। स्कूल में मज़ा आता था और मुड़ कर देखती हूँ तो उन्हीं सालों में मैं सबसे अधिक ख़ुश थी। सेंट जोज़ेफ़ कॉन्वेंट ने मेरे चरित्र की नींव रखी। हमारी शिक्षा व्यापक थी। इतिहास, भूगोल, विज्ञान, गणित व भाषाओं की शिक्षा के साथ-साथ हमारे स्कूल में खेलकूद व सांस्कृतिक गतिविधियों को भी प्रोत्साहन दिया जाता था। चरित्र व व्यक्तित्व के सम्पूर्ण विकास पर बहुत अधिक बल था और यही भारतवर्ष की जानी-मानी 'कॉन्वेंट-शिक्षा' को विशिष्ट भी बनाता है।

स्कूल की शुरुआत प्रतिदिन नैतिक विज्ञान से होती थी और सप्ताह में दो दिन बाइबल की शिक्षा दी जाती थी। ईस्टर के दौरान दो दिन की 'रिट्रीट' हुआ करती थी जब स्कूल में बात करने की मनाही होती। मौन रह कर हम प्रार्थना-पुस्तकें पढ़ते, चर्च जाकर चुपचाप प्रार्थना करते। 'रिट्रीट' का वास्तविक महत्त्व समझ पाने के लिए तब बहुत छोटे थे परन्तु आगे चलकर मुझे प्रार्थना और ध्यान-शक्ति की सही पहचान हो गई। सीनियर कैम्ब्रिज की परीक्षा देते वक़्त सारी छात्राओं को प्रार्थना के लिए औपचारिक तौर पर चर्च ले जाया जाता था। घर में हम सब एक भिन्न धर्म का पालन करते थे, फिर भी चर्च जाने में किसी को कोई आपत्ति नहीं थी। मुझे लगता है ऐसी बातों को लेकर लोग आजकल ज़रा जल्दी ही अपना आपा खोने लगे हैं।

नैतिक-विज्ञान की कक्षाओं ने हमें ग़लत-सही, सच्चाई, ईमानदारी और निष्ठा का महत्त्व समझाया। आज के सारे स्कूलों के पाठ्यक्रम में नैतिक

विज्ञान की शिक्षा क्यों शामिल नहीं की जाती, यह बात अब भी मेरी समझ से परे है।

*

घर में हम तीन लड़कियाँ ही थीं, पर लड़के की लालसा अम्मा-बाबूजी को कभी नहीं रही। बेटियों का लालन-पालन करके ही वे काफ़ी सन्तुष्ट थे, उनकी सबसे बड़ी चिन्ता थी हमारा विवाह। लगता नहीं था कि ददिहाल या ननिहाल में भी किसी को 'पुरुष उत्तराधिकारी' न होने पर कोई आपत्ति है। पर बड़े कुटुम्ब, ख़ासतौर पर परिवार की महिलाओं की ओर से निरन्तर दबाव बना रहता। जब-तब वे किसी न किसी तरह बताती रहतीं कि एक पुत्र होना कितना आवश्यक है। माया बुआ तो पुत्र प्राप्ति की पूजा के लिए अम्मा को एक प्रसिद्ध शिव-मन्दिर भी ले गईं। अम्मा-बाबूजी के एक लड़का हो जाए, इसके लिए बड़े लाड़-प्यार से हमें पालने वाली बूढ़ी नौकरानी एक न एक मन्नत माँगती ही रहती थीं।

भाई समीर के जन्म पर सारे कुटुम्ब में ख़ुशियाँ मनाई गईं। परिवार के पंडित जी ने उसकी जन्मपत्री तैयार की जिसमें लिखा था कि वह इंजीनियर बनेगा और उसकी पत्नी का रंग गेहुँआ होगा। नानी को इससे बहुत चैन मिला क्योंकि इसका मतलब था कि वह विदेशी से शादी नहीं करेगा। उनके दो पोतों ने, जो देश के बाहर पढ़ने गए थे, वहीं शादी कर ली थी और परिवार से दूर हो गए थे। ज़ाहिर है उन दिनों 'विदेशी' से तात्पर्य केवल 'गोरों' से था।

पिता के परिवार के पीछे एक सुदृढ़ साहित्यिक परम्परा थी; उनके अपने पिता, दादा, परदादा कविता और साहित्य की दुनिया से थे। बाबूजी भी लेखक और पत्रकार थे। उनकी साहित्यिक विरासत को देखते हुए आचार्य शिवपूजन सहाय, रामवृक्ष बेनीपुरी और रामधारी सिंह 'दिनकर' जैसे दिग्गजों ने बाबूजी का ध्यान हिन्दी में एक साहित्यिक प्रकाशन की आवश्यकता की ओर खींचा। इस प्रकार 'नई धारा' पत्रिका का जन्म हुआ और श्री रामवृक्ष बेनीपुरी सम्पादक बने। पत्रिका का पहला अंक अप्रैल, 1950 में, मेरे जन्म के छह मास पहले निकला।

अनेक लेखक साहित्य-चर्चा के लिए घर आते। कवयित्री महादेवी वर्मा, शिवानी नाम से प्रख्यात लेखिका गौरा पंत, अंग्रेज़ी लेखक राजा राव, रामधारी

सिंह 'दिनकर', फणीश्वरनाथ 'रेणु'...सब हमारे घर आया करते थे। 'नई धारा' का विशेषांक निकालने के लिए हिन्दी के प्रसिद्ध लेखक कमलेश्वर दो-तीन माह हमारे यहाँ रुके थे। अपने समय के राजनीतिक, सामाजिक और बौद्धिक ताने-बाने में बाबूजी बहुत गहरे समाए हुए थे।

पत्रिका में 'नई धारा' नाम के अनुरूप युवा लेखकों को स्थान देकर बाबूजी उन्हें प्रोत्साहित करते। होनहार लेखकों, नवोदित कवियों, युवा चिन्तकों की रचनाओं के साथ प्रतिष्ठित लेखकों व टीकाकारों की रचनाएँ 'नई धारा' में प्रकाशित होतीं। आज सम्मानित और पुरस्कृत होने वाले अनेक लेखक और कवि याद करते हैं कि उनका पहला लेख या कविता 1950 या 1960 के दशक में 'नई धारा' में प्रकाशित हुए थे।

बाबूजी के जीवनपर्यंत 'नई धारा' लगातार छपती रही। बाबूजी की चिन्ता थी कि उनके बाद पत्रिका का क्या होगा। कितना हर्ष होता उन्हें यह जान कर कि समीर आज भी 'नई धारा' को निरन्तर द्विमासिक रूप से प्रकाशित कर रहा है। 2019 के अन्त में पत्रिका के सत्तरवें वर्ष के प्रारम्भ का उत्सव मनाने हम सब पटना में जमा हुए थे।

बाबूजी की रचनाओं का सम्मान देश भर में था व अनेक कॉलेजों और विश्वविद्यालयों के पाठ्यक्रम में उन्हें शामिल किया गया था। शोधकर्ता उनकी पुस्तकों पर अपना शोध-प्रबन्ध लिखते। उनकी पुस्तक 'भूदानी सोनिया' राजस्थान विश्वविद्यालय में पढ़ाई जाती थी जबकि 'अँधेरे के विरुद्ध' मगध विश्वविद्यालय के हिन्दी पाठ्यक्रम में शामिल थी।

अपने पूरे कार्यजीवन में बाबूजी को अनेक पुरस्कार व सम्मान प्राप्त हुए, जिनमें 1972 में उत्तर प्रदेश सरकार का विशिष्ट पुरस्कार तथा 2002 में बिहार सरकार का डॉ. राजेन्द्र प्रसाद शिखर सम्मान शामिल है।

बाबूजी के पिता, हमारे बाबा, राजा राधिकारमण प्रसाद सिंह भी हिन्दी साहित्य के अत्यन्त प्रतिष्ठित लेखक थे। 1962 में उन्हें भारत के शीर्ष सम्मानों में एक—पद्मभूषण प्रदान किया गया। दादी ललिता देवी का देहान्त मेरे शिशुकाल में ही हो गया था और मुझे उनकी ज़रा भी याद नहीं।

बाबा को, जिन्हें साहित्य-जगत में राजा जी कहा जाता था, सर्वाधिक प्रसिद्धि अपने उपन्यास 'राम-रहीम' के लिए मिली। कहते हैं एक दिन उनके निकटतम मित्रों ने यह कह कर कि हिन्दी साहित्य में ऐसी कोई रचना नहीं जो विलियम मेकपीस थाकरे के 'वैनिटी फेयर' की बराबरी कर सके, बाबा

को एक ऐसी रचना करने की चुनौती दी जो इस उत्कृष्ट अंग्रेज़ी कृति का भारतीय प्रत्युत्तर हो। बाबा ने चुनौती स्वीकार की और 'राम-रहीम' लिखा, जो कि एक वृहत उपन्यास है, जिसका हर जगह स्वागत हुआ और जिसके लिए उन्हें आज भी हिन्दी साहित्य में याद किया जाता है। उनके अन्य उपन्यासों में से कुछ हैं 'पूरब और पश्चिम' व 'चुम्बन और चाँटा', जबकि उनकी कहानी 'कानों में कंगना' हिन्दी की पहली कहानी मानी जाती है।

'राजा' की उपाधि तो थी परन्तु चूँकि एक सामन्ती ज़मींदार होने के मायाजाल में वे कभी फँसे नहीं, लोग उन्हें 'फकीर राजा' कह कर बुलाते थे। बाबा ने अपना बचपन शान्तिनिकेतन में रवीन्द्रनाथ टैगोर के सान्निध्य में बिताया था और फिर इलाहाबाद विश्वविद्यालय में अंग्रेज़ी साहित्य में स्वर्णपदक प्राप्त किया था। उनसे मिलने विद्यार्थी दिन-दिन भर हमारे घर आते रहते; सब के सब हमारे घर के सामने वाले बरामदे में इकट्ठा हो जाते और फिर साहित्य पर, कविता पर, अनेक प्रकार के अन्य बौद्धिक कार्यकलापों पर चर्चा होती। हम बच्चे, जिन्हें एक सुरक्षित परिधि के भीतर पाला जा रहा था, यह सारी आवाजाही और गतिविधियाँ ख़ामोश खड़े देखते रहते थे और हमें लगता मानो अपनी बन्द सीमाओं से आगे निकल हम एक वृहत्तर संसार के साथ जुड़ रहे हैं, एक किस्म की बौद्धिक परिपक्वता का हिस्सा बन रहे हैं।

नानी और अम्मा चूँकि सामाजिक गतिविधियों में, विशेष तौर पर अखिल भारतीय महिला परिषद (ए.आई.डब्ल्यू.सी.) तथा बिहार महिला परिषद (बी. सी.डब्ल्यू.) के साथ गहरे तौर पर जुड़ी थीं, हमारा यह अनुभव और भी गहरा हुआ। स्थानीय महिलाओं को सिलाई-कढ़ाई सिखाने और आजीविका कमाने में उनकी सहायता के लिए दोनों ने एक छोटी-सी शिल्प शाला खोली थी। अम्मा अपने मित्रों व पड़ोसियों के बच्चों के लिए फ्रॉक सिलतीं और बिक्री से मिलने वाले पैसे शिल्प-केन्द्र में लगाए जाते। अखिल भारतीय महिला परिषद व बिहार महिला परिषद के सदस्यों की ओर से प्रति वर्ष 'आनन्द मेला' नाम से छोटे-छोटे मेले आयोजित किए जाते थे जिनमें हम बच्चे छोटे-छोटे स्टॉल लगाते, खाने की चीज़ें बना-बना कर बेचते और मिलने वाले पैसे दान कर देते।

1962 का युद्ध शुरू हुआ तो हमारी सेना ठिठुरती ठंढ में लड़ाई के लिए तैयार नहीं थी। रोज़ हमारे घर बड़े-बड़े गट्ठरों में ऊन पहुँचता जो अखिल भारतीय महिला परिषद व बिहार महिला परिषद के सदस्यों में बाँट दिया जाता। जवानों के लिए मोज़े, स्वेटर, मफ़लर और दस्ताने बुने जाते और फिर मोर्चे

की ओर जा रही पटना से गुजरने वाली रेलगाड़ियों से रवाना कर दिए जाते। हम बच्चे भी इसका हिस्सा थे।

मेरे कार्य-जीवन पर इसका गहरा प्रभाव पड़ा। जब थोड़ा वरिष्ठ पद पर पहुँची तो पुलिस बल के जवानों व उनके परिवारों का कल्याण मेरी शीर्ष प्राथमिकताओं में से एक बन गया। यह भावना बचपन से अम्मा और नानी को देख-देखकर पनपी थी। मुझे लगता है कि आज के बच्चे विभिन्न प्रकार की सामुदायिक गतिविधियों से दूर रह जाते हैं। अक्सर वे अपनी-अपनी स्क्रीन से चिपके रहते हैं जिससे उनके व्यक्तित्व के सर्वतोमुखी विकास में कोई मदद नहीं मिलती।

बड़े अन्तराल के बाद आए बेटे व अनेकानेक सामाजिक-साहित्यिक गतिविधियों में कितने भी व्यस्त क्यों न रहे हों, मेरे विवाह के अत्यावश्यक मसले से अम्मा-बाबूजी का ध्यान कभी हटा नहीं था।

2

अगली बारी तुम्हारी है

नवीं कक्षा में पहुँची, तभी से अम्मा ने इतना तो सुनिश्चित कर दिया था कि खाना पकाना और कढ़ाई करना मैं सीख लूँगी। सच तो यह है कि अम्मा और नानी ने ऐसा कोई काम छोड़ा ही नहीं जो एक गुणी पत्नी बनाने के लिए मुझे सिखाया न गया हो। चित्रकारी सीखने भेजा गया, बातिक-कला सिखाई गई, चाइनीज़ कुकिंग यहाँ तक कि स्टेनोग्राफ़ी और टाइपिंग भी सीखी। मुझे और मौसेरी बहन रंजना को गाना सिखाने का इन्तज़ाम भी हुआ जो—क्योंकि मास्टर जी हमारे स्कूल से लौटने के तुरन्त बाद आ जाते थे—हमें नागवार गुज़रा। हमारी संगीत-शिक्षा लम्बे पाँच वर्ष, तब तक चलती रही जब तक कि हमारे ध्यान न देने से तंग आकर मास्टर जी ने काम छोड़ नहीं दिया। कुछ समय के लिए तो मैंने नृत्य भी सीखा था।

मेरी किशोर अवस्था पूरी होने को थी जब घर में 'गैस का चूल्हा' आया और बाबूजी की मामी, मेरी ममिया दादी को मुझे नाना प्रकार की पाक-विधियाँ सिखाने के लिए बुला लिया गया। दादी से पाक-विद्या सीखने में मुझे बहुत ही मज़ा आया और आज भी परिवार को खाना बनाकर खिलाना मुझे अत्यन्त प्रिय है। हालाँकि माँ की इस पर कड़ी नज़र थी कि मैं क्या सीख रही हूँ क्या नहीं, हैरत है कि उन्होंने स्वयं कभी मुझे कोई व्यंजन बनाना नहीं सिखाया, विवाह हो जाने के बाद ही मैंने उनसे कुछ चीज़ें सीखीं।

अम्मा-बाबूजी को लगता कि जीने के लिए ज़रूरी यह सारे कौशल मुझे विवाह से पूर्व सीख लेने चाहिए। जाने क्यों कार चलाना, अकेले बाहर आना-जाना या महत्त्वपूर्ण निर्णय लेना लड़की के लिए ज़रूरी कौशल नहीं समझे जाते थे। सच तो यह है कि मुझे इतना अगोर कर रखा गया कि कभी यदि

ड्राइवर मुझे लेने कॉलेज न पहुँचे तो मैं फाटक के बाहर खड़ी प्रतीक्षा करती रहती। इतना साहस नहीं था कि रिक्शा बुलाऊँ और अपने आप घर चली जाऊँ।

एक अच्छी लड़की की भाँति मैं खाना पकाना, सीना-पिरोना, और चित्रकारी तो सीख ही रही थी, दूसरी ओर घर में मुझे विविधतापूर्ण, उदार वातावरण भी मिल रहा था। बाबूजी के बड़े भाई राजेन्द्र प्रताप सिन्हा उर्फ़ बालाजी बीस साल तक राज्यसभा के सांसद रहे। वे परिवार के मुखिया थे। एक चाचा ने अनेक बार बिहार विधानसभा का चुनाव लड़ा। उनके चुनाव प्रचार का दायित्व सदा बाबूजी ने उठाया। बचपन से ही राजनीतिक चर्चाएँ, वैचारिक वाद-विवाद, विश्व-समाचार और राष्ट्रीय घटनाक्रम हमारे इर्द-गिर्द चक्कर काटते रहते और हम बच्चे सब कुछ आत्मसात करते जाते।

बिहार के गाँव-देहात में प्रचार-अभियान चलाने का भी हमें अच्छा-खासा अनुभव मिला। बचपन में मैंने बहुत नज़दीक से चुनाव देखे—लोगों का हुजूम, बाबूजी और सारे चाचाओं का सारा-सारा दिन मत माँगने जनता के पास निकल जाना, रात को हमारे गाँव सूरजपुरा वाले घर में लौटना और अगले दिन की प्रचार-नीति पर बात करना—मुझे याद है उन दिनों बिजली नहीं थी, लालटेन के उजाले में चुनाव प्रचार पर बातें होतीं। लोग घर आते और उनसे उन जगहों पर आने के लिए कहते जहाँ वे अब तक नहीं पहुँचे थे, वे सारे चुनावी मुद्दे उठाते जिनका समाधान आवश्यक था। और हाँ, जातीय संयोजनों और बिहार की राजनीति में उनकी महत्ता पर भी चर्चा होती थी।

बरसों बाद पुलिस अधीक्षक (एस.पी.) या उप-महानिरीक्षक (डी.आई.जी.) के रूप में चुनाव संचालित करते वक़्त मुझे ये सारी बातें याद आईं। परन्तु बचपन में देखे चुनावों और मेरी निगरानी में सम्पन्न हुए चुनावों के बीच एक बड़ा अन्तर था—हिंसा की अधिकता। 1950 के दशक में, जब भारतीय लोकतंत्र अपने शैशव में ही था, चुनाव तब भी जन-जन के बीच पारस्परिक सम्बन्धों पर आधारित थे जहाँ वैयक्तिक समीकरण बड़ी भूमिका निभाते थे। हालाँकि चुनाव के लिए पैसा तब भी ज़रूरी था, पर इतना नहीं जितना अब हो गया है।

*

सीनियर कैम्ब्रिज की परीक्षा में मैंने बहुत अच्छा किया तो अम्मा-बाबूजी मुझे गृहविज्ञान पढ़ने के लिए नई दिल्ली के लेडी इरविन कॉलेज भेजने के लिए मान

गए। परीक्षा परिणाम ने मुझे ऊँची शिक्षा के लिए बहुत प्रोत्साहन दिया था और इस विषय के लिए यह कॉलेज बहुत अच्छा माना जाता था। अम्मा-बाबूजी मेरी बुआ की बेटियों से भी बड़े प्रभावित थे जिनका विवाह इसी कॉलेज में पढ़ने के बाद दिल्ली के सम्भ्रान्त परिवारों में हो गया था। उनका ख़याल था कि मेरे व्यक्तित्व की सँवार-निखार के लिए इससे बढ़िया मौक़ा नहीं हो सकता।

पहले सेमेस्टर की फ़ीस दी जा चुकी थी, ख़ुशी-ख़ुशी मैंने सामान बाँधना शुरू कर दिया। सहेलियाँ भी मेरे लिए ख़ुश थीं। 'कितनी भाग्यशाली हो तुम, दिल्ली में पढ़ने का मौक़ा मिल रहा है,' वे कहतीं। मैं कॉलेज के लिए अधीर हो रही थी!

जाने का समय नज़दीक आने लगा तो बाबूजी का मन बहुत घबराने लगा। जिस दिन मुझे दिल्ली की ट्रेन पकड़नी थी उन्होंने नाना-नानी के पास जाकर कहा कि वे नहीं चाहते मैं जाऊँ। 'अभी चली गई तो यह उसकी विदाई जैसा होगा, कॉलेज के बाद शादी हो जाएगी फिर वह कभी इस घर में नहीं लौटेगी। मैं इसके लिए अभी तैयार नहीं हूँ।'

तो मेरा दिल्ली का टिकट रद्द कर दिया गया, तय हुआ कि मैं पटना के कॉलेज में ही पढ़ूँगी। अम्मा-बाबूजी ने मुझे बताया तो मैं टूट गई। नए कपड़ों और खुले सूटकेसों के समन्दर के बीच मैं कमरे में ख़ामोश बैठी रही और अन्दर निराशा का तूफ़ान हरहराता रहा। विरोध में एक शब्द भी नहीं कहा। न गुस्सा किया, न बग़ावत, न चीखना-चिल्लाना।

'बाबूजी भेज नहीं रहे हैं,' सहेलियों से मैंने कहा। बाबूजी मेरे जीवन-संरक्षक थे, उन्होंने मेरे लिए निर्णय लिया था। कहानी ख़त्म।

मैंने तो सोच लिया था कि दिल्ली में रहूँगी, लेडी इरविन में पढ़ूँगी। मन अब बहुत खिन्न, निराश व दुखी हो गया। लेडी इरविन कॉलेज में गृहविज्ञान की पढ़ाई के लिए केवल विज्ञान की छात्राओं को अनुमति थी। मेरे अच्छे अंकों के कारण कला-विषयों की छात्रा होने के बावजूद मुझे वहाँ प्रवेश मिल गया था। यह एक उपलब्धि की तरह महसूस हुआ था। पर क्या लाभ?

पटना में सबसे अच्छा विकल्प पटना वीमेंस कॉलेज था, जहाँ से अम्मा ने पढ़ाई की थी। ननों द्वारा संचालित यह कॉलेज बँधी-बँधाई दिनचर्या, अनुशासन व नियम-कायदों का आदर्श उदाहरण था। यूनिफ़ॉर्म को छोड़ दें तो मूल रूप से कॉन्वेंट का ही विस्तार था। कॉलेज, जिसमें केवल लड़कियाँ पढ़ती थीं, घर के पास था। बाबूजी मुझे वहाँ भेज कर ख़ुश थे।

पटना में रुकने के साथ समझौता कर लिया तो मन में भूगोल (विशेष पाठ्यक्रम) पढ़ने की इच्छा जागी। इस विषय में मेरी रुचि भी थी, दखल भी था। पर भूगोल, इतिहास व राजनीति-विज्ञान विषयों के विशेष पाठ्यक्रम केवल पटना कॉलेज में उपलब्ध थे तथा कक्षाएँ पटना विश्वविद्यालय के परिसर में ली जाती थीं जहाँ सह-शिक्षा थी।

पर इसका मतलब था लड़कों के साथ पढ़ना पड़ता जो बाबूजी को मंज़ूर नहीं था। कुछ वर्ष बाद ही, रा.पु.अ. में प्रशिक्षण के दौरान यह बात याद कर मैं खूब हँसा करती थी। न सिर्फ़ कक्षाएँ—क्या परेड, क्या निहत्था मुकाबला, क्या चट्टानों की चढ़ाई—प्रत्येक क्षेत्र में मैं पुरुषों के साथ कंधे से कंधा मिला कर प्रशिक्षण ले रही थी। अपने स्क्वॉड में मैं एकमात्र महिला थी।

परन्तु कॉलेज के दिनों में तो बाबूजी का कहा ही चलता था। दो ही विकल्प बचे थे—अंग्रेज़ी साहित्य या गृहविज्ञान। पटना में मैं स्वयं को गृहविज्ञान पढ़ने के लिए आश्वस्त नहीं कर पाई, हुआ यह कि अंग्रेज़ी साहित्य में रुचि न होते हुए भी अन्ततः अंग्रेज़ी (विशेष) की पढ़ाई ही की। सबसे बड़ा आकर्षण मेरे लिए बस यह था कि मेरी दोनों सबसे नज़दीकी सहेलियाँ, शुभा और अल्पना भी अंग्रेज़ी (विशेष) की पढ़ाई ही कर रही थीं।

कोई भी शिक्षा जीवन में व्यर्थ नहीं जाती। भले ही मैं अंग्रेज़ी नहीं पढ़ना चाहती थी परन्तु महान साहित्यिक कृतियों की पढ़ाई ने मेरी भाषा व लेखन कौशल को अवश्य साधा होगा क्योंकि पुलिस में मेरे पूरे सेवाकाल में मुझे बार-बार मेरी सूक्ष्म, स्पष्ट, सटीक रिपोर्टों के लिए—जिनका एक युवा पुलिस अधिकारी के लिए बहुत ज़्यादा मोल है—सराहा गया। मुझे इसका प्रचुर लाभ भी मिला : शोधकार्य में दक्ष व रिपोर्ट लिखने में सिद्धहस्त होने के कारण मुझे कुछ ऐसे मामलों पर काम करने का मौक़ा मिला, जिनकी याद लोगों के मन में आज भी बनी हुई है—इनमें 1980 में भागलपुर में अभियुक्तों को अन्धा किए जाने का मामला भी शामिल है।

*

मेरी बुआओं को सदा इस बात का अफ़सोस रहा कि भाई और बहनों के समान मेरा रंग अम्मा और नानी के रंग की तरह राजसी सिंदूरी दूधिया क्यों न हुआ। रंग के मारे हमारे देश में शादी-ब्याह के मामलों में यह एक बड़ी कमी

मानी जाती है। 'नैन-नक्श तो अच्छे हैं,' वे कहा करतीं और उम्मीद करतीं कि अच्छा रिश्ता पाने में रंग आड़े नहीं आएगा। लेकिन याद नहीं कि अम्मा कभी मेरी रंगत को लेकर परेशान हुई हों, न ही मैं।

हक़ीक़त में इस पूरी कवायद की ओर मैंने कभी ध्यान दिया ही नहीं पर जब तक मैं सीनियर कैम्ब्रिज पहुँची, मेरे लिए एक उपयुक्त वर खोजने की बात हर वक़्त चलने लगी थी। न मेरी सलाह माँगी जाती, न मैं इस पर सवाल उठाती। मुझे नहीं लगता कि पति क़ी खोज जैसे गम्भीर मसले पर वे एक किशोरी की सलाह चाहते थे।

और मसला तो गम्भीर था। सिविल-सेवाओं से आने वाले वर भारतवर्ष के नए राजकुँवर थे। बड़का बाबूजी और बाबूजी संघ लोक सेवा आयोग (यू. पी.एस.सी) के परिणामों को छान कर सारे कायस्थ (हमारी जाति) लड़कों को चिह्नित करते। हमारे बड़का बाबूजी—बाबूजी के बड़े, दिल्लीवासी सांसद भाई—गृह मंत्रालय के अपने मित्रों तथा अन्य उच्च स्तरीय सम्पर्कों से इन होनहार युवकों के पते मालूम करते और फिर मेरे बाबूजी उन परिवारों के साथ पत्र-व्यवहार प्रारम्भ करते।

बड़का बाबूजी की बेटी—मेरी बहन कंचन का विवाह सीनियर कैम्ब्रिज के तुरन्त बाद तय हो गया तो मेरे लिए वर की खोज और भी आग्रही व अधीर हो गई। कंचन के विवाह में सम्मिलित होने हम सब दिल्ली आए। वधू के पिता के कद व पद की प्रतिष्ठा व गरिमा के अनुरूप विवाह अत्यन्त धूमधाम से हुआ। हैदराबाद हाउस में आयोजित स्वागत-भोज की शोभा भारत की तत्कालीन प्रधानमंत्री श्रीमती इंदिरा गांधी व मंत्रिमंडल के अनेक सदस्यों की उपस्थिति से और बढ़ गई। मुझे याद है उस विवाह में सबने कितने सुन्दर, कितने आकर्षक कपड़े पहने थे, पकवान कितने स्वादिष्ट थे, स्वागत भोज में कितने प्रसिद्ध अतिथियों की भीड़ थी, पर इन सबसे ज़्यादा जो बात मुझे याद है, वह है बार-बार दोहराया जा रहा यह वाक्य—'मंजरी, अगली बारी तुम्हारी है।'

1969 में नाना कैंसर से बहुत गम्भीर रूप से बीमार हो गए, बार-बार उनकी सर्जरी हुई। उन्हें यूँ रोगशय्या पर पड़े देखना मेरे लिए अत्यधिक दुखदाई था। दूसरी सर्जरी के बाद जब वे घर लौटे तो मौसी, अम्मा, रंजना और मैंने मिलकर घर को अस्पताल में बदल दिया और हर घड़ी उनकी देखभाल की।

एक दिन मैंने अचानक ही—बता नहीं सकती क्यों—कॉलेज से घर लौटना तय कर लिया, और पाया कि नाना डूबते जा रहे हैं। मेरी आँखों के सामने वे

गुज़र गए। उन्हें जाते देखना मेरे तब तक के जीवन का कठिनतम क्षण था। मुझे लगा मैंने अपना भावात्मक सम्बल खो दिया है।

*

कुछ समय बाद, अक्तूबर, 1969 में अम्मा मेरे कमरे में आईं। 'हम दिल्ली जा रहे हैं और तुम साथ चल रही हो।' किसी ने बताया नहीं कि क्यों, मगर मुझे मालूम था। ऐसा नहीं कि शादी की बात गुपचुप की जा रही हो। अचानक आ पहुँचे मेरे नए कपड़ों ने वैसे भी सब साफ़ कर दिया था। पहली बार मेरे मन में सवाल उठा कि आख़िर वह है कौन जिसे इन लोगों ने मेरे लिए चुना है। क्या मुझे वह अच्छा लगेगा? परिवार कैसा है? कम से कम कॉलेज की पढ़ाई तो पूरी कर पाऊँगी न?

ये सारे सवाल मेरे ज़ेहन में चुपचाप चक्कर काट ही रहे थे कि हमारी रात भर की ट्रेन दिल्ली पहुँच गई और हम सीधे बुआ के घर चले गए। उन दिनों मेरी दो बुआओं का घर दिल्ली में था और दोनों व्यस्त हो गईं, मेहमानों के लिए घर चमकाया, मेरे चेहरे पर उबटन लगाया कि गोरी दिखूँ, मुझे कपड़े पहना कर तैयार किया। शाम को माता-पिता के साथ लड़का मुझे 'देखने' आया। लड़का 'भारतीय विदेश सेवा' में था जिसका दर्जा सबकी नज़रों में बहुत ऊँचा था और इस अति महत्त्वपूर्ण इंटरव्यू के लिए तैयार होते समय मुझे बहुत घबराहट हो रही थी।

इससे कहीं अधिक महत्त्वपूर्ण इंटरव्यू मेरे जीवन में आने वाले थे, किन्तु वह एक दूसरी कहानी है।

बड़े लोगों में दुआ-सलाम हो चुकी तो हम दोनों को एकान्त में बात करने का अवसर दिया गया। जीवन बदल देने वाला निर्णय लेने से पहले पाँच मिनटों में कोई क्या कहता? मेरे ख़याल से उन्होंने मुझसे पूछा था, 'कहाँ पढ़ रही हो?' और 'क्या पढ़ती हो?' मैंने कुछ लजाते हुए उत्तर दिया था पर बदले में कोई सवाल नहीं किया था। मुझे नहीं लगता मुझसे ऐसी कोई अपेक्षा थी।

रात को मुझे बताया गया कि शादी पक्की हो गई है। अम्मा-बाबूजी इतने पुलकित थे कि मैं विह्वल हो कर रो ही दी। बुआएँ विशेष तौर पर उल्लसित थीं क्योंकि उनका अपना विवाह भी भारतीय प्रशासनिक सेवा (आई.ए.एस.) तथा भारतीय सिविल सेवा (आई.सी.एस.—आज़ादी से पहले की इम्पीरियल

सिविल सर्विस) अधिकारियों से हुआ था और मेरे लिए परिवार की इस उपलब्धि से उन्हें राहत और ख़ुशी मिली थी। मेरा परिवार सदा से शैक्षिक व बौद्धिक रूप से सशक्त परिवारों के साथ रिश्ते को अधिक महत्त्व देता आया है, फिर इससे अन्तर नहीं पड़ता कि वे धनी हैं अथवा नहीं।

अगले दिन सगाई हो गई। उसके अगले दिन मैं वापस पटना में और वापस कॉलेज में थी। सगाई की बात जब पटना में सार्वजनिक की गई तो सबने बधाई दी। आख़िर वर भारतीय विदेश सेवा, और श्वसुर केन्द्रीय जाँच ब्यूरो में जो थे। उन दिनों पटना में यह बड़ी बात थी। मुझे लगता है कि अब भी है। अच्छा घर-वर कैसे खोजा जाए, इस विषय में युवा कन्याओं के माता-पिता मेरे अम्मा-बाबूजी से सलाह लेने लगे।

निकट भविष्य में होने वाले मेरे विवाह की चर्चा अब शहर भर में हो रही थी।

कुछ वर्ष पश्चात, निकट भविष्य में होने वाले मेरे विवाह-विच्छेद की चर्चा भी शहर भर में होने वाली थी।

3

अपनी कमान—अपने हाथ

कोई पूछे मेरे विवाह में गड़बड़ कहाँ हुई तो आज भी सीधा उत्तर नहीं दे पाऊँगी। इतने वर्ष बाद भी मेरे लिए यह एक उलझी गुत्थी ही है।

हमारी सगाई ज़रा ज़्यादा लम्बी चली थी, करीब डेढ़ साल, इतना समय मिला कि दोनों परिवार एक-दूसरे को जान लें। मुझे उस परिवार में स्नेह, अपने मंगेतर में बहुत आत्मीयता की अनुभूति हुई थी। वे दिल्ली में थे, मैं पटना में। वे कभी-कभार पत्र लिखते—प्रेममय पत्र—मैं उत्तर देती। एक बार अपने जन्मदिन पर वे पटना आए और मेरे परिवार ने उनके सम्मान में बड़ी-सी दावत दी। अम्मा-बाबूजी के साथ वे हमेशा सम्मान से पेश आते, मेरी बहनों के साथ अच्छी तरह बात करते। कहीं कुछ ग़लत नहीं लग रहा था।

1971 के वसन्त में, जब मैं बी.ए. के अन्तिम वर्ष में थी, बहुत धूमधाम से हमारा विवाह हुआ। अम्मा और बाबूजी तो मेरा पूरा जीवन इसी दिन की योजना बनाते आ रहे थे, तैयारी में उन्होंने अपनी पूरी शक्ति लगा दी—शादी के कपड़े-ज़ेवर, उपहार, अतिथियों की सूची, भोज और आव-भगत-समारोह को उन्होंने बहुत भव्य और स्मरणीय बना दिया था—हमारे छोटे से शहर में एक बड़ा-सा उत्सव।

तय हुआ था कि अन्तिम वार्षिक परीक्षा देकर मैं उस साल बाद में पति के पास जाऊँगी, तब तक विदेश सेवा का उनका प्रशिक्षण भी पूरा हो चुका होगा। विवाह के तुरन्त बाद मैं दिल्ली गई थी परन्तु चूँकि कॉलेज चल रहा था, एक पखवारे के भीतर लौट आई थी। सास-ससुर मेरी पढ़ाई को बहुत महत्त्व दे रहे थे। मैं ख़ुश थी कि इतने समझदार परिवार में मेरी शादी हुई है।

ख़ुश होने में मैंने कुछ ज़्यादा ही जल्दबाज़ी कर दी थी। उन गर्मियों में, जबकि पाकिस्तान के साथ भारत एक और युद्ध लड़ रहा था—इस बार भावी बांग्लादेश के लिए—एक मौन युद्ध ने मेरा जीवन भी छिन्न-भिन्न कर दिया। परीक्षा के पूर्व पढ़ने के लिए हमें लम्बी छुट्टियाँ मिली थीं, तो कुछ सप्ताह के लिए मैं—दिल में सपने सँजोए और बस्ते में किताबें और अध्ययन-सामग्री समेटे—दिल्ली चली गई।

पति का प्रशिक्षण चल रहा था तो सोचा था कि दिन में, जब वे बाहर होंगे, मैं पढ़ाई करूँगी। लेकिन कुछ ही दिन में समझ में आ गया कि इस सम्बन्ध में अब पहले-सी बात नहीं रही। पति की दिलचस्पी अब मुझमें नहीं थी, सास-ससुर हर बात में मुझे दबा रहे थे, मीन-मेख निकाल रहे थे। मुझे लगा मैं परिवार का हिस्सा नहीं कोई अतिथि हूँ। यहाँ तक कि मुझसे नीचे, मेहमानों के कमरे में ठहरने को कहा गया जबकि उन सबके सोने के कमरे पहली मंज़िल पर थे। पति के कमरे तक मेरी पहुँच नहीं थी।

मैंने देखा कि मेरे पति और उनकी माँ एक-दूसरे के बहुत निकट हैं और माँ मेरी उपस्थिति के साथ सामंजस्य नहीं बैठा पा रहीं। जब तक मैं नज़रों से ओझल, दूर पटना में थी, शायद वे मेरे होने को नकार पा रही हों, पर बेटे के जीवन में मेरी साक्षात उपस्थिति से उन्हें चिढ़ हो रही थी। यह बात मैं आज समझ सकती हूँ पर तब तो मैं एक कम-उम्र की नादान और दूसरे घरों के तौर-तरीकों से पूर्णतया अनजान लड़की थी।

उस घर के नियम-कायदे भी अजब थे। न मैं कहीं बाहर जा सकती थी, न कोई मुझसे मिलने आ सकता था। एक दिन मेरा चचेरा भाई मुझसे मिलने आया। मैं इतनी असुविधा महसूस कर रही थी कि उसे अन्दर आने के लिए कहा ही नहीं, दो-चार बातें कीं और दरवाज़े से ही विदा कर दिया।

उनसे मिलने भी कम ही लोग आया करते थे, न ही एक परिवार की तरह वे कभी किसी के घर जाते। तीनों बस अपने में ही रहा करते थे। मेरे पति से कुछ वर्ष छोटा उनका एक और बेटा भी था जिसे दिल्ली के बाहर एक स्पेशल होम में रखा हुआ था। जितने महीने उस परिवार का हिस्सा रही, छोटे बेटे को कभी नहीं देखा। परन्तु उसकी अनुपस्थिति उन सबकी ज़िन्दगियों पर बुरी तरह हावी थी। पीछे मुड़ कर देखती हूँ तो लगता है कि छोटा बेटा चूँकि विशिष्ट आवश्यकताओं के साथ जन्मा था, माँ अपने बड़े बेटे के साथ और भी अधिक जुड़ गई थीं और उसे एक अन्य स्त्री के साथ बाँट नहीं पा रही थीं।

मुझे याद नहीं कभी हम अन्य नव-विवाहित जोड़ों की तरह बाहर फ़िल्म देखने या रेस्तराँ में गए हों। वे हमेशा अपने प्रशिक्षण में डूबे रहते, घर में उनकी जो बात होती, अपनी माँ के साथ होती। हमउम्र लड़कों के साथ मेरा मेल-जोल कभी रहा नहीं था और अब मैं समझ नहीं पा रही थी कि इस जटिल इनसान के साथ, जो अचानक मेरी ज़िन्दगी में आ गया था, कैसा व्यवहार करूँ। सन्नाटे के सागर में दो ख़ामोश टापुओं की भाँति हम दोनों अपना जीवन अलग-अलग जी रहे थे, तब भी जब सोने के लिए वे रात को मेहमानों के कमरे में आते।

उस घर की जो बात मुझे सबसे ज़्यादा याद है, वह है ख़ामोशी। वह ख़ामोशी मुझे 'ग्रेट एक्सपेक्टेशंस' में मिस हॅविशैम के मातमी घर की याद दिलाती। पटना में अपने चहल-पहल से भरे घर के बाद उस एकान्त कमरे में, केवल किताबों और नोट्स के साथ पूरा-पूरा दिन बिताना अत्यन्त अकेला कर जाता था। बहुधा वे मेरी मौजूदगी को ही नकार देते। अधिकांश दिन तो मैं केवल खाने की मेज़ पर ही दूसरों से मिला करती।

एक दिन जब पति बाहर गए हुए थे, सास-ससुर ने मुझे बुला कर सामने बैठने को कहा जिसने मुझे काफ़ी सहमा दिया। अर्दलियों और घरेलू सहायकों को उन्होंने बाहर भेज दिया था। बस वे थे और मैं थी। करीब डेढ़ घंटे तक वे मुझे व मेरे परिवार को कोसते रहे। मुझमें उन्हें कुछ अच्छा नहीं दिखता था, न सूरत, न रंग, न शिक्षा-दीक्षा और न ही दहेज। दी गई चाँदी काफ़ी नहीं थी, जो कपड़े लेकर आई थी दिल्ली के लिहाज़ से बिलकुल साधारण से थे, मेरा परिवार अत्यधिक सामन्ती था—आरोपों का अन्त ही नहीं था। पर मैं समझ नहीं पा रही थी कि मुझसे वे चाहते क्या थे। वापस माता-पिता के पास जाने के लिए नहीं कह रहे थे, बस एक के बाद एक आरोप मढ़े जा रहे थे।

'तुम मेरे बेटे के जूतों के फ़ीते बाँधने के क़ाबिल भी नहीं हो,' ससुर जी चिल्लाए थे। ये शब्द आज भी मेरे ज़ेहन में दगे हुए हैं। पर तब मैं एक भीरु और दब्बू लड़की हुआ करती थी, जवाब में कुछ बोली नहीं, बस सारा समय चुपचाप रोती रही।

'ख़बरदार जो बेटे से कुछ कहा तो', उन्होंने चेताया और जैसा मेरा तब स्वभाव था, पति जब रात को लौटे, मैंने उनसे एक शब्द भी नहीं कहा। ऐसा नहीं कि उन्हें मुझसे बात करना पसन्द था। असल में उन्हें न मुझसे, न मेरी ज़िन्दगी से कोई सरोकार था।

भ्रमित, भयभीत व अकेली—मैं रोती जाती और आँसू भरी आँखों से पढ़ाई करती जाती। कुछ खा नहीं पा रही थी और अन्दर से बीमार महसूस कर रही थी मगर और कुछ करने को था ही नहीं।

छह सप्ताह बाद घर लौटी। बहुत हलचल मची। घर की सबसे बड़ी लड़की ब्याह के बाद पहली बार घर आ रही थी। पहुँची तो बहनों और अम्मा-बाबूजी ने मुझे घेर लिया, सब दिल्ली के बारे में, मेरे ससुराल के बारे में सुनने को उत्सुक थे। अम्मा-बाबूजी के पलंग पर बैठते ही बाँध टूट पड़ा। रोते, सुबकते मैंने सारी बात कह सुनाई—सारी बेरुख़ी, सारा अपमान, सारे आरोप।

अम्मा और बाबूजी भी रोने लगे। बाबूजी को रोते देख हम सब धक्क रह गए, किसी ने पहले कभी उनकी आँखों में आँसू नहीं देखे थे; बहनों को फ़ैसले का वह दिन आज भी याद है। हमारी बूढ़ी नौकरानी, जिसने दूसरी माँ की तरह हमें पाला था दौड़ती हुई कमरे में आ गई। सारे घर में अफ़रा-तफ़री मच गई—खाने की बात तो दिमाग़ से निकल ही गई। दोपहर होने तक बाबूजी शान्त हो गए। 'बस, बहुत हुआ। तुम्हारे वापस जाने का सवाल ही नहीं उठता।' दृढ़ स्वर में वे बोले।

मैं सन्न रह गई।

उनका निर्णय कितना बड़ा था, यह मैं आज समझ सकती हूँ। तब इतना निर्भीक क़दम उठाने को मैं तैयार नहीं थी। बावजूद अपनी सामन्तवादी जड़ों व रूढ़िवादी दृष्टि के, बाबूजी का दिल अपनी दुखी सन्तान के लिए कलप रहा था और वे—जबकि उनकी दो बेटियाँ अभी अनब्याही थीं—विवाह टूटने के सामाजिक परिणामों को भुगतने के लिए तैयार थे।

अगले कुछ दिन तक निकट सम्बन्धी संवेदना प्रकट करने घर आते रहे, मानो घर में कोई मातम हो गया हो। महसूस तो ऐसा हो ही रहा था कि मेरे अन्दर कुछ मर गया है।

मेरे पति या उनके माता-पिता की ओर से कोई सन्देश नहीं आया। फ़ोन करती तो आवाज़ सुनते ही पति फ़ोन काट देते। पत्र लिखती तो उत्तर नहीं देते। मेरे सम्बन्धी जिन्होंने रिश्ता तय करवाया था, भौचक थे। वे सोच भी नहीं सकते थे कि इतने अच्छे परिवार के भीतर इतनी गड़बड़ियाँ होंगी। 'थोड़ा समय दो, सब ठीक हो जाएगा,' बुआएँ अपनी आशावादिता के साथ सलाह देतीं, जो ग़लत सिद्ध होने वाली थी। वे मुझे सीता के त्याग व एकनिष्ठा की कथाएँ सुनातीं। पर पौराणिक मापदंड पर खरा उतरना कठिन कार्य है!

मेरे सबसे बुरे दिनों में से थे वे दिन। आत्म-सम्मान नीचे रसातल में चला गया था, तनाव इतना था कि मानसिक और शारीरिक स्वास्थ्य पर उसका बुरा असर पड़ रहा था। मैं अपने ही खोल में बन्द हो गई, न कहीं जाती न किसी से मिलती कि कहीं कोई मुझसे मेरे नव-विवाहित जीवन के विषय में पूछ न ले। हड्डियों तक कमज़ोर, मैं अक्सर उल्टी कर देती थी, कठिनाई से ख़ुद को सँभाला कि बी.ए. का इम्तहान तो दे सकूँ।

मानसिक आघात और सदमे के इस समय में शुभा और अल्पना—स्कूल की मेरी दो सखियाँ—चट्टान की तरह मेरे साथ खड़ी रहीं। उन्होंने मुझे शान्त रखा, पढ़ने में मदद की। उनमें सबसे प्रिय बात यह थी कि उन्होंने मुझे कभी कुरेदा नहीं; वे जानती थीं मेरी शादी में सब ठीक नहीं, पर दोनों ने न एक भी सवाल किया न कोई निर्णय सुनाया। इन दोनों की दोस्ती मरहम की तरह थी, मेरी शरण-स्थली।

परीक्षाएँ रद्द हो जाना, स्थगित हो जाना, परीक्षार्थियों का परीक्षा-भवन से बाहर निकल जाना उन दिनों का आम चलन था, तो जो परीक्षाएँ आमतौर पर तीन माह लेतीं, उन्हें पूरी करने में दस माह लग गए। यह समय जयप्रकाश नारायण की 'सम्पूर्ण क्रान्ति' का था जिसने समूचे बिहार को झकझोर रखा था। इस जन-आन्दोलन का असर कॉलेज-परिसरों पर भी पड़ा था। पटना विश्वविद्यालय के छात्र परीक्षा-भवन से निकल जाते और फिर पटना वीमेंस कॉलेज में परीक्षा दे रही हम छात्राओं को भी ऐसा ही करने को उकसाते। परिणामत: परीक्षा रद्द करके पुन: नई तारीख़ निर्धारित करनी पड़ती।

उन कष्टमय महीनों में मुझे सबसे अधिक अपने नाना-नानी की कमी खली। मेरे कॉलेज के प्रथम वर्ष में हमने नाना को खो दिया था। उन्हें खोकर मानो मैंने अपना सबसे बड़ा सम्बल खो दिया। नानी मेरे विवाह के केवल दो दिन बाद गुज़र गईं। विदाई के पन्द्रह दिन बाद पटना लौटी तो सीधी नानी के घर गई थी, पर वे तो जा चुकी थीं और अम्मा-बाबूजी नई दुल्हन को यह अशुभ समाचार नहीं देना चाह रहे थे इसलिए मुझे बताया नहीं गया था।

मुझे लगा मेरे ये दोनों रक्षादूत मेरे पास रहे होते तो मुझ पर यह संकट न आया होता, उनके बिना मैं पूरी तरह दिशाहीन महसूस कर रही थी। हो सकता है यह बिलकुल तर्कसंगत न हो—पटना में बैठे मेरे वृद्ध नाना-नानी दिल्ली में टूट रही शादी को बचाने के लिए कर ही क्या सकते थे? पर नि:स्वार्थ प्रेम की यही तो ताकत होती है, वह आपको सबल बनाता है।

परीक्षा के पश्चात बाबूजी ने मुझे मेरी एक बुआ के साथ छुट्टी बिताने दिल्ली के रास्ते बम्बई भेजा। दिल्ली में मैंने अपने बुआ और फूफा की सलाह ली और अपनी शादी बचाने का एक और प्रयास करने ससुराल गई। मेरे जीवन में शायद यह पहली बार था कि अम्मा और बाबूजी को बिन बताए मैं कुछ कर रही थी। पिछले दस महीनों से देख रही थी कि मेरे कारण मेरा परिवार कितना कष्ट सह रहा है। मेरी असफल शादी का प्रभाव मेरे अम्मा-बाबूजी और भाई-बहनों पर बहुत हृदय विदारक रहा।

विवाह को कामयाब करने के एक अन्तिम पुरज़ोर प्रयास का साहस बटोर मैं पति के पास गई और मुझे फिर अपने जीवन में शामिल करने की विनती की। लगा कि जैसे वे कुछ पिघले। उन्होंने कहा यदि मैं चाहूँ तो आकर उन सबके साथ दिल्ली में रह सकती हूँ। कुछ दिन बाद उन्होंने बताया कि उन्हें मॉस्को भेजा जा रहा है और मुझे वे अपने साथ ले जाएँगे। एक छोटी-सी खिड़की खुली थी और रोशनी की एक नन्हीं किरण को भीतर आने की अनुमति मिली थी। मेरी आशा थी कि परिवार और परिचित परिवेश से दूर हम दोनों के बीच एक रिश्ता पनपेगा, एक नई शुरुआत हो सकेगी।

मॉस्को जाने के पहले उन लोगों ने कहा मैं पटना जाकर अपने माता-पिता से मिल सकती हूँ। साथ ही मुझे उन वस्तुओं की लम्बी सूची भी थमा दी जो मुझे ख़रीदनी थीं—बेडकवर, डिनर-सेट, वाइन-ग्लास, कटलरी जैसी घरेलू इस्तेमाल की चीज़ें। मुझे कुछ आश्चर्य हुआ क्योंकि ये सारी, बल्कि इससे भी अधिक वस्तुएँ अम्मा-बाबूजी ने मुझे विवाह में उपहार में दी थीं। वे सारे डिब्बे मैंने अभी खोले भी नहीं थे।

पर इस शादी के सामने खड़ी कठिनाइयों को देखते हुए यह बात तो बड़ी ही मामूली-सी थी। तो मैं पटना गई और अगले कुछ दिन सूची में दर्ज़ वस्तुओं की ख़रीदारी करते हुए बिताए। अम्मा-बाबूजी ने यद्यपि सुलह के लिए आग्रह नहीं किया था, उन्होंने जब देखा मैं मॉस्को जा रही हूँ तो मेरी तैयारियाँ पूरी करवाने में साथ जुट गए। 1972 की जुलाई में मैं हवाई जहाज़ से रूस चली गई।

एक माह पश्चात मेरे ससुर हमारे पास मॉस्को आए। पति महोदय के व्यवहार में कोई अन्तर नहीं आया था और मुझे यह बताने का भार ससुर जी के सिर आया कि यह विवाह चल नहीं सकता। वे चाहते थे कि मैं उनके साथ ही भारत लौट चलूँ। मैंने ऐसा किया नहीं मगर पतझड़ का अन्त आते-आते यह

बात बिलकुल साफ़ हो गई थी कि मॉस्को में भी मैं उतनी ही अनचाही हूँ जितनी कि दिल्ली में थी। कहाँ, क्या ग़लत हुआ, यह बात अब भी समझ से परे थी।

शादी दम तोड़ चुकी थी और मैंने यह स्वीकार कर लिया था। स्वीकार कर लिया था कि इस रिश्ते में जान फूँकने के लिए अब मैं और कुछ नहीं कर सकती। मैं दिल्ली लौटी, पटना लिवा ले जाने को अम्मा-बाबूजी आए। मैंने मना कर दिया—जीवन में पहली बार उनका कहा नहीं माना।

मैं कनॉट-प्लेस स्थित राओ'ज़ स्टडी सर्कल गई और संघ लोक सेवा आयोग की परीक्षा की तैयारी के लिए अपना नाम लिखवा दिया। मैंने मन बना लिया था कि मुझे क्या करना है क्या नहीं, इसका निर्णय मैं अब से स्वयं लूँगी। अपने जीवन की कमान अपने हाथ में लेने का समय आ गया था।

4

दरोगा की नौकरी

मॉस्को से दिल्ली लौटने पर मैंने 'राओ'ज़ स्टडी सर्किल' में नाम लिखाने का फ़ैसला क्यों लिया? मेरे विचार में इसके दो कारण थे।

वैसे तो नाना-नानी ने मेरा लालन-पालन पुरातनपंथी ढंग से ही किया था, मगर क्योंकि मैं एक अच्छी छात्रा थी, नाना कभी-कभी यूँ ही कह दिया करते कि मुझे भारतीय सिविल सेवा के लिए प्रयास करना चाहिए। उनके शब्द मुझे याद रहे और जब मैंने नए सिरे से अपना जीवन फिर शुरू करने की सोची तो भारतीय सिविल सेवाओं में सर्वाधिक अभिजात मानी जाने वाली भारतीय प्रशासनिक सेवा में जाने की बात दिमाग़ में आई। मुझे नहीं लगता वे अपनी बात को लेकर गम्भीर थे क्योंकि न उन्होंने कभी सोचा होगा और न उन्हें यह मान्य होता कि उनकी नातिन काम करने घर से बाहर निकले।

दूसरा कारण था कि मेरे सम्बन्धियों में से कुछ क्योंकि ऊँचे सरकारी पदों पर आसीन थे तो कुछ वरिष्ठ पुलिस अधिकारी भी थे, मैंने नज़दीक से देखा था कि सिविल सेवा के प्रति समाज में कितना सम्मान है। परिवार की प्रतिष्ठा व स्थिरता का स्रोत वे माने जाते। मैंने सोचा एक बार प्रयास अवश्य करना चाहिए। फिर भी अपनी सारी आशाएँ मैं एक ही जगह के साथ नहीं जोड़ना चाहती थी तो मैंने भारतीय स्टेट बैंक व भारतीय रिज़र्व बैंक की तैयारी भी शुरू कर दी, स्नातकोत्तर पाठ्यक्रम में नाम भी लिखा लिया ताकि लेक्चरर बन सकूँ। अपने पाँवों पर खड़ी होने के लिए मैं ऐसा कोई भी अवसर खोना नहीं चाहती थी जो मुझे उपलब्ध था।

मेरे दिल्ली में रहने की बात से अम्मा-बाबूजी बहुत आशंकित थे। बाबूजी को हरदम यही भय सताता रहता कि मेरे ससुराल वाले कहीं मुझे हानि न

पहुँचाएँ। बार-बार वे मुझसे कहते कि एम.ए. करने पटना आ जाऊँ, फिर मैं पटना विश्वविद्यालय में लेक्चरर बन सकती हूँ। मैंने बाबूजी की नहीं सुनी। मेरा जीवन अब मेरा था। उस मायूसी और मनहूसियत से भी अब मैं बचना चाहती थी जो हमारे घर पर छा गई थी।

बाबूजी ने सारे सम्बन्धियों और मित्रों को पत्र लिख कर स्पष्ट बता दिया कि वे मुझे वापस नहीं भेजने वाले, कि मेरी शादी अब ख़त्म हो चुकी है। इससे अटकलों और अफ़वाहों की सम्भावना तो ख़त्म हो गई पर मेरी टूटी शादी का मेरे परिवार पर बहुत ही बुरा प्रभाव पड़ा। अम्मा सारा समय रोती रहतीं, बाबूजी तलाक़ का मुक़दमा लड़ने के लिए संसाधन जुटा रहे थे, बहनें विद्रोह पर उतर आई थीं और अपने पैरों पर खड़े होने से पहले विवाह से इनकार कर दिया था। यहाँ तक कि हमारे नन्हे भाई समीर को भी, जो तब मुश्किल से आठ साल का रहा होगा, सपने आ रहे थे कि वह मेरे पूर्व पति को गोली मार रहा है।

लगभग अड़तालीस वर्ष बाद, अप्रैल, 2020 में कोविड महामारी के कारण कई हफ़्तों तक पटना वाले घर में बन्द रहने के दौरान स्वर्गीय पिताजी के काग़ज़ात देखे तो इन दिनों लिखी गईं उनकी तीन कहानियों पर नज़र पड़ी, तीनों में मेरी स्थिति के साथ अद्भुत साम्य था। मेरा दिल तड़प गया। मुझे तो बस यही याद था कि इन दिनों वे गुस्से में कितने बिफरे रहते थे। इन कहानियों को पढ़ने से समझ आया कि अपनी पहली सन्तान के सिर पर टूटे पहाड़ ने उन्हें अन्दर ही अन्दर कितना तोड़ दिया होगा।

*

राओ'ज़ स्टडी सर्किल जाना शुरू किया तो श्रीमान राओ ने मुझसे लम्बी और विस्तृत बातचीत की, वे जानना चाहते थे कि मैं यह परीक्षा देना क्यों चाहती हूँ। मैंने खुलकर आपबीती सुनाई तो उन्होंने बहुत प्रोत्साहन दिया और पढ़ने के लिए किताबों की लम्बी सूची दी जिसमें अन्य किताबों के अतिरिक्त गांधी, भारत के संविधान व हिन्दू संस्कृति पर पुस्तकें थीं। उन्होंने आग्रह किया कि मैं प्रतिदिन कम से कम दो समाचारपत्र—द *टाइम्स ऑफ़ इंडिया* और द *स्टेट्समैन*, विशेष तौर पर सम्पादकीय—अवश्य पढ़ा करूँ ताकि प्रत्येक मुद्दे पर मुझे सन्तुलित दृष्टिकोण मिले। संघ लोक सेवा आयोग की परीक्षा कभी

मेरे क्षितिज पर नहीं रही थी तो वे चाहते थे कि पहले मैं नींव पक्की कर लूँ और उसके बाद विषयों के प्रश्नपत्रों की ओर मुड़ूँ।

मुझे याद है सामान्य अंग्रेज़ी के प्रश्नपत्र के लिए 150 शब्दों का संक्षिप्त-सा सारांश पहली बार लिखने में छह घंटे लग गए थे। पूरा जीवन तो मुझे एक अच्छी गृहिणी बनने का प्रशिक्षण दिया गया था, अब प्रतियोगी परीक्षा की पढ़ाई मेरे लिए अत्यन्त चुनौतीपूर्ण थी। इसके लिए बहुत मानसिक अनुशासन चाहिए था। श्रीमान राओ बहुत सख़्ती से काम लेते और मेरी प्रगति पर उनकी हमेशा पैनी नज़र रहती थी। वहाँ मैंने कड़ा परिश्रम किया। आज जब मैं युवा प्रत्याशियों से बात करती हूँ तो मेरी सलाह यही रहती है कि हो सके तो किसी कोचिंग इंस्टीट्यूट में अवश्य जाएँ। राओ'ज़ स्टडी सर्किल में पाए मार्गदर्शन व काम करने की जो सुव्यवस्थित पद्धति मैंने वहाँ सीखी, वह मेरे लिए अनमोल सिद्ध हुए हैं।

जुलाई, 1973 में मैंने अंग्रेज़ी में एम.ए. करने के लिए दिल्ली विश्वविद्यालय के इन्द्रप्रस्थ महिला महाविद्यालय में प्रवेश ले लिया। इससे बाबूजी बहुत प्रसन्न तो नहीं थे, परन्तु जब छोटी बहन मिनी ने इसी कॉलेज में—जिसे सब आई.पी. कॉलेज नाम से जानते थे और जो मिरांडा हाउस और लेडी श्रीराम की तुलना में अधिक परम्परावादी था—दाख़िला लिया तो उन्हें कुछ राहत मिली कि हम दोनों वहाँ साथ होंगे और एक-दूसरे की देखभाल करेंगे।

मैं हौज़ ख़ास में बड़का बाबूजी के यहाँ ठहरी और कॉलेज आने-जाने के लिए बाबूजी ने—जो मेरी सुरक्षा को लेकर कुछ ज़्यादा ही संवेदनशील थे—ड्राइवर सहित एक कार पटना से भेज दी। जी हाँ, इतने ज़्यादा संवेदनशील! मिनी को इस हद तक पाल-पोस स्वीकार नहीं थी। वह सीधी हॉस्टल में चली गई। कुछ महीनों में मुझे भी समझ आ गया कि आने-जाने में मेरा बहुत समय व्यर्थ जा रहा है और मैं बहुत कुछ—साथ मिलकर पढ़ने, दोस्ती करने, मस्ती करने से वंचित रही जा रही हूँ। दूसरा सेमेस्टर आया तो मैं भी हॉस्टल चली गई—यह मेरे लिए बहुत बड़ा और बहादुरी भरा क़दम था।

*

हॉस्टल की दुनिया एकदम अलग, एकदम नई थी : आत्मविश्वास से लबालब, बेफ़िक्र नवयुवतियाँ जो चाहे पहनतीं, जहाँ चाहे जातीं, सिगरेट पीतीं, शराब

पीतीं, कस कर पार्टी और पढ़ाई करतीं और अपना जीवन कैसे जिएँ, यह बताने की किसी को इजाज़त न देतीं। हमारा पी.जी. हॉस्टल मिरांडा हाउस के पिछले फाटक के सामने पड़ता था। मिरांडा हाउस की छात्राओं की आवाजाही, उनके इन्तज़ार में खड़े लड़के और लड़के-लड़कियों के बीच का उन्मुक्त मेलजोल देख मुझे मज़ा भी आता और अचम्भा भी होता।

यह 1970 का दशक था जब बॅलबॉटम, पोल्का डॉट, पैंटसूट और बड़े-बड़े काले चश्मों का चलन था। और इस सब के बीच मैं थी—साड़ी पहने, अपनी सांस्कृतिक भिन्नता से भौचक्की। बाबूजी का आदेश था कि शादी के बाद मैं केवल साड़ी पहनूँ। मैंने कभी इसका विरोध भी नहीं किया।

अपने लजीले स्वभाव से बाहर निकल मैंने आई.पी. कॉलेज में दो बहुत अच्छी सखियाँ बनाईं—कोलकाता (तब कलकत्ता) की भारती पांडे और चेन्नई (तब मद्रास) की राधा सरमा। हम तीनों के जुड़ने का एक कारण यह था कि हम दिल्ली विश्वविद्यालय के स्नातक नहीं, बाहरी थे। मुझे लगता कि दिल्ली विश्वविद्यालय की घमंडी लड़कियाँ नाक हरदम ऊँची रखती है और दूसरे विश्वविद्यालय से आई छात्राओं को नीची नज़रों से देखती हैं।

राधा को याद है कि दि. वि. के पहले दिन वह 'सहज और शालीन ढंग से साड़ी पहने बहुत लम्बे बालों वाली लड़की' को खोज रही थी। राधा की बहन सुधा ने, जिससे मैं संयोगवश ही पहले आर्ट्स फैकल्टी के गलियारे में टकरा गई थी, इसी प्रकार मेरा वर्णन किया था। 'अब भी मुझे तुम्हारा वह पुराने दिनों वाला आकर्षण याद है, तुम्हारे हर काम में सुरुचि झलकती थी, अब भी झलकती है,' राधा अक्सर मुझसे कहती है।

राधा, भारती और मैं थोड़ी-बहुत विशेष सुविधा-प्राप्त पृष्ठभूमि से थे। पहली बार अपनी-अपनी सुरक्षित चौहद्दियों से दूर, हॉस्टल में रहने का सलीका सीखते, अपनी साज-सँभाल ख़ुद करते हमारे साझा अनुभवों ने हमारे बीच एक ऐसी मैत्री कायम की जो समय और दूरी की चुनौतियों के बावजूद आज भी बनी हुई है।

उनके साथ से मुझमें इतना आत्मविश्वास तो आ गया कि बस में आ-जा सकूँ, जनपथ पर ख़रीदारी करूँ, कनाट प्लेस में इधर-उधर घूमूँ, बाहर खाने जाऊँ, और वे सारे काम करूँ जो अब तक नहीं किए थे। यहाँ तक कि दिल्ली से पटना तक की रेलयात्रा भी मैं अकेली ही करने लगी।

हम अपने-आप घूमते घामते शहर देखने लगे। भारती ने तो हमें अजनबी

लोगों से लिफ़्ट लेना भी सिखा दिया। लड़कियों को तंग करना, उन्हें छेड़ना दिल्ली की सड़कों पर तब भी आम था। एक बार हम बहुत भरी हुई बस में चढ़े और बीच की जगह में ऊपर लगी छड़ पकड़ कर खड़े हो गए, हर तरफ़ से बेफ़िक्र हम बातें करते जा रहे थे। हमारा स्टॉप आया तो राधा तिरछी हो कर धक्का सा देती हुई दरवाज़े की ओर बढ़ने लगी किन्तु मैं हिल भी न सकी।

पता चला कि पीछे खड़ा व्यक्ति मेरी लम्बी, मोटी चोटी से मुझे पकड़े हुए है। बस में हर कोई खी-खी कर रहा था। राधा भयभीत हो गई।

मैं मुड़ी और सख़्त, शान्त आवाज़ में कहा, 'मेरी चोटी छोड़ दीजिए!'

वह व्यक्ति इतना सकते में आ गया कि चोटी पर अपनी पकड़ ढीली कर दी और मैं बाहर निकल आई। सालों बाद राधा ने मुझसे कहा, 'अब मैं देख पाती हूँ कि एक पुलिसवाली तो तुम्हारे भीतर तभी से है।'

गुर्दे में पत्थर होने से राधा एक बार बहुत बीमार पड़ गई, जब तक उसकी माँ पहुँचीं मैंने बहुत अच्छी तरह उसकी देखभाल की। राधा की माँ बहुत प्यारी, अपनत्व भरी थीं। अक्सर वे आकर हॉस्टल में रहतीं और राधा की देखभाल करतीं। राधा की माँ और बहन के साथ हमारा बहुत गहरा रिश्ता बन गया था। कभी-कभी मेरी बहन मिनी भी आ जाती और हम सब साथ मिलकर कुछ बहुत अच्छा समय गुज़ारते।

मैं ख़ुश थी, बावजूद इसके कि दिल्ली में करने को मेरे हिस्से में कुछ ज़्यादा ही काम आ गए थे, ख़ासतौर पर इसलिए कि मैं बहुत सी परीक्षाएँ भी दे रही थी। सुबह तड़के उठकर, सारे काम ख़त्म कर राओ'ज़ स्टडी सर्किल के लिए छह बजे की बस लेना, वापस आकर एम.ए. की कक्षाओं में जाना, सेमेस्टर परीक्षा की तैयारी, संघ लोक सेवा आयोग का पूरा पाठ्यक्रम पढ़ना और अपने तलाक़ का मुकदमा भी देखना। उन दिनों मैं इतने काम एक साथ कर रही थी कि गिनती भूल गई थी।

मेरे भीतर एक नई चुनौती सिर उठा रही थी।

'बुरे से बुरा आख़िर क्या हो सकता है?' मैं सोचती। इस चुनौती से एक संकल्प जन्म ले रहा था, कि अपने जीवन की बागडोर मैं अपने हाथ में लेकर ही रहूँगी, अपने जीवन को कुछ न कुछ बनाकर ही रहूँगी।

राधा और भारती चकित थीं कि उस छोटी आयु में भी मेरा ध्यान एकदम अपने कैरियर पर और इस बात पर जमा था कि कैसे ख़ुद के पैरों पर खड़ी हो जाऊँ। वे दोनों कोई छोटा-मोटा काम कर लेना चाहती थीं पर मुझे देखकर

उन्हें भी प्रेरणा मिली कि अपना काम अधिक गम्भीरता से लें। विवाह के उपरान्त राधा अमरीका गई जहाँ उसने पी-एच.डी. की और अब वह न्यूयॉर्क विश्वविद्यालय में पढ़ाती है, वहीं भारती ने अपने पति के साथ कई स्थान बदले और अन्ततः सिंगापुर में रहने का निर्णय लिया जहाँ वह सिंगापुर मैनेजमेंट यूनिवर्सिटी में पढ़ाती है।

अलग होने के कुछ माह बाद मेरे परिवार को नोटिस मिला कि पति ने दिल्ली अदालत में अर्ज़ी दाख़िल की है जिसमें मुझ पर दुश्चरित्र, कम पढ़े-लिखे होने और मानसिक रूप से असन्तुलित होने जैसे अनेक लांछन लगाए गए हैं। बाबूजी ने कमर कस ली और कहा कि मुक़दमा लड़ने के लिए वे अपनी पूरी शक्ति लगा देंगे। 'दो ही चीज़ों के लिए मैं पैसा कमाता हूँ : मेरा परिवार और मेरा सम्मान,' उन्होंने कहा।

हमारे वकील ने बताया कि जो आरोप उन्होंने लगाए हैं उन्हें वे सिद्ध तो कर नहीं सकते मगर इसका अर्थ होगा कि हमें तलाक नहीं मिलेगा। तो, उन पर मानसिक क्रूरता का आरोप लगाते हुए हमने अपनी ओर से पटना में एक दूसरा मुकदमा दायर किया। उन दिनों परस्पर सहमति से तलाक नहीं होता था। मुकदमा दायर करना पड़ता था, जीतना पड़ता था और तभी तलाक मिल सकता था। तो क़ानूनी तौर पर पति से मुक्त होने के लिए मुझे दो-दो मुक़दमे लड़ने पड़े।

मुक़दमे लम्बे चले जिसका परिणाम था पढ़ाई के घंटों में कटौती। आख़िरकार पति के परिवार द्वारा मुझ पर लगाए गए आरोप दिल्ली न्यायालय ने ख़ारिज कर दिए और पटना न्यायालय में हमारे द्वारा दायर किए गए मुक़दमे के आधार पर तलाक मिल गया। किन्तु यह पाँच वर्ष बाद हुआ—तब जबकि रा.पु.अ. में मेरा प्रशिक्षण लगभग पूरा हो चला था।

राधा और भारती बताती हैं कि मेरी परिपक्वता, तलाक की कार्रवाई के प्रति उदासीनता और अपने नए पथ के प्रति एकनिष्ठ समर्पण ने उन्हें अचम्भे में डाल दिया था। सबसे पहले राधा ने कुछ आश्चर्य, कुछ अविश्वास के साथ इस ओर ध्यान खींचा कि अपने पूर्व पति के लिए मेरे मन में कोई कटुता नहीं है। मुझे लगता है उसने सही कहा। क्योंकि मैं सही मायनों में अपने अतीत को पीछे छोड़ पाई, इसीलिए एक बेहतर भविष्य की दिशा में आगे बढ़ सकी।

*

संघ लोक सेवा आयोग की परीक्षा के लिए मैंने पूरी लगन और मेहनत से तैयारी की थी परन्तु श्रीमान राओ का विचार था कि 1974 में परीक्षा देने के लिए मैं अभी पूरी तरह से तैयार नहीं। वे चाहते थे कि अगले वर्ष प्रयास करूँ वर्ना परिणाम कहीं मुझे निरुत्साहित न कर दें। लेकिन भारतीय सिविल सेवा में कार्यरत मेरे फूफा जी ने ध्यान दिलाया कि सं.लो.से.आ. की परीक्षा की एक निश्चित आयु सीमा है और उस निर्धारित आयु-सीमा के भीतर उपलब्ध कोई भी अवसर मुझे गँवाना नहीं चाहिए। मैंने हिसाब लगा कर देखा कि 1974 का इम्तहान मैंने अगर न दिया तो 26 वर्ष की आयु से पहले मैं अपने तीनों मौकों का लाभ नहीं उठा पाऊँगी। क्योंकि दिल्ली विश्वविद्यालय में कक्षाओं में उपस्थिति अनिवार्य नहीं थी, मैं उसी दिन पटना के लिए रवाना हो गई ताकि पूरी एकाग्रता से अक्तूबर, 1974 में होने वाली संघ लोक सेवा आयोग की परीक्षा की तैयारी कर सकूँ।

पता चला कि पटना में मेरे पड़ोसी नीरज कुमार भी उस वर्ष सं.लो. से.आ. की परीक्षा दे रहे हैं। मेरा परिवार उनके परिवार के साथ भलीभाँति परिचित था। मुझे ख़ुशी हुई कि कोई एक है जिसके साथ मैं परीक्षा की तैयारी के विषय में चर्चा कर सकती हूँ।

पहली ही कोशिश में परीक्षा पार कर ली तो मैं जैसे थोड़ा सकपका सी गई! नए सिरे से आत्मविश्वास जागा—न केवल मुझमें बल्कि मेरे परिवार के सदस्यों में भी—जो अब तक कैरियर के मेरे चुनाव का समर्थन करने लगे थे। लेकिन साक्षात्कार में मुझे छाँट दिया गया। निराशा तो हुई परन्तु परीक्षा उत्तीर्ण कर लेने का उत्साह भी था और मैं नए जोश के साथ अगले साल परीक्षा देने की तैयारी करने लगी।

1975 में मैंने स्नातकोत्तर की उपाधि पाई, दिल्ली विश्वविद्यालय में व्याख्याता पद के लिए कुछ इंटरव्यू दिए और पटना के लिए रवाना हो गई, ताकि अगले साल की सं.लो.से.आ. की परीक्षा की तैयारी जारी रख सकूँ।

और तब बाढ़ आ गई।

सितम्बर, 1975 में, दूसरी बार संघ लोक सेवा आयोग की परीक्षा देने के करीब एक महीना पहले, पटना में विनाशकारी बाढ़ आई। नीचे की मंज़िल का अपना घर छोड़ हमें ऊपर पहली मंज़िल पर मौसेरी बहन रंजना के घर रहने जाना पड़ा। न बिजली, न पानी, न मेरे पढ़ने की कोई जगह। पटना के

स्थान पर परीक्षा केन्द्र दिल्ली में करने के लिए मैंने संघ लोक सेवा आयोग में आवेदन किया जो स्वीकार हो गया।

जाने के दिन किराए की एक नाव मुझे, मेरी किताबों सहित रेल स्टेशन तक लेकर गई। छोटी बहन रेशमा तब दिल्ली में भारतीय जनसंचार संस्थान में पढ़ रही थी। उन दिनों वह मेरे लिए एक बड़ा सम्बल बन कर रही। पढ़ने में सहायता करती, प्रोत्साहित करती यहाँ तक कि दो प्रश्नपत्रों के बीच परीक्षा केन्द्र तक खाना और फलों का रस भी ले आती।

बावजूद सारी बाधाओं और आपदाओं के मैंने दूसरी बार भी परीक्षा उत्तीर्ण कर ली। 1976 के ग्रीष्म की एक सुबह साक्षात्कार का दिन आया। मन में घबराहट तो थी पर आत्मविश्वास भी था और तैयारी भी बेहतर थी।

साक्षात्कार में मुझसे इतिहास, भूगोल व बिहार विषयक प्रश्न पूछे गए। मुझे लगा सब ठीक ही हो रहा है। तभी इंटरव्यू पैनल में बैठी प्रख्यात पत्रकार व भोजन स्तंभकार अमिता मलिक ने प्रश्न किया, 'आपने लिखा है आपको भोजन पकाने का शौक भी है। क्या पकाना पसन्द है?'

'मै'म मैं कॉन्टीनेन्टल पकवान बनाती हूँ।'

'किसी एक कॉन्टीनेन्टल डिश का नाम बताइए जो आप बना सकती हैं।'

'जी रशियन सैलेड बना सकती हूँ मै'म।'

'पूरी विधि क्रमवार बताइए।'

अब ऐसी लड़की के लिए, जिसकी पाकशिक्षा उसकी माँ, नानी और ममिया दादी ने मिडिल स्कूल से ही प्रारम्भ कर दी हो, यह प्रश्न कुछ ज़्यादा ही सरल था। मैंने बिना रुके आत्मविश्वास और स्पष्टता के साथ उत्तर दिया।

पर एक सामग्री के विषय में सुश्री मलिक अधिक विस्तार से जानना चाहती थीं। 'अब यह बताइए कि मेयोनीज़ कैसे बनाते हैं?'

सीनियर कैम्ब्रिज व कॉलेज के बीच के अन्तराल में माँ ने मुझे गृहस्थ कला में सुघड़ बनाने के लिए दिल्ली भेजा था और बुआ ने मुझे श्रीमती बलबीर सिंह की प्रसिद्ध पाक-कक्षाओं में दाख़िल करा दिया था, जहाँ मैंने मेयोनीज़ बनाना सीखा था। पैनल के सामने मैंने पूरी प्रक्रिया बिन्दुवार समझाई। सुश्री मलिक सहित सारा पैनल मेरे उत्तर से सन्तुष्ट नज़र आ रहा था।

जैसा कि मैं अक्सर कहती हूँ जीवन में कोई भी शिक्षा कभी व्यर्थ नहीं जाती!

पैनल को धन्यवाद देकर मैं राहत की साँस लेते हुए कमरे से निकल ही रही थी कि पुलिस अधिकारी से दिखते एक बड़े और तगड़े से सज्जन गूँजती

आवाज़ में चिल्लाए, 'रुकिए, रुकिए... मेरा एक और प्रश्न है।' मैं वहीं थम गई।

'मैं आपसे किसी पर गोली चलाने को कहूँ तो क्या आप चलाएँगी?' उनका सवाल था।

मैं सकते में थी।

'एक अपराधी भागा जा रहा है और आपसे मैं उसे गोली मारने के लिए कहूँ तो आप मारेंगी?' उन्होंने फिर, कुछ उद्धत भाव से पूछा।

धड़-धड़ करते दिल के साथ मैंने क्षण-भर को अपने उत्तर के बारे में सोचा, 'क़ानून इजाज़त देगा तो मार दूँगी'। शान्त स्वर में मैंने कहा।

उन्होंने कहा मैं जा सकती हूँ।

परिणाम घोषित हुए; मैं इंटरव्यू में चुन ली गई थी! किन्तु चुनाव भारतीय प्रशासनिक सेवा—जो कि हम सब मेरे लिए चाहते थे—में न होकर भारतीय पुलिस सेवा के लिए हुआ था। शायद आख़िरी सवाल निर्णायक सिद्ध हुआ था। यह बाद में पता चला कि पुलिस अधिकारियों को गोली चलाने की खुली छूट नहीं होती किन्तु कुछ विशिष्ट, आत्यंतिक परिस्थितियों में गोली चलाने की इजाज़त क़ानून देता है। तो मेरे उत्तर ने पैनल पर अपनी छाप छोड़ी होगी।

परीक्षा देने और भारतीय प्रशासनिक सेवा में आने का एक मौक़ा मेरे पास था तो 1976 में मैंने फिर परीक्षा दी परन्तु इस बार लिखित परीक्षा ही पार नहीं कर पाई तो फिर इंटरव्यू की तो बात ही क्या!

पर भारतीय पुलिस सेवा का प्रस्ताव अब भी था।

विचित्र है कि कैसे कुछ भविष्यवाणियाँ सच निकल आती है। मैं अभी बच्ची ही थी जब एक ज्योतिषी ने मेरा हाथ देखकर कहा था 'इसके हाथ में बहुत पावर है।' हमारी पुरानी नौकरानी आश्वस्त थी कि मेरी शादी ज़रूर एक धनवान, ज़मींदार परिवार में होगी। मैं जब यू.पी.एस.सी. परीक्षा की पढ़ाई कर रही थी तो मेरी बहन रेशमा के तत्कालीन बॉस ने भविष्यवाणी की थी कि मैं एक सत्ता वाले पद पर पहुँचूगी, हालाँकि भारतीय प्रशासनिक सेवा अधिकारी के रूप में नहीं। उन्हें यकीन था कि मैं आयकर सेवा में जाऊँगी।

किसी ने कभी सोचा भी नहीं था कि लजीली, सुकुमार मंजरी की नियति में उस सेवा में जाना लिखा है जिसके हाथों 'पावर' का इस्तेमाल अपने सबसे शाब्दिक अर्थ में होता है।

बाबूजी यह स्वीकार नहीं कर पा रहे थे कि मैं पुलिस सेवा में काम करूँगी। 'यह दारोग़ा का नौकरी है, तुम कैसे करोगी?' अविश्वास के साथ

उन्होंने पूछा। सुकुमारी बिटिया सिपाहियों और अपराधियों के बीच कठोर, कष्टकर जीवन जिएगी, यह सोच कर ही उनके अन्तस में बैठा संरक्षक पिता सिर उठा लेता। वे चाहते थे मैं पटना वाले घर की सुरक्षित चारदीवारी के भीतर रहूँ और लेक्चरर बन जाऊँ।

मगर मैं थी कि कड़ी मेहनत के बाद पाए इस अवसर को बस दोनों हाथों थाम लेना चाहती थी। मित्र नीरज कुमार का चुनाव भी केवल भारतीय पुलिस सेवा के लिए हुआ, उन्होंने कहा वे इसे स्वीकार रहे हैं। मुझे लगा अगर वे भारतीय पुलिस सेवा अधिकारी बन सकते हैं तो मैं क्यों नहीं?

अन्ततः बाबूजी को उनके चाचाजी और बिहार पुलिस के पूर्व महानिरीक्षक (आई.जी.) श्री आर.ए.पी. सिन्हा ने मना ही लिया कि मुझे जाने दें। वह शाम मुझे स्पष्ट याद है। बिजली कटी हुई थी और बाबूजी को भाषण देते हुए उनके चाचा जी अँधेरे बरामदे में दाएँ-बाएँ टहल रहे थे।

'शिवाजी, क्या बेवकूफ़ी कर रहे हो? किरण बेदी को देखो, राजपथ पर मार्च कर रही है। तुम क्यों मंजरी को रोक रहे हो? इतना अच्छा किया है उसने, उसे जाना चाहिए।'

उनके शब्दों ने बाबूजी पर बहुत गहरा प्रभाव डाला। सोचती हूँ किरण बेदी मै'म अगर 1972 में भारतीय पुलिस सेवा की प्रथम महिला अधिकारी न बनी होतीं, तो क्या वे मुझे जाने की अनुमति देते। मैं हमेशा कहती हूँ कि क्योंकि किरण बेदी भारतीय पुलिस सेवा में आईं इसीलिए मैं भी आ सकी।

एक अन्य व्यक्ति जिसने बाबूजी के निर्णय को मेरे पक्ष में बदलने में मदद की वे थीं हमारे एक अन्य सम्बन्धी, पूर्व महानिरीक्षक श्री सुचित अखौरी की पत्नी। घर आकर उन्होंने अम्मा-बाबूजी को समझाया कि पुलिस सेवा बहुत सुरक्षित है क्योंकि पुलिस अधिकारियों को उनकी रक्षा के लिए पुलिसकर्मी दिए जाते हैं। यह इन सीधे-सरल और व्यावहारिक शब्दों की ताकत थी जिसने पलड़ा मेरी ओर झुका दिया।

मुझे छोड़ने अम्मा-बाबूजी दिल्ली तक आए और अलग होते वक़्त हम सब अत्यन्त भाव-विह्वल हो गए। मुझे जाने दें कि न जाने दें, सोच-सोच कर बाबूजी रोने लगे और मैं भी अपने आँसू न रोक पाई। मेरी जैसे फिर एक बार बिदाई हो रही थी। 'बस देख के वापस आ जाना, हाँ?' आँखों में आँसू भरे मेरे चिन्ताग्रस्त बाबूजी ने कहा।

तब तक मुझे भी भारतीय पुलिस सेवा में बने रहने की अपनी सामर्थ्य पर सन्देह होने लगा, हालाँकि पुलिस अकादमी के कैम्पस को 'बस देख के वापस' आ जाने के लिए वहाँ जाने का उत्साह अब भी था।

सुनने में आया था कि भारतीय पुलिस सेवा में जो एक दो लड़कियाँ चुनी भी गई थीं, वे प्रशिक्षण की दु:साध्यता के कारण उसमें गई नहीं। स्वीकारना होगा कि आने वाली कठिन ज़िन्दगी को लेकर मैं भी आशंकित थी। इस सम्भावना से चिन्तित भी थी कि अपने बैच में मैं ही एकमात्र लड़की रहूँगी।

नागपुर स्थित राष्ट्रीय नागरिक सुरक्षा महाविद्यालय (नेशनल सिविल डिफ़ेंस कॉलेज) पहुँच कर मैंने बाबूजी को ख़ुशी से भरा तार भेजा—मेरे बैच में छह लड़कियाँ हैं।

छह! मैं कहीं जाने वाली नहीं थी।

5

पुनर्जन्म

'तुम मेरे बेटे के जूतों के फ़ीते बाँधने के काबिल भी नहीं हो।'

एक समय था जब इन शब्दों की याद भर मुझे रुला देती थी। लेकिन रा.पु.अ. के अपने कमरे में, टखनों तक के अपने भूरे, भारी-भरकम जूतों का फ़ीता बाँधते हुए इस अप्रिय घटना की याद मेरे चेहरे पर केवल एक मुस्कान ले आई। मैं अब भारतीय पुलिस सेवा की अधिकारी थी जिसका दर्जा उस राज्य पुलिस सेवा से, जिसमें मेरे पूर्व श्वसुर कार्य करते थे, कहीं ऊँचा था। जीवन कितना अनूठा, कितना अप्रत्याशित, कितना सुन्दर हो सकता है, बस हमें ख़ुद को कुछ मौके देने होते हैं।

अकादमी में मेरा होना कुछ तो ऐसे ही एक मौके का और साथ में मेरे कई महीनों के कड़े परिश्रम का फल था। हैदराबाद की सरदार वल्लभभाई पटेल रा.पु.अ. मेरे लिए बहुत ख़ास है क्योंकि यहीं मेरा दोबारा जन्म हुआ।

इसके पहले 13 नवम्बर, 1976 को मैं नागपुर स्थित राष्ट्रीय नागरिक सुरक्षा महाविद्यालय पहुँची थी जहाँ हमें हैदराबाद के लिए निकलने से पहले पन्द्रह दिन का प्रशिक्षण लेना था।

कमरे में मेरे साथ केरल से आई लतिका धर रहती थी। बलिष्ठ, आत्मविश्वासी, मिलनसार—सारा जीवन वह हॉस्टल में रही थी जो हालाँकि मेरे जीवन की तरह कतई नहीं था पर हम दोनों में सहज ही अच्छी बनने लगी। यह मैत्री और भी गाढ़ी हो गई जब उसे मलेरिया हुआ और मैंने उसकी देखभाल की। भोपाल से आई आशा गोपाल के साथ भी मैत्री हो गई। और आन्ध्रप्रदेश की ओ. छाया, दिल्ली की रेणुका भाटिया, और तमिलनाडु की जी. तिल्कावती भी थीं। हम सभी लड़कियाँ हरदम साथ रहा करतीं, सिवाय

तिल्कावती के जिसकी तमिलनाडु से आए लड़कों के बीच मित्रों की अपनी अलग ही टोली थी। मेरी दृष्टि में तिल्कावती असाधारण थी, वह न केवल विवाहित थी, दो बच्चों की माँ भी थी।

नागपुर में हमने नागरिक-रक्षा (सिविल डिफ़ेंस), गृह-रक्षक (होम गाड्‌र्स), प्राथमिक-चिकित्सा (फर्स्ट एड) के बारे में सीखने के अलावा यह भी सीखा कि नागरिक प्राधिकारियों के साथ जुड़कर काम कैसे करना है। दो सप्ताह बाद 106 प्रशिक्षणार्थी का हमारा पूरा बैच सिकन्दराबाद जा रही एक यात्री रेलगाड़ी में बैठा दिया गया। रेलगाड़ी बहुत ही धीमी थी और लग रहा था कभी पहुँचेगी ही नहीं। शायद वह अब आख़िरकार अकादमी को देख पाने की मेरी आतुरता थी जो मुझे ऐसा लगा।

देर शाम हम सिकन्दराबाद पहुँचे। हमारा स्वागत एक लम्बे-तगड़े पुलिस हवलदार मिश्रा जी ने किया। सामान पुलिस बसों की छतों पर लाद दिया गया और हम शिवरामपल्ली स्थित पुलिस अकादमी के लिए निकल पड़े। हैदराबाद और सिकन्दराबाद से गुज़रते वक़्त पूरी तरह जगमग करते यह दोनों जुड़वा शहर कितने सुन्दर दिख रहे थे। हैदराबाद—बैंगलोर राजमार्ग आया तो लगा जैसे मीलों तक अँधेरे में डूब गए, जब तक कि दूर झिलमिलाती अकादमी की बत्तियाँ न दिख गईं। हमने मशहूर मीर आलम टैंक, जो बाद में हमारे लिए उस जगह की निशानी बन गया, पार किया और अकादमी के प्रतिष्ठित फाटक के भीतर प्रवेश किया।

बस से उतरने पर हमने कड़े पुलिस अनुशासन का पहला स्वाद चखा। चीफ़ ड्रिल इंस्ट्रक्टर (सी.डी.आई.) मिश्रा जी ने कड़क आवाज़ में पंक्ति बनाने के निर्देश दिए। सामान उतारा गया, पहचान की गई और सहायता कर्मियों द्वारा कमरों में पहुँचा दिया गया। उनकी कार्य क्षमता ने मुझे काफ़ी प्रभावित किया।

भोजन कक्ष भी काफ़ी प्रभावशाली और आकर्षक था, पूरे फ़र्श पर कालीन बिछा था और दीवार पर सरदार वल्लभभाई पटेल की बड़ी-सी तस्वीर थी। स्वतंत्र भारत में भारतीय पुलिस सेवा के लिए एक प्रशिक्षण अकादमी की स्थापना की जाए, यह उन्हीं के मस्तिष्क की उपज थी और 1974 में जब यह अकादमी माउंट आबू से हैदराबाद लाई गई तो इसका नाम भारत के लौह पुरुष के नाम पर रखा गया।

*

रा.पु.अ. में हम सब के पास अपने अलग कमरे थे जिनके साथ बाथरूम संलग्न थे—दिल्ली विश्वविद्यालय के साझा शौचालयों के बाद यह तो बड़ा ठाठ था। मुझे कमरा नम्बर 4 दिया गया था।

अगले दिन हमें वहाँ का लम्बा-चौड़ा परिसर घुमाया गया। मौसम सुन्दर था, परिसर और भी सुन्दर लग रहा था। 227 एकड़ की ऊँची-नीची सतह पर फैला परिसर—यहाँ-वहाँ चट्टानों के झुरमुट जो कि हैदराबाद की भौगोलिक विशिष्टता है, खुले स्थानों के बीच उगे पेड़ और फूलों से खिली झाड़ियाँ—वहाँ से उठता स्पन्दन मुझे भीतर तक छू गया। मैं पहले कभी ऐसे किसी स्थान पर नहीं रही थी और ख़ुश थी कि अपनी बात पर अडिग रही और यहाँ आने का अवसर खोया नहीं।

नागपुर से ही हमारे साथ ऐसा व्यवहार हो रहा था मानो हम छात्र नहीं अधिकारी हैं। हर सुबह कमरे में चाय आती, वर्दी धो कर इस्त्री कर दी जाती, भारतीय पुलिस सेवा के भोजन-कक्ष में हमारे लिए सलीके से भोजन परोसा जाता।

1972 से 1975 तक प्रत्येक बैच में मात्र एक महिला प्रशिक्षणार्थी थी। हमारे बैच में छह थीं। तो पहली बार हमारे लिए एक महिला अर्दली रखी गई। माउंट आबू से आई गणेशी बहुत कुशल थी। वह हमारे कमरे साफ़ करती, सुनिश्चित करती कि हमारी कई जोड़ी वर्दियाँ हरदम तैयार रहें, साथ ही हमारी छोटी-मोटी निजी ज़रूरतों का ख़याल भी रखा करती। हॉस्टल के कड़े जीवन के बाद यह बहुत बड़ा आराम था!

सही मायनों में कठोर अनुशासन एक दिन बाद शुरू हुआ जब प्रातः 6:25 बजे पंक्तिबद्ध होकर मैदान में पहुँच जाने के आदेश मिले। मार्च करते हुए हम परेड मैदान पहुँचे। अपेक्षा थी कि सुबह का आरम्भ हम भागते हुए मैदान के छह चक्कर लगा कर करेंगे। मैदान का आकार देख मेरी आँखें तो जैसे बाहर ही निकल आईं। फ़ुटबॉल ग्राउंड से भी बड़ा था! प्रमुख ड्रिल अनुदेशक (सी.डी.आई.) मिश्रा जी ने कहा हम दो चक्कर से शुरू करें और धीरे-धीरे छह तक पहुँचें।

हमारी पी.टी. वर्दियाँ अभी तक नहीं पहुँची थी तो हमसे कहा गया कि वही कपड़े पहन लें जो आमतौर पर व्यायाम करते वक़्त पहनते हैं। मेरे पास ऐसा कुछ था ही नहीं। बस साड़ियाँ थीं। भाग्य से दो जीन्स और एक टॉप रख लिया था। उसी से काम चलाया। बाद में वर्दियाँ आने पर सब बहुत उत्साहित

हो गए। खाकी पतलून, कमीज़, पीक्ड टोपी और बूट पहनने में कितना गर्व था। मुझे बहुत अच्छा लग रहा था। वर्दी सबको बराबरी पर भी ला खड़ा करती थी, स्वयं को मैं अन्य सब के समान अनुभव कर रही थी।

हमारी स्क्वॉड के छोटे उस्ताद, ट्रेनर जोज़फ़ क्रिस्टोफ़र अत्यन्त सख़्त थे और छोटी से छोटी बात का ध्यान रखते थे। मैंने देखा पी.टी. और परेड के दौरान अपने बाल ऊपर रखना मेरे लिए मुश्किल हो जाता है; लम्बे भारी बाल हमेशा खुल जाते और वे कड़ाई से मेरा ध्यान इस ओर दिलाते हुए उन्हें बाँधने को कहते। बालों को कैसे सँभालूँ, यही सोच-सोच मैं तनाव में आ जाती थी; मुझे लगता वे हमेशा मेरे पीछे पड़े रहते हैं। बाद में समझ आया कि वे दयालु व्यक्ति हैं, बस इतना चाहते हैं कि मैं साफ़-सुथरी दिखूँ।

पुलिस प्रशिक्षण अनेक ऐसे कौशल सिखाने का प्रयास करता है जो पुलिस-कार्य को दक्षता के साथ करने में हमारे सहायक हों। इस प्रशिक्षण की एक बुनियादी बात है कि अपनी और दूसरों की रक्षा के लिए हमें मन और शरीर से मज़बूत बनाया जाए। आगामी जीवन के लिए तैयार करने के लिए अकादमी हमें प्रातः साढ़े पाँच बजे से लेकर रात साढ़े दस बजे तक पैरों पर खड़ा रखती थी। संघ लोक सेवा आयोग ने मुझे चिकित्सकीय दृष्टि से स्वस्थ माना था किन्तु मैं भलीभाँति जानती थी कि कड़ा शारीरिक श्रम मैं नहीं कर पाऊँगी। मुझे अब वह सारे शारीरिक व्यायाम करने थे जिनसे बचने के लिए मैं बचपन में हर सम्भव बहाना बनाती थी, बल्कि उनसे भी कहीं अधिक—परेड करनी थी, उपकरणों के साथ व्यायाम करना था, रस्सी की चढ़ाई, चट्टान की चढ़ाई...एक अन्तहीन सूची थी।

सूजे पाँत, दुखती पिंडलियाँ, धमकते कन्धे...ऐसी शारीरिक पीड़ा मेरे लिए अनजानी थी। लेकिन मैं भरसक कोशिश करती रही और हमारे उस्तादों ने मेरी कोशिश को सराहा भी। यह देखकर भी राहत मिलती कि कुछ पुरुष प्रशिक्षणार्थी भी संघर्ष कर रहे हैं। थोड़ा थोड़ा कर के मेरी शारीरिक क्षमता व शक्ति बढ़ने लगी।

मानसिक तौर पर मैं बिलकुल स्वस्थ थी। बल्कि खिल रही थी। बाहर भले ही दम निकल जाता रहा हो, हार मैंने कभी नहीं मानी। अकादमी में मैंने कभी खिन्न अनुभव नहीं किया, न ही कभी पछताई कि यह कहाँ फँस गई। मैं उत्साहित थी, अनुभव करती थी कि रोज़ कुछ नया सीख रही हूँ, कुछ नया हासिल कर रही हूँ।

राइफ़ल लेकर परेड करना एक अभूतपूर्व अनुभव था। जब तक .303 राइफ़ल उठाई नहीं थी, मालूम नहीं था कि इतनी भारी होती है! मुश्किल से ही उठा पाई थी, और उठाकर मार्च करना तो और भी मुश्किल था। लग रहा था जैसे बाँहें कंधे से उखड़ कर ज़मीन पर गिर जाएँगीं। पर प्रशिक्षण के अन्त तक राइफ़ल बिलकुल भी भारी नहीं लग रही थी, लगता था जैसे मेरी बाँह का ही विस्तार है।

हमारे बैच में छह महिलाएँ थीं और सौ से ऊपर पुरुष। स्कूल से लेकर विश्वविद्यालय तक मैं केवल लड़कियों के साथ ही रही थी, अब निरन्तर पुरुषों की निकट उपस्थिति से मैं सहमी-सी थी। पर मुझे तुरन्त अपना संकोच उतार फेंकना पड़ा। बैच की छह लड़कियों को भिन्न प्रशिक्षण गुटों में भेजा गया जहाँ हमें सब कुछ करना होता था। तो, कंधे से कंधा मिलाकर मार्च करनी हो, निहत्थे मुक़ाबले का अभ्यास करना हो, या तैराकी सीखने के लिए ताल में उतरना हो, मुझे यह सब कुछ अपने गुट के साथियों के साथ करना पड़ता था जो सब के सब पुरुष थे। सारे उस्ताद भी पुरुष थे।

तैराकी सीखना दोगुनी चुनौती थी। न केवल मुझे पुरुषों के साथ तैरने की अपनी झिझक को जीतना पड़ा, पानी के लिए अपने भय पर भी जीत हासिल करनी पड़ी। हमें कार चलाना भी सिखाया गया और उसमें तो हम सभी पारंगत होना चाहते थे। किन्तु हमारा प्रशिक्षण केवल कार चलाना सीखने तक सीमित नहीं रहा। गाड़ी के प्रत्येक पुर्ज़े की जानकारी दी गई, साथ ही टायर बदलना और छोटी-मोटी गड़बड़ियाँ दूर करना भी सिखाया गया।

भारतीय पुलिस सेवा अधिकारी होने के नाते इस बात की सम्भावना कम ही थी कि भविष्य में हमें कभी ये सारे काम करने पड़ेंगे लेकिन अकादमी का विश्वास सर्वांगीण प्रशिक्षण व विकास में है। सम्भव है कि ये कार्य करने के लिए अधिकारी के पास अधीनस्थ कर्मचारी हों, पर यह भी आवश्यक है कि जो नेतृत्व करे वह आत्मनिर्भर भी हो। मैं तहे दिल से इस विचार से सहमत हूँ। इससे अधिकारीगण, ज़रूरत पड़ने पर, आगे बढ़कर नेतृत्व करने में समर्थ बनते हैं और अधीनस्थों के सम्मान के पात्र भी बन जाते हैं।

बन्दूक़ चलाना सीखना पुलिस प्रशिक्षण की अनिवार्य शर्त है। हर प्रकार का आग्नेयास्त्र—राइफ़ल, हल्की मशीनगन, स्टेनगन, पिस्तौल और रिवॉल्वर चलाना बचपन के सीने-पिरोने, बुनने, खाना पकाने से कोसों दूर एक नया

ही अनुभव था। हमें आग्नेयास्त्रों को खोलना, जोड़ना, साफ़ करना व उनका रखरखाव करना सिखाया गया।

पहली बार राइफ़ल चलाना अत्यधिक रोमांचकारी था। पहले ही प्रयास में जब पाँचों गोलियाँ निशाने पर लग गईं और उस्तादों ने मेरी प्रशंसा की तो लगा जैसे सातवें आसमान पर हूँ। रात को पता चला कि राइफ़ल का धक्का लगने से मेरे कन्धे और हँसली पर नील पड़ गए हैं, पर मुझे इसकी परवाह नहीं थी; मैं अच्छी निशानेबाज़ थी। इसी एक बात के मायने थे।

घुड़सवारी करते लोग एक आम नज़ारा है। पर यह जानकारी आम नहीं कि घुड़सवारी करना कितना दुष्कर है। आप एक पशु को अपने आदेशों का पालन करने पर विवश करते हैं—एक ग़लत चाल और सम्भव है घोड़ा अपने सवार को पीठ से गिरा दे। घोड़ा मनुष्य से कई गुना बलशाली होता है, वह आपको अपनी सवारी करने दे, इसके लिए उसका विश्वास जीतना ज़रूरी है और इस काम के लिए साहस, धैर्य, कोमलता और दृढ़ता आवश्यक हैं। अन्तत: मैं जब घुड़सवारी में माहिर हो गई, मेरा आत्मविश्वास कितना बढ़ गया था!

पुलिस दायरों में आज भी बहस चलती है कि प्रशिक्षणार्थी पुलिस अधिकारियों के लिए घुड़सवारी सीखना ज़रूरी क्यों है; क्षेत्र कार्य में कभी इसकी आवश्यकता तो पड़ती नहीं। बैच के कुछ साथी भी घुड़सवारी सीखने से बचते रहते थे। किन्तु, एक अच्छा सवार बनने और घुड़सवारी की परीक्षा पास कर लेने के बाद से मैंने ख़ुद में एक बड़ा परिवर्तन महसूस किया। मेरे अन्दर भारी आत्मविश्वास पैदा हो गया था। पटना में मैं घुड़सवारी करने की या बाबूजी से इसकी अनुमति पाने की सोच भी नहीं सकती थी। सच तो यह है कि उन दिनों जब बाबूजी का ख़याल आता तो मैं अक्सर मुस्कुरा देती, सोचती कि बन्दूक़ चलाने की बात तो छोड़ ही दें, वे यदि मुझे पुरुष सह-कर्मियों के साथ गुत्थमगुत्था होते, घुड़सवारी करते, कार चलाते देख लें तो क्या कहेंगे!

भारतीय पुलिस सेवा प्रशिक्षण ने मुझे अपने लालन-पालन की कमियों के प्रति बहुत सजग कर दिया। हम क्यों अपनी लड़कियों को किसी खेल में भाग लेने के लिए, बलिष्ठ बनने के लिए प्रोत्साहित नहीं करते? क्यों उन्हें बाहर जाने से रोकते हैं कि उनकी रंगत 'ख़राब' न हो जाए? बेशक सबल शरीर और सुदृढ़ मस्तिष्क तो 'गोरी रंगत' से कहीं अधिक आवश्यक है! मेरी अपनी बेटियाँ तो हुई नहीं परन्तु अब दो नन्ही पोतियों की दादी बन गई हूँ तो

ज़रूर पक्का करूँगी कि वे कम से कम किसी एक खेल में गम्भीरता से आगे बढ़ें जो पूरा जीवन उनका साथ दे।

*

नामी-गिरामी पुलिस अधिकारी, प्रशासक, पत्रकार, राजनेता और वैज्ञानिक अकादमी में आते और वैज्ञानिक मानसिकता के विकास, समाज के कमज़ोर वर्गों के संरक्षण से लेकर राष्ट्रीय सुरक्षा से जुड़ी समस्याओं जैसे विभिन्न विषयों पर हमसे मुख़ातिब होते। मेरे लिए इससे नए वितान खुल गए, जहाँ मेरा परिचय देश के सामने खड़े अति महत्त्वपूर्ण मुद्दों से हुआ। यह एक ऐसा संसार था जहाँ हरदम कुछ न कुछ घट रहा था और मुझसे अपेक्षा थी कि मैं भी इसकी हिस्सेदार बनूँगी।

धीरे-धीरे समझ में आने लगा कि मैं अधिकांश पुरुषों के समकक्ष हूँ। बचपन से मेरे मन में ठीक इससे उलटी बात बैठाई गई थी। भारतीय दंड संहिता तथा फ़ॉरेन्सिक साइंस जैसे इन-डोर विषयों में मेरी जानकारी किसी भी पुरुष सहकर्मी से कम नहीं थी। उँगलियों की छाप उठाने से लेकर रक्त की पहचान करने तक मैं किसी भी अन्य प्रशिक्षणार्थी के बराबर थी। पुलिस कार्य ने मेरे व्यक्तित्व का एक नया पहलू उजागर किया। पुलिस प्रशिक्षण जब पूरा हुआ, मैं पुरुषों के वर्चस्व वाले पुलिस विभाग में पुरुषों के साथ काम करने के लिए तैयार हो चुकी थी। मुझे विश्वास था कि अपनी कमान के अधीन मैं पुरुषों के बड़े समूह से काम लेने में सक्षम हूँ।

अकादमी में जैसे-जैसे महीने बीते, पुरुष भी हम लड़कियों को जिज्ञासा और कौतूहल की नज़र से देखने के स्थान पर अपने में से एक ही समझने लगे। मेरे ख़याल में नयापन ख़त्म हो चुका था। पर इस बात ने उनको शरारत करने से नहीं रोका। मेस नाइट को ऐसी ही एक शरारत का शिकार मैं बन गई।

एक वरिष्ठ पुलिस अधीक्षक—जिनके बारे में कहा जाता था कि पक्के कुँवारे हैं—एक पाठ्यक्रम के सिलसिले में अकादमी आए हुए थे और कहा जा रहा था कि उनकी नज़रें मुझ पर हैं। मुझे ज़रा भी भनक नहीं थी। बैच के कुछ साथियों ने उनके कान में डाल दिया कि मैं भी उन्हें पसन्द करती हूँ और सलाह दी कि 'मेस-नाइट' में लाल टाई लगाकर आएँ ताकि मैं प्रभावित हो जाऊँ। उनकी बात सच मान वे सज्जन चटक लाल टाई में पहुँचे और पार्टी

में मेरे आगे-पीछे घूमते रहे। मैंने उनसे बचने की बहुत कोशिश की लेकिन वे मेरे पास से टले ही नहीं! समझ सकती हूँ कि मेरे साथियों का कितना मनोरंजन हुआ होगा।

स्वभाव से मैं ज़रा संकोची थी और अन्य महिला अधिकारियों के साथ ही अधिक सहज अनुभव करती थी पर अन्ततः कुछ लड़कों के साथ भी मेरी दोस्ती हो ही गई। नीरज कुमार तो मेरे विश्वस्त मित्र बने ही रहे, मेरी मैत्री बी.वी वान्चू के साथ—जो बहुत भरोसेमन्द थे और हर काम सावधानी से करते थे—और प्रवीण महेन्द्रू, चितरंजन सिंह, ए.एस. बेदी, यू.एस दत्त, ए.सी. उप्पल, वाई.जे.के. सिंह और मेरी स्क्वॉड के साथियों वी. राजागोपाल, आर.सी. प्रसाद और यशोवर्धन आज़ाद से भी हो गई। उन दिनों वाई.जे.के. सिंह और वी. राजागोपाल हमेशा साथ रहते थे, ए.सी. उप्पल कक्षा में चक्करदार सवाल पूछ-पूछ कर हमारे क़ानून के इंस्ट्रक्टर को चक्कर में डाल देते थे। दीपक स्वरूप और आर.के. शुक्ला की याद, जो कड़े अनुशासन के उन दिनों में अपने करतबों से हम सब का मन बहलाए रखते थे, चेहरे पर मुस्कान ले आती है।

मेरी कीमत पर बैच के साथियों का एक बार और मनोरंजन हुआ। घोड़ा कुदाते हुए एक दुर्घटना हो गई। घोड़े की काठी की फाली में मेरी दाईं हथेली फँस गई और हथेली को छोटी उँगली से जोड़ने वाली आख़िरी हड्डी टूट गई। असह्य पीड़ा हुई और हाथ पर पलस्तर चढ़ाना पड़ा। घुड़सवारी करना या राइफ़ल लेकर मार्च करना कठिन हो गया।

मुझे चिढ़ाने में बैच के साथी ज़रा भी दया न दिखाते, उनके अनुसार मैं इतनी सुकुमार थी कि मेरी टोपी हाथ पर गिरने से ही हड्डी टूट गई थी। घर पर ऐसा कुछ हुआ होता तो क्या प्रतिक्रिया होती? अम्मा-बाबूजी और नाना-नानी के घर का हर काम थम ही जाता, काफ़ी तमाशा होता। और यहाँ मैं टोपी गिरने से घायल हो जाने की हास्यास्पद बात पर सिर हिला रही थी! मुझे लगता है कि इन अनुभवों ने मुझे पुलिस बल में मेरे जीवन के लिए सच में मज़बूत बना दिया।

हाथ पलस्तर में होने के बावजूद जब मैंने घुड़सवारी की परीक्षा उत्तीर्ण कर ली तो बहुत राहत मिली। तब तक मुझे लगने लगा था कि मैं कुछ भी कर सकती हूँ। सच में अकादमी में मेरा दूसरा जन्म हुआ।

हर कैम्पस की, हर युग की अपनी भाषा, अपने कूटशब्द, अपने ही सं़क्षिप्त रूप होते हैं। हमारे भी थे। एक संक्षिप्त रूप जो विशेष रूप से मेरे

और मेरे कुछ मित्रों के लिए प्रयोग किया जाता था वह था 'केटीपी'—यानी कीन-टाइप-प्रोबशनर—यानी गम्भीर प्रकार के प्रशिक्षणार्थी। क्योंकि हम उनमें से थे जो मन लगा कर पढ़ते-सीखते हैं, जिन्हें 'फ्रंट बेंचर्स' बुलाया जाता है, वे कहते 'यह बिलकुल केटीपी है।' यह विशेषण मेरे साथ मसूरी में हुए फाउंडेशन कोर्स (आधार-पाठ्यक्रम) तक चिपका रहा।

और फिर वह भयंकर 'प्रेमपत्र'! अधिकांश परिसरों में प्रेमपत्र मिलने की प्रतीक्षा रहती है, पर अकादमी में नहीं। कक्षा में या सरकारी डिनर पर कोई देर से पहुँचे, प्रशिक्षण-सत्र में न पहुँचे, ग़लत व्यवहार या कोताही करे तो अगली ही सुबह उपनिदेशक (प्रशिक्षण) का ज्ञापन मिल जाता और अपनी चूक का स्पष्टीकरण देना पड़ता। इन ज्ञापनों को—जिनका प्रभाव हमारे अन्तिम मूल्यांकन पर पड़ता था—हमने प्रेमपत्र का नाम दिया था। तो हम सबको यथाशक्ति कोशिश करनी पड़ती कि यह प्रेमपत्र हम तक न पहुँचे।

स्कूल के समान ही अकादमी में भी मैं सांस्कृतिक गतिविधियों से गहरे जुड़ी रही। पस्त कर देने वाले दिन के बाद भी मैं पूर्वाभ्यास के लिए समय निकाल ही लेती। अकादमी के अनेक आयोजनों में उद्घोषक के काम के लिए सबसे पहले मेरा ही नाम आता। चौबीस घंटों में सब कुछ समा लेने की कोशिश में कई बार भगदड़- सी मच जाती, मन करता काश, समय को किसी तरह और लम्बा खींच सकती!

मगर घड़ी के साथ अपनी इस होड़ में भी मुझे बहुत आनन्द आ रहा था।

*

जनवरी, 1977 में, मेरे प्रशिक्षण के दौरान छोटी बहन रेशमा का विवाह हुआ। विवाह में सम्मिलित होने के लिए तीन दिन का अवकाश मिला। 'उपयुक्त वर' ढूँढ़ने में मेरी भी भूमिका थी, तो इस विवाह में जाने के लिए मैं उत्सुक थी। रेशमा के विवाह को लेकर अम्मा-बाबूजी व्याकुल से रहा करते थे। उन्हें लगता रेशमा 'अधिक उग्र' है और चिन्ता करते कि मेरे दुःखद अनुभव ने उसे विवाह से विमुख कर दिया है।

मुझे यह जान कर बहुत ज़्यादा हर्ष हुआ कि रेशमा का रिश्ता अनिल निगम के साथ तय हुआ है। अनिल जब कैलिफ़ोर्निया विश्वविद्यालय, बर्कले, यू.एस.ए. से दिल्ली आए थे, मैं पहले उनसे बड़का बाबूजी के साथ मिली थी।

रेशमा ने भारतीय जनसंचार संस्थान से जनसंचार पाठ्यक्रम पूरा कर लिया था, कक्षा में प्रथम आई थी और स्वर्ण पदक पाया था। उसके बाद बिहार में 'सर्चलाइट' में और फिर दिल्ली में 'स्टेट्समैन' के साथ काम किया था। और अब झुँझला रही थी क्योंकि जहाँ उसके सारे सहयोगी पत्रकार प्रधानमंत्री इंदिरा गांधी द्वारा घोषित आपातकाल के दौरान अपने जीवन की सबसे बड़ी समाचार-कहानियों में व्यस्त थे, उसे हाथों में मेंहदी रचानी पड़ रही थी, कैलिफ़ोर्निया जाना पड़ रहा था।

प्रशिक्षणार्थी अधिकारी के तौर पर मुझे 1017 रुपये मासिक वेतन मिल रहा था जिसके चलते मैं दिल्ली में बड़का बाबूजी के घर पर कुछ छोटे-मोटे उपहार लेकर पहुँच सकी। अपनी कमाई से बहन के लिए कुछ ख़रीदने की सामर्थ्य ने मुझे अपने भीतर एक नई शक्ति की अनुभूति दी।

विवाह समारोह में पूरा कुटुम्ब उपस्थित था और हर कोई मुझसे अकादमी के जीवन के विषय में पूछ रहा था। 'कैसे सब सँभालती हो मंजरी?' अचरज से वे सवाल करते। सच कहूँ तो ख़ुद को लेकर मुझे बहुत अच्छा लग रहा था। भारतीय पुलिस सेवा में न आई होती तो सम्भवत: होने वाले तलाक ने मुझे एकदम एकान्तवासी बना दिया होता, जबकि बात अब इसके सर्वथा विपरीत थी।

आदत से मजबूर, मैं शादी में भी सुबह पाँच बजे उठ जाती और अन्दर का अफ़सर जाग जाता। पता ही न चला कि कब मैंने शादी के प्रबन्ध में सहायता के लिए बहुत से कामों का दायित्व अपने ऊपर ले लिया। शादी भलीभाँति हो गई और लम्बे अन्तराल के बाद अम्मा और बाबूजी को प्रसन्न देख मन भर आया।

क्या मालूम था कि साल पूरा होते न होते घर में एक और शादी होने वाली है।

6

एक अधिकारी और एक पत्नी

प्रारम्भ में अपने बैच के लड़कों में एक नीरज ही थे जिनके साथ मैं सहज होकर बात कर लेती थी। मज़ाक़ में वे कहते, चूँकि वे भारतीय पुलिस सेवा में आए इसीलिए बाबूजी ने मुझे यहाँ प्रशिक्षण की अनुमति देने की बात भी सोची। दशकों बाद नीरज जब दिल्ली के पुलिस आयुक्त बने तो मुझे बहुत ख़ुशी हुई।

नागपुर से ही ध्यान एक व्यक्ति पर जा रहा था—लम्बे, गोरे, सुदर्शन, आत्मविश्वास से भरे, दिखने में सबसे अलग। वे दिल खोलकर हँसते थे। नहीं जानती थी वे कौन हैं, और न ही पता लगाने वाली थी। मेरी रुचि अब पुरुषों में नहीं रह गई थी, जीवन-भर के लिए पुरुषों से मन हटा देने को एक ही घाव काफ़ी था। तब तो मुझे ऐसा ही लग रहा था।

अम्मा-बाबूजी मेरी दूसरी शादी की चर्चा भी छेड़ते या मेरे लिए आए किसी रिश्ते की बात करते तो मैं बहुत ही असहज हो जाती थी। मेरे दिमाग़ में यह बात आई ही न थी कि मैं—एक तलाकशुदा स्त्री—दोबारा शादी कर सकती हूँ। यह देखकर भी मुझे आश्चर्य होता कि लोग मुझमें दिलचस्पी रखते हैं। मेरे लिए तो मेरे विवाह के अन्त का अर्थ था संसार का अन्त।

पर नियति को तो कुछ और ही मंज़ूर था।

अकादमी में जीवन के एक ढर्रे पर आ जाने के कुछ दिन बाद नीरज ने मेरा परिचय राकेश जारुहार से करवाया जो हमारी ही तरह बिहार से थे और दिल्ली के सेंट स्टीफ़ेंस कॉलेज में नीरज के सहपाठी थे। राकेश वही व्यक्ति थे। उनकी उपस्थिति के प्रति मैं बहुत सजग थी परन्तु जान-बूझकर और पूरे होशोहवास के साथ मन के कपाट बन्द कर रखे थे। रा.पु.अ. में काफ़ी सारे

लड़कों ने मुझमें दिलचस्पी दिखाई थी जो मात्र क्षणिक दिलचस्पी नहीं थी लेकिन मैंने सबसे दूरी बनाए रखी।

मालूम नहीं कब राकेश के सौम्य और मृदु स्वभाव ने मेरे रक्षादुर्ग ढहा दिए। वे जमशेदपुर से थे और अपने परिजनों व सम्बन्धियों के बीच ही हमें ऐसे बहुत से लोग मिल गए जिन्हें हम दोनों जानते थे। अक्सर उनके बारे में हम अपनी जानकारी साझा करते। जमशेदपुर के लोयोला स्कूल में राकेश ने भी मेरे समान जेसुइट मिशनरी शिक्षा प्राप्त की थी। इन सब कारणों से उनके साथ बात करना, उन्हें समझना मेरे लिए बहुत आसान हो गया।

हो सकता है कारण उनकी धीर-गम्भीर उपस्थिति रही हो जो कभी दूसरे पर हावी नहीं होती थी या फिर सबकी परवाह करने वाला उनका शान्त स्वभाव। या बस यह कि मैं उनकी ओर आकर्षित थी, मगर हम नज़दीक आने लगे।

प्रशिक्षण करीब आधा ख़त्म हो चुका था जब मुझे समझ में आया कि उन्हें मैं प्रिय हूँ। तब तक मैं भी उन्हें पसन्द करने लगी थी, पर अब भी सावधान थी कि उन्हें चाहने न लगूँ। और फिर अदालत में मेरा मुक़दमा अब भी चल रहा था; मैं स्वतंत्र नहीं थी।

पूरा जीवन मेरा प्रयास रहा कि लोगों के प्रति न्याय करूँ। किसे मालूम था मेरा मुक़दमा कब ख़त्म होगा, ख़त्म होगा भी या नहीं! मैं नहीं चाहती थी कि उनकी भावनाओं का फ़ायदा उठाऊँ या उनके माता-पिता को, जिन्हें अपने इकलौते पुत्र से बहुत सी आशाएँ रही होंगी, निराश करूँ। क्या यह मेरे लिए उचित होगा कि एक तलाक़शुदा के साथ उन्हें एक ऐसे रिश्ते में बाँध दूँ जो चल नहीं सकता? मगर राकेश अब कहते हैं उन्हें इन सारी बातों से कभी कोई फ़र्क़ नहीं पड़ा।

पूरे प्रशिक्षण के दौरान हम कोशिश करते रहे कि एक-दूसरे के साथ ज़्यादा दिखाई न दें, नहीं तो लोग बातें बनाने लगेंगे। मेरे पूर्व श्वसुर चूँकि एक बड़े पुलिस अधिकारी थे, सब जानते थे, मैं किसकी बहू हूँ, यह भी कि मेरे तलाक़ का मुक़दमा चल रहा है।

'कोर्टशिप के दिनों के बारे में सोचता हूँ तो यही याद आता है कि हम बहुत सावधानी और संयम बरतते थे,' राकेश अब याद करते हैं।

बीच-बीच में मन में सवाल उठता कि क्या मेरे लिए दोबारा शादी करना सम्भव है, वह भी एक भले आदमी के साथ। मैं तो यह भी नहीं जानती थी कि उनके माता-पिता इस शादी के लिए राज़ी होंगे या नहीं। आख़िर हम एक

पुरातनपंथी युग में रह रहे थे और मेरा तलाक़ हो चुका था। यह तो मैं बाद में समझी कि तलाक़ दुनिया का अन्त नहीं होता।

मैं बस यह दोहराना चाह रही हूँ कि किसी भी रिश्ते या शादी का अन्त कितने ही कारणों से हो सकता है। यह जीवन है; भले-बुरे लोगों के साथ भला-बुरा घटता रहता है। अपने जीवन को हम दोबारा खड़ा कर सकते हैं, बेहतर विकल्प चुन सकते हैं। ख़ुद पर हमें इतनी सख़्ती नहीं बरतनी चाहिए।

मई-जून, 1977 के करीब हमें लगभग बीस-बीस के समूह में एक दौरे पर निकलना था, नाम था भारत दर्शन, जिसमें देश के किसी एक भाग के सांस्कृतिक, सामाजिक और राजनीतिक जीवन पर नज़दीकी नज़र डालनी थी, साथ ही उन राज्यों की पुलिस कार्य-प्रणाली से भी परिचित होना था। मैंने दक्षिण-पश्चिम भारत चुना। हम मुम्बई (तब बम्बई), गोआ, बंगलूरू (तब बैंगलोर), ऊटी और चेन्नई (तब मद्रास) के पन्द्रह दिन के दौरे पर निकल पड़े। पर यह कोई सवेतन अवकाश नहीं था। हमारा कार्यक्रम बहुत ज़्यादा व्यस्त था। मुझे तो लगता हम हमेशा किसी न किसी से मिलने की भागदौड़ में रहते हैं—मुख्यालय में महानिदेशक व अन्य अधिकारियों से मिलो, सांस्कृतिक समारोहों में भाग लो, अधीनस्थ पुलिसकर्मियों से मिलो-जुलो, जाकर पुलिस ट्रेनिंग कॉलेज देखो और फिर अगली जगह के लिए रेलगाड़ी पकड़ो। इस सबके बीच ऐतिहासिक व अन्य दर्शनीय स्थलों की सैर भी कराई जाती।

राकेश और मैं एक ही भारत दर्शन दौरे पर थे। यहीं मैंने उन्हें पहली बार अकादमी के अनुशासन के बाहर देखा। अपनत्व से भरपूर, दूसरों को हँसा देने वाली हँसी, हद से अधिक सौम्य, बिना किसी अपेक्षा सबकी सहायता को तत्पर और सबसे ऊपर, दूसरों की बात की समझ। जितना अधिक समय मैं उनके साथ बिताती मेरा यह विश्वास और दृढ़ होता जाता कि उनके भीतर रत्ती भर कुटिलता नहीं। वे मुझे अवसाद और चिन्ता के उस खोल से बाहर निकाल लाए जिसके भीतर मैंने स्वयं को अपना विवाह टूट जाने के बाद से बन्द कर लिया था। भारतीय पुलिस सेवा में आने की उपलब्धि ने जहाँ मेरे जीवन को एक नई दिशा दी थी, वहीं मेरे भावनात्मक दागों पर सिर्फ़ एक पर्दा भर डाल दिया था।

राकेश ने मुझे मुक्त कर दिया।

*

जुलाई 1977 में, जब आधा प्रशिक्षण हो चुका था, हमें हमारे काडर आवंटित किए गए। अकादमी में आने से पहले हमसे फ़ॉर्म भरवाए गए थे जिसमें हमें, हमारा गृहराज्य न मिलने की स्थिति में, राज्य काडर की दो प्राथमिकताएँ देनी थीं। बिहार के बाद मैंने हिमाचल प्रदेश और पंजाब के नाम लिखे थे। दरअसल मैं बिहार लौटना ही नहीं चाहती थी। सुन रखा था कि हिमाचल प्रदेश बहुत शान्तिपूर्ण काडर है। अगली पसन्द थी पंजाब और वह इसलिए कि अपनी स्कूली सहेली शुभा और उसके पति पीयूष कान्त वर्मा से मिलने मैं चंडीगढ़ हो आई थी और मुझे जगह पसन्द आई थी।

बिहार से आए प्रत्याशियों में मेरा स्थान तीसरा था। काडर के आवंटन की घोषणा हुई तो छह लोगों को बिहार मिला—तीन जो बिहार से थे और नियमानुसार तीन जो बाहरी थे। परन्तु मेरा नाम इस सूची में नहीं था। प्रथम स्थान पाने वाले अनिल कुमार व द्वितीय स्थान पाने वाले राकेश को बिहार मिला था, जिसके बाद आर.सी. प्रसाद का नाम था जिनका स्थान मुझसे बहुत पीछे था।

इससे मैं काफ़ी विचलित हो गई और मुझसे भी अधिक अम्मा-बाबूजी। मेरे तीसरे स्थान के कारण हमने मान लिया था कि बिहार काडर मुझे मिल ही जाएगा। लेकिन क्योंकि मुझे हिमाचल प्रदेश दिया गया था, मैं भी दुविधा में थी और सोच रही थी कि वहाँ जाकर देखूँ क्या होता है। लेकिन अम्मा-बाबूजी इसके लिए बिलकुल तैयार नहीं थे। उन्हें यह सह्य नहीं था कि उनकी बेटी को उसके हक का काडर न मिले। मुझे शक है इसका सम्बन्ध मेरे साथ हुए अन्याय से कम और मुझे अपने पास रखने की इच्छा के साथ अधिक था।

दोस्तों की सलाह पर अम्मा-बाबूजी ने मुझसे गृह मंत्रालय में याचिका दायर करने के लिए कहा जो मैंने कर दी और अचरज की बात कि अकादमी में मेरे नाम पत्र पहुँचा जिसमें केन्द्रीय गृह सचिव श्रीनिवासन वर्धन से दिल्ली में मिलने के लिए अगस्त के आरम्भ की तारीख़ दी गई थी। अनेक प्रशिक्षणार्थी अधिकारी गृह सचिव से मिलने जाने का साहस न जुटा पाते पर चुनौती की जिस भावना ने मुझे इस नए जीवन की ओर मोड़ा उसी ने निडर अकेले दिल्ली जाकर उनसे मिलने का आत्मविश्वास दिया।

गृह सचिव कार्यालय में घुसी तो वह कमरा मुझे बहुत बड़ा और खुद पर हावी होता महसूस हुआ। देखने में श्रीनिवासन वर्धन एक रोबदार, फ़ालतू बात बर्दाश्त न करने वाले अधिकारी लग रहे थे। उन्होंने मुझसे बैठने के लिए नहीं कहा तो मैं खड़ी ही रही। भीतर जाने के पहले मालूम चल गया था कि सीमा

सुरक्षा बल के महानिदेशक अश्विनी कुमार भी अन्दर हैं।

गृह सचिव के सामने मेरी फ़ाइल थी। 'ओह, आपका घर ज़रूर बिहार के बाहर होगा, इसीलिए आपको बिहार नहीं दिया गया,' वे बोले।

'नहीं सर। मेरा तो जन्म ही बिहार में हुआ, पूरा जीवन वहीं रही हूँ।'

'शायद आपने बिहार से बाहर जाने का विकल्प दिया?'

'नहीं, सर, मैंने ऐसा नहीं किया।'

'शायद आपको अपने स्थान को लेकर कोई ग़लतफ़हमी है।'

'सर जहाँ तक मैं जानती हूँ बिहार में मेरा स्थान तीसरा है। आभारी रहूँगी अगर आप इसकी दोबारा जाँच करवा दें।'

इस बातचीत में मुश्किल से पाँच मिनट लगे। मैंने उन्हें धन्यवाद दिया और बाहर आ गई। मैं जब बोल रही थी तो अब तक मेरी ओर पीठ करके बैठे हुए अश्विनी कुमार ने घूमकर मुझे देखा, उनकी मुखमुद्रा स्पष्ट कह रही थी, 'कौन है यह लड़की जो इतनी निर्भीकता से गृह सचिव से बात कर रही है?'

मैं घबराई हुई तो थी पर जिस स्थिरता और स्पष्टता से अपनी बात रखी, मैं ख़ुद ही दंग थी।

महीने भर बाद अकादमी में एक पत्र आया जिसने हममें से कुछ का काडर बदल दिया। मुझे बिहार मिला, आर.सी. प्रसाद को पंजाब काडर में भेज दिया गया। बाद में हम दोनों ने काडर आवंटन के मसले को सुलझा लिया और अच्छे मित्र बने रहे, पर इससे बाकी लोग यह कहने से चूके नहीं कि मैं, क्योंकि महिला हूँ, इसीलिए अपना काडर बदलवा पाई।

हमारे बैच में बिहार से आए अधिकारियों की बड़ी संख्या थी और उनमें से जब बहुतों को अपना गृह राज्य नहीं मिला तो पहले तो वे बहुत निराश हुए। मगर, पुलिस सेवा में लगभग पैंतीस वर्ष बिता चुकने के बाद आज मुझे लगता है कि गुजरात, महाराष्ट्र, तमिलनाडु या आंध्रप्रदेश जैसे राज्यों में उन अधिकारियों की स्थिति बेहतर थी। शायद ही कभी वे प्रतिनियुक्ति पर बाहर जाने की सोचते हों, जबकि बिहार काडर के अधिकारियों को निरन्तर सोचना पड़ता था कि कैसे भारत सरकार के लिए काम करने अपने राज्य से बाहर निकलें, वह बच्चों की शिक्षा के कारण हो, चिकित्सा सुविधा के कारण, काम करने की परिस्थियाँ हों अथवा अन्य कोई भी कारण। हमारे बैच के साथी यू.एस. दत्त प्रतिनियुक्ति पर कई वर्ष तक केन्द्रीय जाँच ब्यूरो में रहे, जबकि सीतल दास ने विवाह के बाद पंजाब काडर में जाना अधिक पसन्द किया।

बिहार में काम करने का अर्थ था अत्यधिक कठिन परिस्थितियों में काम करना। पुलिस सेवा के साथ जुड़े तमाम ताम-झाम से न तो मुझे कोई सरोकार था न ही राकेश को पर कभी-कभी मैं बड़ी हसरत से देखती कि कैसे अन्य राज्यों के पुलिस-अधिकारी बेहतर घरों में रहते हैं, बेहतर हालात में जीते हैं या फिर कैसे मेडिकल या इंजीनियरिंग कॉलेजों में राज्य द्वारा उनकी सन्तान के लिए स्थान आरक्षित रखा जाता है।

पर यह सब बाद में दिखा। जब दोबारा आवंटन हुआ था तो यह देख मुझे और अम्मा-बाबूजी को बहुत राहत मिली थी कि मुझे बिहार मिल गया है। हमारे समय में काडर का आवंटन रा.पु.अ. में आधा प्रशिक्षण हो चुकने के बाद होता था; अब तो प्रशिक्षण आरम्भ होने के पहले ही हो जाता है और अपनी पसन्द के राज्य का काडर न मिलने पर पहले ही निर्णय लिया जा सकता है कि पुलिस सेवा में जाना भी है या नहीं।

अब तक राकेश शादी के विषय में गम्भीरता से बात करने लगे थे पर मैं पहले स्वतंत्र हो जाना चाहती थी। स्वभाव से अन्तर्मुखी तो थी पर मैंने देखा अपनी दुविधाएँ मैं राकेश के साथ साझा करने लगी हूँ। मैंने देखा वे अपने सुझावों में सदा ठोस, तर्कसंगत और मेरे साथ खड़े होते हैं। समझ लिया कि सच्ची सलाह के लिए मैं उनके पास जा सकती हूँ। जीवन में उनकी ख़ामोश मौजूदगी ने मुझे अपनी ज़िन्दगी में चल रही बाकी चीज़ों से निपटने का आत्मविश्वास दिया। मुकदमा दायर करने के पाँच वर्ष बाद अन्ततः हमारी दीक्षांत (पासिंग-आउट) परेड के कुछ पहले मेरा तलाक़ हो गया।

*

हमारी दीक्षांत परेड 7 नवम्बर, 1977 को होनी थी, उसके पन्द्रह दिन पहले मुझसे अपनी प्लैटून का नेतृत्व करने के लिए कहा गया। मेरे लिए यह बहुत बड़ा सम्मान था और मैं बहुत उत्साहित थी लेकिन जब मालूम चला कि अम्मा-बाबूजी मुझे देखने नहीं आ रहे तो सारे उत्साह पर पानी फिर गया।

बैच के कितने ही साथियों के माता-पिता अपनी सन्तान को देखने के लिए आए; राकेश के माता-पिता भी आए किन्तु मेरे नहीं। अपनी जगह उन्होंने मेरी बहन मिनी, मौसेरी बहन रंजना और उसके परिवार को भेज दिया। मुझे सच बहुत चोट लगी, क्रोध भी आया। बाबूजी तब तक अपनी बिगड़ती सेहत

का हवाला देकर कहीं भी आने-जाने से इनकार करने लगे थे। मैं जानती थी वे सचमुच में बीमार नहीं हैं, बस उनके दिमाग़ का फ़ितूर है और इससे मेरा क्रोध और बढ़ गया था।

दीक्षांत परेड (पीओपी) से पहले के कुछ दिन घबराहट में गुज़रे। नवम्बर, 1976 में जब हमारा बैच रा.पु.अ. में पहुँचा था वहाँ के निदेशक एस.एम. दियाज़ चले गए थे और सात-आठ महीने तक हम बिना एक नियमित निदेशक के रहे। पीछे मुड़ कर देखती हूँ तो लगता है हमारे ज़माने में अकादमी में बहुत कड़ाई नहीं बरती जाती थी। तब ज़रूर हमें ऐसा नहीं लगता था; तब तो लगता था अनुशासन बड़ा सख़्त है, उससे ज़्यादा सख़्ती चाहिए भी किसे थी?

दीक्षांत परेड में विशिष्ट अतिथि के रूप में तत्कालीन गृह मंत्री चरण सिंह के आने की बात थी। परेड से केवल दो सप्ताह पहले आर.डी. सिंह बतौर निदेशक आए और पहले दिन से ही—जब उन्होंने बेहिचक हमारी परेड के रुटीन को बाहर का रास्ता दिखा दिया—हमें उनके अनुशासन का स्वाद मिल गया। 'इनसे सौ बार प्रैक्टिस कराओ,' हमारे सहायक निदेशक-आउटडोर्ज़ (ए.डी.-ओ.डी.) पर वे चीखे।

उन कुछ दिनों में सिंह साहब ने अकादमी की काया पलटने का प्रयास किया। उनकी बड़ी इच्छा थी कि गृह मंत्री के सामने बहुत ही शानदार प्रदर्शन हो। उन्होंने यह घोषणा भी की कि अकादमी में अब सब कुछ द्विभाषिक होगा। अकादमी के सारे संकेतपट लगभग रातों-रात हिन्दी और अंग्रेज़ी में तैयार कर दिए गए। हमारे कंधों पर लगने वाले बिल्ले पर भी हिन्दी में भा.पु.से. (भारतीय पुलिस सेवा) लिखा होना अनिवार्य था। हम सबसे ये नए बिल्ले ख़रीदने को कहा गया। लेकिन दक्षिण से आए लड़कों ने विद्रोह कर दिया। उनका कहना था कि भारतीय पुलिस सेवा-नियमों में कहीं भी द्विभाषिक बिल्लों का उल्लेख नहीं है। हमारे परिसर में अचानक ही भाषा पर राजनीति होने लगी। आख़िर में, चूँकि भा.पु.से. सेवा-नियम का उल्लंघन किसी भी स्थिति में नहीं किया जा सकता था, आर.डी. सिंह को अपनी भूल समझ आ गई। आदेश वापस ले लिया गया परन्तु संकेतपट लगे रहे।

दीक्षांत परेड में अपनी प्लैटून का नेतृत्व और हमारे द्वारा वहाँ प्रदर्शित नाटक में काम करके मुझे बहुत आनन्द आया। नाटक की समाप्ति पर हम सब चरण सिंह से मिलने के लिए मंच पर पंक्ति में खड़े हो गए। वे सभी अधिकारियों से हाथ मिलाते, उन्हें बधाई देते चले आ रहे थे। मेरी बारी आई

तो मैंने हाथ बढ़ाया। कॉन्वेंट में हमें सिखाया गया था कि पुरुष को महिला से हाथ मिलाने की पहल नहीं करनी चाहिए; हाथ महिला को बढ़ाना चाहिए। परन्तु चरण सिंह ने मेरे बढ़े हुए हाथ न पकड़ कर अपने हाथ नमस्ते में जोड़ दिए। मैं ज़रा चौंक गई और निराश भी हो गई। बाद में मुझे बताया गया कि सरकारी नयाचार के अनुसार पुरुष महिला के साथ हाथ नहीं मिलाते।

परन्तु, मैंने सोचा, जब मैं वर्दी में हूँ तो क्या एक महिला होने के पहले एक अधिकारी नहीं हूँ?

परिवर्तन की हवा चल तो रही थी और हमारे ज़माने में मुट्ठी भर महिलाओं ने पुलिस सेवा में क़दम भी रखे थे, पर उन्हें स्वीकार्यता मिलना अभी दूर की बात थी। हमारे बैच में छह महिलाएँ थीं, पर 1972 में किरण बेदी वाले बैच से लेकर हमारे बैच तक प्रत्येक बैच में केवल एक महिला थी। इस संख्या को दो अंकों तक पहुँचने में बहुत साल लग गए। अब तो हर भा.पु.से. बैच में तीस, अक्सर चालीस महिला अधिकारी होती हैं जो कि बड़ा उत्साहवर्धक है।

दीक्षांत परेड के दिन मैं राकेश के माता-पिता से मिली। जारुहार दम्पती उस दिन मुझसे बहुत अपनेपन के साथ, बिलकुल दोस्तों की तरह मिले। अम्मा-बाबूजी पहले ही जमशेदपुर जाकर उनसे मिल आए थे तो इस मुलाक़ात के बड़े मायने थे। पर मेरा वह दिन बहुत व्यस्त था। किसी से मिलने-जुलने के लिए समय अत्यन्त कम था। बाद में उस रात थक कर सोने के पहले मन में उठ रहा था कि भावी सास-ससुर ने क्या सोचा होगा मेरे बारे में। काश उनसे कुछ अधिक देर तक बात कर पाती। अब मैं जानती हूँ मुझे बिलकुल परेशान होने की ज़रूरत नहीं थी। राकेश का परिवार बिलकुल वैसा ही निकला जैसे की ज़रूरत एक कामकाजी महिला को होती है।

*

अगले ही दिन हमें अपने सैन्य शिविर प्रशिक्षण के लिए निकलना पड़ा जो पुलिस प्रशिक्षण का ही विस्तार था। मुझे असम में, मॉन्पॉन्ग में सत्रहवीं माउंटेन बटालियन के साथ रखा गया था। सैन्य शिविर जंगल के अन्दरूनी भाग में था। हर सुबह हमें पी.टी. और परेड के लिए कतार बाँध कर पहुँचना होता। दिन में रणनीति पर कवायद होती, घंटों निशानेबाज़ी का अभ्यास होता। रात में वे हमें घने जंगल वाले हिस्से में ले जाते और जंगल-युद्ध की तरकीबें दिखाते।

ब्रिगेडियर और कप्तान हमें सम्बोधित करते थे। उन्होंने हमारी अच्छी देखभाल की पर हम देख सकते थे कि सैन्य जीवन कितना दुष्कर है। लगातार अकेलेपन की भावना सब पर छाई थी और परिस्थितियाँ भयंकर रूप से कठिन थीं। बिजली नहीं थी इसलिए अँधेरा होने पर पेट्रोमैक्स लैंप जलाने पड़ते। सूरज के नीचे उतरने का मतलब—मच्छरों के झुंड के कारण—यह भी था कि कमीज़ की आस्तीनें नीचे उतर आएँ।

अक्सर रात को मैं ढोल की आवाज़ से चौंक जाया करती। इसका मतलब था कि हमें अन्दर ही रहना है। ज़ोर ज़ोर से ढोल बजाने पड़ते क्योंकि हाथियों के झुंड आस-पास विचर रहे होते थे और अक्सर शिविरों पर हमला भी कर देते थे।

हम सिक्किम में नाथू ला पास भी गए। ठंड कड़ाके की थी और हमने देखा हमारे जवान बहुत ही कठिन परिस्थितियों में जी रहे हैं। हम उनके बंकरों में गए, साथ खाया। अधिकारियों ने हमें वहाँ की तैनाती के विषय में बताया। हवा बहुत विरल थी और हममें से अनेक की साँस फूल रही थी। सैन्य चौकी पर बीस सीढ़ियाँ चढ़ पाना भी मेरे लिए मुश्किल हो गया। सीमा के बस उस पार चीनी थे। हमारी इतनी बड़ी संख्या देख वे बाहर निकल आए और हमारी तरफ़ हाथ हिलाया। सारा समय वे हमें दूरबीन से देखते रहे।

सेना के संग प्रशिक्षण अच्छा अनुभव रहा। इससे हमें सैन्य जीवन की एक झाँकी मिली। हमने सीखा सैन्य बटालियन नए ठिकाने की ओर प्रस्थान कैसे करती है, कैसे प्रस्थान से पहले और बाद हर वस्तु गिनी जाती है, चिह्नित की जाती है, कैसे हर वस्तु का हिसाब रखा जाता है। हमने यह भी देखा कि सेना में कितनी तत्परता और शीघ्रता से शिविर खड़े किए जाते हैं। बाद में जब अपने कार्य-जीवन में केन्द्रीय रिज़र्व पुलिस बल में आई, मैंने देखा कि उनकी बटालियन में भी सेना जैसी कार्यप्रणाली ही अपनाई जाती है।

सेना-प्रशिक्षण के पश्चात मैं वापस पटना चली आई। घर आए कई महीने हो चुके थे इसलिए अम्मा-बाबूजी बहुत ख़ुश हो गए। अपने घर जमशेदपुर जाते हुए राकेश पहली बार आकर अम्मा-बाबूजी से मिले। यह देख मन बाग-बाग हो गया कि उनमें बहुत अच्छी पट रही है। जब बाबूजी ने हमारे सम्बन्ध पर अपनी स्वीकृति की औपचारिक मोहर लगाते हुए राकेश का टीका किया तो मुझे आश्चर्य भी हुआ, अन्दर ही अन्दर ख़ुशी भी हुई। नए वर्ष की पूर्व संध्या पर मैंने और राकेश ने अपने बैच के साथियों को बता दिया कि हम विवाह

करने जा रहे हैं जिसने उनमें से अधिकांश को हैरत में डाल दिया।

हर लड़की के लिए विवाह एक अनजानी यात्रा है। मेरे लिए तो यह और भी ज़्यादा सच था। राकेश और मैं 5 मार्च, 1978 को विवाह बंधन में बँध गए। एक ओर हमारा ज़िला प्रशिक्षण, उस पर विवाह की तैयारियों ने हम सब को उस बसन्त में व्यस्त रखा। बारात जमशेदपुर से आनी थी, उपहार तैयार किए जा रहे थे, परिवार की महिलाओं द्वारा प्रतिदिन विवाह-गीत गाए जा रहे थे, घर सजाया जा रहा था, उत्सव का वातावरण था।

बाबूजी की ख़ुशी ने मुझे तसल्ली और उम्मीद से भर दिया था, लेकिन फ़िर भी ख़ुद को यह सोचने से रोक नहीं पा रही थी कि एक बार जब सारे अतिथि चले जाएँगे, शहनाई के स्वर मद्धम पड़ जाएँगे, शामियाना लपेट दिया जाएगा, उसके बाद मेरा जीवन कैसा होगा। मैं अभी अपने इन अनगिन भावों में उलझी ही थी कि जयमाला का बुलावा आ गया। शेरवानी में राकेश शानदार दिख रहे थे, मुझे अपनी ओर आते देख उनके चेहरे पर उनकी अपनी ही मनभावन मुस्कान आ गई।

मुझे अपने आप ही मालूम चल गया कि यह व्यक्ति मुझे प्यार करेगा, मेरी देखभाल करेगा।

जमशेदपुर में हमारे विवाह के प्रीति-भोज के दो दिन के भीतर हम 13 मार्च, 1978, को लालबहादुर शास्त्री प्रशासन अकादमी में अपने आधार-पाठ्यक्रम की शुरुआत करने मसूरी के लिए रवाना हो गए। यह 'हनीमून यादगार रहेगा,' हिमालय की भव्य पृष्ठभूमि में हम दोनों साथ के कुछ क्षण चुराते हुए पाठ्यक्रम पूरा करेंगे।

यादगार तो ज़रूर रहा, पर ऐसे कारणों से जिनकी मैं कल्पना भी नहीं कर सकती थी। अब भी मुड़कर देखती हूँ तो आश्चर्य होता है कि कैसे मैं वह कठिन समय काट पाई। मसूरी पहुँचने के तुरन्त बाद ही मेरी तबीयत ख़राब रहने लगी, कमज़ोरी लगती थी, भूख उड़ गई थी, बिस्तर से बाहर आने का मन नहीं करता था। किन्तु कवायद की जानी थी, घुड़सवारी करनी थी, कक्षाओं में जाना था, रात्रिभोजों में जाना था। और मैं थी कि हरदम बीमार, दुखी और परेशान रहती थी। छह सप्ताह बाद पता चला कि क्यों।

मैं गर्भवती थी।

इसकी कहीं कोई योजना नहीं थी और हमारे लिए यह बात एक झटके की तरह आई। समझ नहीं पा रही थी कि अपना आधार-पाठ्यक्रम पूरा कैसे

करूँ। अकादमी का परिसर बहुत सुन्दर था पर सुविधाएँ बिलकुल नाम की ही थीं और मेरी स्थिति के बिलकुल अनुकूल नहीं थीं। सुबह की पी.टी. करना कठिन हो गया, अक्सर तो मैं बिस्तर में ही लेटी रहती, नहीं जानती थी क्या करना चाहिए। नम और सर्द मौसम ने मेरी तकलीफ़ और बढ़ा दी, घोड़े की लीद की गंध से हरदम मतली आती रहती। राकेश बहुत चिन्तित थे लेकिन सारा दिन मेरे सिरहाने, मेरा हाथ पकड़ के तो बैठ नहीं सकते थे, उन्हें भी अपना पाठ्यक्रम पूरा करना था।

मैं काफ़ी लज्जित भी थी—इतनी जल्दी गर्भवती हो जाने से, बीमार रहने से, कड़े श्रम से छुट्टी माँगने से और लोगों को पता चल जाने से। किसी भाँति पाठ्यक्रम पूरा किया, परीक्षा उत्तीर्ण की और ज़िला प्रशिक्षण जारी रखने पटना चली आई।

हमारे बेटे तुषार का जन्म 29 नवम्बर, 1978 को हुआ।

7

अजायबघर में रखा अजूबा

सेना के साथ प्रशिक्षण ख़त्म करके लौटने के बाद हममें से उन लोगों ने, जिन्हें बिहार काडर आवंटित किया गया था, पटना मुख्यालय में हाज़िरी दी। दो सप्ताह तक हमें मुख्यालय में रहना था और फिर अपने-अपने ज़िले में चले जाना था।

यही समय था जब उत्साह से भरी मैं बिहार पुलिस के महानिरीक्षक राजेश्वर लाल के सामने हाज़िर हुई, पर उन्होंने मुझसे कहा कि जब तक वे किरण बेदी की फ़ाइल पढ़ कर इस निश्चय पर न पहुँचे कि एक 'महिला अधिकारी का क्या किया जाए', मैं प्रतीक्षा करूँ। निराशा तो हुई पर बाद में देखा मेरी तैनाती पटना में की गई है जो एक बहुत अच्छा ज़िला माना जाता है। राकेश अपने ज़िला प्रशिक्षण के लिए राँची चले गए और मैं हाज़िरी देने पटना के वरिष्ठ पुलिस अधीक्षक (एस.एस.पी.) के कार्यालय में गई।

परम्परा यह थी कि भारतीय पुलिस सेवा के बैच में जिसका स्थान बिहार में प्रथम हो, पटना ज़िला उसी को मिले। मेरा स्थान तीसरा होने पर भी मुझे पटना दिया गया। स्वाभाविक है, प्रथम आने वाले अनिल कुमार को अच्छा नहीं लगा। अक्सर वे ताना देते कि महिला होने के कारण ही मुझे पटना में रखा गया है, जो सच भी हो सकता है—वरिष्ठ अधिकारियों को शायद लगा हो कि बिहार जैसे कठिन और संवेदनशील राज्य में क्षेत्र-प्रशिक्षण (फ़ील्ड ट्रेनिंग) के लिए ग्रामीण इलाके में भेजने से बेहतर है कि एक 'महिला अधिकारी' की तैनाती शहर में की जाए। परन्तु मैंने इसकी माँग नहीं की थी और जिस स्थान पर भी भेजा जाता, मैं जाने को तैयार थी।

पटना के वरिष्ठ पुलिस अधीक्षक एस.के. सिन्हा एक सक्षम अधिकारी और सज्जन व्यक्ति थे। मेरे प्रशिक्षण में उनका बहुत हाथ रहा, हालाँकि उनके

साथ भी मुझे कम समस्या नहीं हुई परन्तु वह बाद में। इस दौरान मैंने बाल्मीकि शर्मा, पुलिस अधीक्षक (नगर) और आर.एन. प्रसाद, अतिरिक्त पुलिस अधीक्षक (ग्रामीण) के साथ भी काम किया। हालाँकि मेरी मौजूदगी से वे खास ख़ुश तो नहीं लगे पर उन्होंने उसे स्वीकार कर लिया।

इस समय मुख्यत: मेरा काम था कि पुलिस अधीक्षकों के कार्यालय में जो कुछ चल रहा हो उसे देखती, समझती और सीखती जाऊँ। विशेष तौर पर मुझे वरिष्ठ पुलिस अधीक्षक के कार्यालय में बैठकर यह देखना याद है कि छोटी-मोटी शिकायतें लेकर उनके पास आने वाले लोगों से, जिनका ताँता लगा रहता था, वे कैसे निपटा करते थे। इस बात पर वे बहुत ज़ोर देते थे कि अधिकारीगण समय निकाल कर अपने कार्यालय में बैठें ताकि जनता उनसे मिलने आ सके।

क्षेत्र प्रशिक्षण के दौरान सबसे नए अनुभवों में से एक था रात को किया जाने वाला नाइट राउंड, जिसका मतलब था शहर की अलग-अलग बस्तियों में जाना और देखना कहीं कोई आपराधिक गतिविधि तो नहीं चल रही। हम 'हिस्ट्री शीटर' यानी आपराधिक रिकॉर्ड वालों की ख़बर भी लेते रहते।

एक माह में पाँच बार मुझे नाइट राउंड पर जाना होता था, इन्हें मैं अपने से ठीक ऊपर के अधिकारी—सहायक पुलिस अधीक्षक (टाउन) ए.पी. सिंह के साथ, जो बाद में केन्द्रीय अन्वेषण ब्यूरो के निदेशक बने, पूरा करती थी। रात के इन दौरों में वे पुलिस चौकियों की हवालातों का चक्कर लगाते और दिन भर विभिन्न आरोपों में लाए गए सन्दिग्धों से पूछताछ करते। यह काम कभी-कभी पौ फटने तक चलता रहता। इस बात से मैं बहुत चकित और प्रभावित थी कि इतनी भोर में भी पीरबहोर पुलिस थानाध्यक्ष, निरीक्षक एल.पी. तिवारी सदा अपनी वर्दी में होते थे।

उन दिनों कुछ अधिकारी ऐसे थे जो, दिन हो या रात, काम के वक़्त कभी सादे कपड़ों में नहीं रहते थे। उस कम उम्र में मैं सोचा करती : ये घर कब जाते हैं? सामान्य कपड़े कब पहनते हैं? कब आराम करते हैं? लगता था जैसे हमेशा ड्यूटी पर हों। पर तब यही संस्कृति थी। अब परिवर्तन आ गया है। ड्यूटी के वक़्त भी अक्सर अधिकारी जीन्स और जैकेट पहने दिखाई देते हैं।

अपना पूरा कार्य-जीवन मैंने हमेशा इस बात की वकालत की कि ड्यूटी पर आए सभी अधिकारी सही तरीके से वर्दी पहनें। अब सोचती हूँ तो लगता है यह बात अनजाने ही क्षेत्र प्रशिक्षण के दौरान इंस्पेक्टर तिवारी व उन जैसे

अन्य अधिकारियों को देख-देखकर मेरे भीतर घर कर गई थी।

एक और बात जिसने मुझ पर गहरा असर डाला वह थे पहले कुछ नाइट-राउंड। सिर्फ़ उन ठंडी, कुहरीली, वीरान सड़कों के कारण ही नहीं जिनके चक्कर हमें काटने पड़ते, जिस बात से मुझे धक्का लगा वह थी हमारे हवालातों की हालत। मैं एक ऐसे घर से आई थी जहाँ अम्मा-बाबूजी और नाना-नानी ने मेरी छोटी से छोटी ज़रूरत का, हर सुख-सुविधा का ख़याल रखा था और यहाँ हवालात में सन्दिग्धों को कड़ाके की सर्दी में फटेहाल, सिकुड़े बैठे देख मुझे भीषण कष्ट हुआ। वे सब फ़र्श पर इकट्ठे सिमट कर बैठ जाते, मानो अपनी गिनती में ग़र्माइश का एक कतरा ढूँढ़ रहे हों। लेकिन हमारे काम की प्रकृति ही ऐसी है कि यह अनुभव, जिसने पहले-पहल विचलित किया था, समय के साथ एक सामान्य घटना हो गई।

सहायक पुलिस अधीक्षक (ए.एस.पी.) ए.पी. सिंह बिहार के नहीं थे। वे दिल्ली में पले-बढ़े और पढ़े थे और मुझे हमेशा लगा कि मेरी ओर उनका रवैया अन्य वरिष्ठ अधिकारियों से हट कर है। वे मुझ पर अविश्वास नहीं करते थे, न दूरी बनाकर रखते थे, न ही ऐसा महसूस कराते थे कि लड़कों की दुनिया में ज़बर्दस्ती घुस आई मैं कोई बाहरी हूँ। सच तो यह है कि जिन-जिन पुलिस थानों पर वे जाते या रात का दौरा करते, मुझे साथ ले जाने को हमेशा तैयार रहते। मेरे प्रशिक्षण को वे उतनी ही गम्भीरता से ले रहे थे जितना कि मैं।

पुलिस थानों पर जाने का अनुभव मेरे लिए तो नया था ही, उन लोगों के लिए भी नया था जिनसे मैं वहाँ मिला करती थी। जहाँ भी जाती, कर्मचारी यह जानने को उत्सुक रहते कि मैं कौन हूँ। लेकिन शुरुआती उत्सुकता के मन्द पड़ते ही सारे कॉन्स्टेबल और अफ़सर मुझे काम की बारीकियाँ समझाने को तत्पर हो जाते।

पुलिस थाने में आने वाले लोग भी अक्सर वर्दी पहने महिला को, जिसे स्पष्ट ही उन्होंने पहले कभी न देखा था, आश्चर्य से घूरने लग जाते। शीघ्र ही उन्हें आदत पड़ जाती। उनमें से अनेक मुझे अपनी शिकायत सुनाने को आतुर हो जाते और चाहते थे उनके मामले की छानबीन मैं ही करूँ। शायद उन्हें लगता हो कि मैं अधिक सहानुभूति से काम लूँगी, उनकी सहायता करूँगी।

शहर के बीचोंबीच स्थित पीरबहोर थाना पटना की क़ानून-व्यवस्था के सारे मामले सँभालता था और उन थानों में से एक था जहाँ सहायक पुलिस अधीक्षक महोदय मुझे पहले-पहल ले गए। इंस्पेक्टर तिवारी—वही जो हमेशा

वर्दी में रहते थे—मँजे हुए पुलिस अफ़सर थे। सहायक पुलिस अधीक्षक जो भी प्रश्न करते तिवारी साहब के पास एक ही बना-बनाया उत्तर रहता—'हुज़ूर बहादुर।'

'फ़ाइल आ गई?'

'हुज़ूर बहादुर।'

'सिपाही अभी तक छुट्टी से लौटा नहीं?'

'हुज़ूर बहादुर।'

'हफ़्ते भर में यह मामला सुलझ जाना चाहिए।'

'हुज़ूर बहादुर।'

ये ए.एस.पी. साहब से क्या कहना चाह रहे हैं, मैं सोचती। बहुत बाद में मुझे उनकी कही बात की खूबी समझ में आई। उनके कहने में 'हाँ' और 'न' से लेकर 'आपने जो कहा मैंने सुन लिया' तक सब कुछ शामिल था।

दोनों के संवाद में मुझे जो बात सबसे अधिक याद है वह यह कि कैसे इंस्पेक्टर तिवारी हर मामले पर अपनी राय प्रकट करते और कैसे श्री सिंह, पद में बहुत वरिष्ठ होने के बावजूद, उनकी राय सुनते। मुझे समझ आ गया कि भले ही पुलिस बल में पद की वरिष्ठता सर्वोपरि दिखती हो, अनुभव के मोल की पहचान आवश्यक है।

पुलिस लाइंस का दौरा मैं वरिष्ठ पुलिस अधीक्षक श्री सिन्हा के साथ करती। वहाँ वे मुझसे सेवा पुस्तिकाओं को अद्यतन करने के लिए कहते जो बहुत नीरस और थकाऊ काम तो था पर इसने मुझे पुलिस की कार्यप्रणालियों से परिचित भी कराया। और हाँ, सेवा-पुस्तिकाओं तक मेरी पहुँच को पुलिस लाइंस में मौजूद पुरुष आँखें फाड़-फाड़ कर घूरते।

पहली बार पुलिस लाइंस गई तो मुझे देखने वहाँ भीड़ इकट्ठी हो गई थी। बहुत शर्मिंदगी हुई। इस प्रकार तमाशा बन जाना मेरे जैसी लजीली और संकोची के लिए बहुत कष्टदाई था। मैं सच में चाहती थी कि ज़मीन फट जाए और मैं उसमें समा जाऊँ।

सचिवालय में भी ड्राइवर, सिपाही, लिपिकीय स्टाफ़—सब वर्दी पहने महिला को अच्छी तरह से देखने के लिए बाहर निकल आते। ऐसा सचिवालय में अन्दर जाते वक़्त उतना नहीं होता था जितना कि बाहर निकलते वक़्त, क्योंकि तब तक मेरी मौजूदगी की ख़बर चारों ओर फैल जाती थी। पहली बार ऐसा हुआ तो मैं जीप में बैठी ही थी; मैंने यूँ ही ऊपर देखा और मुझ पर चोरी छुपे

डाली जा रही तिरछी नज़रों से चिहुँक गई। तुरन्त ही मैंने नज़र हटा ली लेकिन ऊपर से छोटी-छोटी खिड़कियों की गुमनामी की आड़ से कहीं अधिक जोड़ी आँखें मुझे भेदती दिखाई दीं।

मुझे लगता है उनके इस विचित्र व्यवहार के पीछे के अनेक कारणों में से एक केवल यही नहीं था कि महिला ने पतलून पहनी हुई थी, नई बात यह थी कि महिला ने पुलिस अफ़सर की वर्दी पहनी हुई थी। उन दिनों बिना अपवाद पुरुष ही पुलिस अधिकारी हुआ करते थे, सिपाहियों में बस मुट्ठी भर महिला सिपाही थीं जिनमें से अधिकतर सिपाहियों की विधवाएँ थीं जिन्हें करुणा के आधार पर नौकरी दी गई थी। वे पतलून नहीं, साड़ी या सलवार कमीज़ पहनती थीं। धीरे-धीरे वह सब बदला; आज कुछ-एक को छोड़कर सारी महिला सिपाही क़मीज़ और पतलून पहन रही हैं।

*

प्रेरण व प्रशिक्षण (इंडक्शन एंड ट्रेनिंग) कार्यक्रम के एक भाग के रूप में मैंने पुलिस विभाग के विभिन्न कार्यालयों—जैसे पुलिस अधीक्षक कार्यालय के लेखा (अकाउंट्स) अथवा गोपनीय (कॉनफ़िडॅन्शियल) अनुभाग में भी काम किया।

पुलिस बल से जुड़ा कोई भी व्यक्ति बता सकता है कि ढेरों-ढेर काग़ज़ी कार्रवाई पुलिस के काम का हिस्सा है। पुलिस व्यवस्था के इस निर्विवाद सत्य की जानकारी मुझे एक कार्यालय से दूसरे कार्यालय में घूम-घूम कर हुई; इसके अलावा यह भी कि कोई भी काग़ज़ अपने आप में पूरा न होकर अनिवार्य रूप से एक लम्बी काग़ज़ी शृंखला की कड़ी होता है। काग़ज़ों की दोतरफ़ा जाँच सम्भव बनाने के लिए उन्हें फ़ाइल करते वक़्त एक-एक बात का ध्यान रखा जाता है ताकि दस्तावेज़ों में कोई फ़र्ज़ी जोड़-तोड़ न कर सके। मैंने यह भी जाना कि पुलिस विभाग में नियम सर्वोपरि हैं। सब कुछ—यहाँ तक कि छोटी से छोटी काग़ज़ी कार्रवाई भी एक विशिष्ट पद्धति से करना अनिवार्य है। प्रक्रियाओं और कार्य-प्रणालियों के सम्बन्ध में मुझे बहुत-कुछ सीखना था और सिखाने के लिए मुझे ऐसे सर्वोत्तम गुरु मिले जिनकी आशा एक युवा अधिकारी को हो सकती थी।

उन आरम्भिक, अनिश्चित और घबराहट से भरे दिनों में मेरे गुरु मेरे वरिष्ठ ही नहीं, मेरे अधीनस्थ भी थे जो बहुधा अधिक अनुभवी हुआ करते थे। एक

बहुत वरिष्ठ लिपिक थे, राधा बाबू, पारम्परिक धोती कुर्ते में, और फिर हेड मुहर्रिर तल्हा साहिब जो अपराधों के आँकड़े रखते थे, हमेशा कुर्ते पाजामे और सफ़ेद टोपी में रहते थे। उनकी बहुत मधुर स्मृतियाँ मन में हैं, उस कार्यालय में वर्दी पहने पुलिस वालों के बीच काम कर रहे वही दो आम नागरिक थे।

उन्होंने कभी नहीं कहा, 'यह लेडी हैं, इनको क्या सिखाएँ?' मुझे वे सब कुछ सिखाने को तत्पर थे। जल्द ही मैं समझ गई कि वे मेरे सहयोगी हैं और बरसों के अनुभव से छन कर निकले उनके ज्ञान के खज़ाने से सीखने की मैंने भरसक कोशिश की।

प्रशिक्षणार्थी सहायक पुलिस अधीक्षक (ए.एस.पी.) के तौर पर हमारे लिए ग्रामीण और नगर चौकी में एक-एक माह का थाना-प्रशिक्षण अनिवार्य था जिसके बाद तीन माह के लिए स्वतंत्र रूप से एक पुलिस चौकी का कार्यभार सँभालना था।

ग्रामीण चौकी में प्रशिक्षण के लिए मुझे फुलवारी शरीफ़ थाने भेजा गया। शहर में जहाँ हर घंटे कुछ न कुछ घटता रहता था, यह छोटी-सी शान्त चौकी थी। कभी-कदा ज़मीन को लेकर झगड़े हो जाते या छोटे-मोटे अपराध। यहाँ मैंने भारत का देहात देखा जिसने मुझे सूरजपुरा वाले अपने गाँव के घर की याद दिला दी।

मालूम चला कि बिहार के देहात की चौकीदार प्रणाली वहाँ की पुलिस व्यवस्था की रीढ़ थी। प्रत्येक गाँव का अपना एक चौकीदार होता था जो पुलिस के आँख और कान की तरह काम करता था। कुछ चौकीदारों के ऊपर एक दफ़ादार होता था। ये सभी पुलिस के निष्ठावान प्रतिनिधि होते थे और गाँव में जो कुछ भी घटे उसकी सूचना ईमानदारी से थाने में देते थे। उनकी अपनी एक वर्दी थी जिसे वे गर्व से पहनते थे। उन्हें लगता इससे उनकी प्रतिष्ठा बढ़ जाती है। दुर्भाग्य से अनेक अधिकारियों की अनदेखी के चलते यह चौकीदार-दफ़ादार प्रणाली अब ध्वस्त हो चुकी है।

नगर पुलिस-थाना प्रशिक्षण के लिए मुझे कोतवाली थाना भेजा गया जो कि पटना की पुलिस व्यवस्था का नाड़ी-केन्द्र था। थाना प्रभारी (ओ.आई. सी.) थे इंस्पेक्टर राधेश्याम सिंह जो कि एक सक्षम अधिकारी थे पर मुझे ज़रा सन्देह की दृष्टि से देखते थे। उन्होंने यह तो सुनिश्चित किया कि मेरा प्रशिक्षण समय पर पूरा हो जाए पर मुझे स्पष्ट दिखता था कि मेरी उपस्थिति से उन्हें असुविधा होती है।

एक दिन एक विचित्र घटना घटी। पुलिस व्यवस्था के कमज़ोर पक्ष के साथ यह मेरा पहला सामना था।

कोतवाली थाने में मैं जब कार्यकारी थाना प्रभारी (ऐक्टिंग ओ.आई.सी.) थी, एक व्यक्ति मेरे पास आया। उसने बताया कि कॉफ़ी की एक दुकान के सामने की पटरी पर उसने कपड़े इस्तरी करने की छोटी-सी टपरी डाली हुई है। दुकानदार को इस पर आपत्ति है क्योंकि उसके अनुसार टपरी से दुकान का रास्ता रुकता है। दोनों में झगड़ा हुआ और टपरी वाले ने बड़ी विनम्रता से हमारी सहायता माँगी। मैंने इंस्पेक्टर सिंह से कहा कि वे इसे देख लें। वे मान तो गए परन्तु नाख़ुश दिखे। शायद उन्हें लगा कि यह उनके पद के अनुरूप नहीं है।

शाम को टपरी का स्वामी थाने लौटा। सहायता के लिए मुझे धन्यवाद देते देते अचानक मेज़ के नीचे झुक कर मेरे पैर छूने लगा। मैं हक्का-बक्का थी, मना करती रही, बताती रही कि यह ज़रूरी नहीं।

जब वह चला गया तो मुझे अपनी साड़ी की चुन्नट में कुछ सरसराता अनुभव हुआ; अधिकारियों को शाम को सामान्य कपड़े पहनने की अनुमति थी। झुकी तो दस रुपए के चार करारे नोट मिले। पैसे लौटाने के लिए मैंने तुरन्त उसे वापस बुलाया, लेकिन वह तो रुआँसा हो गया और पैसे लेने से मना करता रहा। समझ नहीं पा रही थी कि उसे कैसे समझाऊँ कि ऐसा करने की कोई ज़रूरत नहीं है। आख़िरकार उठी, उसके हाथ में पैसे थमाए और वह वहाँ से चला गया। थाने के सारे सिपाही इस हलचल को देखने मेरे कमरे के बाहर इकट्ठे हो गए थे।

यह भी अजीब ही अनुभव था। पहली बार किसी ने मुझे रिश्वत देने की कोशिश की थी। इसने मुझे सोचने पर मजबूर कर दिया—यह व्यक्ति हमें उसकी सहायता करने के लिए रिश्वत दे रहा था। परन्तु हमने तो कोई असाधारण काम नहीं किया था, बस अपनी ड्यूटी निभाई थी।

इंस्पेक्टर सिंह इस पूरे घटनाक्रम से ख़ुश नहीं थे, हालाँकि उन्होंने कुछ कहा नहीं। पर अन्य कुछ लोग थे जो ऐसे कठिन सहकर्मियों की भरपाई कर देते थे, जैसे सहायक उप-निरीक्षक (ए.एस.आई.) कामेश्वर मिश्रा। उन्होंने मुझे अपनी छत्र-छाया में ले लिया और अपराध स्थल की छानबीन के सम्बन्ध में कई बातें सिखाईं। मिश्रा जी मँजे हुए पुलिस अफ़सर थे, मेहनती थे और बला की हद तक एकनिष्ठ। मेरी तैनाती जब पुलिस अधीक्षक बोकारो के पद पर हुई तो मिश्रा जी ने आ कर मेरे अधीन काम करने की इच्छा जताई और मैं

उनका स्थानांतरण अपने ज़िले में करवाने में कामयाब रही। इतने साल हम एक-दूसरे के सम्पर्क में रहे और 2008 में जब बेटे तुषार का विवाह हुआ, वे दिल्ली तक आए थे।

*

लोगों को कैसे सँभाला जाए, यह मैंने वरिष्ठ पुलिस अधीक्षक (एस.एस.पी.) से सीखा, विशेष तौर पर यह कि सिपाहियों से सम्बन्धित मसले कैसे सुलझाए जाएँ। पुलिस बल में छुट्टी का मसला आपसी ईर्ष्या का कारण बन जाता है। सिपाहियों को परिवार साथ रखने की अनुमति नहीं होती तो वे हरदम छुट्टी लेकर घर जाने को लालायित रहते हैं। बहुत ज़्यादा सिपाहियों को परिवार साथ रखने की अनुमति न देने का कारण यह है कि आकस्मिक संकट की स्थिति में वे बैरक में उपस्थित हो सकें और क़ानून-व्यवस्था की बहाली के लिए उन्हें अविलम्ब इकट्ठा कर के भेजा जा सके।

सिपाही अक्सर घर जाते हैं और तय समय से ज़्यादा के लिए वहीं रह जाते हैं, छुट्टी मंज़ूर करवाने के लिए बहाने भी गढ़ते हैं। तभी मैंने वह प्रसिद्ध वाक्य, 'डेथ कर गए हैं' सुना। समूची बिहार पुलिस में यह वाक्य प्रचलित है। हमें हमेशा ही पता चल जाता कि यह 'डेथ कर जाना' कब झूठ है। सार्जेंट मेजर कहते, 'ये तीसरी बार इनके पिताजी डेथ कर गए हैं'। कई बार यह दावे वास्तव में ही झूठे होते। ऐसी स्थिति में, उनके खाते में अगर छुट्टी होती तो काट ली जाती या फिर अतिरिक्त ड्रिल करवाई जाती या उनके ख़िलाफ़ निंदा-कार्रवाई होती या वेतन काट लिया जाता।

मैंने नेतृत्व का एक यह महत्त्वपूर्ण गुण भी सीखा कि सन्तुलन बनाकर कैसे रखें। पुलिस के सिपाहियों के साथ आप न बहुत सख़्त हो सकते हैं न बहुत नर्म। मुझे यह भी पता चला कि एक सिपाही के लिए सबसे कड़ी सज़ा यह है कि उससे अतिरिक्त ड्रिल करवाई जाए। यह सब मैं सीखती और समझती रही क्योंकि जल्द ही मुझे स्वतंत्र प्रभार सँभालना था।

मुझे उप-महानिरीक्षक, सेंट्रल रेंज पटना के कार्यालय में भी रखा गया। एल.वी. सिंह कस कर काम लेने के लिए जाने जाते थे, मेरे प्रशिक्षण को भी उन्होंने बहुत गम्भीरता से लिया और लगभग दैनिक आधार पर वे मेरी प्रगति की जाँच करते। एक दिन उन्होंने मुझसे पटना ज़िले के देहाती इलाके में स्थित

बिहटा पुलिस थाने के तहत ज़मीन के झगड़े की याचिका की छानबीन करने के लिए कहा। थाना प्रभारी पर ये आरोप भी थे कि इस मामले में उनका रवैया पक्षपातपूर्ण है।

मैं मौके पर गई, विस्तार से छानबीन की और अपनी रिपोर्ट दाख़िल की। परन्तु उप-महानिरीक्षक महोदय सन्तुष्ट नहीं हुए। 'अपनी रिपोर्ट में आपने कोई पक्की राय नहीं दी कि आपकी नज़र में कौन ठीक है, कौन ग़लत और थाना प्रभारी की भूमिका क्या थी...एक आई.पी.एस. अधिकारी से उम्मीद होती है कि वह आगे बढ़कर नेतृत्व करे, राह दिखाए। हर उस मामले में, जिसकी आप तहक़ीक़ात करें, अपना मत अवश्य प्रकट करें। आपके कैरियर में अनेक ऐसे मौके आएँगे जब मामले का फ़ैसला करना होगा, वरिष्ठों के सम्मुख स्थिति स्पष्ट करनी होगी। आगे बढ़कर नेतृत्व करने के लिए निर्णयात्मक होना अनिवार्य है।'

उन्होंने जोड़ा कि एक अधिकारी के तौर पर अपनी रिपोर्ट में मैं द्विपक्षीय नहीं हो सकती, बिना इस बात की चिन्ता किए कि वरिष्ठ अधिकारी मेरे निष्कर्ष से सहमत होंगे या नहीं, मुझे अपना स्पष्ट मत रिकॉर्ड करना चाहिए।

यह एक बड़ी सीख थी। अकादमी में हमें नेतृत्व के विषय में पढ़ाया ज़रूर गया था किन्तु मैंने यह नहीं सोचा था कि इस प्रकार की छानबीन के मामलों में भी आई.पी.एस. अधिकारी को अपने नेतृत्व कौशल का प्रदर्शन करना होगा। बाद में जब स्वतंत्र रूप से जाँच-पड़ताल करने लगी तो यह सीख काम आई।

डी.आई.जी. सिंह निरीक्षण करने में पक्के थे और मुझे अपने साथ ले जाते थे, शहर के बाहर भी। आई.पी.एस. अधिकारियों के प्रशिक्षण में उनकी विशेष रुचि थी। अक्सर कहते कि ये अधिकारी ही पुलिस बल का भविष्य हैं। निरीक्षण के बीच वे अचानक मेरा ज्ञान परखने के लिए कुछ पूछ बैठते। डी.आई.जी. एल.वी.सिंह अगर आस-पास हों तो सदा सतर्क रहना पड़ता था। गुरु के रूप में अपनी भूमिका वे बड़ी गम्भीरता से लेते थे, इस गुण की मुझे आज के अधिकारियों में अक्सर कमी दिखाई देती है।

प्रशिक्षण मुझे कभी-कभी कठिन लगता था किन्तु डी.आई.जी. साहब ने मेरे साथ जो कड़ाई बरती उसके लिए मैं उनकी आभारी हूँ। एस.एस.पी. साहब भी मुझे निरीक्षण पर साथ ले जाते थे; ये प्रैक्टिकल कक्षाओं के समान थे जहाँ प्रतिदिन मैं कुछ मूल्यवान सीखती थी।

पीछे मुड़कर देखती हूँ तो नज़र आता है कि बिहार की पहली महिला आई.पी.एस. अधिकारी के रूप में मेरी उपस्थिति ने पुलिस बल के भीतर इतना कौतूहल, बल्कि कुछ अविश्वास भी जगाया था कि मैं घबरा गई थी, पर एस.एस.पी. और डी.आई.जी. ने मेरे क्षेत्र-प्रशिक्षण में कोई ढील नहीं दी थी जिसके लिए मैं उनकी आभारी हूँ। मेरे साथ वे पुरुष सहकर्मियों के समान ही व्यवहार करते और हर वह काम करवाते जो एक अधिकारी को उस दौरान में करने होते थे।

लेकिन एक महिला अधिकारी की उपस्थिति ने अधीनस्थ कर्मचारियों को ज़रूर एक विचित्र दुविधा में डाल दिया था।

मुझे क्या कह कर पुकारें?

अधिकारियों को उनके अधीनस्थ अत्यन्त सम्मान के साथ सर, साहिब या हुज़ूर कहकर बुलाते थे। पर एक महिला अधिकारी को कैसे बुलाएँ? उन्होंने एक अनोखा सम्बोधन ईजाद किया और शीघ्र ही हर कोई, कनिष्ठ अधिकारियों और सिपाहियों से लेकर क्लर्क और ड्राइवर तक उसका इस्तेमाल कर रहे थे—मैडम सर।

8

मेरा कैरियर समाप्त हो जाएगा

सहायक पुलिस अधीक्षक के पद पर एक उप-प्रमंडल (सब-डिवीज़न) का स्वतंत्र प्रभार पाना ऐसा ही था मानो जहाँ से चली थी लौट कर वहीं पहुँच गई। फिर वही सन्देह उठाए गए जो मेरे क्षेत्रीय पदस्थापन के वक़्त उठे थे। एक महिला अधिकारी को हम कहाँ भेज सकते हैं? ये किस तरह का काम कर सकती हैं? कौन सा काम इनके लिए निरापद रहेगा?

बैच के सारे साथियों को उप-प्रमंडल का प्रभार दिया गया; मेरे पति राकेश को सहायक पुलिस अधीक्षक (टाउन), पटना का पद मिला। और मुझसे तो लगभग यह कह ही दिया गया कि क्षेत्रीय प्रशिक्षण कर लिया, बस ख़ुश हो जाओ। महानिरीक्षक राजेश्वर लाल ने मुझे अपराध अनुसन्धान विभाग (सी. आई.डी.) में सहायक पुलिस अधीक्षक के पद पर भेजा। मूल रूप से वह डेस्क पर बैठकर किया जाने वाला काम था।

हमारे समय में सेवा में आने के चार वर्ष के भीतर बिहार के भारतीय पुलिस सेवा अधिकारियों को पुलिस अधीक्षक की श्रेणी में पदोन्नत कर दिया जाता था। मैं चूँकि 1976 के बैच से थी, 1980 के अन्त तक मेरी पदोन्नति पुलिस अधीक्षक के रूप में हो जानी थी। किन्तु मैं जानती थी कि सहायक पुलिस अधीक्षक के रूप में अगर मेरी तैनाती क्षेत्र में न हुई तो पुलिस अधीक्षक के रूप में ज़िले का प्रभार पाना कठिन होगा। मैं जीवन भर फ़ाइलें इधर से उधर करती रह जाऊँगी और रिपोर्टें लिखती रहूँगी। मैं ठगा गया अनुभव कर रही थी। मैंने भी तो अपने सहकर्मियों की भाँति ही रा.पु.अ. और ज़िले में कठोर प्रशिक्षण पूरा किया था, आख़िर मुझमें कमी किस बात की थी?

भारतीय पुलिस सेवा के किसी भी अधिकारी को इससे पहले कभी अपराध

अनुसन्धान विभाग में सहायक पुलिस अधीक्षक नहीं बनाया गया था। और मैं यहाँ, अपराध अनुसन्धान विभाग के शोरगुल भरे नियंत्रण कक्ष की बगल में सँकरी जगह में लकड़ी के फट्टों से बने छोटे से अँधेरे कोठरी नुमा कमरे में बैठी हुई थी। यह सब मनोबल तोड़ने वाला था।

मेरे कामों में से एक था स्पेशल-रिपोर्ट वाली फ़ाइलों को पढ़ना। प्रत्येक ज़िले के पुलिस अधीक्षक व उप-प्रमंडलीय पुलिस अधिकारी के लिए अनिवार्य था कि वे हत्या, डकैती और दलितों पर अत्याचार जैसे महत्त्वपूर्ण मामलों की व्यक्तिगत रूप से निगरानी करें तथा अपनी टिप्पणियाँ अपराध अनुसन्धान विभाग के पास विवेचना और राय के लिए भेजें। मुझे ये सारी स्पेशल रिपोर्ट फ़ाइलें पढ़कर जाँच कार्रवाई पर अपना मत देना होता जिसे फिर वरिष्ठ विभागीय अधिकारियों के समक्ष उनके अवलोकन व निर्देशों के लिए प्रस्तुत किया जाता।

बिहार के प्रत्येक ज़िले से बड़ी संख्या में, कई बार तो एक दिन में तीस, ऐसी निगरानी टिप्पणियाँ पहुँचतीं। हालाँकि सी.आई.डी. में फँसे होने के कारण मैं निराश थी परन्तु ये सारे मामले मैं ध्यानपूर्वक पढ़ती और अपनी राय रिकॉर्ड करती।

सप्ताह बढ़कर माह में बदल गए, मैं अपनी मेज़ पर बैठी रही। 'मुझे यहाँ क्यों निर्वासित किया हुआ है?' मैं ख़ुद से पूछती रहती; कोई नहीं था जिससे मदद माँगती। हमारे क्षेत्र प्रशिक्षण को लगभग छह माह हो चुके थे, छह माह और, और हम पुलिस अधीक्षक बन जाएँगे। मैं काफ़ी अधीर होती जा रही थे कि तभी, जैसा कि भाग्य को मंज़ूर था, राजेश्वर लाल सेवानिवृत्त हो गए और उनके स्थान पर एस.के. चटर्जी महानिरीक्षक बन गए। उनकी चार बेटियाँ थीं जिनमें से एक, पलाश, स्कूल और कॉलेज में मेरे साथ थी। हिम्मत बटोर कर मैं श्री चटर्जी के कार्यालय में गई।

'सर, मेरा तो कैरियर ख़त्म हो जाएगा', बिना भूमिका बाँधे मैंने कहा। उन्होंने मेरी बात ध्यान से सुनी। मैं उनके साथ खुल कर बात कर सकती थी, उनका व्यवहार मृदु था और सारा जीवन मैं उन्हें पलाश के पिता की तरह जानती आई थी; उन्हें अंकल बुलाती थी। मैंने बताया कैसे क्षेत्र प्रशिक्षण पूरा कर चुकने के बाद भी मुझे ज़िले में तैनात नहीं किया गया था।

उन्हें यह सुन कर काफ़ी धक्का लगा कि मैं सी.आई.डी. में सड़ रही हूँ। 'क्यों, क्यों?' आश्चर्य से उन्होंने पूछा और वचन दिया कि वे मुझे उप-प्रमंडल (सब-डिवीज़न) में तैनात करेंगे।

और सच ही जैसा कहा था, सरकारी अधिसूचना की प्रतीक्षा किए बिना, दो दिन के भीतर श्री चटर्जी ने सहायक पुलिस अधीक्षक, दानापुर के तौर पर मेरे पदस्थापन के आदेश पारित कर दिए। मैंने चैन की साँस ली। आख़िरकार अब मैं वह काम कर सकूँगी जिसके लिए मैं पुलिस बल में आई थी।

*

पटना के ठीक बाहर स्थित दानापुर एक बड़ा उप-प्रमंडल है जिसमें अर्ध-नगरीय व ग्रामीण दोनों प्रकार के इलाके हैं। जनवरी 1980 में जैसे ही मेरी तैनाती सहायक पुलिस अधीक्षक के पद पर हुई, मैं जान गई कि जल्द से जल्द मुझे अपने वरिष्ठों, पुलिस थानों व साथ ही अधीनस्थों के सामने प्रमाणित करना होगा कि क्षेत्र कार्य में मैं उतनी सक्षम हूँ जितना कोई पुरुष भा.पु.से. अधिकारी।

मुझे लगता है कि काम करने के अपने जुझारू तरीके, मोटी खाल और स्त्री-सुलभ सहजानुभूति के चलते मैं अपने को सिद्ध करने में सफल हो पाई।

जिस दिन दानापुर पहुँची, उसी दोपहर, पालीगंज पुलिस थाने के अन्तर्गत पड़ने वाले रामपुर नगवा गाँव से हत्या की ख़बर आई। भूमिहारों और यादवों के बीच हमेशा से जातिगत तनाव चलता आया था। नक्सलवाद तभी से इन इलाकों में अपना सिर उठा रहा था। कार्यभार सँभालते ही, पुलिस दल के साथ मुझे इस मामले को देखने निकलना पड़ा।

मृतक एक वृद्ध ज़मींदार था। शव लहलहाती फसल वाले एक खेत में था, बाँहें और टाँगें फैली हुई थीं। गला चीरा गया था। अपराध स्थल को अच्छी तरह से देख लेने के बाद हम खेत में सुराग ढूँढ़ने लगे। गेहूँ की बालियों के बीच नर्म मिट्टी में हमें पैरों का बड़ा-सा निशान दिखाई दिया।

मेरे दल में एक बुज़ुर्ग सर्किल इंस्पेक्टर, के.आर.पी. सिन्हा थे। मैंने उनसे कहा कि यह एक महत्त्वपूर्ण साक्ष्य है, इसे सावधानी के साथ उठा लेना चाहिए। मैं ताज़ा-ताज़ा प्रशिक्षण कर के निकली थी, अपने दल को मैंने सिखाया कि पदचिह्न का साक्ष्य कैसे उठाना है, प्रमाणों पर लेबल कैसे लगाना है, कैसे उन्हें आगे भेजना है। अन्य अधिकारी मुझे जिज्ञासु नज़रों से देख रहे थे और काफ़ी प्रभावित लग रहे थे कि तहक़ीक़ात के वैज्ञानिक तरीकों के विषय में मैं इतना जानती हूँ।

पैर का निशान तो मिल गया, पर अब हमें एक सन्दिग्ध व्यक्ति की ज़रूरत थी। मैंने यह पता लगाने का निर्णय लिया कि ज़मीन को लेकर मृतक का गाँव में किसी के साथ झगड़ा तो नहीं था, किसी के साथ दुश्मनी तो नहीं थी। स्थानीय चौकीदारों से सूचना एकत्रित करनी आरम्भ की। पता चला कि मृतक के साथ काम कर रहे कुछ लोगों ने हत्या होते देखी थी किन्तु वे भाग गए थे। पुलिस के साथ बात करने में उन्हें बहुत डर लग रहा था। गाँववासियों को हमने विश्वास में लिया और बड़े परिश्रम से उन्हें आँखों देखा विवरण देने को मना लिया। उन्होंने जिन लोगों को पहचाना था उनके नाम हमें दे दिए। उन लोगों का अता-पता सत्यापित कर लेने के बाद हमने इस मामले से उनका सम्बन्ध स्थापित कर लिया।

भूमिहारों और यादवों के बीच जातीय होड़ ने मामले में एक और आयाम जोड़ दिया था, लेकिन मैंने जातीय समीकरणों की ओर ध्यान न देने का निर्णय लिया। गाँव में बड़े-बड़े छापे मारे, हर जाति के घर की जाँच की। अन्ततः हत्या में लिप्त लोगों को गिरफ़्तार करने और आरोपियों पर अभियोगपत्र दाख़िल करने में हम सफल हो गए।

जब हत्या हुई तो पुलिस थाने के पुराने, अनुभवी सिपाहियों ने मुझे बताया, 'मैडम सर, यह तो आपको सलामी दे रहे हैं'। आम धारणा थी कि जब कभी किसी इलाके में पुलिस अधिकारी की तैनाती होती, अपराधी इसी प्रकार एक सन्देश के साथ स्वागत करते थे। उम्मीद है कि अपराधियों ने छापों और अभियोगपत्र को उनके लिए मेरी 'सलामी' समझा होगा।

दोषियों को मैं दंड तो दिलवाना ही चाहती थी, स्थानीय आबादी तक सन्देश भी पहुँचाना चाहती थी कि अपराधियों पर मैं दया नहीं दिखाऊँगी; क़ानून-व्यवस्था भंग करने वालों को सहन नहीं करूँगी; भेदभाव नहीं बरतूँगी। अधीनस्थों को सन्देश था कि क्षेत्र की जातीय राजनीति में न उलझें।

गाँव के अन्दर वर्दी में जाना, छापे मारना, सिपाहियों के आगे-आगे चलना और पहले ही दिन से कमान सँभाल लेना—इन मूल्यवान अनुभवों ने मेरा आत्मविश्वास बढ़ाने और मेरी छवि एक सख़्त पुलिस अधिकारी की बनाने में बहुत अधिक मदद की। शुक्र था कि मेरी टीम भी अब मुझे सम्मान की दृष्टि से देख रही थी और एक अधिकारी और लीडर के रूप में स्वीकार कर रही थी। लेकिन मेरे वरिष्ठ अधिकारियों के साथ ऐसा नहीं था।

अभी तक तो नहीं।

*

इसी दौरान बिहार के कुछ इलाके—वहाँ बसों में हो रही डकैतियों के लिए बदनाम हो रहे थे। कोई भी मामला सुलझ नहीं पा रहा था। भारत के दूसरे इलाकों की तरह बिहार में भी होली के कुछ पहले बहुत आवाजाही होती है। लोग घर जाते हैं और अक्सर रंगों के इस पर्व को परिवार के साथ मनाने के लिए नए कपड़े और उपहार लेकर जाते हैं।

1980 में होली 25 फ़रवरी को मनाई गई थी। होली के एक-दो दिन पहले बिहटा पुलिस थाने के इलाके में बस में डकैती हुई और एक नौजवान मार डाला गया। मामला डकैती और हत्या का था—भारतीय दंड संहिता की धारा 396 के तहत सबसे जघन्य माने जाने वाले अपराधों में से एक।

यात्रियों के भेष में अपराधी पटना में बस पर चढ़े थे। आधी रात को बस जब एक वीराने में पहुँची उन्होंने अपने देसी कट्टे निकाले और यात्रियों को डरा धमका कर ज़बरदस्ती उनके जेवर, घड़ियाँ, बटुए और दूसरी वस्तुएँ रखवा लीं। सभी यात्रियों ने अपनी मूल्यवान वस्तुएँ दे दीं और बस से भाग गए, सिवाय एक नौजवान के जिसने प्रतिरोध किया। उसे चाकू भोंक दिया गया।

तड़के सुबह सूचना मिलते ही हम तेज़ी से घटना स्थल की ओर रवाना हो गए। हमने देखा बस के फ़र्श पर ख़ून ही ख़ून फैला हुआ है। मृतक की जाँघ पर छोटा मगर गहरा घाव था। चाकू ने शायद कोई धमनी काट दी थी जिससे अधिक रक्तस्राव के कारण मृत्यु हो गई थी।

इस प्रकरण में जो बात हृदय को छू गई वह यह कि मृतक एक युवक था और नव-विवाहित था। पता चला कि पलामू में वह कपड़े की दुकान चलाता था जिसके लिए नया माल और कपड़े के थान ले जा रहा था। हालाँकि पचास से अधिक चश्मदीद गवाह थे लेकिन गिरोह की शिनाख़्त करने में यात्री असमर्थ थे, क्योंकि उन्होंने अपने चेहरे कपड़े से ढकने की सावधानी बरती थी। यात्रियों ने बताया कि कट्टों और चाकुओं के अतिरिक्त डाकुओं के पास बन्दूक भी थी। रात के अँधेरे में गुम हो जाने से पहले डाकुओं ने यात्रियों को डराने के लिए उन पर बन्दूक से गोली चलाई थी।

उस सुबह मैं घटनास्थल पहुँचने के लिए जल्दी-जल्दी तैयार हो रही थी कि फ़ोन आया। मेरे वरिष्ठ पुलिस अधीक्षक एस.के. सिन्हा थे, बहुत परेशान

लग रहे थे, इसलिए नहीं कि मैंने कुछ ग़लत किया था बल्कि इसलिए कि उनके ऊपर एक 'महिला अधिकारी' थोप दी गई थी।

'मैं नहीं जानता क्या करूँ; एक महिला अधिकारी को इतने मुश्किल सब-डिवीज़न में भेज दिया है। ऐसे अपराधों पर मैं कैसे काबू पाऊँगा?' फ़ोन पर वे चिल्लाए। उन्होंने कहा मुझसे पहले जो मेरी जगह पर थे बहुत सख़्त अफ़सर थे, हर समय काम में जुटे रहते थे। 'अपराध रोकने के लिए रात को बाहर, खुले खेतों में मेड़ों पर सो जाया करते थे। लेकिन यह सब एक महिला अधिकारी कैसे कर सकती है, मुझे सच ही नहीं मालूम,' वे कुड़कुड़ाते रहे।

फ़ोन हाथ में थामे मैं एक मूर्ति की तरह खड़ी उनकी अपमानजनक बातें सुनती रही।

'उस दिन एक हत्या हुई थी, और आज हत्या के साथ बस डकैती हुई है। कैसे सँभालूँ?' उनका विलाप चालू रहा।

मानना होगा कि उस दिन मेरा संकल्प थोड़ा दरका, उनके शब्दों ने उस कवच को भेद दिया था जो मैंने अपने चारों ओर खड़ा कर रखा था। अपमान और गुस्से के आँसुओं ने मुझे विचलित कर दिया। हाँ, हूँ मैं एक स्त्री—क्या करूँ? उन्होंने यह भी बताया कि स्थानीय विधायक कन्हाई सिंह भी वहाँ मेरी तैनाती के विरुद्ध थे और उन्होंने महानिरीक्षक महोदय के सामने यह विषय उठाया भी था।

उस दिन वरिष्ठ पुलिस अधीक्षक मेरा हौसला तोड़ने में लगभग सफल हो ही गए थे। लेकिन यह एहसास भी कराया कि मैं अन्दर से बहुत मज़बूत हूँ। मैं उनमें से नहीं जो अधिक देर तक आत्मदया में डूबी रहे, तो आँसू पोछे, चेहरा धोया और काम पर चली गई।

बिहटा पुलिस थाना प्रभारी व पुलिस अधीक्षक (ग्रामीण) ने भी मेरा काम आसान नहीं किया। थाना प्रभारी अक्सर सीधे पुलिस अधीक्षक को रिपोर्ट करते जिससे मुझ तक सूचना न पहुँच पाती। सर्किल इंस्पेक्टर के.आर.पी. सिन्हा मेरा साथ देते और इस ओछी राजनीति से मुझे अवगत रखते।

इस सारे अनर्गल शोर की ओर से अपने दिमाग़ को मैंने बन्द कर लिया और एकाग्रचित्त होकर बस डकैती के मामले की पड़ताल में लग गई। उस स्थान के चारों ओर, जहाँ बस को छोड़ा गया था, खड़ी फसल थी। हमने देखा कि एक दिशा में फसल सपाट हो गई है, स्पष्ट ही वहाँ से हो कर लोग

भागे थे। साथ चलते-चलते हमने आस-पास का सारा इलाका छान मारा और आख़िर हमारे हाथ मसौढ़ी पुलिस थाने के तहत पड़ने वाले तारेगना रेल स्टेशन का टिकट लग गया।

हम उस स्टेशन पर गए और आस-पास पूछताछ की। कुछ ख़ास पता नहीं चला लेकिन मैं हर सुराग, हर सूचना की छानबीन करना चाहती थी, किसी भी सम्भावना को अनदेखा नहीं करना चाहती थी। यात्रियों ने क्योंकि बन्दूक से गोली चलने की बात कही थी, मैंने हर उस व्यक्ति की जाँच करना तय किया जिसके पास आग्नेयास्त्र रखने का लाइसेंस हो और जो उस स्थान तक जाने वाली सड़क के आसपास के गाँव में रहता हो जहाँ बस मिली थी। इन गाँवों में रह रहे आपराधिक रिकॉर्ड वाले हर व्यक्ति की शिनाख़्त के लिए अपराध निदेशिका खँगाली गई।

आख़िर हम कंचनपुर गाँव के एक छोटे अपराधी तक पहुँचे जो अपराध-स्थल के नज़दीक रहता था, यह भी मालूम हुआ कि उसके पिता के पास लाइसेंसी आग्नेयास्त्र है। हमने गाँव में छापे मारे और उस व्यक्ति के घर पहुँचे लेकिन वहाँ केवल महिलाएँ ही मिलीं। उन्होंने कहा उन्हें नहीं मालूम घर के पुरुष कहाँ हैं या कब लौटेंगे।

घर की तलाशी के वक़्त मेरा ध्यान दीवार से सटा कर एक पर एक रखे हुए बक्सों पर गया जिनमें नई साड़ियाँ थीं। मैंने महिलाओं से पूछा इतनी सारी नई साड़ियाँ क्यों हैं। 'घर में शादी हुई है। बहू को घर लेकर आना है तो उसके घर वालों को देने के लिए ख़रीदी हैं।' उन्होंने कहा।

महिलाएँ सच्ची लग रही थीं, तो मैंने ज़्यादा कुछ पूछा नहीं। पर कुछ था जो सही नहीं लग रहा था। लौटते हुए मैं वहाँ रखी साड़ियों में ही उलझी रही और सोचती रही कि उनमें ऐसा क्या है जो परेशान कर रहा है। अचानक ध्यान आया, सारी साड़ियाँ एक ही छापे की थीं, बस रंग अलग थे।

कोई भी महिला बता सकती है कि हम जब अपने सम्बन्धियों या सहेलियों के लिए साड़ी ख़रीदते हैं तो सब के लिए एक सी तो नहीं ख़रीदते न? उसमें भला क्या मज़ा है?

मुझे याद आया कि जिस नौजवान को चाकू मारा गया था वह अपनी कपड़े की दुकान के लिए सामान ले जा रहा था। मुझे लगा ये साड़ियाँ बस की लूट का हिस्सा हो सकती हैं और अपना सन्देह इंस्पेक्टर सिन्हा को बताया। उस रात हमने एक और छापा डालने का तय किया। जितने आदमी हमारे पास

थे, सबको लेकर गाँव पर घेरा डाला और पूरी तरह से तलाशी लेने दोबारा उस घर की ओर गए।

घर के पास एक सूखा कुआँ मिला। उसमें टॉर्च की रोशनी डाली तो अन्दर फेंकी गई कई वस्तुएँ दिखीं जिनमें कई सामान और कपड़े के गट्ठर दिखाई दिए। सबको ऊपर निकाला और बस से लूटा गया सारा सामान हाथ आ गया।

हम जान गए कि हमने सही घर की शिनाख़्त की है। हमें यही चाहिए था। अगले कुछ दिनों में हमने एक-एक करके उन सबकी शिनाख़्त कर ली जिनका हाथ इस बस-डकैती में था। गिरोह के आठ सदस्यों को गिरफ़्तार कर लिया, लाइसेंसी बन्दूक और देसी कट्टे ज़ब्त कर लिए और सबके विरुद्ध आरोपपत्र दाख़िल कर दिए।

बिहार में तब बहुत अधिक बस डकैतियाँ हो रही थीं और यहाँ तो हत्या भी हुई थी जिससे यह मामला और भी सनसनीखेज़ बन गया था, मीडिया का पूरा ध्यान इस पर था, कार्रवाई करने के लिए ऊपर से दबाव पड़ रहा था। बिहार की यह पहली बस डकैती थी जिसे सुलझा लिया गया था। मेरे और मेरी टीम के लिए यह बहुत बड़ी सफलता थी।

इस घटना ने मुझे मानव प्रकृति के बारे में एक बड़ी बात सिखाई। कोई अपराध हो और परिवार से पूछताछ की जाए तो पिता अपने पुत्र को पुलिस में दे सकता है, भाई और बहन भी, किन्तु कुछ भी हो जाए माँ अपने पुत्र की रक्षा हमेशा करेगी। पूरा कार्यजीवन मैंने बार-बार ऐसा होते देखा।

इस मामले की गुत्थी सुलझ जाने के बाद महानिरीक्षक एस.के. चटर्जी व उप-महानिरीक्षक (प्रशासन) के.सी. सिन्हा, दोनों ने ही मुझे मुख्यालय बुलाकर विस्तार में पूछा कि मामले की तह तक मैं कैसे पहुँची। बार-बार होती बस-डकैतियों के चलते अनेक अधिकारियों की रुचि यह जानने में थी कि इस मामले में मैंने क्या क़दम उठाए थे।

क्योंकि यह पहली बस डकैती थी जिसे सुलझाने में हम सफल हुए थे, वरिष्ठ अधिकारियों से मुझे कुछ अधिक ही प्रशंसा मिली। महानिरीक्षक एस.के. चटर्जी ने मुझे पत्र भेजा जिसमें लिखा था :

> जिस समर्पण और प्रतिभा के साथ आपने यह कार्य पूरा किया उसकी प्रशंसा करनी होगी। अधीनस्थ अधिकारियों व कर्मचारियों से निरन्तर और अधिकतम कार्य निकलवाने तथा अपेक्षित कार्यपूर्ति के लिए आवश्यक सारे गुणों का आपने प्रदर्शन किया।

मुझे प्रशिक्षण देने वाले उप-महानिरीक्षक एल.वी. सिंह ने भी मेरे अच्छे काम की प्रशंसा में पत्र लिखा। इन पत्रों ने मुझे बहुत प्रोत्साहन दिया विशेष तौर पर इसलिए कि लम्बे समय से मैं क्षेत्र में तैनाती चाह रही थी।

कुछ दिन बाद वरिष्ठ पुलिस-अधीक्षक सिन्हा ने बुला भेजा। मैंने ख़ुद को कुछ और ताने सुनने के लिए तैयार कर लिया। सबको तो नहीं जीता जा सकता न, ख़ुद को याद दिलाया। मन तो यह भी था कि उनके झूठ का पर्दाफ़ाश कर दूँ। मेरे ड्राइवर और अंगरक्षक ने बता दिया था कि पिछले सहायक पुलिस-अधीक्षक ने प्रभारी के तौर पर अपने पूरे कार्यकाल में एक रात भी घर से बाहर नहीं बिताई थी!

मेरा सामना एक आश्चर्य से होने वाला था। वरिष्ठ पुलिस अधीक्षक ने कुछ सुना था जिसे वे मेरे साथ साझा करना चाह रहे थे। शायद विधायक कन्हाई सिंह ने महानिरीक्षक चटर्जी से पूछा होगा, 'पुलिस-बल में क्या और महिला अधिकारी नहीं हैं? मेरे ज़िले में आप केवल महिला अधिकारियों को ही तैनात करें।'

मैं कृतज्ञ हूँ कि वरिष्ठ पुलिस अधीक्षक ने मुझे यह बात बताई पर बस डकैती के अगले दिन उन्होंने मुझसे वे अपमानजनक बातें क्यों कही थीं यह समझ नहीं आया। हो सकता है वे एक अच्छे वरिष्ठ अधिकारी हों जिनका दिन ख़राब जा रहा था।

वरिष्ठ अधिकारी दबाव में हों तो भड़ास अधीनस्थों पर ही निकलती है। हालाँकि यह ग़लत तो है, ख़ासतौर पर क्योंकि अधीनस्थ को पलटकर जवाब देने का अधिकार नहीं होता। पर इतने सालों में मैंने सीख लिया है कि यह सब कागकाजी जीवन का अभिन्न अंग है। ऐसे मौकों पर अधीनस्थों को ज़्यादा संवेदनशील न बन कर समझदारी से काम लेना चाहिए, बस दबंगई नहीं सहनी चाहिए। शान्त बने रहना, विशेष तौर पर अतार्किक बॉस के सामने, सदा मेरे काम आया।

बस डकैती प्रकरण के बाद मेरे वरिष्ठ और मेरे अधीनस्थ, दोनों ही मुझे पुलिस बल के अंग के रूप में स्वीकार करने लगे। लोग मुझे बिहार पुलिस की एकमात्र महिला अधिकारी की तरह ही नहीं, एक सक्षम, परिश्रमी और व्यावहारिक अधिकारी की तरह देखने लगे थे। उस नवम्बर, सोनपुर में होने वाले वार्षिक अपराध निरोधक मेले में मुझे बस डकैती मामले के सफल जाँच-पड़ताल व समाधान के लिए कलाई घड़ी का पुरस्कार दिया गया। मुझे

लगा चीज़ें आख़िरकार ठीक होने लगी हैं।

दानापुर में सहायक पुलिस अधीक्षक के रूप में अपने कार्यकाल के दौरान एक मामला ऐसा आया जिसने मेरी चपल बुद्धि की परीक्षा ली; एक ऐसा मामला जिसमें क्षण भर में एक कठिन निर्णय लेना था। मीडिया में इसे 'मन्दिर कांड' नाम दिया गया और कई दिनों तक यह अखबारों में छाया रहा।

हमारे नए पुलिस अधीक्षक थे अनिल कुमार पांडे। वे एक अच्छे, दखल-अन्दाज़ी न करने वाले, अधीनस्थों का साथ देने वाले अधिकारी थे। दानापुर उप-प्रमंडल (सब-डिवीज़न) में शहरी और ग्रामीण दोनों ही इलाके पड़ते थे, ग्रामीण इलाकों के लिए मैं पुलिस अधीक्षक (ग्रामीण) और दानापुर व खगौल के शहरी इलाकों के लिए पुलिस अधीक्षक (नगर) को रिपोर्ट करती थी। पुलिस अधीक्षक (नगर) के साथ काम करना मुझे ज़रा कठिन लगा करता था। वास्तव में वह मिलजुल कर काम करने वालों में नहीं थे, उन्हें हमेशा लगता था वही सबसे ज़्यादा जानते हैं।

एक सोमवार की सुबह खगौल के एक छोटे से मन्दिर में जो कि पटना ज़िले की एक रेलवे कॉलोनी में था, लोगों के बीच झड़प हो गई। मन्दिर शहर के बीचोंबीच, एक भीड़ भरे बाज़ार में था। असामाजिक तत्त्वों ने मन्दिर के परिसर पर कब्ज़ा कर लिया था और वहाँ शराब, गाँजे का सेवन कर रहे थे, मन्दिर के दान-पात्र से चोरी कर रहे थे, कुल मिला कर बहुत ज़्यादा उत्पात मचा रहे थे।

उसी सुबह उन्होंने वहाँ श्रावण (जुलाई-अगस्त) के पावन मास में हमेशा की भाँति सोमवार को शिवलिंग पर जल चढ़ाने आईं स्थानीय महिलाओं के साथ अभद्र व्यवहार भी किया। अब लोगों का धैर्य चुक गया। सैकड़ों की संख्या में स्थानीय निवासी मन्दिर के सामने एकत्र हो गए, सड़क बन्द कर दी और माँग की कि इन असामाजिक तत्त्वों को पुलिस अविलम्ब मन्दिर से बाहर निकाले।

दानापुर पुलिस थाने से सिपाहियों की छोटी-सी टुकड़ी के साथ सर्किल इंस्पेक्टर रामानन्द प्रसाद तेज़ी से घटनास्थल की ओर निकल गए। मिनटों में ही मैं भी उनके पीछे गई।

वे दुष्ट मन्दिर के गर्भगृह में घुस गए थे और शिवलिंग की आड़ में जम कर बैठ गए थे। पुजारी एक दुर्बल वृद्ध थे और समझ नहीं पा रहे थे कि स्थिति कैसे सँभाली जाए।

'अगर कोई अन्दर आया तो गोली चला देंगे', अन्दर से गुंडे पागलों की तरह चीखे। उत्तेजित भीड़ हर क्षण बढ़ती जा रही थी और पुलिस-कार्रवाई की माँग कर रही थी।

बाज़ार में दुकानें खुलती जा रही थीं, यातायात बढ़ रहा था, सड़क बन्द होती जा रही थी। हमारे लिए समय निकलता जा रहा था। स्थिति विस्फोटक हो चली थी।

भीड़ अशान्त हो रही थी...इस बीच मैं पुलिस अधीक्षक (नगर) से सम्पर्क साधने का प्रयास कर रही थी कि स्थिति बयान करूँ और निर्देश लूँ पर वे उपलब्ध नहीं थे, न ही वायरलेस पर सन्देशों का उत्तर दे रहे थे। खगौल उनके अधिकार क्षेत्र में था, वे इस क्षेत्र को भलीभाँति जानते थे, स्थिति को नियंत्रण में लाने में हमारी सहायता के लिए उन्हें हमारे साथ होना चाहिए था।

मैं समझ गई कि स्थिति मुझे अपने हाथ में लेनी होगी। हमें नियंत्रण कक्ष को लगातार सूचना पहुँचानी थी, भीड़ के साथ संवाद बनाए रखना था, हथियारबन्द गुंडों पर नज़र रखनी थी और सुनिश्चित करना था कि मन्दिर पर कोई चढ़ न बैठे।

'मेरे ख़याल से अब हमें मन्दिर के अन्दर चले जाना चाहिए, यह बदमाश जो भी करने की सोच रहे हैं हम उससे निपट लेंगे', इंस्पेक्टर रामानन्द ने सुझाया। मैं भीड़ और अपने आदमियों की सुरक्षा को लेकर चिन्तित थी पर इंस्पेक्टर के साथ भी सहमत थी। अगर अभी कार्रवाई न की गई तो सम्भव था कि स्थिति तेज़ी से हाथ से बाहर निकल जाए।

'चलिए अन्दर चलें', मैं मान गई। 'ज़रूरत हुई तो गोली चलाएँगे।' इंस्पेक्टर प्रसाद ने मन्दिर की सीढ़ियाँ चढ़नी शुरू कीं; मैं और बाकी पुलिस कुछ क़दम पीछे थे।

अचानक गिरोह के दो सदस्यों ने, जिनके लम्बे बाल लहरा रहे थे, तलवारें उठाईं और हमारी ओर झपटे। गुस्से से गरजते हुए उनमें से एक ख़तरनाक ढंग से इंस्पेक्टर के नज़दीक आ पहुँचा। इंस्पेक्टर भी चीखे और रिवॉल्वर चला दिया। गोली उस आदमी के माथे पर लगी; वह ज़मीन पर गिरा और सीढ़ियों पर नीचे लुढ़कने लगा।

गोली चलने के कुछ क्षणों के भीतर भीड़ तितर-बितर हो गई। मुझे नहीं लगता पाँच सौ लोगों को मैंने कभी इतनी तेज़ी से ग़ायब होते देखा है। अन्दर हमें वहाँ छुपा कर रखे गए गाँजा, देसी ठर्रा, आग्नेयास्त्र और गोलियाँ मिले।

हमें चिन्ता थी कि हमारे गोलियाँ चलाने की कहीं सब आलोचना न करें। शुक्र है कि पुलिस विभाग और मीडिया में सब हमारे पक्ष में थे क्योंकि हमने साफ़ नीयत के साथ कार्रवाई की थी। पता चला कि मृतक का पुलिस थाने में पुराना रिकॉर्ड था। उसने अपना गिरोह बना लिया था और चंदा इकट्ठा करने के लिए मन्दिर पर कब्ज़ा किया था।

पुलिस अधीक्षक (नगर) ज़रूर अप्रसन्न थे कि उनके अधिकार-क्षेत्र में इतनी बड़ी वारदात हो गई और गोली चलाने का आदेश एक महिला अधिकारी ने दिया, पर हमारे वरिष्ठ पुलिस अधीक्षक को कोई अन्तर नहीं पड़ा। उन्होंने बस इतना कहा, 'आपने वही किया जो आपको करना चाहिए था...' और हँसते हुए वही कहा जो वे हमेशा कुछ अप्रिय घटने पर कहते थे 'नौकरी तो नहीं जाएगी न?'

'साफ़ नीयत के साथ कार्रवाई करने' और 'जल्दबाज़ी में कार्रवाई करने' में अन्तर होता है। एक अधिकारी होने के नाते हमें अक्सर क्षण भर में निर्णय लेने की ज़रूरत पड़ती है, वह भी तनावपूर्ण परिस्थितियों में। कब 'कार्रवाई' का आदेश देना है कब 'संयम' बरतना है इसकी परख बहुत निर्णायक और आपके नेतृत्व-कौशल की कसौटी होती है। यू.पी.एस.सी. के इंटरव्यू में जब मुझसे यह पूछा गया कि क्या मैं किसी पर गोली चला सकूँगी तो बोर्ड के सदस्य की मंशा शायद इसी कौशल को कसौटी पर कसने की थी।

*

कुछ मामले अगर हमें रोज़-रोज़ बाहर जाकर लोगों की सेवा में अपना सर्वोत्तम करने के लिए प्रेरित करते, तो कुछ दूसरे ऐसे मामले भी थे जो हमें अपने देश की कड़वी सच्चाइयों के सामने ला खड़ा करते और दिल तोड़ देते थे।

एक सुबह तड़के ही मुझे सन्देश मिला कि बिहटा थाने के अन्तर्गत सोन नदी की ओर एक शव ले जाया जा रहा है। एक लड़की की मृत्यु उसके ससुराल में हो गई थी और वे या तो दाह संस्कार करके या पानी में बहाकर उसका निपटारा करने जा रहे थे। मैं तुरन्त बिहटा के लिए चल पड़ी। थाना प्रभारी को वायरलेस पर सन्देश भेजा कि वे तुरन्त नदी की ओर जाएँ। इसके पहले कि शव को जला या बहा करके वे निर्णायक साक्ष्यों को ख़त्म कर दें हमें उन्हें रोकना था।

शवयात्रा रोकने थाना प्रभारी ठीक समय नदी तट पर पहुँच गए। शव को वहीं छोड़ सब लोग भाग खड़े हुए। जाँच करने पर पाया कि लड़की बुरी तरह जली हुई है तो शव को पोस्टमॉर्टम के लिए भेज दिया गया।

पर अब एक दूसरी समस्या सामने थी। कुछ लोग कह तो रहे थे कि लड़की को ससुराल वालों ने मारा है लेकिन प्राथमिकी दर्ज़ करने को कोई नहीं था।

लड़की मूल रूप से गया जनपद की थी। उसके माता-पिता से मिलने और उन्हें बिहटा लाने के लिए मैंने एक टीम गया भेजी। माता-पिता आए और अपने साथ वे पत्र लेकर आए जो उनकी बेटी ने पिछले कुछ महीनों में उन्हें लिखे थे—पत्रों से मालूम चलता था कि लड़की का पति तथा ससुराल वाले लगातार उस पर दबाव बना रहे थे कि अपने पिता से और पैसे माँग कर लाए। उसने लिखा था कैसे वे उसे ताना देते थे, उस पर अत्याचार करते थे। वे पत्र एक युवती के बिखरे सपनों की, इनसान के लालच और नीचता की, हमारे देश की उन अनेक लड़कियों के सामने की कठोर वास्तविकता की कथा कह रहे थे जिन्हें शिक्षा या आर्थिक आत्मनिर्भरता के बिना ब्याह दिया जाता है।

लड़की बहुत ग़रीब परिवार से थी। 'हमारी बिटिया को मार डाला क्योंकि ज़्यादा दहेज का उनका लालच हम पूरा नहीं कर पाए', लड़की के माता-पिता फूट-फूट कर रो रहे थे। उन्होंने प्राथमिकी दर्ज की और हम आगे की कार्रवाई करने लगे।

मेरे पूरे कार्यजीवन में महिलाओं की, विशेष तौर पर उन महिलाओं की दुर्दशा ने मुझ पर गहरा प्रभाव डाला जो हमारे पितृसत्तात्मक समाज और क्रूर प्रथाओं की शिकार बनीं। उन्हें न्याय दिलाने के लिए उन लड़कियों की आँखें जैसे मेरा पीछा करती रहतीं।

माता-पिता की प्राथमिकी पर कार्रवाई करते हुए मैंने पति के सारे परिवार वालों को गिरफ़्तार कर लिया। कभी वे कहते लड़की ने आत्महत्या की थी, कभी कहते खाना पकाते हुए उसके कपड़ों में ग़लती से आग लग गई थी। मिले हुए साक्ष्यों के आधार पर मैंने उन सब पर हत्या का मामला बनाया।

तब तक मेरा नाम मेरी सख़्ती के लिए जाना जाने लगा था, इस मामले ने मेरी इस छवि को और बल दिया। कोशिश थी कि हम एक मज़बूत मुकदमा तैयार करें ताकि अपने बचाव का कोई रास्ता उन्हें न मिले। मैं एक ऐसी लड़की की ओर से मुकदमा लड़ने की तैयारी में व्यस्त थी जिसे मैं उसके ज़िन्दा रहते नहीं जानती थी, पर अपनी असामयिक मृत्यु के कारण वह मेरे

लिए इतनी अहम हो गई थी। क्या मालूम था हमारे देश में क़ानूनी लड़ाई लड़ना हमेशा काफ़ी नहीं होता।

एक दिन लड़की के माँ-बाप हाथ जोड़े आए और मुकदमा बन्द करने की विनती की। मुझे लगा आरोपी का परिवार उन्हें झुकने के लिए डरा-धमका रहा है। मैंने उनसे कहा कि उनकी बेटी की स्मृति को न्याय अवश्य मिलना चाहिए, आश्वासन भी दिया कि उनका कोई कुछ नहीं बिगाड़ पाएगा।

उन्होंने जो कहा उसने मुझे अन्दर तक सुन्न कर दिया।

'नहीं, हम अपनी शिकायत वापस लेने आए हैं क्योंकि वे हमारी दूसरी बेटी से अपने बेटे की शादी के लिए राज़ी हो गए हैं। तो इस मुक़दमे को भूल कर हम उन्हें जेल से बाहर निकलवाने आए हैं।

मैं एक पुलिस अधिकारी थी, सज़ा से बचने के लिए आरोपी यह जो कुटिल चाल चल रहा था उसे मैं न्याय के रास्ते में नहीं आने दे सकती थी। मैंने उनसे कहा कि मामला क्योंकि हत्या का है, मुकदमा वापस नहीं लिया जा सकता।

दशकों बाद भी मुझे याद है वह वृद्ध कैसे मेरे सामने हाथ जोड़े खड़ा था, चेहरे पर आँसू बह रहे थे और वह भीख माँग रहा था कि उसके हत्यारे दामाद के विरुद्ध कार्रवाई न करूँ क्योंकि वह उसकी दूसरी बेटी के साथ शादी के लिए तैयार हो गया है।

उस दिन मैं—जो दबे-कुचले लोगों को न्याय दिलाने के लिए हमेशा बढ़ चढ़ कर बोलती थी—ख़ामोश रह गई थी। अविवाहित बेटियों वाले इस वृद्ध दम्पती की घोर निर्धनता के सामने कहने को मेरे पास शब्द नहीं थे।

उस पल भारतीय पुलिस सेवा की वर्दी बेमानी लगी थी, मन किया था उसे उतार फेंकूँ।

9

वापस डेस्क पर

दानापुर में सहायक पुलिस अधीक्षक के पद पर काम कर लेने के पश्चात मुझमें इतना आत्मविश्वास आ गया था कि ज़िला पुलिस अधीक्षक का कार्यभार सँभाल सकूँ।

इसके पहले कि हमें पदोन्नति दी जाती, जुलाई, 1980 में राकेश को नालंदा का पुलिस अधीक्षक बनाकर भेज दिया गया क्योंकि वहाँ के पुलिस-अधीक्षक चिकित्सा अवकाश पर जा रहे थे। कुछ ही महीनों में बैच के सारे साथी अलग-अलग जिलों में पुलिस अधीक्षक पद पर भेज दिए गए, पर जब मेरे आदेश आए तो मन निराश हो गया। मुझे पुलिस-अधीक्षक, दहेज निरोधक कोषांग के पद पर दोबारा अपराध अनुसन्धान विभाग में भेज दिया गया था।

फिर वही डेस्क, फिर वही फ़ाइलों को इधर-उधर सरकाना, फिर वही नाम मात्र का क्षेत्रीय कार्य। ख़ुद को सिद्ध करने के लिए मुझे और कितना करना था? पिछले कई वर्षों में मैंने अन्य राज्यों की महिला पुलिस अधिकारियों से भी सुना कि उन्हें अपनी पहली क्षेत्रीय तैनाती मिलने में कितनी कठिनाई हुई।

उन दिनों दहेज विरोधी क़ानून में कोई दम नहीं था और इसलिए, हालाँकि बिहार में दहेज की समस्या बहुत विकट थी और आज भी उसका हौवा कायम है, हम उसे रोकने के लिए कुछ ख़ास नहीं कर सकते थे। जो बात हताश करती थी वह यह कि बावजूद इसके कि क़ानून बेधड़क तोड़ा जा रहा था, यह सिद्ध करना मुश्किल था कि 'विवाह करने के लिए' दहेज की माँग की जा रही है। इसका मतलब था कि विवाह केवल तभी होगा जब वर और उसके परिवार को धन व उपहार दिए जाएँगे। तो शायद ही कभी एक या दो मामले दर्ज़ होते। दो-तीन सदस्यों की मेरी छोटी-सी टीम में काम के लिए अन्दर से

कोई प्रेरणा ही नहीं थी; उन्हें लगता कि वे एक ऐसी शाखा में 'फेंक' दिए गए हैं जहाँ कोई काम नहीं।

अपनी तैनाती से खिन्न और निराश होने के बावजूद मैंने तय किया कि जो भी इक्का-दुक्का मामले हमारे पास आते हैं उनसे हम पूरे दम-ख़म के साथ निपटेंगे। धीरे-धीरे दर्ज़ होने वाले मामलों की संख्या बढ़ने लगी, मुख्यमंत्री डॉ. जगन्नाथ मिश्रा ने दहेज निरोधक कोषांग को महिला अपराध कोषांग में बदलने का आदेश पारित किया। यह वह समय था जब पूरे भारतवर्ष में अनेक राज्य सरकारें महिलाओं के विरुद्ध अपराधों को एक अलग श्रेणी की तरह निपटाने की दिशा में क़दम उठा रही थीं और कार्रवाई के लिए विशेषज्ञता प्राप्त कोषांग बनाए जा रहे थे। मुख्यमंत्री मिश्रा एक नया कोषांग स्थापित करने के आदेश भी दे सकते थे पर मेरे विचार में दहेज निरोधक कोषांग में हमारा काम देख उन्हें लगा कि यह टीम काम का और भार सँभाल सकती है।

अचानक हमारा काम कई गुना विस्तृत हो गया। महिलाओं से सम्बन्धित कोई भी मामला जो अपराध अनुसन्धान विभाग लेता—हत्या, बलात्कार, छेड़छाड़ या दहेज के लिए तंग किया जाना—जाँच के लिए हमारे पास भेजा जाता। दरभंगा ज़िले के बिरौल पुलिस थाने के अन्तर्गत हुए ऐसे ही एक मामले ने मुझे अपने वरिष्ठ अधिकारी के आमने-सामने ला खड़ा किया और आत्म-सम्मान का एक अहम सबक सिखा दिया।

विवाह के तुरन्त बाद एक लड़की की ससुराल में मृत्यु हो गई थी और उसके माता-पिता ने उनके ख़िलाफ़ यातना देने और हत्या का आरोप लगाते हुए मामला दर्ज़ किया था। हमारे कोषांग ने जाँच शुरू की और मैंने तय किया कि मौके पर जाकर छानबीन हो। मैं बिरौल गई कि गवाह जुटा सकूँ। अपराध अनुसन्धान विभाग तक मामला आते-आते देर हो जाती है और शुरुआती सबूत आमतौर पर खो जाते हैं। इस मामले में शव को जलाने से पहले शवपरीक्षण भी नहीं कराया गया था तो आगे की कार्रवाई के लिए बहुत कम साक्ष्य थे। लेकिन मुझे कुछ खटक रहा था। पति सहित आरोपी परिवार के सारे पुरुष ग़ायब थे, महिलाएँ थीं पर सबके होंठों पर ताला जड़ा था; यहाँ तक कि गाँव वाले भी कुछ बोल नहीं रहे थे।

मृत लड़की के माँ-बाप के पास उसके पत्र थे जिनमें उसने बताया था कि कैसे उसे ज़्यादा दहेज के लिए प्रताड़ित और परेशान किया जा रहा है। पत्रों के आधार पर मैंने निश्चय किया कि मामला बनता है। मैंने पति, ससुर

और परिवार के अन्य पुरुष सदस्यों को मामले में सह-आरोपी बनाया और परिस्थितिजन्य साक्ष्यों के आधार पर आरोपपत्र दाख़िल कर दिया।

एक दिन शाम ढल जाने के बाद मैं अपने कार्यालय में थी कि मेरे सहायक श्री क़ुद्दुस जल्दी-जल्दी चलते हुए आए। 'मैडम सर, डी.आई.जी. साहब बिरौल वाले मामले की फ़ाइल और उस पर आपकी टिप्पणी मँगा रहे हैं।'

मैंने एक लम्बी साँस ली।

ये श्रीमान अपराध अनुसन्धान विभाग के उप-महानिरीक्षक थे—मेरे उच्चाधिकारी...मेरे सिर आई मुसीबत। जैसे ही मैं अपराध अनुसन्धान विभाग में पुलिस अधीक्षक के पद पर आई, मेरे सहकर्मियों ने मुझे उनके बारे में सचेत किया था। उनका नाम ज़रा बदनाम सा था, उन्हें न कोई पसन्द करता था, न महत्त्वपूर्ण पद पर भेजना चाहता था। परन्तु अपने राजनीतिक सम्बन्धों के चलते उनका काम अच्छा चल रहा था। अब सोचती हूँ तो उनके लिए मुझे एक ही शब्द सूझता है—'काइयाँ'।

श्रीमान काइयाँ इस प्रकरण पर मेरी टिप्पणी हथियाने की कोशिश कर रहे थे। श्री क़ुद्दुस ने बताया कि ज़मानत की अर्ज़ी की सुनवाई होने वाली है और आरोपी परिवार उप-महानिरीक्षक के कार्यालय के बाहर बरामदे में खड़ा है। इस परिवार ने शायद मेरी टिप्पणी की प्रति पाने के लिए, जो आरोपियों की पहुँच के भीतर नहीं आनी चहिए, उप-महानिरीक्षक से सम्पर्क किया था। कुछ ग़लत होने की बात भी सुनने में आई लेकिन उसका, सबूत नहीं था।

श्रीमान काइयाँ पहले भी कई बार पूछ चुके थे कि इस परिवार पर मैंने आरोपपत्र क्यों दाख़िल किया, अपनी नाराज़गी भी वे अच्छी तरह ज़ाहिर कर चुके थे। इसलिए मैं नहीं चाहती थी कि मेरी पर्यवेक्षण टिप्पणी उनके हाथ लगे। पर वे मेरे उच्चाधिकारी थे, मैं उनकी अवज्ञा भी नहीं कर सकती थी।

श्री क़ुद्दुस से मैंने कहा, 'उप-महानिरीक्षक अगर फ़ाइल चाहते हैं तो उन्हें लिखित में माँगनी होगी', अपने सहायक को भी मैंने सावधान कर दिया कि फ़ाइल उनकी ज़िम्मेदारी है, एक भी काग़ज़ ग़ायब हुआ तो उनके कार्यनिष्पादन रिकॉर्ड में उल्लेख किया जाएगा। एक अधीनस्थ के रूप में इस मामले को अपने उच्चधिकारी से बचाने के लिए मैं बस इतना ही कर सकती थी।

शाम काफ़ी देर तक उप-महानिरीक्षक मुझे अर्दलियों और इंटरकॉम के माध्यम से सन्देश भेजते रहे कि उनके कार्यालय में आकर मिलूँ। मैंने मना कर दिया। यह निश्चित रूप से अवज्ञा थी, पर तब तक मैं उनकी हरकतों से बुरी

तरह तंग हो चुकी थी। जब से इस विभाग में आई थी, उप-महानिरीक्षक मेरी आवाजाही पर नज़र रखे थे। लगभग हर शाम को मेरे कार्यालय से निकलने के थोड़ी देर बाद वे घर फ़ोन करके पूछते, 'मैडम आ गईं?' अर्दली से वे केवल इतना जानना चाहते थे कि मैं वापस घर आ गई कि नहीं, कभी मुझसे बात करने को नहीं कहा। मैं तब गांधी मैदान के पास अतिरिक्त पुलिस अधीक्षक के मकान में अपने पति के साथ रह रही थी और हम दोनों इस व्यवहार से परेशान और तंग हो जाते थे। लेकिन मैं और राकेश सच में नहीं जानते थे कि इस काइयाँ इनसान का करें क्या।

तो बार बार बुलाए जाने पर भी मैंने न जाने का निश्चय कर लिया था। बिरौल वाले मामले में मुझे न तो आरोपियों से कुछ कहना था, न ही अपने उच्चाधिकारी से। अगली सुबह फिर बुलाया। मैं फिर नहीं गई।

अचानक वे मेरे कार्यालय के दरवाज़े पर प्रकट हुए। मैं सन्न रह गई, आँखों पर यकीन ही नहीं हुआ। पुलिस जैसे अनुशासित और श्रेणीबद्ध बल में एक उच्चाधिकारी के लिए अपने अधीनस्थ के कार्यालय में जाना अत्यन्त असामान्य है और एक उप-महानिरीक्षक का, शाखा के कनिष्ठतम पुलिस अधीक्षक के कार्यालय में चलते चले आना—यह तो कभी सुनने में ही नहीं आया था। इसे एक तरह की धमकी समझा जा सकता था।

'मैं कल से आपको बुला रहा हूँ, पर आप आईं ही नहीं', बिलकुल शान्ति के साथ चलते हुए आकर वे मेज़ पर मेरे सामने बैठ गए और कहा।

मेरे भीतर कुछ खट से टूट गया। 'कृपया मेरे दफ़्तर से निकल जाइए', मैंने कहा, मेरी आवाज़ ऊँची हो गई थी। पल भर के लिए तनावपूर्ण सन्नाटा छा गया। मुझे सच में गुस्सा आ गया था। मैं खड़ी हुई, कुर्सी पीछे धकेली मानो बाहर जाने वाली हूँ और भी ज़्यादा ऊँची आवाज़ में कहा, 'अगर आप इसी समय यहाँ से नहीं निकले तो मैं चली जाऊँगी।' बिना एक शब्द बोले वे उठे और बाहर निकल गए।

राहत और निराशा से मैं कुर्सी पर ढह गई। मेरा कार्यालय असल में आधा कार्यालय था—कोठरी जैसा, बाकी आधे में दूसरे पुलिस अधीक्षक बैठते थे। उन्होंने सब सुन लिया होगा। बाहर निकली तो देखा कि पूरे गलियारे में कर्मचारी खड़े हैं। समूचा विभाग इस अप्रिय प्रकरण का साक्षी था।

इस बात से चिन्तित कि परिणाम क्या होगा मैंने सारी बात विभाग के महानिरीक्षक एन.एन. सिंह से कह दी। उप-महानिरीक्षक का व्यवहार उनकी

समझ के भी परे था पर उन्होंने मेरा साथ दिया, 'चिन्ता मत करिए, अब से आपको उनके पास रिपोर्ट नहीं करना होगा, मैं इसका प्रबन्ध कर दूँगा।' उनकी इस बात से मुझे कुछ चैन मिला।

अगले कुछ दिन तक सबके मुँह पर उप-महानिरीक्षक के साथ मेरे टकराव की ही चर्चा थी। मेरी फ़िक्र थी कि अब भी वे मुझे हानि पहुँचा सकते थे, ख़ासतौर पर राजनेताओं के साथ उनके सम्बन्धों के चलते।

आश्चर्य की बात थी और इसके लिए मैं आभारी भी हूँ कि एकमात्र महिला अधिकारी होने के बावजूद विभाग के बाक़ी सभी पुरुषों ने मेरा साथ दिया। पुलिस अधीक्षक (विशेष शाखा) ए.एन. सिंह ने सलाह दी कि सब कुछ लिखित में दे दूँ। पत्र का प्रारूप तैयार करने में उन्होंने मेरी सहायता भी की, बाक़ी सबने पुनरीक्षण किया और मैंने उसे महानिरीक्षक के सामने रख दिया। सहकर्मियों के सहयोग ने मनोबल बढ़ा दिया था। जिस तरह सारा विभाग मेरे पीछे खड़ा हो गया, जिस तरह अपनी बात पर डटे रहने से मुझे सम्मान मिला, हमेशा सही राह चलने के मेरे संकल्प को उससे और बल मिला।

मेरा मानना है कि नकारात्मक बातों को अनसुना करना चाहिए और अपने काम को बोलने देना चाहिए। मेरा यह विश्वास भी है कि कुछ निर्णयात्मक पलों में अगर आप अपने लिए डटकर खड़े न हुए तो न केवल दूसरों की बल्कि अपनी आँखों में भी अपना सम्मान खो देंगे। अपने उच्चाधिकारी के सामने अड़ जाना एक निडर, साहसी क़दम था लेकिन मैंने वही किया जो मुझे करना था क्योंकि मुझे सच में यकीन था कि मैंने कुछ ग़लत नहीं किया। ग़लती मेरे उच्चाधिकारी की थी।

इस घटना से यह सन्देश भी गया कि मंजरी से उलझना नहीं चाहिए, वह चुपचाप अपने सहकर्मियों या उच्चाधिकारियों का दुर्व्यवहार सहने वाली नहीं है।

इस पद पर रहते हुए एक अन्य चुनौतीपूर्ण मामला आया था, कथित बलात्कार का। इसके पहले मैंने बलात्कार के मामले पर काम नहीं किया था। मुंगेर ज़िले के एक गाँव में प्रखंड (ब्लॉक) स्तर पर कार्यरत एक महिला कार्यकर्ता ने पन्द्रह से बीस पुरुषों पर उसके सामूहिक बलात्कार का आरोप लगाया। प्रखंड विकास अधिकारी सहित सारे के सारे आरोपी प्रखंड कार्यालय से थे या किसी न किसी रूप में उससे जुड़े थे।

पीड़िता का बयान लेते समय मुझे उसके हाव-भाव, लहज़े, आचरण और शब्दों ने चौंका दिया। कुछ था जो मुझे सही नहीं लग रहा था। ख़ुद पर

बार-बार हुए हमलों का पीड़िता ने ख़ूब विस्तार में जाकर वर्णन किया, जैसे-जैसे अपनी बात कहती गई उसके आरोप ज़्यादा से ज़्यादा चित्रात्मक और हिंसामय होते गए। वह जैसे मुझे उन जघन्य कृत्यों को होते दिखाना चाह रही थी। हालाँकि हम भारतीय पुलिस सेवा अधिकारियों को सिखाया जाता है कि हर मामला खुले मस्तिष्क के साथ देखें, मैं जब लौटी तो मन में स्पष्ट था कि जितना दिख रहा है मामला उससे कहीं अधिक है।

पुलिस-अधीक्षक, (ग्रामीण) के पद पर राकेश पटना लौट आए थे। क्योंकि वे पहले भी बलात्कार के एक मामले की तहक़ीक़ात कर चुके थे, मैंने उनसे इस बारे में बात की। उन्होंने कहा आमतौर पर बलात्कार पीड़िता इतनी सदमे में होती हैं कि इस विषय में बात कर पाना भी उनके लिए अत्यन्त कठिन हो जाता है। मुझे उस महिला के बयान पर अब शक होने लगा था। थोड़ी और छानबीन करने पर एक के बाद एक राज़ खुलने लगे। कुछ गवाहों के अनुसार महिला विवाहित थी और एक पर-पुरुष के साथ पाई गई थी। अपने को बचाने के लिए उसने बलात्कार का आरोप लगा दिया। क्योंकि पूरे प्रखंड कार्यालय का नाम लिया गया था, ज़िले में यह एक सनसनीखेज़ राजनीतिक मामला बन गया था। कुछ हल्कों से आरोपियों के विरुद्ध कार्रवाई करने का दबाव आ रहा था लेकिन मैंने मामले को झूठा घोषित कर दिया।

महिला अधिकारी होने के नाते स्वत: ही मान लिया गया था कि बलात्कार के मामले में मैं 'पीड़िता' का साथ दूँगी पर पाए गए सबूतों और महिला के बयान ने मुझे आश्वस्त कर दिया था कि वह झूठे आरोप लगा रही है।

अपने कार्य जीवन में मुझे बाद में भी अक्सर ऐसी परिस्थिति का सामना करना पड़ा जब महिला याचिकाकर्ता—भले ही वे ख़ुद ग़लती पर हों—आशा करती थीं कि मैं उनका पक्ष लूँगी। मेरे साथी अधिकारी भी मान कर चलते कि मैं तथाकथित 'पीड़िता' का साथ दूँगी। लेकिन जैसे पुरुष, वैसे ही महिला भी मिथ्या आरोप लगा सकती है। यह पुलिस पर है कि वह प्रत्येक मामले में—अभियोक्ता या अभियोगी स्त्री हो या पुरुष—न्याय और सत्य का साथ दे।

*

परिवार में फिर एक नया उलटफेर हो रहा था। अम्मा-बाबूजी ने अभी मेरे पीड़ादायी अतीत से मुक्त हो कर, कि उनकी सबसे बड़ी बेटी अब अपने

विवाहित जीवन में ख़ुश है, अभी-अभी माँ बनी है, चैन की साँस ली ही थी कि उनके सामने एक नई ही चुनौती आकर खड़ी हो गई। मेरी सबसे छोटी बहन मिनी ने ऐलान कर दिया कि वह अपनी सबसे अच्छी सहेली के भाई—एक कैथोलिक—से शादी करना चाहती है।

मुझसे छह साल छोटी मिनी हम तीनों में सबसे तेज़ थी; अपने स्कूल की हेडगर्ल रह चुकी थी। परिवार में उन दिनों जो कुछ घट रहा था, उसके चलते मिनी कुछ अलग ढंग से बड़ी हुई। अधिक स्वाधीन, अधिक हठी हो गई, उसे उन सब बातों की स्वतंत्रता दी गई थी जिनकी मेरे और रेशमा के लिए मनाही थी। सीनियर कैम्ब्रिज के तुरन्त बाद पढ़ाई के लिए दिल्ली चली गई, चाचा जी के घर की जगह उसे आई.पी. कॉलेज हॉस्टल में रहने की अनुमति दी गई जिसके बाद वह जमशेदपुर के प्रतिष्ठित एक्स.एल.आर.आई. संस्थान में एम.बी.ए. की पढ़ाई करने चली गई।

1949 में स्थापित और जेस्युइट मतानुयायियों द्वारा संचालित ज़ेवियर स्कूल ऑफ़ मैनेजमेंट—पूर्व ज़ेवियर लेबर रिलेशंस इंस्टीट्यूट (एक्स.एल.आर. आई.) भारत का सबसे पुराना बिज़नेस स्कूल है जहाँ प्रारम्भ में छात्राओं के प्रवेश पर प्रतिबंध था। अन्ततः जब प्रतिबन्ध हटाया भी गया तो भी मुश्किल से एक या दो छात्राएँ ही आ पाती थीं। एक्स.एल.आर.आई. में आने के लिए मिनी को अतिरिक्त परिश्रम करना पड़ा; अपने बैच की दो-तीन लड़कियों में वह भी एक थी। वहाँ से मिनी एक सुदृढ़, आत्मविश्वास से भरी युवती बन कर निकली जो पूरी तरह से ख़ुद अपने जीवन की स्वामिनी थी।

यहीं मिनी पहले मॅरी पिंटो और बाद में उसके भाई जॉन से मिली। मॅरी के पिता रेलवे बोर्ड से सेवानिवृत्त होकर टाटा में काम कर रहे थे और जमशेदपुर में बस गए थे। जॉन पिंटो एक युवा, सफल चार्टर्ड अकाउंटेंट थे। प्रेम हुआ और दोनों ने विवाह करने का निश्चय किया।

एम.बी.ए. पूरा कर लेने के बाद मिनी को दिल्ली में योजना आयोग में नौकरी मिल गई और वह हौज़ ख़ास में बड़का बाबूजी के साथ रहने लगी। परिवार को जब उसने बताया कि जॉन से शादी करना चाहती है तो तहलका मच गया। बाबूजी सन्न रह गए। वे न लड़के की काबिलियत पर न उसकी पारिवारिक पृष्ठभूमि पर नज़र डालने को तैयार थे, न ही इस बात का उनके लिए कोई अर्थ था कि दोनों को एक-दूसरे से प्रेम है।

'मिनी क्या ईसाई हो जाएगी? दोनों के बच्चों का क्या होगा? मिनी कभी

ऐसी शादी में ख़ुश नहीं रहेगी', बाबूजी ने घोषणा कर दी।

माता-पिता के दबाव के सामने मिनी कहाँ झुकने वाली थी, अप्रैल, 1981 में उसने जॉन के साथ मुम्बई में शादी पंजीकृत करा ली। हमारे परिवार के लिए वे दिन बहुत बेचैनी भरे थे; हम समझ ही नहीं पा रहे थे कि मिनी को 'समझाएँ' कैसे? पीछे मुड़ कर देखती हूँ तो अपने व्यवहार पर ताज्जुब होता है। कोई सोचेगा कि अपने जीवन अनुभवों के देखते हुए मुझे मिनी का साथ देना चाहिए था पर मैं तो बाबूजी के साथ खड़ी थी। समझ नहीं पा रही थी कि दो अलग-अलग धर्मों को मानने वालों के बीच विवाह का भविष्य कैसा होगा और जॉन का धर्मनिष्ठ कैथोलिक परिवार मिनी को स्वीकारेगा या नहीं। सच तो यह है कि हम सभी ने बाबूजी का साथ दिया मिनी का नहीं। वह कितनी अकेली रह गई होगी; अब मैं अपने व्यवहार पर पछताती हूँ।

आज सब इस बात से बहुत प्रसन्न हैं कि हमारी नन्ही जुझारू बहन ने परिवार की नहीं सुनी। शादी रजिस्टर कराने के बाद जब दोनों पटना लौटे तो बाबूजी के पास वास्तविकता के साथ समझौता कर लेने के सिवा कोई चारा नहीं था। आर्य समाज रीति से उनका विवाह हुआ और नव-विवाहितों के लिए एक औपचारिक स्वागत-भोज का आयोजन किया गया।

समय के साथ अम्मा-बाबूजी सहित हम सभी को जॉन से बहुत स्नेह हो गया। उनके अच्छे स्वभाव व दयालु हृदय ने हमें जीत लिया। धर्म, जो कभी सबसे बड़ी अड़चन था, अब कोई समस्या नहीं रहा। यह देखकर भी अच्छा लगता है कि दोनों अपने-अपने धर्म का पालन और एक-दूसरे के धर्म का आदर करते हैं; किसी ने धर्मांतरण—जिसकी चिन्ता बाबूजी को थी—नहीं किया।

शादी-ब्याह के मामले में हम धर्म को लेकर बहुत अड़ियल हो जाते हैं लेकिन मिनी की शादी से मैंने सीखा कि धर्म में अन्तर होने का मतलब दुनिया का अन्त नहीं है। हर जगह अच्छे लोग होते हैं और अन्ततः यही बात मायने रखती है।

*

अपराध अनुसन्धान विभाग में हम पूरी निष्ठा के साथ महिलाओं के ख़िलाफ़ अपराधों की जाँच पड़ताल करने में जुटे थे और लोगों ने अब अपनी याचिकाएँ सीधे मेरे नाम पर भेजनी शुरू कर दी थीं। मुझे लगा मैंने कुछ हासिल कर

लिया है—एक छोटे से कोषांग से बढ़कर, जिसमें करने को न के बराबर काम था, अब हमारे पास करने को बहुत कुछ था। कोषांग के शेष सदस्य भी उत्साहित थे, अब उन्हें ऐसा महसूस नहीं होता था कि किसी महत्त्वहीन शाखा में व्यर्थ पड़े हुए हैं। अक्सर मुझे प्रशिक्षण के दिनों के अपने उप-महानिरीक्षक एल.वी. सिंह के शब्द याद आते, 'अहमियत कुर्सी की नहीं, उसमें बैठने वाले की होती है।'

मुझे हमेशा लगता था कि तय कर लें तो जिस पद पर भी आप रहें, बदलाव ला सकते हैं।

करीब इसी दौरान मैं भारतीय पुलिस सेवा संगठन की संयुक्त सचिव बनी और विभाग के अनेक कार्यक्रमों के साथ जुड़ गई। स्कूल से लेकर रा.पु.अ. के दिनों तक मुझे सांस्कृतिक समारोह आयोजित करने का अनुभव रहा तो यह काम मुझसे सहज ही हो जाता था। अपराध अनुसन्धान विभाग में काम के घंटे कमोबेश नियमित थे और शामें खाली होती थीं। बेटे के लालन-पालन को मैं अधिक समय दे सकती थी। राकेश और मैं पटना में जो घर बनवा रहे थे उसकी निगरानी भी कर सकती थी।

व्यावहारिक दृष्टि से और घर में भी इस सबसे बहुत मदद मिल रही थी पर दिल में तो ज़िले का पद पाने की आस लगी थी। यूँ लगता था मानो किसी महत्त्वपूर्ण वस्तु से वंचित रखा जा रहा हो; मैं प्रयास में लगी रही। दहेज के मामलों में आरोपपत्र दाख़िल करते, या तुषार को अक्षरज्ञान कराते या अपने नए घर में बिल्डर से बहस करते मैं इस समस्या पर सोचती रहती।

ज़िले का पद पाने का यह संघर्ष बड़ा निढाल कर देने वाला था। रोज़ मुझे अपनी हताशा बढ़ती जान पड़ती। मुझे यह बार-बार सिद्ध करना पड़ रहा था कि क्षेत्रकार्य के लिए मैं पूरी तरह सक्षम हूँ, कि किसी भी दृष्टि से पुरुषों से कम नहीं। मैंने निश्चय किया कि जो मुझे चाहिए उसे पाने के लिए और अधिक कोशिश करनी होगी। मैं बिहार पुलिस के प्रमुख, महानिदेशक ज्ञानेन्द्र नारायण से मिलने गई। महानिरीक्षक पुलिस का पद तभी उन्नत करके महानिदेशक पुलिस कर दिया गया था। मैंने विनती की कि मुझे ज़िले में पदस्थापित कर दिया जाए। बिना आश्वासन दिए उन्होंने कहा कि वे 'देखेंगे'।

एक वरिष्ठ अधिकारी ने सलाह दी कि जाकर तत्कालीन मुख्यमंत्री, डॉ. जगन्नाथ मिश्रा से मिलूँ। पर इतनी कनिष्ठ अधिकारी होते हुए मैं मुख्यमंत्री से कैसे मिल सकती थी? मिलने का समय ले भी लूँ, तो भी पहले अपने

वरिष्ठ अधिकारियों से मिले बिना मैं सीधे मुख्यमंत्री के पास नहीं जा सकती थी। इसे नियम-विरुद्ध व अनुशासनहीन आचरण माना जाता।

वरिष्ठ अधिकारी ने याद दिलाया कि भारतीय पुलिस सेवा संगठन का एक प्रतिनिधि-मंडल शीघ्र ही मुख्यमंत्री जी से मिलने जा रहा है। संगठन की संयुक्त सचिव के रूप में मैं भी उस प्रतिनिधि-मंडल का हिस्सा रहूँगी। 'देखना प्रतिनिधि-मंडल जब मुख्यमंत्री जी से मिल चुके तो तुम्हें बात करने का मौक़ा मिलता है कि नहीं', उन्होंने सुझाया।

तो जब सारी बातें डॉ. मिश्रा के सामने रखी जा चुकीं और प्रतिनिधिमंडल के बाकी सदस्य कमरे से निकल गए, मैं कुछ क्षणों तक वहीं रुकी रही। मुख्यमंत्री ने प्रश्न भरी नज़रों से मुझे देखा।

मैंने कहा, 'सर, एक अनुरोध है।'

'हाँ, कहिए?'

'सर, मेरे लिए कैरियर बहुत अहम है। मैं उप-प्रमंडल सँभाल चुकी हूँ लेकिन मुझे ज़िले का पुलिस अधीक्षक नहीं बनाया जा रहा। मैं ज़िले में जाना चाहूँगी।' मैंने जल्दी-जल्दी कह डाला।

वे चकित दिखे। 'ओह! मुझे बताया गया था कि आप पटना से बाहर नहीं जाना चाहतीं।'

'नहीं, नहीं सर, मैं ज़िले में जाना चाहती हूँ।'

'ठीक है, मैं आपकी पोस्टिंग ज़िले में कर दूँगा।'

बाहर आई तो बड़ी ख़ुश थी, हालाँकि मुख्यमंत्री को दी गई ग़लत सूचना के विषय में मन में सवाल भी उठ रहे थे।

पन्द्रह-बीस दिन बाद महानिदेशक ज्ञानेन्द्र नारायण ने बताया कि वे वैशाली ज़िले के लिए मेरे नाम का प्रस्ताव भेज रहे हैं। वैशाली पटना के पड़ोस में एक नया ज़िला था। पटना से सीधे वैशाली पहुँचने के लिए गंगा पर कुछ दिन पहले ही पुल खोला गया था। 'आपके पति पटना में हैं, इसलिए मैं आपको वैशाली भेज रहा हूँ।' मेरी ख़ुशी का ठिकाना नहीं था।

परन्तु राज्य के मंत्रिमंडल की बैठक के बाद मेरे एक अच्छे मित्र को पदोन्नति देकर वैशाली भेज दिया गया, हालाँकि वह मुझसे एक साल जूनियर था। मेरे लिए कोई आदेश नहीं आया था। जहाँ थी, मुझे वहीं रहना था।

बाद में मालूम चला कि मेरे नाम के प्रस्ताव पर स्थानीय विधायक ने यह कह कर मना कर दिया कि उन्हें महिला अधिकारी नहीं चाहिए, और यह कि

'वे बिलकुल समझौता नहीं करती हैं।' विधायक जी एक शक्तिशाली मंत्री थे और महानिदेशक का प्रस्ताव अमान्य करते हुए मुख्यमंत्री ने उनकी बात मान ली। बिहार के बदनाम जातीय समीकरण ने मेरे वैशाली जाने की सम्भावना पर और पानी फेर दिया। वैशाली की राजनीति के लिए शायद मेरी नहीं, मेरे कनिष्ठ सहकर्मी की जाति 'सही' थी; मुझसे अपेक्षा थी कि अपने राजनीतिक मालिकों के ज़्यादा काम आऊँ।

वैशाली न मिलने से मुझे घोर निराशा हुई। अपराध अनुसन्धान विभाग में मैं पुलिस अधीक्षक के पद पर पहले ही डेढ़ साल पूरे कर चुकी थी। मैंने सोच लिया अब मैं ज़िले में जाने की कोशिशें बन्द कर दूँगी। जल्द ही दूसरी सन्तान गर्भ में आ गई। मुझे लगा बेहतर है पटना में ही रहूँ, व्यक्तिगत ज़रूरतें पूरी करूँ और महिलाओं के ख़िलाफ़ होने वाले अपराधों के निवारण के लिए जो सम्भव है, करती रहूँ।

छोटे बेटे का जन्म 31 दिसम्बर, 1982 को हुआ। उसका नाम हमने अंशुमान रखा।

ऐसा लग सकता है कि ज़िले की तैनाती को लेकर मैं कुछ ज़्यादा ही व्याकुल थी, और यह भी सच है कि अपने कैरियर पर इसके प्रभाव को लेकर मन में सदा चिन्ता बनी रहती थी—पर जब यह सब कुछ चल रहा था, अपराध अनुसन्धान विभाग में तैनाती के कारण मैं एक ऐसी जाँच का हिस्सा बनी जो राष्ट्रीय सुर्खियों में थी और जिसने बिहार पुलिस को ऐसे हिला रखा था जैसे पहले कभी नहीं हिलाया था। मुझे इस जाँच दल का हिस्सा केवल इसलिए बनाया गया क्योंकि मैं अपराध अनुसन्धान विभाग में थी और कुछ ख़ास नहीं कर रही थी।

जब इस काम के लिए चुनी गई तो इसके दूरगामी निहितार्थों का कतई अनुमान नहीं था, कि कैसे यह जाँच पुलिस के काम की मेरी समझ को हमेशा के लिए गढ़ने वाली है, कैसे राजनीतिक सत्ता के घृणित खेल का लगभग एक मोहरा बना देने वाली है।

जाँच 1980 में हुई भागलपुर ब्लाइंडिंग्स यानी अभियुक्तों को अन्धा करने की कुख्यात घटना की थी।

10

ऑपरेशन गंगाजल

1981 की शुरुआत। ज़मीन पर उतरने की तैयारी में राज्य सरकार का जहाज़ हवा में चक्कर काट रहा था, छोटी-सी खिड़की से मैंने बाहर झाँका। नीचे बस सिरों का समन्दर दिखाई दिया। भागलपुर में हमें उतरते देखने को बड़ी-सी भीड़ जमा थी। वही शहर जिसका नाम, 'तुरन्त न्याय' करने के लिए पुलिसवालों द्वारा अभियुक्तों को नृशंसतापूर्वक अन्धा कर देने की ख़बरों के चलते, राष्ट्र की चेतना पर एक तूफ़ान की तेज़ी से छा गया था।

1980 के नवम्बर-दिसम्बर में संचार माध्यमों में आई इन ख़बरों ने पूरे देश को झकझोर दिया कि बिहार के भागलपुर ज़िले में पुलिस हिरासत में इकतीस—शायद इससे कहीं अधिक—अभियुक्तों की आँखें निकालकर उनमें तेज़ाब छिड़क दिया गया है। सभी अभियुक्त जीवन भर के लिए अन्धे हो गए और दोष बिहार पुलिस पर डाला गया।

बाद में यह बात खुली कि क़ानून के दायरे से बाहर अन्धा करने की यह प्रक्रिया सम्भवत: 1979 में कभी आरम्भ हो गई थी किन्तु राष्ट्रीय मीडिया में पहली बार तब सामने आई जब 11 अक्तूबर, 1980 के इंडियन एक्सप्रेस में सर्वोच्च न्यायालय के एक वकील द्वारा भागलपुर जेल में बन्द दस विचाराधीन कैदियों की ओर से बन्दी-प्रत्यक्षीकरण याचिका दायर किए जाने की छोटी-सी ख़बर छपी।

'तेज़ाब के प्रयोग से पुलिस ने उन्हें दृष्टि से वंचित कर दिया', अख़बार ने लिखा था।

इस पहली ख़बर पर ज़्यादा लोगों का ध्यान नहीं गया। कुछ दिन बाद कोलकाता में 'संडे' पत्रिका में काम कर रहे एक पत्रकार ने यह ख़बर सुनी।

मामले की छानबीन करने वे भागलपुर आ पहुँचे, किसी तरह भागलपुर केन्द्रीय कारागार में बन्द बहुत से पीड़ितों तक पहुँच भी बना ली। उन सबका लम्बा साक्षात्कार लिया और उनकी जली, पट्टी बँधी हुई आँखों की फ़ोटो भी खींच ली।

इस बीच 'द इंडियन एक्सप्रेस' के पटना संवाददाता अरुण सिन्हा ने अन्धा करने की कथित प्रक्रिया की पड़ताल शुरू कर दी और 22 नवम्बर, 1980 को मुखपृष्ठ पर छपी रिपोर्ट लिखी जिसके शीर्षक ने प्रधानमंत्री सहित सबका ध्यान खींचा : 'पूरी तरह अन्धा करने के लिए आँखों को दो बार छेदा गया।' रिपोर्ट के साथ तस्वीर भी थी।

'द इंडियन एक्सप्रेस' के तत्कालीन कार्यकारी सम्पादक अरुण शौरी ने भागलपुर ब्लाइंडिंग्स पर ख़ुलासों की पूरी शृंखला लिखनी आरम्भ कर दी। अन्य समाचार पत्रों, पत्रिकाओं ने भी यही किया। नुची आँखों और तेज़ाब से पिघले मांस वाले ग़रीब ग्रामीणों की तस्वीरों ने देश को हिला दिया।

बिहार सरकार पर दबाव बढ़ने लगा। सब बार-बार कह रहे थे, 'बिहार के राजनेताओं और वरिष्ठ पुलिस अफ़सरों की जानकारी और स्वीकृति के बिना यह नहीं हो सकता था।' प्रधानमंत्री इंदिरा गांधी तक ने संसद में इस कांड की चर्चा की और कहा कि उन्हें लगा जैसे 'तबीयत बिगड़ गई है।' मीडिया में आई कुछ ख़बरों की माने तो श्रीमती गांधी ने बिहार के मुख्यमंत्री जगन्नाथ मिश्रा को स्वयं फ़ोन करके कार्रवाई करने को कहा। मुख्यमंत्री मिश्रा ने जाँच का आदेश दिया और 30 नवम्बर, 1980 को पन्द्रह पुलिस वाले निलम्बित कर दिए गए।

जाँच दल का नेतृत्व उप महानिरीक्षक, अपराध अनुसन्धान विभाग (डकैती-रोधी) एल.वी. सिंह कर रहे थे जो पहले बतौर उप-महानिरीक्षक सेंट्रल रेंज, मेरे बॉस रह चुके थे। उनके साथ दल में ईमानदार, मेहनती अफ़सर पुलिस अधीक्षक, अपराध अनुसन्धान विभाग (डकैती-रोधी) आर.आर. प्रसाद थे। क्योंकि बहुत सारे रिकॉर्ड और दस्तावेज पढ़े जाने थे, अपराध अनुसन्धान विभाग के प्रमुख, अतिरिक्त महानिरीक्षक एम.के. झा ने इस दल में मुझ सहित अन्य अनेक अधिकारियों को जोड़ने का आदेश जारी किया। मैंने सोचा कि मुझे तो इसीलिए चुना गया होगा कि मैं रिपोर्ट लिखने में माहिर हूँ, जिसका श्रेय अंग्रेज़ी साहित्य में अनिच्छा से ली गई मेरी डिग्रियों को जाता है।

इस प्रकार मैंने ख़ुद को भागलपुर में लोगों के समन्दर के बीच उतरते विशिष्ट हवाई जहाज़ में पाया। बस, वे सारे लोग हमारे स्वागत में नहीं, विरोध में आए थे।

वे नहीं चाहते थे कि विचाराधीन कैदियों को अन्धा करने के लिए पुलिसवालों पर जाँच बैठाई जाए, बल्कि कैदियों को सही 'सज़ा' देने के लिए वे सब पुलिस वालों के समर्थन में खड़े थे।

जब हम सर्किट हाउस की ओर जा रहे थे, शहर में बन्द जैसी परिस्थिति बनी हुई थी। निलम्बन के विरोध में स्थानीय पुलिस द्वारा अनाधिकारिक तौर पर बुलाया गया 'पुलिस-बन्द'। दुकानदारों ने पुलिस के समर्थन में स्वेच्छा से दुकानें बन्द कर दी थीं। झुंड में खड़े प्रदर्शनकारी हमारे ख़िलाफ़ नारेबाज़ी कर रहे थे। वहाँ की हवा में अविश्वास और विरोध भरा था। यूँ लग रहा था मानो यह मामला अपराध अनुसन्धान विभाग बनाम भागलपुर की जनता व पुलिस का हो।

यह समझने के लिए कि जनता क्यों तेज़ाब डाल कर अन्धा कर देने जैसी घिनौनी हरकत के समर्थन में खड़ी थी, भागलपुर की ज़मीनी हकीकत को समझना ज़रूरी है जो उस समय बिहार के बीहड़ जंगलों की तरह था। अपराध का बोलबाला था और निरन्तर भय में जीना जनता की नियति थी।

अपराधी खुलेआम हथियार लिए हत्या, बलात्कार, लूट-मार करते घूमते। पीड़ित यदि पुलिस के पास जाता और अपराधी पकड़े भी जाते तो भी आनन-फानन में ज़मानत पर छूट जाते और दोबारा उन्हें डराने-धमकाने में लग जाते। मुक़दमे खिंचते चले जाते और ये हत्यारे गिरोह बेरोक-टोक अपनी लूट-खसोट जारी रखते।

न्याय-व्यवस्था में होने वाले विलम्ब से हताश कुछ पुलिसवालों ने क़ानून अपने हाथ में ले लिया। विचाराधीन कैदियों को अन्धा किए जाने के बाद अपराध दर में तुरन्त गिरावट आई। जनता ख़ुश हो गई, उसे लगा अपराधियों को उनकी करनी का फल मिल गया है।

31 दिसम्बर, 1980 के 'इंडिया टुडे' में छपे एक लेख का अंश पढ़कर समझा जा सकता है कि जनता के इस चकरा देने वाले पुलिस—समर्थन के पीछे के कारण क्या थे :

> भागलपुर में अपराध वैसे ही पनपते हैं जैसे लाश में कीड़े। दबंग लड़के, जिनके अपराधों की सूची उनकी बलिष्ठ बाँहों जितनी लम्बी है, भागलपुर की धूल भरी सड़कों पर दनदनाते फिरते हैं, क्योंकि वे जानते हैं कि उनके राजनीतिक आकाओं की ढाल किसी को उन तक पहुँचने नहीं देगी। दिन-दहाड़े, बेधड़क राहजनी और

> जात-पात की लड़ाइयाँ वहाँ उतनी ही आम हैं जितने धूल-धक्कड़ और मक्खी। विगत जुलाई में भागलपुर ज़िले के तेलैया में सात ग्रामीणों को दिनदहाड़े लाठी से पीट-पीट कर मार डाला गया था।
>
> उससे करीब एक माह पहले, पटेल साव गिरोह ने, जिसके नाम पर ज़िले की कई डकैतियाँ और बलात्कार थे, दिन की रोशनी में धवनी में घुस कर ग्रामवासियों को लूटा और पन्द्रह किशोरियों का बलात्कार किया। ज़िले में आड़े-तिरछे बीहड़ और सूखी नदियों ने आपराधिक गतिविधियों के लिए आदर्श परिस्थितियाँ तैयार कर दी हैं। भय का चेहरा भागलपुर में जाना-पहचाना है।
>
> इस पृष्ठभूमि में शायद यह समझना आसान हो जाए कि स्थानीय आबादी, भले ही किसी भी जाति या वर्ग की रही हो, अन्धा कर देने की इस घिनौनी हरकत के समर्थन में सड़क पर क्यों निकल आई। उनकी दृष्टि में यह आदर्श न्याय था। 'पुलिसवालों को सज़ा दी गई तो खूनखराबा हो जाएगा,' पिछले पखवारे भागलपुर में जुलूस में जा रही एक महिला चिल्लाई थी। उसका केवल एक स्तन था। दूसरा एक गिरोह के सदस्य ने परिवार के सामने बार-बार उसका बलात्कार करने के बाद काट दिया था।*

अन्धा करने की इस प्रक्रिया को एक नाम भी मिल गया था—ऑपरेशन गंगाजल—जिसका आशय कुछ यह था कि जिस प्रकार पवित्र गंगाजल हमारे पाप धो देता है, उसी प्रकार तेज़ाब भी समाज से अपराधियों को ख़त्म कर रहा है। फ़िल्म निर्माता प्रकाश झा ने वर्ष 2003 में 'गंगाजल' शीर्षक से फ़िल्म बनाते वक़्त—जिसमें अजय देवगन ने एक कर्तव्यनिष्ठ पुलिस-अधीक्षक की भूमिका निभाई थी—इसका हवाला दिया था।

*

उप-महानिरीक्षक सिंह अत्यन्त सुव्यवस्थित ढंग से काम करते थे, पुलिस के काम की बारीकियों से भली-भाँति परिचित भी थे तो सबसे पहले उन्होंने

---

* 'भागलपुर : ऐन एरिया ऑफ़ डार्कनेस' *इंडिया टुडे*, 31 दिसम्बर, 1980

हमसे सारे पुलिस रिकॉर्ड ज़ब्त करने को कहा। ये आरोप आठ या नौ थानों से आए थे। अन्य चीज़ों के साथ-साथ हमने उनकी सारी थाना डायरियाँ, केस डायरियाँ, निजी डायरियाँ, घायल होने की रिपोर्ट, जेल रिपोर्ट और कोर्ट रिकॉर्ड उठा लिये।

उसके बाद शुरू हुआ घंटों-घंटों तक उन दस्तावेज़ों को ध्यान से पढ़ना, एक डायरी के रिकॉर्ड का दूसरी डायरी से मिलान करना, घटनाओं को क्रमवार बैठाना और पुलिसकर्मियों की आवाजाही को समझना। मैं और आर.आर. प्रसाद सुबह एक-दो बजे तक जागते रहते, पढ़ते, तथ्यों को दोबारा जाँचते, सब दर्ज़ करते। कई बार विसंगतियाँ मिलतीं। जैसे प्राथमिकी दर्ज की गई होती पर थाना डायरी में उल्लेख न होता। ऐसे विचाराधीन कैदियों को जिनका पक्के अपराधी के तौर पर कोई रिकॉर्ड नहीं था मगर जिन्हें अन्धा कर दिया गया था, पुरानी अनसुलझी डकैतियों और जघन्य अपराधों के मामले में सन्दिग्ध दिखा कर घोर अपराधी बता दिया गया था। पुलिस थानों में ऐसे अनेक मामले लम्बित पड़े थे। हमारा ध्यान इस बात ने खींचा कि इनमें से अधिकांश विचाराधीन कैदियों पर न तो आरोपपत्र दाख़िल किए गए थे न उन्हें दोषी करार दिया गया था। स्पष्ट था कि सन्दिग्ध के तौर पर उनके नाम बाद में जोड़े गए।

कुछ मामलों में गिरफ़्तारियों की सूचना नाममात्र की थी तो कुछ बड़े मामलों में बहुत विस्तृत भी थी। अनिल यादव का मामला याद आता है। अपहरण और हत्या के लिए कुख्यात अनिल यादव, सुदामा मंडल गिरोह का एक खूँखार अपराधी था। गाँव वालों के दिलों पर अपना आतंक जमाने के लिए वह हत्या करने के बाद शव के टुकड़े-टुकड़े कर के शरीर के अंगों को गंगा में फेंक दिया करता था। प्राथमिकी में हमें अनिल यादव की गिरफ़्तारी का पूरा और विस्तृत रिकॉर्ड मिला—छापा कब मारा गया, छापा दल में कौन-कौन शामिल था, उसे थाने में कब लाया गया—सब कुछ। ड्राइवर, कॉन्स्टेबल, अफ़सर और उनके बॉडीगार्ड—सबके नाम शामिल थे, शायद इस उम्मीद में कि इतने कुख्यात अपराधी को गिरफ़्तार करने के लिए उन्हें वीरता पुरस्कार और प्रशंसापत्र मिल जाएँ।

हमने यह भी देखा कि कुछ मामलों में पुलिस वालों ने अपने बयानों की संगति केस डायरियों और थाना डायरियों की प्रविष्टियों के साथ न बैठा कर स्वयं अपने गले में फंदा डाल लिया था। उदाहरण के लिए पुलिस रिकॉर्ड में उन घावों का उल्लेख नहीं था जो गिरफ़्तार किए गए व्यक्ति के शरीर पर

गिरफ़्तारी के समय थे। क़ानूनन यह ज़रूरी है कि गिरफ़्तारी के चौबीस घंटे के भीतर आरोपी को मजिस्ट्रेट के सामने प्रस्तुत किया जाए। अक्सर मजिस्ट्रेट के सामने लाए जाने पर रिकॉर्ड किया जाता कि उनकी आँखों में पहले से ही गहरा घाव है। कई बार जेल के डॉक्टर ने रिकॉर्ड किया हुआ था कि त्वचा पर तेज़ाब से जलने जैसे गहरे घाव हैं। केस डायरियों में यदि गिरफ़्तारी के वक़्त किसी घाव का उल्लेख नहीं था और मजिस्ट्रेट या जेल के डॉक्टर की रिपोर्ट में तेज़ाब से जलने का उल्लेख होता तो इसका केवल एक अर्थ था—विचाराधीन कैदी को यह घाव तब लगे जब वह पुलिस थाने में था।

टुकड़ा-टुकड़ा जोड़ने पर हमें पता चलने लगा कि क्या हुआ था।

समाचार-पत्रों में आया कि आँखें निकालने के लिए साइकिल की तीली या पेंचकस का इस्तेमाल किया गया। वास्तव में जिस चीज़ का इस्तेमाल किया गया वह था हर पुलिस थाने में पाया जाने वाला 'टकुआ' यानी एक लम्बा, मोटा सुआ जिसका इस्तेमाल काग़ज़ के पुलिंदे में छेद करने के लिए किया जाता है ताकि उसे एक डोरी में बाँधा जा सके।

हमें पता चला कि शुरुआत तो खूँखार अपराधियों को अन्धा करने से हुई थी जिसके बाद तेज़ी से अपराध दर गिरी और जनता से बहुत सहानुभूति भी मिली लेकिन फिर चोर-उचक्कों और छोटे-मोटे अपराधियों पर 'गंगाजल' का इस्तेमाल होने में देर नहीं लगी और फिर तो बस हिसाब बराबर करने के लिए इसका इस्तेमाल किया जाने लगा।

एक सिख जवान वहाँ के बाज़ार का स्थानीय दादा जैसा था। लड़की छेड़ने के मामले में उसे उठा लिया गया और बाद में अन्धा कर दिया गया। श्रमिकों का एक गुट न्यूनतम पारिश्रमिक के लिए ज़मींदार के ख़िलाफ़ आन्दोलन कर रहा था। ज़मींदार ने स्थानीय पुलिस थाना प्रभारी की जेब गरम की और कहा, 'इनको सीधा करो।' खेत मज़दूरों के नेता को पकड़ कर अन्धा कर दिया गया। रजौन पुलिस थाने के इलाके में हुई एक बस डकैती के मामले में नौ लोगों को रातभर में अन्धा कर दिया गया। इस घटना ने इस वीभत्स कार्यप्रणाली पर से पर्दा हटा दिया।

उप-महानिरीक्षक एल.वी. सिंह के मार्गदर्शन में उनकी सतर्क दृष्टि के सामने हमने सब कुछ रिकॉर्ड किया, सभी पीड़ितों के बयान भी। पुलिस एवं राजनीतिक हलकों में इस कहानी को एक अलग रंग देने की कोशिश की जा रही थी—वह यह कि अन्धा करने का काम गाँव वालों की गुस्साई भीड़ ने

किया, लेकिन जितने भी पीड़ितों से हमने पूछताछ की सबने पुलिस का नाम ही लिया।

ज़िला पुलिस थरथराई हुई थी; वे ऐसे व्यवहार कर रहे थे मानो अपराध अनुसन्धान विभाग ने उनके ख़िलाफ़ मोर्चा खोल रखा हो। हम सारे अधिकारियों ने अपनी जाँच के बारे में अपने होंठ सी रखे थे पर हम जानते थे कि ज़िला पुलिस के कॉन्स्टेबल और सब-इंस्पेक्टर कोशिश में लगे हैं कि अपराध अनुसन्धान विभाग के कॉन्स्टेबल और कर्मचारियों से जानकारी निकलवा लें। तो हमें इस बात को लेकर बहुत सावधानी बरतनी होती कि कौन से कॉन्स्टेबल, टाइपिस्ट, सेक्रेटरी या अन्य कर्मचारी को अपने दल में शामिल करें।

हमारी जाँच दो महीने तक चलती रही और मुझे कई बार भागलपुर जाना पड़ा। पटना से आठ घंटे की लम्बी, विकट यात्रा जो मुझे ड्राइवर और एक अन्य अधिकारी के बीच भिंच कर बैठे हुए, कड़ाके की ठंड में ठिठुरते हुए तय करनी पड़ती। कहीं आने जाने के लिए उन दिनों हमारे पास कार की विलासिता नहीं थी; लम्बे-लम्बे फ़ासले भी हमें बेहद असुविधाजनक जीप में तय करने पड़ते। लेकिन कुछ करने का जज़्बा था, सामने चुनौती थी और उसे पूरा करने के लिए मैं पूरी तरह तैयार थी।

जिसके लिए तैयार नहीं थी, वह थी पटना में सत्ता के गलियारों में खेली जा रही राजनीति। इस बात से भयभीत कि उच्चतम पदों पर पहुँचने के उनके अवसर कहीं इस जाँच से खटाई में न पड़ जाएँ, महानिरीक्षक और उप-महानिरीक्षक जैसे उच्च श्रेणी पदाधिकारी एक-दूसरे के विरोधी हो गए, परस्पर तू-तू मैं-मैं होने लगी। उनमें से कुछ अभी हाल में ही भागलपुर में तैनात किए गए थे और अब वे आशंकित थे कि जाँच रिपोर्ट में उनका नाम, सक्रिय रूप से लिप्त होने के लिए न सही, सहयोग करने के लिए न आ जाए। राष्ट्रीय मीडिया में अब भी लगातार दोषियों को दंडित करने की माँग की जा रही थी और बिहार सरकार के ऊपर इस बात का भीषण दबाव था कि वह कुछ परिणाम दिखाए।

मुझ पर भी दबाव डाला जा रहा था कि आरोपियों की सूची में से कुछ, विशेषकर वरिष्ठ पुलिस अधिकारियों के नाम हटा दूँ। मैं क्योंकि जाँच दल की कनिष्ठतम अधिकारी थी, मुझे प्रभावित करने की कोशिश में लोग विभिन्न तरीके आज़माने लगे।

सीआईडी प्रमुख ने अचानक एक दिन सुझाया कि मैं लम्बी छुट्टी पर चली जाऊँ ताकि मुझे आगे जाँच न करनी पड़े। मेरी तबीयत कुछ दिन से ख़राब

चल रही थी और अपना सुझाव देने के लिए उन्होंने यह मौक़ा लपक लिया था। वे जानते थे मैं अपनी रिपोर्ट में कुछ ग़लत नहीं लिखूँगी और इसीलिए चाहते थे कि किसी तरह जाँच दल से बाहर निकल जाऊँ। उनके सुझाव से मैं भौचक रह गई।

'मैं ऐसे ही छुट्टी पर कैसे चली जाऊँ, सर?' अविश्वास के साथ मैंने पूछा।

बहुत पहले ही मैंने निश्चय कर लिया था कि कभी किसी दबाव में नहीं आऊँगी। निष्ठा का प्रश्न था। जो कुछ पीड़ितों के साथ किया गया था, वे घोर अपराधी रहे हों, पहला अपराध किया हो या फिर निर्दोष ग्रामवासी, उससे मैं सदमे में थी—और इस बात से अत्यन्त व्याकुल भी कि वर्दी पहने कोई भी आदमी किसी अन्य मनुष्य पर इतना अत्याचार कैसे कर सकता है। यह भी मैं भलीभाँति जानती थी कि जब भी यह मामले शुरू होंगे, तो मैंने जो कुछ भी लिखा है, उसके लिए केवल और केवल मैं ज़िम्मेदार मानी जाऊँगी। मेरी रिपोर्ट में कोई भी तथ्य यदि असत्य पाया गया तो दूसरा कोई मेरी ओर से बोलने नहीं आएगा।

जब मैंने किसी भी दबाव में आने से इनकार कर दिया तो उन्होंने मेरे परिवार को घसीट लिया। पटना में मेरा परिवार काफ़ी जाना-माना था, सबको मालूम था मेरे माता-पिता कौन हैं, कहाँ रहते हैं। एक दिन बाबूजी पड़ोस के एक पेट्रोल-पम्प पर थे कि तभी एक वरिष्ठ पदाधिकारी जो उन्हें जानते थे उनके पास आए और कहा :

'आप मंजरी को समझाइए; वह तो हम लोगों को हथकड़ी लगवा देगी।'

बाबूजी काफ़ी परेशान हो गए, मुझसे ज़रा कड़े स्वर में कहा, 'ऐसा क्यों कर रही हो? लोग मुझसे तुम्हारी शिकायत कर रहे हैं। सँभल कर रहो...।' वे अब भी मुझे ख़तरे से बचाना चाहते थे और चिन्तित थे कि अगर मैंने अपना रवैया न बदला तो कोई मुझे नुकसान न पहुँचा दे।

समाज में भी उन्हें थोड़ी असुविधा झेलनी पड़ रही थी, 'हमें इसी समाज में रहना है और लोग मुझसे कह रहे हैं कि आपकी बेटी हमारे पीछे पड़ी है। यह तो अच्छी बात नहीं है,' वे बोले, 'सोच समझ के काम करना, सोच समझ के लिखना।'

मेरे परिवार पर डाले गए दबाव ने मुझे अपने निश्चय से न डिगने के लिए और भी कृत संकल्प कर दिया। बाबूजी न तो मामले की बारीकियों से परिचित थे, न ही जाँच कार्रवाई में मेरी भूमिका से। मेरा काम था कि सारे

दस्तावेज ध्यानपूर्वक पढ़ूँ, रिपोर्ट तैयार करूँ, हर बात सही तरीके से सच-सच रिकॉर्ड करूँ। मैंने यह भी सबके सामने स्पष्ट कर दिया कि मैं एक ऐसी युवा अधिकारी हूँ जो दूसरों के कुकृत्य पर पर्दा डालने की कोशिश में अपने हाथ मैले करने वाली नहीं है। मैं वही करूँगी जो सही है।

परन्तु दबाव हमेशा ऊपर से ही नहीं आता था। रजौन बस डकैती के सन्दिग्धों को अन्धा करने में अपराध अनुसन्धान विभाग में मेरे अपने सहायक श्री आचार्य के भाई का हाथ था। श्री आचार्य अपने युवा सब-इंस्पेक्टर भाई को बचाने में मदद के लिए मुझसे याचना करते। पर उनके अधिकार-क्षेत्र में जिस प्रकार एक रात में नौ लोगों को अन्धा कर दिया गया था, मैं किसी भी प्रकार उनकी मदद नहीं कर सकती थी।

हमने जाँच पूरी की और रिपोर्ट जमा कर दी। रिपोर्ट के आधार पर अनेक आपराधिक मुक़दमे दर्ज करके कार्रवाई की गई। जैसी आशंका थी मुक़दमे लम्बे समय तक अदालत में खिंचे। बाद में मालूम हुआ कि अनेक पुलिस पदाधिकारी दोषी पाए गए और कई पीड़ितों को मासिक मुआवज़ा मिलने लगा। लेकिन तब तक मैं अपराध अनुसन्धान विभाग से दूसरी जगह जा चुकी थी।

यह पुलिस जीवन की विशेषता है। एक जगह से हटते ही वह सब कुछ छोड़, जिसे करने में रात दिन एक कर दिए थे, तुरन्त दूसरी तैनाती पर चल देना होता है। अक्सर चीज़ें अपनी परिणति को न पहुँची होतीं, अक्सर मुझे अपने मामलों का परिणाम ज्ञात न होता। प्रारम्भ में अवश्य यह बात मुझे परेशान करती थी। मैं अपना काम क्योंकि बहुत मेहनत से करती थी, अच्छा लगता यदि किसी मामले या जाँच को मैं उसके सही अन्त तक पहुँचता देख पाती, परन्तु जाँच कार्रवाइयाँ और मुक़दमे बरसों-बरस चलते जाते और ऐसा शायद ही सम्भव होता।

*

भागलपुर ब्लाइंडिंग्स ने मुझे दिखाया कि पुलिस के लिए सही राह चलना, असंवैधानिक तौर-तरीकों को न अपनाना कितना महत्त्वपूर्ण है। बहुत से अधिकारियों को लगता है कि घोर अपराधियों से निपटने का एकमात्र तरीका है कि उन्हें मुठभेड़ में मरा दिखा दिया जाए लेकिन भागलपुर ब्लाइंडिंग्स से मैंने यह फ़ायदे की बात सीख ली कि, हालाँकि इस प्रकार का व्यवहार आपको

कम समय में झटपट परिणाम और प्रशस्तियाँ दिला दें परन्तु वह नि:सन्देह रूप से आपको एक ख़तरनाक राह पर ले जाएगा।

इस अनुभव ने मेरे इस संकल्प को भी दृढ़ किया कि मामलों की कार्रवाई में मैं बहुत सावधानी बरतूँ, सारे रिकॉर्ड यथाविधि रखूँ ताकि बाद में चुनौती न दी जा सके। बेहतर यही है कि सच को तोड़-मरोड़ कर प्रस्तुत करने के स्थान पर क़ानून का पालन किया जाए।

ऐसे कुछ कनिष्ठ अधिकारियों की दुर्दशा देखकर, जिनका नाम हमारी जाँच में आया था, पता चल गया कि संकट में व्यक्ति बिलकुल अकेला होता है। उनमें अनेक ऐसे एकदम युवा, बिलकुल अनुभवहीन अधिकारी थे जिनकी थाना-प्रभारी के रूप में यह पहली तैनाती थी। जिन उच्चाधिकारियों के कहने में आकर वे इस भयंकर भँवर में फँसे, वही बाद में उन्हें अकेला छोड़ केवल अपने बचाव में लग गए। आप भले ही एक टीम के साथ काम करें, अपने काम का बचाव अन्ततः अकेले ही करना होगा। इसलिए काम ऐसा करें जिसमें खोजने पर भी कोई कभी कमी न निकाल पाए।

इस जाँच का हिस्सा बनकर मैंने पुलिस के काम के विषय में भी बहुत कुछ सीखा। हालाँकि मैंने अभी तक किसी ज़िले के पुलिस अधीक्षक के पद पर काम नहीं किया था, मैंने बहुत सारे थाना-रिकॉर्ड, केस डायरियाँ घावों की रिपोर्ट, अपराधियों की फ़ाइलें, जेल रिपोर्ट, अदालती रिकॉर्ड पढ़े जिससे पुलिस के काम के बारे में मेरी समझ, जो पहले उप-प्रमंडल के काम तक सीमित थी, सच में बहुत गहरी हो गई। मुझे बड़ी तस्वीर की एक झलक मिली। यह एक ऐसा अवसर था जो सौभाग्य से मेरे कैरियर में बहुत जल्दी आ गया और जिसने मेरे भीतर के पुलिस-अधिकारी को गढ़ने में योगदान दिया।

जाँच की कार्रवाई से निकले बहुत समय गुज़र चुका था...अन्धा करने की भयावहता लोगों की स्मृति में धूमिल पड़ चुकी थी...तब भी मैं कभी-कभी पटना के नज़दीक माँ गंगा को देखती और भागलपुर को याद करती। गंगा का शान्त प्रवाह मुझे पवित्र गंगाजल के नाम पर किए गए न्याय के भयंकर मज़ाक की ओर लौटा ले जाता। आज—पुलिस सेवा में 34 साल पूरे कर लेने के बाद—मुझे बस इस बात की सन्तोष है कि ज़बान पर न लाई जा सकने वाली पुलिस बल की वह बर्बरता उसका चलन नहीं, एक विचलन था।

11

हंटरवाली

दिसम्बर, 1982 में छोटे बेटे अंशुमान के जन्म के बाद मैं पीलिया से बहुत गम्भीर रूप से बीमार पड़ गई। मुश्किल से कुछ हफ़्तों का मेरा बेटा मुझसे अलग कर दिया गया और मैं इसी बात से चिन्तित रहने लगी कि आगे चलकर उस पर इसका कैसा असर पड़ेगा। गर्भ के कठिन महीनों से कमज़ोर और पीलिया के कारण पीली—बिस्तर पर पड़े-पड़े मैं ज़िले में तैनाती को लेकर अलग परेशान रहा करती थी। हर हफ़्ते आशा बाँधती कि कोई ख़बर मिलेगी, मगर नहीं।

दुखी मन बिस्तर से लगी थी, तब क्या मालूम था कि दो महीनों के भीतर मुझे 'हंटरवाली' का ख़िताब मिलने वाला है।

तबीयत कुछ बेहतर हुई और अपराध अनुसन्धान विभाग में फिर से काम देखना शुरू किया तो अचानक आदेश मिला कि बोकारो जाकर पुलिस अधीक्षक का प्रभार सँभालूँ। डॉक्टर यह सुनने को भी तैयार नहीं थे।

'पीलिया का लीवर पर कितना बुरा असर पड़ता है, जानती हैं? अगर अभी पटना छोड़कर चली गईं और बोकारो में काम कर-कर के ख़ुद को थका लिया तो आपका लीवर कभी ठीक नहीं होगा', उन्होंने मुझे सावधान किया। लेकिन मुझे भी महीनों की प्रतीक्षा के बाद यह पद मिल रहा था और मैं किसी तरह इसे छोड़ने वाली नहीं थी।

पिछले पुलिस अधीक्षक को स्थानांतरित कर दिया गया था इसलिए मुझसे कहा गया कि अविलम्ब जाकर कार्यभार सँभालूँ। एक दिन मेरे एक वरिष्ठ अधिकारी श्री कैलाशपति मिल गए तो उन्होंने सावधान किया : 'देखिए, बोकारो पुलिस लाइंस में कुछ बड़ी घटना हो गई है, सिपाहियों ने पिछले पुलिस अधीक्षक के

साथ दुर्व्यवहार किया था। मेरी सलाह है कि सावधान रहिएगा, पुलिस लाइंस में मत जाइएगा। आप महिला हैं, सिपाही कहीं बदतमीज़ी न करें।'

हर ज़िले में एक ज़िला पुलिस कार्यालय और एक पुलिस लाइंस होते हैं। सिपाहियों और हवलदारों के रहने के लिए बैरक, इसके अलावा क्वार्टर गार्ड और शस्त्रागार। साथ रहने से और नियमित पीटी व परेड करने से पुलिस बल में अनुशासन और भाईचारा बढ़ता है।

मैं बहुत उलझन में थी। पुलिस अधीक्षक होते हुए पुलिस लाइंस न जाऊँ, ऐसा कैसे हो सकता है? अपने ही पुलिसकर्मियों से डरूँ और उनका नेतृत्व भी करूँ, ऐसा कैसे हो सकता है? बोकारो ज़िले के पुलिसकर्मियों के भीतर ही भीतर अनुशासनहीनता की मैं कई कहानियाँ सुन रही थी। अपनी तैनाती को लेकर फिर भी उत्साहित थी। सामने चुनौती भी थी—छोटे बच्चे की देखभाल, प्रसव के बाद की कमज़ोरी और पीलिया का दुष्प्रभाव। हमने तय किया कि बड़े बेटे तुषार के साथ मैं बोकारो जाऊँगी। तुषार अब चार का था और उसका नाम स्कूल में लिखाया जाना था। जब तक बोकारो में व्यवस्थित न हो जाऊँ, नन्हे अंशुमान को एक-दो हफ्तों के लिए अम्मा के पास छोड़कर जाने के सिवा मेरे पास कोई चारा नहीं था।

हम रात में रेलगाड़ी से बोकारो के लिए चले और सुबह होते-होते वहाँ पहुँच गए। जैसे ही रेलगाड़ी स्टेशन पर पहुँची, बोकारो इस्पात संयंत्र की बत्तियाँ जलती देख मेरा मन उत्साह से भर गया।

इंजीनियरी और मनुष्य के साहस का चमत्कार है बोकारो इस्पात संयंत्र। 1960 में इसने तत्कालीन सोवियत रूस की सहायता से भारत सरकार की सार्वजनिक क्षेत्र की इकाई (पीएसयू) के रूप में आकार लेना शुरू किया—छोटानागपुर के वीराने में एक विराट इस्पात संयंत्र। जल्द ही संयंत्र के इर्द-गिर्द आधुनिक सुख-साधनों और उत्तम शिक्षा-सुविधाओं से सम्पन्न, बढ़िया जीवन स्तर वाला सुनियोजित नगर सुगबुगाने लगा। जैसा कि हमारे पहले प्रधानमंत्री श्री जवाहरलाल नेहरू का सपना था, हमारे सार्वजनिक क्षेत्र के उपक्रम सच ही आधुनिक भारत के मन्दिर थे।

पटना के वरिष्ठ पुलिस-अधीक्षक के कार्यालय की तुलना में बोकारो का पुलिस-अधीक्षक कार्यालय मुझे छोटा और सुनियोजित लगा। यह तो मेरे काबू में रहेगा, मैंने सोचा। मज़े की बात थी कि बहुत से लोग बोकारो में मेरी तैनाती से इसलिए जल रहे थे क्योंकि पूरे बिहार में इसी एक पुलिस

अधीक्षक कार्यालय में एयरकंडीशनर था!

सुनने में आया कि महिला पुलिस अधीक्षक की तैनाती को लेकर शहर में अच्छी-ख़ासी सनसनी है। मेरे उप-महानिरीक्षक वाई.एन. श्रीवास्तव थे जिनके साथ मैं राँची में—जब कुछ समय के लिए सहायक पुलिस अधीक्षक के पद पर वहाँ गई थी—काम कर चुकी थी। तुषार के जन्म के वक़्त राकेश राँची में थे, इसलिए प्रसूति छुट्टी के बाद कुछ माह के लिए मुझे अपना प्रशिक्षण राँची में करने की अनुमति मिल गई थी। बोकारो में मैं जब उप-महानिरीक्षक श्रीवास्तव से मिली तो उन्होंने पुलिस बल में अनुशासनहीनता की मौजूदा स्थिति के बारे में बताया जिसके कारण पिछले पुलिस अधीक्षक को हटाना पड़ा था।

घटना की शुरुआत शहर के बड़े परिवहन अड्डे 'नया मोड़' पर दो सिपाहियों और एक ट्रेकर ड्राइवर के बीच एक झड़प से हुई थी। ड्राइवर ने सिपाहियों से उनका भाड़ा माँगा जिसे चुकाने से सिपाहियों ने इनकार कर दिया और हाथापाई हो गई। भन्नाए हुए सिपाही वापस बैरक आए और कुछ वर्दी में कुछ सादे कपड़ों में दल-बल सहित हॉकी-स्टिक और लाठियाँ लिए लौटे। इसके बाद तो सिपाहियों, ड्राइवरों और खलासियों के बीच खुल्लम-खुल्ला, लट्ठम-लट्ठा शुरू हो गया। पुलिस अधीक्षक ने दख़ल दिया तो सिपाहियों ने उनके साथ भी बदतमीज़ी की। पुलिस अधीक्षक और सिपाहियों के रिश्ते इस हद तक ख़राब हो गए कि जब स्थानांतरण के आदेश आए तो उन्हें विदाई भी नहीं दी।

उप-महानिरीक्षक ने बताया कि सिपाहियों में छह हैं जो गड़बड़ करने के लिए जाने जाते हैं और सबसे पहले मुझे उन्हीं को नियंत्रित करना चाहिए। 'उनके ख़िलाफ़ दुर्व्यवहार के लिए विभागीय कार्रवाई शुरू करिए, बिलकुल उदारता न दिखाइए', उनकी सलाह थी। मैं ज़रा सोच में पड़ गई कि नई जगह पर काम की शुरुआत ही अगर अपने आदमियों के ख़िलाफ़ कार्रवाई से की तो आगे क्या होगा।

लेकिन उप-महानिरीक्षक ने उन पर नकेल कसने का उपाय भी बताया। 'कार्रवाई शुरू तो कर दीजिए, पर बन्द न करिए, कोई आदेश पास न करिए। जब तक सुधर नहीं जाते, ठीक से पेश नहीं आते, लटकाए रखिए।' इन बिगड़े सिपाहियों के सिर पर तलवार की तरह विभागीय कार्रवाई टाँगे रखने का विचार मुझे भी पसन्द आया।

जल्द ही समझ आ गया कि अनुशासनहीनता के पीछे का एक कारण—

और इसमें उप-महानिरीक्षक की सहमति थी—यह था कि बोकारो में अपनी अलग पुलिस लाइंस नहीं थी।

इसकी जगह बोकारो की ज़िन्दगी इस्पात संयंत्र के आस-पास घूमा करती थी। सब कुछ संयंत्र का प्रबन्धन उपलब्ध कराता। पुलिस को उन्होंने कुछ पुरानी, टूटी-फूटी इमारतें दे रखी थीं जो बैरक का काम देतीं; ये घर मूल रूप से उन मज़दूरों के थे जिन्हें संयंत्र के निर्माण के समय काम पर रखा गया था।

बोकारो इस्पात संयंत्र की अपनी एक कामगार यूनियन थी और पुलिस के सिपाही भी कुछ ऐसा बर्ताव करते मानो वे भी एक यूनियन हों। पुलिस अधीक्षक शायद ही कभी पुलिस लाइंस में जाते थे और नियमित पी.टी., परेड की भी व्यवस्था नहीं थी।

श्री कैलाशपति की चेतावनी के बावजूद मैंने निश्चय किया कि सबसे पहले जा कर पुलिस लाइंस का जायज़ा लूँगी। मैंने पुलिस सभा बुलाई। बिहार में पुलिस संगठनों को मान्यता मिल चुकी थी और पुलिस अधीक्षकों से अपेक्षा थी कि नियमित रूप से पुलिस सभा बुलाएँगे, पुलिसकर्मियों से बात करेंगे, उनकी शिकायतें सुनेंगे।

सभा में सबका वर्दी पहन कर आना ज़रूरी था। लेकिन आदेश को दरकिनार करते हुए पुलिस संगठन के नेता लोग कुर्ते-पाजामें में आने के अभ्यस्त हो गए थे, मानो राजनेता हों। पुलिस सभा में जैसे ही मैं वहाँ वर्दी में उपस्थित अस्सी-नब्बे सिपाहियों को सम्बोधित करने वाली थी, पाँच या छह लोगों को मैंने सादे कपड़ों में पीछे के दरवाज़े से घुसते देखा। ये पुलिस संगठन के नेता लोग थे। पल भर में मैंने तय कर लिया कि उनका सामना करूँगी। वह 'आज और अभी' का पल था।

'जो लोग यूनिफ़ॉर्म में नहीं हैं वे निकल जाएँगे। यह मेरा आदेश है।' दृढ़ स्वर में मैंने घोषणा की। दो बार।

कुछ क्षणों के लिए सन्नाटा छा गया। सिपाही मुझे देख रहे थे, टकटकी लगाए, इस इन्तज़ार में कि मेरा अगला क़दम क्या होगा। मैं भी उन्हें देख रही थी, चेहरे को पत्थर सा भावहीन बनाए, सोच रही थी अब वे क्या करेंगे। ख़ुद को मैंने कुएँ और खाई के बीच खड़ा कर दिया था। न उठ कर बाहर जा सकती थी, न वहाँ ठहर कर ख़ुद को अपने ही सिपाहियों के सामने अपमानित होता देख सकती थी। तभी सादे कपड़ों में वहाँ पहुँचे पुलिसकर्मी उठे और पीछे के दरवाज़े से बाहर निकल गए। ओफ़!

उस एक क्षण में मैंने सभा में बैठे सिपाहियों के मस्तिष्क में कुछ पलटता महसूस किया। मेरा अधिकार वहाँ तत्काल मान लिया गया था। वे समझ गए थे कि यह महिला पुलिस अधीक्षक कुछ भी फ़ालतू बर्दाश्त नहीं करेगी। आने वाले दिनों में मैंने सिपाहियों में एक नए प्रकार की स्वीकृति देखी। उन्हें भी यह स्व-घोषित नेता तंग करते रहे होंगे। दादागीरी करने वालों की ख़ासियत है कि वे हर जगह परेशानी खड़ी करते हैं, अपने लोगों के बीच भी।

*

पुलिस बल के भीतर अनुशासनहीनता की समस्या के समाधान के बाद मैंने अपना ध्यान शहर की समस्याएँ समझने की ओर मोड़ा। शहरी इलाकों में छोटे-मोटे अपराध होते जो शाम को बढ़ जाते। ख़रीदारी केन्द्रों और बाज़ारों में झपटमारी, छेड़छाड़, चोरी की वारदातें आम थीं। मैंने इस बात पर ज़ोर दिया कि शाम छह बजे के बाद से सारे थानों के अधिकारी पुलिस वर्दी में रहेंगे। पुलिसकर्मियों को शाम के वक़्त सादे कपड़ों में रहने की आदत पड़ गई थी। मैंने आदेश ज़ारी किया कि शाम छह से लेकर नौ बजे तक सारे थानों के सारे पुलिसकर्मी वर्दी में रहेंगे और वायरलेस पर उपलब्ध होंगे।

रात की नियमित गश्त के लिए मैंने पुलिसबल को टुकड़ियों में बाँटा और उदाहरण पेश करने के लिए ख़ुद भी रात की गश्त पर जाती...और हमेशा पुलिस वर्दी में। उन दिनों मैंने स्वयं को सर्वव्यापी बना लिया था। ख़ुद अपनी जीप चलाने लगी थी, पुलिस-बल चौकन्ना बना रहे इसलिए अक्सर अचानक पहुँच जाती। किसी को जानकारी न होती कि अगली बार मैं कहाँ दिख जाऊँगी। उन्हें यह समझाना मेरे लिए ज़रूरी था कि मैं हर दृष्टि से उनके बराबर हूँ। मुझे लगता कि उन तक एक बहुत सशक्त सन्देश पहुँचाना आवश्यक है ताकि वे मुझे केवल इसलिए कम न समझें कि मैं एक महिला हूँ।

अगली बात यह मालूम हुई कि सड़क-दुर्घटनाएँ बहुत ज़्यादा होती हैं। बोकारो इस्पात नगर रूस के सहयोग से निर्मित एक सुनियोजित टाउनशिप थी। सब कुछ बहुत करीने से, सीधी रेखाओं में बनाया गया था। उस समय के बिहार से बिलकुल अलग, बोकारो में सड़कें बहुत बढ़िया थीं—चौड़ी, पक्की, चौराहों पर एक-दूसरे को नब्बे डिग्री के कोण पर काटतीं।

टाउनशिप के अन्दर संयंत्र की पारियों का समय बहुत महत्त्वपूर्ण था।

समय से गेट पर पहुँचने के लिए लोग अक्सर तेज़ी से अपने दुपहिया वाहन भगाते, और बहुत बार फिसल कर गिर जाते। सड़क-अनुशासन की समझ किसी को नहीं थी। संयंत्र ने सारे कर्मचारियों को हेलमेट दे रखे थे पर ड्राइव करते वक़्त उन्हें पहनने का कष्ट कोई न करता।

गति सीमा रोज़ ही तोड़ी जाती, छत पर दर्जनों लोगों को बैठाए जबकि कई और दरवाज़ों से लटकते होते, बसें और ट्रेकर बेरोकटोक चला करते थे।

मैंने निश्चय किया कि यातायात नियम बहुत सख़्ती से लागू किए जाएँगे। जब कभी कोई उल्लंघन करता दिखता हम रोक कर चालान काटते, किसी को नहीं छोड़ते। जल्द ही दुर्घटनाओं की संख्या घटने लगी।

संयंत्र के एक कर्मचारी को एक दिन ट्रेकर ने टक्कर मार दी और उसे अस्पताल में भर्ती करना पड़ा। मैं जब बोकारो इस्पात संयंत्र के अस्पताल पहुँची तो पीड़ित की पत्नी मुझसे लिपट कर रोने लगी, 'आपने बचा ली मेरे पति की जान।' पता चला कि टक्कर हुई तो पीड़ित अपने स्कूटर पर था और डॉक्टरों ने उसकी पत्नी को बताया था कि वह हेलमेट पहने था इसीलिए बच गया। 'मैं हमेशा अपने पति से कहती थी पर वे हेलमेट पहनते ही नहीं थे। अब आपने क्योंकि हेलमेट ज़रूरी कर दिया इसीलिए आज वे बच गए', पत्नी ने कहा।

बोकारो की महिलाएँ आमतौर पर मेरा साथ देती थीं, ख़ासतौर पर हेलमेट वाले नियम के चलते। उन्हें हमेशा लगता था कि उनके बेटे और पति तो उनकी बात सुनते नहीं पर अब मैं—एक महिला पुलिस-अधीक्षक—वहाँ आ गई हूँ और उन सबकी सुरक्षा के लिए सख़्ती से नियमों का पालन करवा रही हूँ।

शहर पर इसका बहुत गहरा असर पड़ा। लोगों को अचानक लगने लगा कि पुलिस बहुत क्रियाशील हो गई है और वहाँ उन सबकी मदद के लिए है। दो माह के भीतर मेरे बारे में तरह-तरह के क़िस्से हवा में तैरने लगे। इसी समय मुझे नाम दिया गया—हंटरवाली।

स्कूल-कॉलेज की मेरी अच्छी सहेली अल्पना के पति प्रदीप उन दिनों भारत हैवी इलेक्ट्रिकल्स लिमिटेड (भेल) में कार्यरत थे और वह उन दिनों बोकारो में ही थी। इन क़िस्सों को सुन-सुन कर वह परेशान हो जाती, 'मंजरी, यह क्या हो रहा है? तुम्हें सब हंटरवाली कहकर बुला रहे हैं!' लगता था जैसे हंटर चलाती महिला के रूप में मेरी छवि दिलों पर छप चुकी है।

अल्पना ने मुझे वहाँ फैली कुछ अजीब अफ़वाहें सुनाई। कहा जा रहा था कि मैंने पुरुष के साथ उसकी पत्नी या गर्लफ्रेंड को स्कूटर की पिछली

सीट पर बैठकर चलने की मनाही कर दी है, कि मैं दुपहियों पर जोड़ों के साथ चलने के ख़िलाफ़ हूँ। एक आरोप तो और भी विचित्र था, वह यह कि मैं किसी महिला को बिना बाँहों का ब्लाउज़ पहन कर स्कूटर पर चलने की इजाज़त नहीं देती।

एक दिन तो ख़ुद उप-महानिरीक्षक ने मुझे एक और बात बताई। 'लोग कह रहे हैं कि नई पुलिस-अधीक्षक इतनी तगड़ी हैं कि खाली हाथों ट्रक को धक्का दें तो वह चलने लगता है। ज़ाहिर है उन्होंने आपको पास से नहीं देखा है।' कह कर वे हँसे।

महिला पुलिस अधीक्षक द्वारा अमुक को पकड़े जाने के, अमुक जगह पर छापा मारे जाने के क़िस्से सच ही हर जगह सुने-सुनाए जा रहे थे। इन क़िस्सों का मैंने खंडन नहीं किया, वैसे ही चलने दिया, हालाँकि इन बेसिरपैर की बातों को सुन कर भौचक तो रह गई थी मैं। भला बताओ, महिलाओं को बिना बाँहों का ब्लाउज़ पहन कर स्कूटर चलाने की अनुमति नहीं दूँगी, जोड़ों को साथ चलने के लिए मना कर दूँगी, बकवास!

पहले-पहल जब सुना वे मुझे 'हंटरवाली' बुला रहे हैं तो हँसी नहीं रोक पाई, लेकिन धक्का भी लगा था। बाद में बहुत ध्यान से सोचा और ख़ुद से कहा, 'अपने तौर-तरीके मैं क्यों बदलूँ? इस छवि का अगर पुलिस बल के भीतर के अनुशासन और टाउनशिप पर अच्छा असर पड़ रहा है तो ऐसा ही हो।' ख़ुद मुझे तो यह नाम ज़रा बेतुका लग रहा था। ज़ाहिर हैं मैं हाथों में हंटर या चाबुक घुमाते नहीं घूम रही थी। पर मैंने सोचा ठीक है, इसका मतलब अगर यह है कि उनकी नज़र में मैं एक सख़्त पुलिस अफ़सर हूँ, तो वैसी ही बनी रहती हूँ।

*

वैसे तो बोकारो आराम की जगह मानी जाती थी लेकिन औद्योगिक इलाक़ा होने के नाते यहाँ लेबर और यूनियन की समस्याएँ, औद्योगिक विवाद, धरने वग़ैरह क़ानून-व्यवस्था की अपनी ही चुनौतियाँ थीं, और यद्यपि आमतौर पर शान्ति रहती थी पर जब कोई मसला होता तो बड़ी-बड़ी बस्तियों में केन्द्रित होने के कारण बात बढ़ते देर न लगती। अगले वर्ष हम इसका भयंकरतम रूप देखने वाले थे।

1980 का दशक आते-आते बोकारो काफ़ी बढ़ गया था। संयंत्र और सहयोगी व्यवसायों में बढ़ते कर्मचारियों की ज़रूरतों को पूरा करने को नई-नई बस्तियाँ बन रही थीं। क़स्बा सारी दिशाओं में बढ़ गया था। ज़रूरी था कि इन नए सेक्टरों को सुरक्षित बनाया जाए, और सुनिश्चित किया जाए कि जनता आसानी से पुलिस तक पहुँच सके। पुलिस की मौजूदगी बढ़ाने के लिए मैंने नए सेक्टरों में कुछ छोटे थाने खोलने का निर्णय किया जो कि मुख्य थानों से जुड़े रहेंगे।

बोकारो आई तभी समझ लिया था कि पुलिस और संयंत्र के प्रबन्धकों में हमेशा ठनी रहती है। पर इसके पीछे का कारण मालूम नहीं था। मैं तो उनके साथ-साथ मिल कर काम करने में यकीन करती थी, क्योंकि अगर हम वहाँ नगर की सुरक्षा के लिए थे तो संयंत्र के प्रबन्धकों के हित में भी यही था कि शान्ति और सुरक्षा बनी रहे ताकि उनके कर्मचारी अपने परिवारों की चिन्ता किए बिना काम कर सकें। टकराव के इस माहौल को मैंने पूरी तरह बदल दिया और संयंत्र के प्रबन्ध निदेशक व महाप्रबन्धकों से पूरा-पूरा सहयोग पाया।

उन दिनों पुलिस थानों में बुनियादी ज़रूरतों की कमी हमेशा बनी रहती थी। वाहनों की कमी तो हाथ और भी बाँध देती थी। होता यह कि अपराधी हमसे ज़्यादा तेज़ी से काम करके निकल जाते। प्रबन्ध निदेशक से मैंने हमें कुछ इमारतें देने को कहा ताकि उनमें हम छोटे थाने बना सकें, इसके अलावा ईंधन भत्ते सहित कुछ वाहन भी माँगे। वे सहर्ष हमारी सहायता को आए।

डकैती का संकट उन दिनों धुएँ की चादर-सा पूरे बोकारो पर मँडराता रहता, विशेषकर को-ऑपरेटिव कॉलोनी में, क्योंकि वहाँ ठेकेदार—पैसे वाले, सहायक सेवाएँ चलाने वाले—रहा करते थे। यह निजी कॉलोनी दामोदर नदी की सहायक गर्गा नदी के तट पर बसी थी। अपराधी गर्गा नदी के रास्ते आते और उसी रास्ते भाग जाते।

एक दिन देर शाम बस्ती के किनारे पर बने घरों की कतार को निशाना बनाया गया। घरेलू सामान और बहुमूल्य वस्तुएँ लूट ली गईं। उन दिनों म्यूज़िक सिस्टम का बड़ा चलन था और डकैतियों में उनकी चोरी आम बात थी। निवासियों के अनुसार अपराधी 'स्थानीय लड़के' लग रहे थे। लूटे गए लोगों में दो नवयुवतियाँ भी थीं और आँसू भरी आँखों से उन्होंने मुझे दिखाया उनका घर कैसे लूटा-खसोटा गया था।

मैंने निर्णय किया कि हम नदी पार जाएँगे और उस ओर की बस्ती पर

छापा मारेंगे। दिन की रोशनी का इन्तज़ार किए बिना हमने रात को ही नदी पार की। वह नज़ारा भी देखने लायक था—छिछली नदी को पार करने के लिए पत्थरों पर क़दम-क़दम चलती सिपाहियों की पाँत, उनके आगे-आगे चलती मैं। हम फिसले, भीगे पर वापस नहीं मुड़े।

बस्ती में हमने घर-घर जाकर खोजना शुरू किया और शाम की पूरी लूट एक झोंपड़ी में मिल गई। हमने अपराधियों को गिरफ़्तार किया, लूट ज़ब्त की और जब लौटे तो सुबह अभी हो ही रही थी। लूटे गए लोगों को बुलाया गया, दोनों नवयुवतियों को भी। अपनी चीज़ों को देख वे सब ख़ुशी से किलक उठे। एक युवती रो पड़ी, 'यह अँगूठी मुझे मेरे पिता ने दी थी, थैंक यू! सोचा नहीं था कि फिर इसे देखूँगी।' उसकी बहन अपनी नई स्टीम आयरन देखकर फूली नहीं समाई। लाख थके रहे हों, खोई चीज़ें पाकर उन्हें ख़ुश होते देख हम भी उत्साहित हो गए थे।

लूट मिल जाने की ख़बर जंगल की आग की तरह फैल गई। अपराध पर लगाम कसने के लिए हमने उस साल यह काम हर पन्द्रह दिन बाद किया। गर्गा नदी के पार जाकर हम बस्ती में छापा डालते। कभी-कभी हमारे प्रति शत्रु भाव से भरे ग्रामीणों से हम घिर जाते और स्थिति ज़रा भयावह हो जाती पर मैं अपने इरादे पर हमेशा डटी रही।

अपराधियों के मन में अपना डर बैठाने और हमेशा धाक जमाए रखने के लिए मैं अपने अधिकार की मोहर लगा देनी चाहती थी। मेरी रणनीति थी कि शुरू में ही उन तक अपना एक ज़ोरदार सन्देश पहुँचा दूँ ताकि वे काबू में रहें। अपने ख़बरियों का भी एक तंत्र मैंने तैयार किया। मेरा एक टेलीफ़ोन ऑपरेटर बहुत चौकस लड़का था। उससे मैंने पूछा, 'क्या तुम उस गाँव में रहकर हमें बता सकते हो वहाँ कौन आ-जा रहा है?' वह मान गया। गाँव वाले के भेष में वह बस्ती में जाकर रहने लगा। हम तक वह बहुत सी मूल्यवान जानकारियाँ पहुँचाता—कब छापा मारना ठीक होगा कि लूट का माल भी मिल जाए और अपराधी भी पकड़े जाएँ।

बोकारो में मेरे पहले साल में सैंतालीस डकैतियाँ पड़ी, अगले साल केवल छह। मेरे पुराने बॉस एल.वी. सिंह, जो अब राँची परिक्षेत्र (ज़ोन) के महानिरीक्षक थे, मेरे कार्यालय का निरीक्षण करने बोकारो आए। 'ऐसा कैसे हो सकता है? ज़रूर आपने डकैतियों की संख्या कम करके दिखाई है।' कुछ उलझन में पड़कर उन्होंने कहा।

मैंने उन्हें पिछले वर्ष पड़ी उन डकैतियों के रिकॉर्ड दिखाए जिनका हमने पता लगाया था। 'डकैतियाँ कम होने का कारण यह हैं' मैंने बताया। महानिरीक्षक को अब भी विश्वास नहीं हो रहा था। मैं हल्के से मुस्करा दी।

बोकारो में पुलिस-अधीक्षक के पद पर मुझे साल भर हुआ था, जब प्रधानमंत्री इंदिरा गांधी का धनबाद आने का कार्यक्रम बना। वे 1 मई, 1984 को हेलीकॉप्टर से सभा स्थल के पास बने अस्थायी हेलीपैड पर आने वाली थीं। मुझसे कहा गया कि बन्दोबस्त में पुलिस-अधीक्षक (धनबाद) की मदद करूँ। प्रधानमंत्री के स्वागत में हेलीपैड पर भारी भीड़ जमा हो गई थी और उस उमड़ती भीड़ पर बाज़ की नज़र रखने को हम मुस्तैद खड़े थे। श्रीमती गांधी की एक झलक पाने को उत्सुक लोगों के दबाव के कारण जब वहाँ लगा अवरोधक एक बार गिरने गिरने को हो गया, हमें लगा कहीं कोई आफ़त न खड़ी हो जाए। लेकिन मैंने और मेरी टीम ने तुरन्त क़दम उठाए और संकट टल गया। बाद में अंचल के महानिरीक्षक एल.वी. सिंह की ओर से मुझे यह उत्साहवर्धक पत्र दिया गया :

> 1 मई, 1984 को प्रधानमंत्री की धनबाद यात्रा के दौरान धनबाद हेलीपैड पर आपकी सेवाएँ राराहनीय हैं। आपके सफल कार्यप्रदर्शन ने मेरे इस विश्वास को और बल दिया है कि कठिन परिस्थिति का सामना करने में आप पूरी तरह समर्थ हैं। स्थिति जटिल थी क्योंकि अवरोधक बनाने में नियमों का ध्यान न रखा जाने के कारण वह कमज़ोर था और बड़ी तादाद में जब लोग हेलीपैड की ओर जाने लगे तो वह गिर गया। कुछ का कहना था कि एक महिला अधिकारी शायद अनियंत्रित भीड़ न सँभाल पाए। मैं इससे सहमत नहीं हो सकता था और आपने जिस दृढ़-निश्चय और संकल्प के साथ अपना काम अंजाम दिया मैं उससे पूरी तरह सन्तुष्ट हूँ। आपका धन्यवाद। आशा है आने वाले सालों में अपनी सत्यनिष्ठा व कर्तव्यपरायणता से अपने इन गुणों को आप और निखारेंगी।

मेरी क्षमताओं में उन्होंने विश्वास ज़ाहिर किया, इसके लिए मैं उनकी आभारी थी पर अब सोच कर आश्चर्य होता है कि लोग कैसे बेहिचक सबके सामने एक अधिकारी की क्षमताओं पर केवल लिंग के आधार पर प्रश्न उठा

सकते हैं। आज भी पुलिस बल या अन्य कार्यालयों में इस प्रकार के पूर्वग्रह बाकी हैं पर यूँ खुले तौर पर चर्चा नहीं होती। यह लिंग-आधारित भेद-भाव है, इसके लिए दूसरा कोई शब्द नहीं। क़िस्मत अच्छी थी कि मेरे उच्चाधिकारियों ने मुझ पर यकीन रखा और अहम ज़िम्मेदारियाँ सौंपने से पहले समाज में मौजूद इस पूर्वग्रह से काम नहीं लिया।

*

सच है कि शुरुआती सफलताएँ हमेशा यादगार होती हैं, पर कुछ मामले ऐसे भी होते हैं जो एक अधिकारी के मन-मस्तिष्क में सदा के लिए एक टीस छोड़ जाते हैं। मेरे लिए यह मामला एक युवा डॉक्टर की हत्या का था।

एक बार देर रात बोकारो जनरल अस्पताल से फ़ोन आया कि मृत अवस्था में एक युवा को लाया गया है जिनके शरीर पर चाकू के घाव हैं। पता चला कि वे युवा बिहार के एक बड़े मंत्री जयपाल सिंह यादव के पुत्र हैं। मैंने जल्दी से वर्दी पहनी और घटना-स्थल—जो कि बोकारो इस्पात नगर के साथ लगे चास में मृतक का घर था—की ओर चल पड़ी। मृतक एक डॉक्टर थे जिनकी अपनी निजी प्रैक्टिस थी। जब मैं उनके घर पहुँची सुबह के दो बज रहे थे। जैसे-जैसे वायरलेस पर ख़बर फैली, एक-एक कर के अन्य अधिकारी भी पहुँचने लगे।

घर में घुसते ही ख़ून की धार दिखाई दी। ख़ून से बचते हुए मैं जब अन्दर की ओर जाने लगी, एक युवा स्त्री अन्दर से निकल कर मेरे पैरों पर गिर पड़ी और मेरे घुटने पकड़ लिए। वह फूट-फूट कर रोने लगी, 'मेरे पति को बचा लीजिए, प्लीज़ मेरे पति को बचा लीजिए!'

एक पुलिस अधिकारी के नाते वे क्षण मेरे लिए बहुत कठिन थे। मैं जानती थी उस स्त्री के पति जीवित नहीं हैं, पर अभी कुछ बता नहीं सकती थी। इसके अतिरिक्त अगर अपराधियों के पकड़े जाने की थोड़ी भी सम्भावना थी तो बिना देर किए तहक़ीक़ात शुरू करना भी ज़रूरी था। मेरी टीम निर्देशों के लिए मेरी ओर देख रही थी, वहीं मृतक की पत्नी मुझे पकड़ कर एक मृत व्यक्ति की जान बचाने की गुहार लगा रही थी। जब मैंने उनके बच्चों को देखा, जो बस चार और छह साल के थे, इन सारी भावनाओं को सहन कर पाना मेरे लिए बहुत कठिन हो गया था।

उस रात की घटनाओं को हमने क्रमवार देखना शुरू किया। पति-पत्नी दोनों सोए हुए थे, घर में कुछ आवाज़ होने से वे जाग गए। डॉक्टर ने उठ कर देखा तो बैठक में चार-पाँच अनजान लोग घुसे दिखाई दिए। पत्नी के अनुसार वे सारे कम उम्र थे और मैले-कुचैले कपड़े पहने थे। 'यहाँ के नहीं लग रहे थे', पत्नी ने कहा।

डॉक्टर ने उन्हें रोकने की कोशिश की तो उन्होंने एक छोटे चाकू से छाती पर वार किया। चाकू के छोटे-छोटे घाव थे, नीयत जान से मारने की नहीं थी पर कोई बड़ी धमनी कट गई लगती थी। पत्नी के चिल्लाने से पड़ोसी इकट्ठे हो गए और अस्पताल ले गए, जहाँ ज़्यादा ख़ून बह जाने से मृत्यु हो गई।

घर अभी बन ही रहा था; पहली मंज़िल से सीढ़ियाँ ऊपर छत पर जा रही थीं जहाँ एक दरवाज़ा खुला छोड़ दिया गया था। हम इस निष्कर्ष पर पहुँचे कि अपराधी छत के रास्ते आए थे। पता चला कि डॉक्टर साहब ने उसी रात मज़दूरों को उनकी मज़दूरी दी थी और हम सोचने लगे कि क्या हत्यारों को लगा कि घर में और पैसा है। एक टीम मज़दूरों की खोज में गई लेकिन पाया कि वे सब वहीं मौजूद हैं, कोई भागा नहीं है। हमने हर तरफ़ टीमें भेजी, वहाँ के भूगोल से परिचित स्थानीय लोगों को अपने स्रोत की तरह काम पर रखा। हर कोण से जाँचा—लूट-पाट, दुश्मनी, राजनीतिक समीकरण—हर तरफ़ से सिर्फ़ शून्य ही हाथ लगा।

केवल एक सुराग में कुछ सम्भावना नज़र आई। वहाँ अपराधी प्रवृत्ति के कुछ ख़ानाबदोश कबीले हुआ करते थे जो इस प्रकार के जुर्म करने के लिए बदनाम थे। वे लोग अस्थायी तम्बू खड़े करते, कुछ वस्तुओं की स्थानीय अदला-बदली करते, कुछ छोटी-मोटी चोरी-चकारी करते और फिर सामान बाँध कर आगे चल देते। बताया गया कि ऐसा एक कबीला—गुलगुलिया—अभी हाल ही तक वहीं आस-पास था। उनकी खोज में हर दिशा में गए पर पता नहीं चला।

डॉक्टर की मृत्यु की अगली सुबह पटना से उनके पिता आ गए। मुझे पक्का यकीन था कि जयपाल सिंह यादव चूँकि एक सशक्त मंत्री हैं और उनका बेटा मेरी चौकसी में मारा गया है, मेरा ज़रूर तबादला हो जाएगा। आश्चर्य कि न वे गुस्सा हुए, न नाराज़। सारा दिन अपनी भावनाओं पर रोक लगाए रहे। उन्होंने मुझसे उनके बेटे के हत्यारों को पकड़ने की भरसक कोशिश करने को कहा। फिर अपनी बहू और पोतों को लेकर पटना चले गए। मैं समझ गई कि

हर व्यक्ति बदले की भावना से प्रेरित नहीं होता, हर राजनेता सब पर हेकड़ी जमाता नहीं घूमता। यह समझते ही कि आप सच में अपनी पूरी ताकत के साथ उनका मामला सुलझाने में लगे हैं, वे आप पर भरोसा दिखाते हैं, फ़ालतू दबाव नहीं डालते।

कई दिन तक मुझे उस युवा पत्नी का अपने घुटनों से लिपट कर रोना याद आता रहा। जब भी पटना जाती, उससे मिलने ज़रूर जाती, सिर्फ़ यह ढाँढस बँधाने कि हम अब भी पूरी कोशिश में लगे हैं। बाद में किसी ने बताया कि मंत्री जी ने एक छोटा सा स्कूल खोला है जिसे चलाने में बहू उनकी मदद कर रही है।

उसके पति के हत्यारों को दंड नहीं दिला पाई, यह बात अब भी मुझे कचोटती है।

*

सिपाहियों के बीच तो मैंने अपना सिक्का काफ़ी कुछ जमा लिया था पर वरिष्ठ पुलिसकर्मी अब भी कई बार मुझे आज़माने की कोशिश करते ख़ासतौर पर थाना प्रभारी। समय तो लगा पर क्योंकि मैं उन्हें साथ लेकर चलती थी और पूरा सम्मान देती थी, धीरे-धीरे उनमें से अधिकांश मेरे साथ सहयोग करने लगे। कुछ उप-निरीक्षक 1976 बैच में सीधे भर्ती हो कर आए थे और उम्र में मेरे बराबर थे। वे स्मार्ट और युवा अधिकारी थे और मैं उन्हें अपना काम करने की स्वतंत्रता देती थी। छापा मारने, रात का राउंड लगाने को वे बड़े उत्सुक रहा करते और हर काम को तत्पर रहते थे। उप-निरीक्षक (एसआइ) आर.आर. सिंह व बी.के. सिन्हा मेरे पूरे सेवाकाल सम्पर्क में बने रहे। सेवामुक्त हो जाने के बाद भी मुझे वे, कभी अपने काम के तो कभी निजी जीवन के बारे में सलाह के लिए, कभी पर्व-त्यौहार पर शुभकामनाएँ देने के लिए तो कभी बस मेरा हालचाल पूछने के लिए फ़ोन करते रहते हैं।

पुलिस-उपाधीक्षक (डीएसपी) ज़रा कम उत्साही थे। जो भी काम उनके सुपुर्द करती उससे बचने का उनके पास हमेशा कोई न कोई बहाना होता। उन दिनों बहुत कम महिलाएँ अधिकार के पदों पर होती थीं और ये मँजे हुए पुलिसवाले थे तो उन्हें लगता कि वे सब जानते हैं। उनकी स्वीकृति और सहयोग पाने के लिए मुझे सिद्ध करना पड़ा कि मैं उनसे बेहतर जानती हूँ। जल्द ही

वे समझ गए कि मुझे अपना काम आता है और वे भी सीधी राह चलने लगे।

कभी-कभी अधिकारियों को रास्ते पर लाने के लिए सरल युक्तियाँ अपनानी होती हैं। बालीडीह पुलिस थाने के प्रभारी ख़ुद को बहुत चतुर समझते थे पर मुझे लगता वे चतुर कम दबंग ज़्यादा हैं। एक रात राउंड के वक़्त मैं जब उनके थाने में गई तो देखा वहाँ कोई नहीं है। मैंने उनकी टोपी उठाई और घर ले आई। सुबह उन्होंने हर कहीं अपनी टोपी ढूँढ़ी, हर किसी से पूछा। बाद में उन्हें पता चला कि रात में मैं उनके थाने पर गई थी। बहुत झेंपे हुए, विनीत भाव से वे मेरे घर आए, ड्राइवर से टोपी ली और चले गए। तब से वे जान गए कि बॉस कौन है।

*

बोकारो में संयंत्र के सामान की चोरी बहुत आम थी। हीरे की नोक वाले उपकरण या अत्यधिक महँगे कंडक्टर चोरी छुपे संयंत्र से निकाल कर बिकने के लिए रेलगाड़ी से कलकत्ता भेज दिए जाते। बिक्री से मिला पैसा फिर जुए, शराब और लड़ाई-झगड़े का कारण बनता।

मैंने इसे शुरुआत में ही कुचल देने का निश्चय किया। जब कभी संयंत्र के अन्दर से किसी अपराध की सूचना आती मैं तुरन्त कड़े क़दम उठाती। संयंत्र में लम्बे-चौड़े गोदाम थे। एक छोर पर खड़े हों तो दूसरे छोर की दीवार देख पाना नामुमकिन था। किसी भी बाहरी व्यक्ति के लिए यह जानना सम्भव नहीं था कि भीतर क्या है और कितना है। एक दिन बड़ी संख्या में लाखों रुपयों के कंडक्टरों की चोरी की सूचना मिली। यह काम तीन प्रभारी गोदाम-रक्षकों की जानकारी के बिना नहीं किया जा सकता था। हमने उनके घरों पर छापा मारा, पर वे लोग घर पर नहीं थे। उनकी पत्नियों ने ऐसे दिखाया मानो उन्हें कुछ मालूम न हो, इसलिए मैंने पूरी तलाशी लेने का निर्णय लिया और उनमें से एक घर की छत पर बहुत से कंडक्टर रखे मिल गए। हमने अन्य दो गोदाम-रक्षकों के घरों पर भी छापा मारा और वहाँ से भी हमने चोरी किए गए और कंडक्टर बरामद किए।

उस दिन मैंने एक साहस भरा निर्णय लिया। चोरी का माल छुपाने के आरोप में पत्नियों को उठा लिया, जीप में बैठाया और संयंत्र पर ले आए ताकि फरार लोगों तक एक सन्देश पहुँचे।

यह बात तेज़ी से फैल गई कि पुलिस अधीक्षक ने महिलाओं को गिरफ़्तार कर लिया है। बिना देर किए उनके पति बाहर निकल आए और आत्म-समर्पण कर दिया। अपराधियों के मन में अब भय बैठ गया था कि यह पुलिस अधीक्षक कहीं रुकेगी नहीं। संयंत्र में चोरी की वारदातें वास्तव में घटने लगीं। या शायद प्रबन्धकों ने चोरियों के बारे में बताना कम कर दिया क्योंकि यह सारी सम्पत्ति उनकी निजी नहीं, संयंत्र की थी। मुझे लगता है उन्होंने शायद ख़ुद से कहा हो कि यह पुलिस अधीक्षक तो यहाँ कुछ ही सालों के लिए है, तो चोरी की बात बताकर सबको मुसीबत में क्यों डालना। हालाँकि मैं यह तो नहीं जानती कि वार्षिक लेखा-परीक्षा से वे कैसे निपटते थे लेकिन संयंत्र में चोरी की सूचनाएँ मिलना कम हो गई थी।

एक और समस्या थी उठाईगीरी की। मुझे बताया गया कि संयंत्र से अच्छे क़िस्म का कोक और इस्पात रद्दी बता कर उठा लिया जाता है। केवल एक ख़ास आकार का कोक ही रद्दी माना जा सकता था पर यहाँ तो ठेकेदार ऊँची किस्म का कोक भी संयंत्र के कर्मचारियों की मिलीभगत से उठा लेते और कलकत्ता में बेच देते।

एक दिन मुझे पता चला कि अच्छी क़िस्म का कोक बाहर ले जाया जा रहा है। मैंने तुरन्त उन सारे ट्रकों को ज़ब्त कर लिया जो कथित रद्दी कोक लेकर जा रहे थे। जाँच के लिए मैंने कोक का एक टुकड़ा धनबाद स्थित सेंट्रल फ़्यूएल रिसर्च इंस्टीट्यूट (जो बाद में सेंट्रल इंस्टीट्यूट ऑफ़ माइनिंग एंड फ़्यूएल रिसर्च बना) की प्रयोगशाला में भेज दिया। पता चला कि उसमें रद्दी के रूप में स्वीकृत कोक से कहीं ऊँचे दर्जे का कोक था। मैंने प्राथमिकी दर्ज की और जाँच आरम्भ कर दी।

मामले की चर्चा शहर भर में होने लगी। अफ़वाह उड़ गई कि मैं संयंत्र के प्रबन्ध-निदेशक और महाप्रबन्धक को गिरफ़्तार करने वाली हूँ, हालाँकि मैंने ऐसा कोई बयान नहीं दिया था। डर का माहौल बन गया था, लोग वह पुरानी घटना याद कर रहे थे जब पहले किसी पुलिस-अधीक्षक ने संयंत्र के ब्लास्ट फ़र्नेस विशेषज्ञ महाप्रबन्धक को बिना पर्याप्त प्रमाण के गिरफ़्तार कर लिया था और फिर इस बेवजह कार्रवाई के कारण रातोंरात उनका तबादला हो गया था।

परिक्षेत्र (ज़ोन) के महानिरीक्षक एल.वी. सिंह सिर पर सवार थे। वे जानना चाहते थे मैं क्या कर रही हूँ और क्यों कर रही हूँ। मैं समझ नहीं पा

रही थी कि ऊँचे पदों पर बैठे पुलिस अधिकारी कौन सी राजनीति खेल रहे हैं, मुझे सही दिशा तो दिखा नहीं रहे लेकिन जो भी करती हूँ उसमें ग़लती निकाल देते हैं।

महानिरीक्षक ने सारे रिकॉर्ड समेत मुझे राँची बुलाया। वे बहुत परेशान थे पर खुलकर बिलकुल नहीं बता रहे थे कि मुझसे चाहते क्या हैं। ऐसा नहीं कि क़ानून के ख़िलाफ़ मैं कुछ भी करने को तैयार होती पर उनके इरादे कतई नहीं समझ पा रही थी, न ही यह कि वे किसकी ओर से बोल रहे हैं।

उप-महानिरीक्षक श्रीवास्तव बहुत व्यावहारिक अधिकारी थे। उन्होंने सलाह दी कि मैं नियमानुसार अपनी जाँच करूँ और जब तक मिलीभगत के पक्के प्रमाण न मिलें किसी बड़े आदमी को गिरफ़्तार न करूँ। 'कोशिश करिए कि आपकी ओर ज़्यादा ध्यान न जाए। प्रबन्ध-निदेशक या महाप्रबन्धक का बयान लेना हो तो बजाय इसके कि उन्हें थाने बुलाया जाए और सनसनी फैले, मिलने का वक़्त लेकर उन्हीं के दफ़्तर जाना ठीक रहेगा।' वे बोले।

यह सलाह मुझे बिलकुल दुरुस्त लगी। संयंत्र के जो कर्मचारी कोक की लदाई और चोरी में लिप्त पाए गए थे उनके ख़िलाफ़ मैंने आरोपपत्र दाख़िल किया। मेरी जाँच में निकला कि प्रबन्ध-निदेशक और महाप्रबन्धक का इस मामले में कोई हाथ नहीं था। सही समय पर मिले मार्गदर्शन ने मुझे इस टेढ़ी परिस्थिति से बाहर निकलने में मदद की जो अन्यथा तेज़ी से एक बड़ी गम्भीर समस्या में बदल सकती थी।

*

घर में मुझे एक निर्मम अधिकारी का खोल उतारकर माँ बन जाना होता था। इस समय की बड़ी ज़रूरत थी कि अपने बच्चों की तरफ़ ज़्यादा ध्यान दूँ। मुझे सदा ऐसा लगता था कि उन्हें मैं माँ के समय से वंचित कर रही हूँ। अंशुमान कुछ ही महीनों का था और बैठना और घर भर में घुटनों पर चलना शुरू कर रहा था। तुषार मोहल्ले में श्रीमती गिर्गिला के जाने-माने नर्सरी स्कूल में जा रहा था, लेकिन वह भी अब बड़ा हो रहा था और ज़रूरी हो गया था जल्द उसे एक माकूल स्कूल में डाला जाए।

मैं और राकेश, दोनों ही अपने बच्चों की शिक्षा को लेकर हमेशा चिन्तित रहते थे। बोकारो में सेंट ज़ेवियर्स सबसे अच्छा स्कूल माना जाता था और

हमारा बहुत मन था कि तुषार को वहाँ दाख़िला मिल जाए। होड़ कड़ी थी। कहा जाता था कि प्रवेश-परीक्षा बच्चों के लिए आईएएस परीक्षा जैसी है। प्रवेश-फ़ॉर्म लेने के लिए लगी कतार करीब 2 किलोमीटर की थी!

लगभग इसी समय एक बेहद परेशान कर देने वाली घटना घटी जिसने मुझे एक पुलिस अधिकारी के नाते बहुत क्रुद्ध और एक माँ के रूप में बहुत बेचैन कर दिया। एक अनाम पत्र मिला जिसमें मेरे बेटे के अपहरण की धमकी दी गई थी। वह पत्र मैंने उप-महानिरीक्षक श्रीवास्तव जी को दिखाया और हम दोनों को ही लगा कि इस धमकी के पीछे वह इंस्पेक्टर हो सकता है जिसके विरुद्ध मैंने कार्रवाई की थी। पर हम कुछ सिद्ध नहीं कर सकते थे।

'सुबह आप ख़ुद अपने बेटे को स्कूल छोड़ने क्यों नहीं जातीं? ड्राइवर के साथ अकेले मत जाने दीजिए' उप-महानिरीक्षक महोदय ने सलाह दी। उसके बाद से मैं ख़ुद तुषार को स्कूल ले जाने लगी।

तुषार को मैं श्रीमती डोरा बोस के पास भी भेजने लगी जो सेंट ज़ेवियर्स में दाख़िले के लिए बच्चों को तैयार करती थीं। बेचारे बच्चे पर प्रवेश-परीक्षा की तैयारी के लिए बहुत ज़्यादा दबाव था। उसके दाख़िले को लेकर मैंने ख़ुद को भी बहुत अधिक दबाव में डाला हुआ था। इसलिए जब उसे वहाँ कक्षा 2 में ले लिया गया तो मैंने राहत की साँस ली।

हम सेंट ज़ेवियर्स के एकदम नज़दीक रहते थे, स्कूल पहुँचने के लिए छात्र-छात्राओं को मेरे घर के सामने से गुज़रना होता था। सुबह जब वर्दी पहने मैं आ कर जीप में बैठती तो कँटीले तार के पार से लड़कियों का झुंड उत्सुक आँखों से ताकता दिखाई देता। उन्हें देखकर अच्छा लगता था। अब भी मुझे कभी-कभी सिविल सेवाओं में आईं बोकारो की लड़कियाँ मिलती हैं और हमेशा कहती हैं कि उन्हें मेरी याद है। वे बताती हैं कि मैं कब और कैसे पुरस्कार वितरण के लिए उनके स्कूल गई थी, कैसे उन्होंने मुझे वर्दी में जीप चलाते देखा था और कैसे वे मुझसे प्रेरणा पाती थीं।

एक दिन सेंट ज़ेवियर्स स्कूल के बाहर छेड़खानी की शिकायत आई। दूसरे स्कूलों के लड़के भी फाटक के बाहर जमा हो जाते थे और वहाँ से गुज़रती लड़कियों को तंग किया करते थे। स्कूल के बाहर मैंने दो सिपाही लगा दिए और उन लड़कों को पकड़ने के लिए कहा।

अगले दिन वे चार लड़कों को पकड़ कर मेरे घर ले आए। मैंने चारों लड़कों के पते लिए और सबके पिताओं को ले आने के लिए बॉडीगार्ड के

साथ ड्राइवर को भेज दिया। जब सब पहुँचे तो बेटों की करतूत सुन आगबबूला हो गए।

एक ने कहा, 'पुलिस की गाड़ी जैसे ही मेरे दरवाज़े पर रुकी मेरी तो इज़्ज़त चली गई। सारी ज़िन्दगी मैंने कुछ ग़लत नहीं किया।'

दूसरे ने कहा, 'हम इसे सुबह ट्यूशन पढ़ने भेजते हैं और यह यहाँ ये सब कर रहा है!'

एक और तो अपने बेटे को पीटने ही लगा।

वे लोग आभारी थे कि पुलिस थाने न भेज कर उनके बेटों को मैंने अपने घर पर बुलवा लिया था। लड़कों के ख़िलाफ़ मैं छेड़खानी का मामला बना सकती थी पर उससे क्या होता? हो सकता है उनकी ज़िन्दगी बर्बाद हो जाती और वे असल में जुर्म की दुनिया में चले जाते। यहाँ एक माँ की सहज प्रवृत्ति आड़े आ गई—बेहतर होगा माँ-बाप को अपने घर बुला लिया जाए और वे लोग ही इस बेलगाम बर्ताव से निपटें।

मैं सोचती हूँ कभी-कभी यह छोटी-छोटी बातें ही पुलिस के काम के प्रति एक अधिक सकारात्मक रवैया ले आती हैं। मुझे ख़ुशी हुई कि लड़कों को अपने माता-पिता से ज़ोरदार डाँट पड़ी और इससे मोहल्ले के दूसरे लड़कों को भी नसीहत मिली कि सही व्यवहार करें। पुलिस-अधीक्षक की नज़र उन पर है!

एक दिन मुझे सेंट ज़ेवियर्स बुलाया गया, तुषार की टीचर मुझसे मिलना चाह रही थीं। उन्होंने कहा, 'आपको अपने पुलिस मामलों की बात बेटे से नहीं करनी चाहिए। स्कूल आ कर वह सारी बात अपने दोस्तों को सुनाता है। कल आपने कुछ गिरफ़्तारियाँ की थीं, आज वह उनकी बात कर रहा था।'

मैं तो अवाक रह गई। निश्चय ही पुलिस मामलों की बात मैं अपने छह साल के बेटे से नहीं करती थी! असल में तो मैं अत्यधिक सावधान थी कि सत्ता के तामझाम का बच्चों पर कोई प्रभाव न पड़े। अर्दलियों तक को घर में रहने की इजाज़त नहीं दी थी, यहाँ तक कि टेलीफ़ोन ड्यूटी पर रहने वाला अर्दली भी बाहर ही रहता था। मैंने यह भी तय किया था कि घर के सामने कोई सुरक्षाकर्मी नहीं रहेगा। आमतौर पर सुरक्षाकर्मियों के कमरे अधिकारी के घर के सामने की ओर रहते हैं पर मैंने उन्हें घर के पीछे करवा दिया था। काँटेदार बाड़ लगवा दी थी ताकि बच्चे वहाँ न जा सकें और सुरक्षाकर्मी घर

में न आएँ। यह सब बच्चों को उस अतिरिक्त ध्यान से बचाने के लिए था जो ज़िले के वरिष्ठ पदाधिकारी की सन्तान होने के नाते उनके हिस्से आ जाता है। मैं यह भी सुनिश्चित करना चाहती थी कि बच्चों की पहुँच सुरक्षाकर्मियों के पास रहने वाले आग्नेयास्त्रों तक न हो।

तो मैं इसी सोच में पड़ी थी कि पिछले दिन हुई गिरफ़्तारियों की ख़बर तुषार को लगी कैसे। गिरफ़्तारियाँ नाटकीय अवश्य थीं पर तुषार से मैंने एक शब्द भी नहीं कहा था।

बोनस को लेकर बोकारो इस्पात संयंत्र में बड़ी भारी हड़ताल चल रही थी जिसकी शुरुआत समरेश सिंह नामक यूनियन लीडर ने की थी। समरेश सिंह के ख़िलाफ़ प्राथमिकी दर्ज़ होने के बाद मुझे वायरलेस पर ख़बर मिली कि वे एक हरी एम्बेसडर गाड़ी में बोकारो से भाग रहे हैं। यह एकदम सुबह-सुबह की बात थी और मैं तभी तुषार को स्कूल छोड़कर आ रही थी।

अचानक सड़क पर एक हरी एम्बेसडर दिखाई पड़ी और मैंने अपने ड्राइवर से उसका पीछा करने के लिए कहा। गाड़ी धनबाद की तरफ़ जा रही थी। जैसे ही हम चास पुलिस थाने (ग्रामीण) के नज़दीक पहुँचे मैंने थाना प्रभारी को वायरलेस पर सूचित कर के कहा कि वे बाहर सड़क पर निकल कर उस गाड़ी को रोकें। अचानक समरेश सिंह ने पाया कि आगे की सारी सड़क पुलिस ने घेर ली है और पुलिस की एक जीप पीछे भी है। ब्रेक लगा कर उन्होंने गाड़ी रोक दी।

समरेश सिंह को गिरफ़्तार करने जब मैं जीप से बाहर निकली तो आश्चर्य से उनकी आँखें बाहर निकल आईं। उन्हें उम्मीद नहीं थी कि सुबह सात बजे पुलिस अधीक्षक बाहर सड़क पर होंगी। उनके चेहरे पर उड़ती हवाइयाँ देख सच ही बहुत मज़ा आया। उस शाम घर पर मैंने सारा वाक़या टेलीफ़ोन पर उप-महानिरीक्षक के सामने बयान किया था, तभी तुषार ने सारी बात सुन ली होगी। मैंने निश्चय किया कि आगे से घर में क्या बोलना है, क्या नहीं इसे लेकर मैं अतिरिक्त सावधानी बरतूँगी।

समरेश सिंह राजनीतिक कैदी बने, पर हड़ताल ज़ारी रही क्योंकि सलाखों के पीछे से भी वह हड़ताल चला सकते थे। तो तय किया गया कि बोकारो से उन्हें भागलपुर जेल ले जाया जाए। यह काम गुपचुप तरीके से और जल्दी किया जाना था ताकि उनके समर्थक जेल पहुँच कर हंगामा न खड़ा कर दें।

पर फिर भी मुझे उनके लिए बुरा लग रहा था। उन्होंने कोई अपराध तो किया नहीं था, वे बस एक यूनियन लीडर थे जो अपने तरीके की राजनीति कर रहे थे। उनकी पत्नी को फ़ोन कर के मैंने बता दिया कि समरेश को हम दूसरी जेल में भेज रहे हैं। 'कहाँ भेज रहे हैं यह मैं नहीं बता सकती पर उनके लिए कुछ भेजना चाहो तो हम ले जाने को तैयार हैं।' पत्नी बहुत कृतज्ञ थीं कि मैंने फ़ोन किया। इन छोटी-छोटी बातों से बहुत अन्तर पड़ता है, ख़ासतौर पर इसलिए कि बोकारो के लोगों को मैं अपना मानने लगी थी।

यही वजह है कि उनकी ज़रूरत के वक़्त वहाँ न होने के लिए मैं ख़ुद को आज तक माफ़ नहीं कर सकी।

12

वहाँ न होने का दर्द

अक्तूबर महीना भारी बन्दोबस्त का होता है। दुर्गापूजा अपने साथ पंडाल, मेले, भीड़ और मौजमस्ती लेकर आती है। दिवाली के साथ आती है आतिशबाज़ी, धूमधड़ाका व और भी ज़्यादा मौजमस्ती। फिर आती है छठ पूजा, बिहार का सर्वाधिक पवित्र पर्व जिसमें उदय व अस्त होते सूर्य को श्रद्धा-भक्ति के साथ पूजा जाता है।

छठ पूजा के बाद ही पुलिस को तैनाती और काम से थोड़ी छुट्टी मिलती है। उस साल मैंने तय किया था कि छठ पूजा के बाद लड़कों को छुट्टी पर अपनी सबसे छोटी बहन मिनी और उसके परिवार से मिलाने बम्बई ले जाऊँगी। मेरे छुट्टी के आवेदन को स्वीकृति मिल गई और हम चले गए। बम्बई में सबके साथ हमारा समय बहुत अच्छा बीता, बच्चों को भी अपने नन्हे मौसेरे भाइयों के साथ खेलने में खूब मज़ा आया।

वापसी के दो दिन पहले हम बाहर ख़रीदारी कर रहे थे कि अचानक देखा सारे दुकानदार दौड़-दौड़ कर अपनी दुकानों के शटर गिराने लगे। तारीख़ थी 31 अक्तूबर, 1984। प्रधानमंत्री इंदिरा गांधी के अंगरक्षकों—सतवंत सिंह और बेअन्त सिंह—ने ऑपरेशन ब्लू स्टार का बदला लेने के लिए गोली मार कर उनकी हत्या कर दी थी।

1983 तक अमृतसर का स्वर्णमन्दिर अलगाववादी खालिस्तानी आन्दोलन का केन्द्र बिंदु बन चुका था, और सिख अलगाववादी नेता जरनैल सिंह भिंडरावाले ने मन्दिर परिसर के अन्दर रहना शुरू कर दिया था। सूचना थी कि मन्दिर के अन्दर बड़ी संख्या में उग्रवादी इकट्ठा हैं और हथियारों व गोला-बारूद का बड़ा जखीरा मौजूद है।

ऑपरेशन ब्लू स्टार भिंडरावाले और अन्य हथियारबन्द उग्रवादियों को स्वर्णमन्दिर से बाहर निकालने के लिए प्रधानमंत्री के आदेश पर 1 और 8 जून, 1984 के बीच किया गया एक सैन्य अभियान था। न केवल भारत बल्कि विश्व भर के सिख उनके पवित्रतम तीर्थस्थल पर हुए इस आक्रमण से स्तब्ध और क्रुद्ध थे। चार माह बाद प्रधानमंत्री के सिख अंगरक्षकों ने नई दिल्ली में उनके निवासस्थान पर उनके भीतर तैंतीस गोलियाँ झोंक दीं।

हत्या की सूचना मिलते ही हम तुरन्त वापस घर के लिए रवाना हो गए। वह समय चौबीसों घंटे के निजी समाचार चैनलों और सोशल मीडिया से पहले का था। बम्बई में बैठे बैठे हमें उस आग का ज़रा भी अनुमान न था जो श्रीमती गांधी की मृत्यु के बाद से सारे भारत में जल रही थी। अगली शाम मुझे बोकारो में गड़बड़ी की अस्पष्ट सी सूचना मिली और वापस अपनी जगह पहुँचने को मैं तड़प उठी। लेकिन वहाँ के लिए हवाई सेवा उपलब्ध नहीं थी और मैं बस यही कर सकती थी कि योजनानुसार 2 नवम्बर की सुबह वाली रेलगाड़ी पकड़ लूँ।

रेलगाड़ी में चढ़ने तक भी मालूम नहीं था कि दंगे कितने ज़्यादा और कितने भीषण हैं। मध्यप्रदेश से गुज़रते समय कुछ अन्दाज़ा हुआ कि देश में क्या अनहोनी घट रही है। सारे रेल स्टेशन पूरी तरह लुटे-पिटे थे, दुकानें तोड़ दी गई थीं, जगह-जगह आग जल रही थी। समझ में आ रहा था कि दो छोटे बच्चों के साथ रात भर की ट्रेन से बम्बई से चले आना बहुत बड़ी नासमझी थी। न दूध था, न खाना। हर स्टेशन के बाद ट्रेन का केटरिंग स्टाफ़ तबाही की नई कहानियाँ और कभी-कभार बिस्किट का एक पैकेट लेकर लौटता।

धनबाद पहुँचे तो स्टेशन बिलकुल खाली और वीरान पड़ा था। बॉडीगार्ड हवलदार ध्रुवराज सिंह को ड्राइवर और जीप के साथ इन्तज़ार में खड़े देख तसल्ली मिली। पर बगल में ही सेना की खुली जीप भी खड़ी थी।

'सेना यहाँ क्यों है, ध्रुवराज सिंह?' आशंकित हो कर मैंने पूछा।

'बहुत हंगामा हुआ है, मैडम सर, बहुत लोग मारे गए हैं', गम्भीर स्वर में उसने बताया। यह मैं पहली बार अपने शहर में मौत और तबाही की बात सुन रही थी। एक भी और मिनट गँवाए बिना मैं जीप में बैठी और हम तेज़ी से बोकारो रवाना हो गए। इस सारी हलचल से घबरा कर नन्हा अंशुमान ज़ोर से रोने लगा।

एक रोते बच्चे को गोद में लिए, दूसरे को बगल में सटाए मैंने एक नवम्बर

को बोकारो शहर में भड़के दंगों का सारा हाल सुना। सुना कि कैसे बिफरी हुई भीड़ ने शहर के सिखों पर हमला बोला जिसमें कई जानें चली गईं, लूटपाट हुई, आगज़नी हुई, तबाही मची।

मैं सन्न बैठी रही। एक हँसता-खेलता शहर छोड़कर गई थी जहाँ सबने मिल कर अभी छठ का पर्व मनाया था...जिस शहर में लौटी वहाँ मरघट का सन्नाटा था। कुछ ही दिनों में क्या से क्या हो गया बोकारो—सड़कों पर ख़ून, दिलों में डर और शहर में कर्फ़्यू।

बच्चों को घर छोड़ा, वर्दी पहनी और एक क्षण की भी देर न करते हुए निकल गई। याद नहीं उसके बाद मैं घर कब लौटी थी।

उप-महानिरीक्षक श्रीवास्तव से मिली, जो मेरी अनुपस्थिति में स्थिति को सँभाले हुए थे। बोकारो पर टूटी इस आपदा से वे त्रस्त और पस्त लग रहे थे। उन्होंने मुझे 1 नवम्बर 1984 की सुबह लगभग 9 बजे शुरू हुई घटनाओं का ब्यौरा दिया।

'दो दिन से हम और कुछ नहीं किए हैं, बस लोगों को बचा रहे हैं। अब तुम सँभालो।' वे बोले, पिछले दो दिन की विभीषिका उनके हँसमुख चेहरे पर साफ़ झलक रही थी।

मालूम चला कि उप-महानिरीक्षक श्रीवास्तव ने जब सुना कि बोकारो में सिखों पर हमला किया जा रहा है तो अपना निजी आग्नेयास्त्र लेकर वे तुरन्त घर से निकल गए। उन्होंने देखा कुछ सिखों ने एक स्थानीय गुरुद्वारे में शरण ली है और भीड़ उन पर हमले की तैयारी में है। गुरुद्वारे के सामने खड़े होकर उन्होंने कुछ गोलियाँ चलाईं और भीड़ तुरन्त तितर-बितर हो गई।

बोकारो में जगह-जगह संकट में फँसे सिख उन्हें फ़ोन कर रहे थे, तो उन्होंने तय किया कि सबको निकाल कर किसी एक सुरक्षित स्थान पर ले आना चाहिए। पहली चिन्ता थी कोई सुरक्षित स्थान खोजना। उन्होंने सेंट ज़ेवियर्स स्कूल के प्रिंसिपल फ़ादर मैक्नमारा को फ़ोन किया। स्कूल छुट्टियों के लिए बन्द था, तो उन्होंने प्रिंसिपल से अनुरोध किया कि स्कूल के परिसर में एक राहत शिविर खोलने की अनुमति दे दें।

श्रीमती गांधी की हत्या की अगली सुबह शहर के राममन्दिर में एक शोक सभा की गई थी। लोगों का पारा चढ़ा हुआ था और सभा विसर्जित होने के फ़ौरन बाद ही सिखों पर हमले शुरू हो गए थे। बन्दूकों, तलवारों, छड़ों, पेट्रोल और मिट्टी के तेल से लैस लोग सिखों के घरों को निशाना बनाने लगे।

बोकारो से पुल पार करके चास आता था जहाँ व्यवसायी, ट्रांसपोर्टर, ठेकेदार और बड़ी दुकानों के मालिक सिखों की बड़ी और समृद्ध आबादी थी। ये सब इस्पात संयंत्र और सहायक उद्यमों की शुरुआत के वक़्त यहाँ पहुँचे थे। उस दिन बोकारो और चास, दोनों ही शहरों में रहने वाले सिखों पर नृशंसतापूर्वक आक्रमण किए गए।

घटना की कड़ियों को मैंने एक-दूसरे से जोड़ कर देखना शुरू किया ताकि समझ सकूँ कि परिस्थिति इतनी तेज़ी से हाथ से बाहर कैसे निकल गई। मेरी अनुपस्थिति में जिस पुलिस उपाधीक्षक पर ज़िले का कार्यभार था, वे अपनी पिछली तैनाती में भी क़ानून-व्यवस्था के चलते गोली चलाने के लिए जाँच-आयोग का सामना कर चुके थे। तो इस बार उन्होंने नियमों का पालन किया। पुल पार कर के चास से आती भीड़ देखी तो अपनी जीप उन्होंने लाल झंडे और लाउडस्पीकर लाने के लिए भेज दी ताकि जमावड़े के ग़ैरक़ानूनी होने की घोषणा कर सकें। बोकारो शहर के थाना-प्रभारी और सेक्टर 3 में मुख्य पुलिस थाना-प्रभारी को सम्पर्क करके हिदायत दी कि बिना देर किए मौके पर पहुँचे।

परिणाम यह हुआ कि जब बोकारो शहर पुलिस थाने में एक के बाद एक मुसीबत में फँसे सिख परिवारों के फ़ोन आने लगे तो सुनने के लिए वहाँ कोई मौजूद ही नहीं था क्योंकि थाना-प्रभारी सहित सारे पुलिसकर्मी तो चास के लिए निकल चुके थे। साफ़ था कि सही नेतृत्व और सही प्रबन्ध दोनों ही नदारद थे।

उस दिन गुस्सा इतना अधिक था—दसियों सालों की दोस्ती और प्यार भूल पड़ोसी अचानक पड़ोसी के ख़िलाफ़ हो गए थे। कुछ अधिकारियों ने बताया कि हमें अभी तक मालूम नहीं कि कितने लोग मारे गए हैं या उनके शव कहाँ पड़े हैं। सुनने में आ रहा था कि भीड़ को कांग्रेसी नेताओं ने उकसाया।

माराफारी थाने के तहत दशमेश नगर को बहुत बुरी तरह निशाना बनाया गया था। संयंत्र के निर्माण के दौरान वहाँ बनी एक अनाधिकृत बस्ती में वैल्डर, खलासी और कामगार रहा करते थे। उपद्रवी भीड़ ने इस झोंपड़पट्टी पर धावा बोल दिया और बड़ी संख्या में सिख मारे गए। जहाँ कहीं इक्का-दुक्का सिख व्यक्ति या परिवारों के रहने की ख़बर थी, उन पर भी हमले किए गए।

बोकारो के सेक्टर 9 में बहुत हत्याएँ हुईं। यह हमले योजना बना कर, चुन,चुन कर मारने के लिए किए गए थे; कुछ ही घंटों तक चले इन हमलों में जान-माल का भारी नुकसान हुआ था।

स्थिति का जायज़ा लेने के लिए परिक्षेत्र (ज़ोन) के महानिरीक्षक एल.वी. सिंह पहुँच गए थे। इस बात से वे बहुत नाराज़ थे कि स्थिति सँभालने के लिए मैं वहाँ नहीं थी। मैंने बताने की कोशिश की कि मैं स्वीकृत छुट्टी पर गई हुई थी। 'सर, जितनी जल्दी हो सका मैं लौट आई। कोई फ़्लाइट नहीं थी, सबसे पहली ट्रेन यही मिल सकी थी' मैंने अपनी बात रखने की कोशिश की।

पर यह वक़्त सफ़ाई देने का नहीं, हाथ में कमान लेने का था। मैंने अपने सारे अधिकारियों की गिनती की—युवा अधिकारी दिशाहीन थे और संहार के बाद की स्थिति को सँभालने के लिए दिशानिर्देश पाने के लिए नेतृत्व खोज रहे थे।

मैं सेंट ज़ेवियर्स स्कूल जा कर वहाँ कमरों में सिमट कर इकट्ठे बैठे परिवारों से मिली। मुझे देख सबने मुझे घेर लिया। पूछने लगे कि मैं क्यों उन्हें छोड़कर चली गई थी। उनमें से बहुत तो मुझसे बस लिपटे रहे और रोते रहे। 'आप कहाँ थीं? क्यों चली गई थीं? आपके यहाँ न होने से देखिए हमारे साथ क्या हो गया।'

उनकी इस पीड़ा ने मुझे अन्दर तक झकझोर दिया। क्या यह सच है? क्या यह सब मेरे यहाँ न होने का परिणाम है? मैं होती तो क्या इस पागलपन को रोक पाती? कितनी ज़िन्दगियाँ केवल इस कारण चली गईं कि मैं यहाँ नहीं थी? मेरी आत्मा उत्तर पाने को तड़प रही थी और दिमाग़ था कि सुन्न पड़ा था। आत्मग्लानि की लहर बार-बार ऊपर से नीचे तक मुझे जकड़ लेती और मैं हिल भी न पाती थी।

यहाँ होती तो शायद प्रधानमंत्री की हत्या का समाचार पाते ही पहले से पुलिस तैनात कर देती। पुलिस की मौजूदगी अगर सड़कों पर अधिक दिख रही होती तो दंगाइयों की भीड़ उपद्रव करने से शायद डर गई होती।

जून में ऑपरेशन ब्लू स्टार होने के तुरन्त बाद अनेक सिख सैनिक त्यागपत्र देकर पड़ोस के हज़ारीबाग ज़िले के रामगढ़ कैंटोनमेंट से निकल गए थे। उन्होंने एक जुलूस निकाला था और अनुमान लगाया जा रहा था कि बोकारो में सिखों की बड़ी आबादी के कारण वे इधर का रुख़ भी करेंगे। भारी तैनाती कर के मैंने सड़कों की मोर्चाबन्दी कर दी थी ताकि हम किसी भी घटना का सामना करने को तैयार रहें। सौभाग्य से जुलूस बोकारो में नहीं घुसा था।

लेकिन बोकारो की सिख आबादी ऑपरेशन ब्लू स्टार के बाद से ही व्याकुल थी। गुरुद्वारों में वे घल्लू घारा की बातें करते और विरोध प्रदर्शन के लिए जुलूस निकालते। जब भी सिख समुदाय की सभाएँ होतीं हम अच्छी-खासी

पुलिस लगाते, उनसे बातें करते और सुनिश्चित करते कि स्थिति कभी हाथ के बाहर न निकले। मैं व्यक्तिगत रूप से सिख नेताओं और बुज़ुर्गों से बात करती थी और पक्का करती थी कि कुछ अप्रिय न घटे।

परन्तु जब सिखों को निशाना बनाया गया तो गुस्साई भीड़ को नियंत्रित करने के लिए कोई नहीं था। पड़ोसी धनबाद में कुछ लोग मारे गए थे किन्तु पुलिस अधीक्षक की मौजूदगी से स्थिति तुरन्त काबू कर ली गई थी। बिहार में किसी भी दूसरी जगह इस पैमाने पर दंगे नहीं भड़के थे।

सेंट ज़ेवियर्स स्कूल में खड़ी हुई मैं अपनी ग़ैरमौजूदगी के बारे में सोच ही रही थी कि एक बुज़ुर्ग सिख महिला एक झटके में मुझे वापस वर्तमान में ले आई। उन्होंने मुझे बस गले लगा लिया और कहती गईं, 'आप आ गए हैं, मैडम आप आ गए हैं', उनकी आवाज़ में इतनी राहत थी। और भी बहुत-सी महिलाएँ आस-पास जुट आईं। सब बताना चाहती थीं उन पर कितनी बुरी बीती; अपने पति, अपने बेटों के बारे में बताना चाहती थीं जो लापता थे; अपने बच्चों के बारे में जो डर के मारे रात को सो नहीं पाते थे; वे अपने जले घरों और लूटे गए सामान के बारे में बताना चाहती थीं।

मैंने समझ लिया कि भले ही उस भयंकर संकट के दिन मैं यहाँ उपस्थित नहीं थी पर अब, जबकि हूँ, उन सबके लिए बहुत कुछ कर सकती हूँ। मैं तुरन्त कमर कस काम के लिए तैयार हो गई। प्रत्येक सिख परिवार सुरक्षा की दृष्टि से सेंट ज़ेवियर्स स्कूल ले आया गया था। सारे थाना प्रभारियों को मैंने इकट्ठा किया और कहा, 'अब से सारे थाना-प्रभारी यहाँ बैठा करेंगे। आप सब अपने साथ किसी को लिखने के लिए लाएँ और अपने-अपने इलाके में हुए मामलों को दर्ज करें। हर एक मृत शरीर, हर एक लापता व्यक्ति का हिसाब किया जाए'।

कुल मिलाकर हमने सौ से ऊपर प्राथमिक रिपोर्टें दर्ज़ कीं। पता चला कि बोकारो—चास इलाके में उनहत्तर लोग मारे गए हैं। शाम होते-होते हमारे पास उन आरोपियों के नाम आने लगे जिन्होंने भीड़ की अगुआई की थी और हिंसा और हत्या के लिए उकसाया था। ज़िला आयुक्त से मैंने अनुरोध किया कि अभी कर्फ़्यू न हटाएँ।

'आज रात हम उन सबको पकड़ेंगे जिनके नाम आए हैं; कर्फ़्यू दो दिन और बढ़ा दें' मैंने उनसे कहा।

हम सारी रात काम में लगे रहे और कई आरोपियों को गिरफ़्तार किया।

लापता लोगों का, वे मृत हों या जीवित, पता लगाना शुरू किया। लूटे गए माल को बरामद करने के लिए छापे मारे। जब यह ख़बर फैली कि पुलिस अधीक्षक वापस आ गई हैं तो लोगों ने जो सामान लूटा था उसे बाहर फेंकने लगे, शायद उन्हें लगा कि मैं किसी को भी छोड़ूँगी नहीं।

जिन जगहों पर हमला किया गया उनमें श्रीमती गिर्गिला का घर और उनका वह स्कूल भी था जहाँ तुषार ने पहले पढ़ाई की थी। सिख क्योंकि परिश्रमी और समृद्ध होते हैं कुछ हमलों के पीछे का कारण ईर्ष्या भी थी। उपद्रवियों ने घर का सब कुछ लूट लिया था पर शुक्र है कि जान बख़्श दी। छापों की शुरुआत की अगली सुबह उनका फ्रिज, अलमारी और अन्य सामान गर्गा नदी के किनारे पड़ा मिला। इतना कुछ गँवा देने के बाद, इतना कष्ट सह चुकने के बाद श्रीमती गिर्गिला को अपनी थोड़ी बहुत चीज़ें वापस पा कर ही इतनी अधिक राहत मिली कि दिमाग़ कुछ चकरा सा गया। शायद जब बड़ी आपदा सिर पर आ पड़े तब हम छोटी से छोटी जानी-पहचानी चीज़ में सहारा ढूँढ़ना चाहते हैं।

लोगों ने बताया कुछ पुलिस वाले भी दुकानों की लूट में शामिल थे, उन्होंने नाम भी बताए। उस तनावयुक्त माहौल में पुलिसवालों के ख़िलाफ़ कार्रवाई शुरू करना सम्भव नहीं था। मैंने अपने आदमियों को बुलाया और बिना लाग-लपेट साफ़ शब्दों में बताया कि उनके ख़िलाफ़ लूट-पाट की शिकायतों की जानकारी मुझे है। 'अगर किसी ने कोई चीज़ उठाया है तो अभी उसे वापस कर दीजिए' मैंने आदेश दिया। नहीं तो—मैंने उनसे कहा—मैं ख़ुद जाऊँगी और उनके घर पर छापा मारूँगी। ज़ाहिर है कि किसी के घर छापा मारने का समय मेरे पास नहीं था, यह तो मैंने उनके अन्दर डर पैदा करने के लिए कह दिया था। 'किसी के घर से लूट का एक भी सामान मिला तो मैं आपके ख़िलाफ़ प्राथमिकी दर्ज़ कर के आपको गिरफ़्तार कर लूँगी।' अगले दिन सड़क पर टायरों और मोटर के पुर्ज़ों के ढेर पड़े मिले।

*

एक परिवार की कहानी विशेष रूप से दुखदाई थी। परिवार में पाँच बच्चे थे और उन्होंने अपने माता और पिता, दोनों ही को खो दिया था। पिता एक सफल ट्रांसपोर्टर व कॉन्ट्रैक्टर थे और परिवार के साथ को-ऑपरेटिव कॉलोनी

में रहते थे। उपद्रवी भीड़ जब उनके घर पहुँची तो बच्चे बाथरूम में छिप गए और दरवाज़े की दरार से माता-पिता को घसीट कर बाहर ले जाते देखा। चार बच्चे घर पर थे जिनमें से सबसे छोटा मुश्किल से दो-तीन साल का रहा होगा। अट्ठारह साल की सबसे बड़ी बहन चंडीगढ़ में पढ़ रही थी। हमलों के एक दिन बाद वह चाचा-चाची के साथ बोकारो पहुँची।

दोनों बड़ी लड़कियों को विश्वास में लेकर मैं घटनाक्रम समझने उनके घर गई। छोटी बहन करीब चौदह-पन्द्रह साल की थी और उसने हमें हमलावरों के नाम बता दिए। हमेशा सत्ताधारी राजनीतिक दल का दामन पकड़ लेने वाले वे शहर के नामी गुंडे थे और उन्हें हम पहले ही पकड़ चुके थे।

चारों ओर ख़ून ही ख़ून था, पूरा घर बुरी तरह लूटा-खसोटा गया था, अलमारी तोड़ दी गई थी और अन्दर कुछ भी नहीं छोड़ा था। अलमारी के लॉकर में मुझे एक छोटी-सी चाभी मिली जो किसी बैंक के लॉकर की लगती थी। पर लड़कियों को मालूम नहीं था कि उनके माता-पिता का लॉकर किस बैंक में है। मैंने मन में सोचा कि अजित सिंह क्योंकि एक धनी ठेकेदार थे, किसी तरह हम अगर उनके लॉकर का पता लगा लें तो उनके बच्चों को शायद थोड़ा धन मिल जाए। उनके पास अब कुछ बचा नहीं था।

बड़ी लड़की को मैंने अपने साथ जीप में बैठा लिया। 'चलो, चक्कर लगाते हैं, कहीं तुम्हारे पिता के लॉकर का पता लग जाए' मैंने उससे कहा। पहले दो बैंको में हमें सफलता नहीं मिली।

तीसरी जगह, पंजाब नेशनल बैंक के मैनेजर ने कहा, 'हाँ, यह चाभी हमारे ही बैंक लॉकर की है।'

'क्या हम खोल सकते हैं?' मैंने पूछा।

'नहीं। लॉकर श्री अजित सिंह और उनकी पत्नी के नाम पर है; हम किसी और को इसे खोलने की इजाज़त कैसे दे सकते हैं?' मैनेजर ने कहा।

मैनेजर को एक ओर ले जा कर मैंने बताया कि इस परिवार पर कैसी विपदा आई है। 'देखिए, पाँच बच्चे हैं और उनके पास कुछ नहीं बचा है। आप जानते हैं उनके पिता एक अमीर व्यापारी थे। हम उनका लॉकर खोलना चाहते हैं। आप हमारी मदद कैसे कर सकते हैं? ज़रा बच्चों की हालत देखिए', मैंने मैनेजर से विनती की।

मैनेजर दुविधा में पड़ गए पर मदद करना चाहते थे। 'मुझे अगर आप लिखित में दे दें कि लॉकर इन असाधारण परिस्थितियों में खोलना पड़ रहा है

और बाद में अगर कोई सवाल उठा तो आप इसकी ज़िम्मेवारी लेंगी, तभी मैं लॉकर खोलने की इजाज़त दे सकता हूँ।' वे बोले।

मैंने बच्चों की दशा देखी और दोबारा नहीं सोचा। बैंक मैनेजर को आश्वासन दिया कि मैं यह अपनी ज़िम्मेवारी पर करवा रही हूँ और जैसा वे चाहते थे लिख कर दे दिया। हम नीचे तहख़ाने में बने तिजोरी-कक्ष में गए और लॉकर खोला। उसमें कई बैंक खातों की पासबुक थीं, पाँच ट्रकों के लाइसेंस थे, चालीस हज़ार नकद रुपए और कई ज़ेवर। बच्चों की तरफ़ से मुझे इतनी राहत मिली और अट्ठारह वर्ष की लड़की के चेहरे पर भी मुझे आशा की छोटी-सी किरण दिखाई पड़ी। अब वह कम से कम अपने छोटे भाई-बहनों की देखभाल तो कर ही सकती थी।

अब, जबकि ट्रकों के लाइसेंस मेरे पास थे, पुलिस बल के दलों को मैंने ट्रकों का पता लगाने भेजा। अजित सिंह की मृत्यु की ख़बर जैसे ही फैली, उनके सारे ड्राइवर, खलासी और उप-ठेकेदार उनके ट्रकों को लेकर भाग खड़े हुए थे। तुरन्त कार्रवाई से हम सारे ट्रकों को वापस ला कर परिवार को सौंप सके।

अजित सिंह की सबसे बड़ी बेटी बहुत समझदार थी। लॉकर से जेवर निकालते वक़्त उसने कहा था, 'मेरे माता-पिता ने ये मेरी शादी के लिए बनवाए थे।' बाद में मुझे पता चला कि उसने कभी शादी नहीं की और पूरा जीवन अपने चाचा-चाची की मदद से छोटे भाई-बहन को बड़ा करने में लगा दिया।

उस दिन मैंने पाँच अनाथ हो चुके बच्चों के लिए बिना समय गँवाए लॉकर खुलवाने की पूरी ज़िम्मेवारी लेने का निर्णय ले लिया था। मैंने हमेशा यह माना है कि नीयत नेक हो तो नियमों की थोड़ी-बहुत तोड़-मरोड़ में बुराई नहीं। मुझे लगता है कि वास्तव में कुछ ख़ास स्थितियों में तो अधिकारियों को ऐसी कार्रवाई की ज़िम्मेवारी लेने से हिचकना नहीं चाहिए जो पूरी तरह से नियमों के अनुरूप न हो। विशेष तौर पर अगर वह कार्रवाई किसी की सहायता के लिए की जा रही हो। हम पुलिस अधिकारी अक्सर ख़ुद को इस प्रकार की दुविधाजनक स्थिति में पाते हैं जिसका सामना मैंने किया था। संकट में पड़े लोगों की सहायता के लिए हमें व्यक्तिगत स्तर पर जोखिम उठाने को तत्पर रहना चाहिए।

एक और सरदार जी भी थे जिनकी चीख़ें आज भी मेरे कानों में गूँजती हैं। वे सेक्टर 9 में पत्नी और दो बेटों के साथ रहते थे।

'हम फँसे हुए थे, बड़ी संख्या में दंगाई हमारे फ़्लैट के सामने जमा थे।

फिर वे पेट्रोल में भीगी जलती हुई चीज़ें अन्दर फेंकने लगे और चिल्ला-चिल्ला कर कहते जाते, 'बाहर निकलो, घर से बाहर निकलो, हम तुम्हें कुछ नहीं करेंगे।' खून की प्यासी उस भीड़ पर मुझे भरोसा नहीं था, चारों तरफ़ धुआँ ही धुआँ था और हमारा दम घुट रहा था।

अचानक मेरी पत्नी उठ खड़ी हुई और बोली, 'अगर इस घर में रुके तो मर जाएँगे।' दोनों बेटों का हाथ पकड़े उसने सामने का दरवाज़ा खोला और बाहर भीड़ में निकल गई। वही आख़िरी बार मैंने अपने परिवार को देखा था। तब से उन्हें ढूँढ़ रहा हूँ। वे राहत शिविर में नहीं हैं, न घर आए हैं, न ही उनके मृत शरीर मिले हैं। क्या आप मेरी मदद कर सकती हैं मैडम?'

उन्हें साथ लेकर मैं उनके फ़्लैट में गई। सब झुलसा पड़ा था और जो लपटों से बच गया था उसे या नष्ट कर दिया था या चुरा लिया था। हमने पूरे फ़्लैट को अन्दर और बाहर चारों तरफ़ से देखा। इस बात का कोई सुराग नहीं मिला कि उनकी पत्नी व बेटे कहाँ हो सकते हैं। सरदार जी बार-बार कह रहे थे कि उन्हें डर है कि उन्हें जला कर मार डाला गया है।

लगता था जैसे उनके फ़्लैट के बाहर की सड़क पर कुछ पहले ही झाड़ू लगाई गई है, एक तरफ़ हमें राख का ढेर दिखाई दिया। हम दोनों वहीं ज़मीन पर बैठकर राख हटा-हटाकर देखने लगे। अचानक वे चीखे। उनकी पत्नी ने जो सोने के झुमके उस दिन पहन रखे थे, वहाँ राख में पड़े मिले। हम और सुराग ढूँढ़ने लगे और हमारे हाथ मनुष्य के बालों के गुच्छे लगे। 'ये मेरे बेटे के हैं! ये मेरे बेटे के हैं!' ख़ुशी से वे चीख पड़े!

उनकी प्रतिक्रिया मैं समझ नहीं पाई। एक पिता अपने मृत बेटों के बाल हाथ में पकड़े है जो कि उनकी मृत्यु का एकमात्र सबूत है और आँसू भरी आँखें लिए वह ख़ुशी ज़ाहिर कर रहा है! फिर समझी कि यह न जानना कि पत्नी और बेटों का क्या हुआ, उन्हें पागल बनाए दे रहा था। अब जान गए थे, तो राहत अनुभव कर रहे थे। और तभी जब इस जानकारी के अन्तिम सत्य से सामना हुआ तो वे भहरा कर ज़मीन पर गिर गए। उस पल क्या कहूँ या करूँ, मैं नहीं जानती थी। उस टूटे आदमी को ढाँढस बँधाने के लिए मेरे पास शब्द नहीं थे। अपनी पत्नी के सोने के झुमके और बेटों के अवशेषों पर वे रोते रहे और मैं वहीं उनके साथ मौन खड़ी रही।

एक बार शिविर में एक महिला मुझे अपने परिवार की बात बताते हुए बिलख बिलख कर रो रही थी। 'वे हमारे घर में घुस आए और सारे मर्दों को

छत से नीचे फेंक दिया। मैंने उन सबको मरते देखा, पति को, बच्चों को... सबको।' उसकी दुख भरी कहानी सुनते सुनते मैं भी वहीं, राहत शिविर के बीच खड़ी रो पड़ी। मुझे उसका दुख महसूस हो रहा था। दूसरी महिलाएँ हमारे गिर्द इकट्ठी हो गई और दिलासा देने लगीं। मुझे अहसास हुआ कि ये सब इतने बड़े दुख से घिरी हैं, पर उनका दिल इतना बड़ा है कि मुझे सांत्वना दे रही हैं।

हर किसी की कहानी मेरा दिल तोड़ रही थी, और सबको राहत पहुँचाने के लिए जो भी सम्भव था मैं कर भी रही थी, लेकिन साथ ही साथ मुझे दूसरे कामों का दायित्व भी उठाना पड़ रहा था। मुख्यमंत्री चन्द्रशेखर सिंह बोकारो आए और उनके लिए हमें भारी बन्दोबस्त करना पड़ा। चास के इलाक़े में उन्होंने एक शान्ति-यात्रा निकाली।

मुझसे मिलने पर उन्होंने कहा, 'यह पहली बार हो रहा है कि जनता कह रही है कि हमसे पूछे बिना हमारी एस.पी. को छुट्टी नहीं दिया कीजिए। वे यहाँ होतीं तो हमें बचा लिया होता।'

मुख्यमंत्री सन्तुलित मन-मस्तिष्क के थे और सबके श्रद्धा-पात्र थे, उनकी उपस्थिति और शब्दों ने भावनाओं को शान्त करने में सहायता की। आरोपियों की गिरफ़्तारी से भी लोगों की उत्तेजना कुछ कम हुई।

कई दिन, कई रातों तक मैं शायद ही कभी घर पर होती जिससे मेरे दोनों लड़के दुखी और घबराए हुए थे। घर पर उन्हें सहायक के साथ अकेले रहना पड़ रहा था और राकेश भी मुंगेर से बोकारो नहीं आ पा रहे थे। वे बहुत चिन्तित थे और लगातार फ़ोन करते थे पर मैं उनका फ़ोन भी नहीं सुन पाती थी। तुषार ने, जो वैसे बहुत शान्त रहता था एक दिन इसलिए गुस्से में आ कर फ़ोन पटक दिया कि मैं कभी घर में नहीं होती। अंशुमान कुछ समझ ही नहीं पा रहा था और माँ को पास न पा कर चिड़चिड़ा हो रहा था।

बम्बई से लौटने के एक सप्ताह बाद मुझे समझ आ गया कि बोकारो में स्थिति सामान्य होने में बहुत दिन लग जाएँगे। तो मैंने अपने अंगरक्षक और नौकरानी के साथ बच्चों को अम्मा-बाबूजी के पास पटना भेज दिया। अब सोचती हूँ तो यकीन नहीं होता कि मैंने उन्हें पटना तक रेलगाड़ी में जाने दिया जबकि साथ में न मैं थी न राकेश। अब भी याद करके मैं काँप जाती हूँ। पर उस समय दूसरा कोई उपाय सूझ नहीं रहा था। यह एक और निर्णय था जो मैंने मजबूरी में चुटकी बजाते लिया था, इस बार अपनी निजी ज़िन्दगी में।

मैं सदा आभारी हूँ कि जल्दी में लिए गए मेरे दोनों फ़ैसलों का परिणाम सही निकला।

*

क़रीब दस दिन बाद फ़ादर मैक्नमारा ने मुझसे अनुरोध किया कि राहत शिविर को सेंट ज़ेवियर्स स्कूल से बाहर ले जाऊँ ताकि कक्षाएँ फिर शुरू हों और जीवन सामान्य हो सके। फ़ादर मैक्नमारा व उनकी टीम ने जिस तरह खुले मन से एक अन्य समुदाय के लोगों को ईसाइयों द्वारा चलाए जा रहे अपने स्कूल में शरण दी थी वह बहुत प्रेरणादाई था और बोकारो का सिख समुदाय इसके लिए हमेशा फ़ादर का कृतज्ञ रहा। पर हम जानते थे कि अब बाहर जाने का समय आ गया है ताकि बच्चों की कक्षाएँ आरम्भ की जा सकें।

सिख परिवार अब भी भयभीत थे। दंगों ने अनेक महिलाओं को विधवा बना दिया था और बच्चों के साथ वे अकेली रह गई थीं। अपने घर वे लौटना नहीं चाहती थीं क्योंकि पड़ोसियों पर उन्हें भरोसा नहीं रह गया था।

एक ऐसी जगह की ज़रूरत थी जहाँ उन्हें रखा जा सके। मेरा ध्यान पुलिस लाइंस में बनी नई बैरकों की ओर गया जो खाली पड़ी हुई थीं। इन दोमंज़िला बैरकों के दो खंड थे जिनमें दो सौ लोग रह सकते थे। पर अभी वे रहने योग्य नहीं थे क्योंकि वहाँ न बिजली थी न पानी।

दंगों के दौरान मारामारी में हिन्दुस्तान स्टील कंस्ट्रक्शन लिमिटेड (एच. एस.सी.एल.) की कॉलोनी में भी काफ़ी मौतें हुई थीं। सिखों की सहायता व पुनर्वास के सम्बन्ध में कंपनी प्रमुख श्री सुब्बैया लगातार मेरे सम्पर्क में रहते थे, हम दोनों एक ही सेक्टर में रहते थे और उनके साथ मेरे सम्बन्ध बहुत सौहार्दपूर्ण थे। जब मैंने इस समस्या का ज़िक्र श्री सुब्बैया से किया तो वे बोले, 'हमारे पास पाइप हैं, पानी हम पहुँचा देंगे।'

यह मौक़ा मैंने तुरन्त थाम लिया। दो साल से बैरक खाली पड़ी थी। कौन जाने बिहार सरकार के पास हमें बिजली पानी देने का पैसा कब आएगा? अगर यहाँ से पानी का कनेक्शन मिल रहा है तो बस ले लेना चाहिए, ख़ुद से मैंने कहा।

एक दिन के भीतर श्री सुब्बैया व इंजीनियरों की उनकी टीम ने पाइप डाल दिए और बैरक में पानी का प्रबन्ध कर दिया। बिजली की तारें खींचकर

बिजली भी ले आए। इस तरह हम सबको राहत शिविर से हटाकर सेक्टर 12 में पुलिस बैरकों में ला सके।

सबके सिरों पर छत देने में तो हम कामयाब हो गए लेकिन खाना-कपड़ा तो अब भी नहीं था। पर सहायता के लिए और हाथ बढ़ने वाले थे। यहाँ मैंने देखा कि सिख समुदाय द्वारा की जाने वाली सेवा का असल मतलब क्या है। कोई भूखा न रहे इसलिए धनबाद और आस-पास के अन्य स्थानों से सिख समुदाय के लोगों ने आगे आकर लंगर खोल दिया, खाना, कपड़ा, बर्तन और कंबल सब साथ ले आए। बाँटी जाने वाली राहत सामग्री वे सीधे मेरे हाथ में ही देना चाहते थे ताकि गड़बड़ या चोरी की गुंजाइश न रहे। धीरे-धीरे हमने उन परिवारों को फिर से अपने पैरों पर खड़े होने और बैरक छोड़ने के लिए प्रोत्साहित किया।

आने वाले सप्ताहों व महीनों में पीड़ित परिवारों, विशेषकर विधवाओं को दोबारा बसाना मेरी प्राथमिकताओं में से एक बन गया। बोकारो इस्पात संयंत्र ने ऐलान किया कि दंगों में मारे गए सभी कर्मचारियों के आश्रितों को करुणा के आधार पर संयंत्र में नियुक्ति दी जाएगी। एच.एस.सी.एल. ने भी यही प्रस्ताव दिया। अनेक विधवाओं में काम करने का आत्मविश्वास नहीं था, उनके परिवार भी चाहते थे कि उन्हें अपने साथ पंजाब में अपने घरों की सुरक्षा में लौटा ले जाएँ। पर मेरा ख़याल था कि उनके लिए काम करना ज़रूरी है क्योंकि इससे अपने परिवार में उन्हें एक अलग जगह मिलेगी, उनका और बच्चों का वित्तीय भविष्य सुरक्षित रहेगा। घर वापस चले जाने की तुलना में यह अधिक ज़रूरी था। तो अपना कुछ समय मैंने उन्हें समझाने और इस बात के लिए आश्वस्त करने में लगाया कि जो नौकरी दी जा रही है उसे ले लें और ज़रूरी फ़ॉर्म भरने में उनकी मदद की।

उन दिनों पुलिस अधीक्षक को पुलिस बल में पाँच नियुक्तियाँ करने का अधिकार होता था। जिन पाँच लोगों को मैंने चुना उनमें से एक आदमी ने, जिसकी पत्नी को दंगाइयो ने मार डाला था, कहा, 'कृपया यह नौकरी मेरे साले को दे दें। वह और उसकी पत्नी मेरे बच्चों की देखभाल करेंगे।' परिवार की आवश्यकताओं के प्रति करुणा तो थी ही, नियमों को थोड़ा मोड़ कर मैंने साले को ड्राइवर की नौकरी दे दी और आगे चलकर वह बहुत मेहनती साबित हुआ।

मगर फिर भी बहुत सारी स्त्रियाँ ऐसी थीं जिनके पति न बोकारो इस्पात

संयंत्र में काम करते थे न एच.एस.सी.एल. में। वे निजी क्षेत्र के कामगार, वेल्डर, ठेकेदार थे। सरकार को इस बात के लिए मनाने की मैंने बहुत कोशिश की कि उन सबके लिए कुछ करें। बाद में, जब मैं बोकारो से जा चुकी थी, पता चला कि सरकार ने उन सारी स्त्रियों की कॉन्सटेबल पद पर नियुक्ति का निर्णय लिया था।

मेरे शहर को मेरी जब सबसे अधिक ज़रूरत थी, मैं उपस्थित नहीं थी। यह एक ऐसा सच है जिसके साथ मैं अब दशकों से जीती और जूझती आई हूँ। लौटते ही मैंने लोगों की सहायता के लिए वह सब किया जो मेरे बस में था, पर क्या वह कभी भी काफ़ी होगा? यह ख़याल अब भी मुझे सताता है।

पर इस घटना ने मुझे एक अहम सबक सिखाया। लोगों को पुलिस की आवश्यकता केवल उनकी सबसे अँधेरी घड़ियों में ही नहीं, प्रतिदिन होती है और हमारा कर्तव्य है कि रोज़ उनके साथ खड़े रहें।

13

अनहोनी के बाद...

श्रीमती गांधी के निधन के तुरन्त बाद आम चुनाव की घोषणा कर दी गई जो दिसम्बर, 1984 के अन्तिम सप्ताह में होने थे। उनके बड़े पुत्र राजीव को प्रचार के लिए बोकारो आना था, और धनबाद के हैलिपैड की व्यवस्था का दायित्व मुझे दिया गया। उनके आगमन के लिए समय से हेलीपैड पहुँचने के लिए मुझे तड़के चार बजे ठिठुरती सर्दी में घर से निकलना था। बड़े बेटे तुषार को मैंने अपने साथ ले जाने का तय किया।

जब मैं छोटी थी तो पटना में आयोजित अखिल भारतीय कांग्रेस समिति (एआईसीसी) के सत्र में भाग लेने जाते समय बाबूजी मुझे अपने साथ ले गए थे, हालाँकि मैं लड़की थी और उन दिनों सामान्य तौर पर ऐसे मौकों पर लोग लड़कियों को साथ नहीं ले जाते थे। सत्र को सम्बोधित करने पंडित नेहरू आए थे और पूरे अनुभव ने मुझे मुग्ध कर दिया था। आज भी उस दिन की याद मुझे ख़ुशी देती है—कैसे पंडित नेहरू बैलगाड़ी पर सवार आए थे, कैसे उनकी बस एक झलक पाने को भीड़ उमड़ पड़ी थी, कैसे उनके मुँह से निकला एक-एक शब्द श्रोतागण मंत्रमुग्ध हो कर सुन रहे थे। मंच के एक कोने में बैठी मैं यह सब कुछ देख रही थी।

यह अनुभव मैं अपने बेटे के साथ बाँटने को उत्सुक थी, तो मोटे ऊनी कपड़े पहना कर तुषार को अपनी जीप में साथ ले गई। नाना अगर शानदार ढंग से बैलगाड़ी में सवार हो कर आए थे तो नाती हेलीकॉप्टर से उतरे। अभी सूर्योदय हो रहा था और राजीव गांधी जब हेलीकॉप्टर से उतरे और सुबह की किरणें उनके चेहरे पर पड़ी तो वह एक सुनहरी आभा से चमक उठा। माथे पर लगे लाल टीके और कंधों पर लिपटे लाल और सफ़ेद अंगवस्त्रम में वे

बिलकुल सबके सपनों के युवराज लग रहे थे। तुषार ने आँखें मल कर नींद दूर भगाते हुए, मंच की ओर आते राजीव गांधी को विस्मय से घूरते हुए कहा था, 'ये कितने हैंडसम हैं।'

राजीव गांधी के प्रचार अभियान के दौरान मैंने देखा कि लोक-मत कैसे पूरी तरह से इस युवक के साथ है जिसने हाल ही में अपनी माँ को खोया है और जो सुर्खियों में धकेल दिया गया है। महिलाएँ चिल्लातीं, 'हमार असीर्बाद, बचवा के भोट देब।' हर कोई उनकी ओर था और साफ़ था कि वे प्रचंड मत से आम चुनाव जीतने वाले हैं जो वे जीते।

कांग्रेस पार्टी ने लोकसभा में 514 सीटों में 404 पा कर भारी जीत हासिल की और 31 दिसम्बर, 1984 को, अंगरक्षकों द्वारा गोली मारकर उनकी माँ की हत्या किए जाने के ठीक दो माह बाद, राजीव गांधी भारत के प्रधानमंत्री बन गए।

1985 में बिहार में विधानसभा चुनाव घोषित हुए। बिहार में चुनावों के दौरान बहुत उत्पात और उपद्रव हुआ करता था, जहाँ-तहाँ बूथों पर क़ब्ज़ा कर लिया जाता, नकली मतदान होता, बम फटते, मौतें होतीं, कई बार तो दंगे तक हो जाते। धनबाद ज़िला अपने कोयला माफ़िया की आपसी लड़ाइयों के चलते ख़ासतौर पर बदनाम था।

विधानसभा चुनाव के कुछ दिन पहले मैं उप-महानिरीक्षक श्रीवास्तव के साथ विचार-विमर्श कर रही थी कि उम्मीदवारों में से एक हाथ जोड़े, दयनीय शक्ल बनाए वहाँ आ पहुँचे। 'कृपया बचा लीजिए, मेरी जान खतरे में है' उन्होंने याचना की।

'उम्मीदवारों की सुरक्षा में हम काफ़ी पुलिस तैनात करेंगे, उन्हें कुछ होने नहीं देंगे' उप-महानिरीक्षक ने आश्वासन दिया, 'उम्मीदवारों की पूरी हिफ़ाजत होगी।'

उम्मीदवार का नाम ओ.पी. लाला था जो धनबाद से कांग्रेस की टिकट पर पहली बार चुनाव लड़ रहे थे। उन्हें आशंका थी कि कोयला माफ़िया उनकी हत्या कर देगा, उनका इशारा धनबाद के सिंह भाइयों की ओर था—जिनके ऊपर फ़िल्म 'गैंग्स ऑफ़ वासेपुर' आधारित बताई जाती है।

उस साल एक उम्मीदवार की प्राकृतिक कारणों से मृत्यु हो जाने से बोकारो का चुनाव रद्द कर दिया गया था। चूँकि हमारा चुनाव नहीं हो पाया था, उप-महानिरीक्षक ने चुनाव वाले दिन तैनाती के लिए मुझे बोकारो पुलिस-बल सहित धनबाद जाने के निर्देश दिए। बड़े पैमाने पर हिंसा होने की आशंका

थी और हमसे कहा गया था कि बहुत सतर्क रहें। मैं सुबह छह बजे घर से निकली और धनबाद के रास्ते में उप-महानिरीक्षक से मिली।

'मैं अपनी ख़ुद की बन्दूक लेकर जा रहा हूँ' उन्होंने कहा। मैं काफ़ी चौंक गई, सोचा न जाने क्या होने वाला है आज के दिन।

हम गश्ती ड्यूटी पर थे। उन दिनों हमारी रणनीति यह थी कि सारी गाड़ियों की आवाजाही बन्द कर दी जाए। बूथ पर कब्ज़ा करने, दूसरे के नाम पर मतदान करने, डराने-धमकाने और अन्य ग़ैरक़ानूनी गतिविधियों के लिए राजनीतिक दल गाड़ी भर के गुंडे लाते। मैं बड़े ज़ोर-शोर से सड़कों पर गश्त लगाने लगी और हर गाड़ी की, वह किसी भी राजनीतिक दल की क्यों न हो, जाँच करती।

कुछ समय बाद मैंने लोगों को एक विचित्र आरोप के साथ ताना देते सुना। 'हम जानते हैं कि मैडम यहाँ क्यों आई हैं। वे लोग एक जात हैं।'

पता चला कि ओ.पी. लाला और मैं एक जाति के थे जिसका मुझे तब तक अता-पता भी नहीं था। इस हास्यास्पद अभियोग को सुनने के बाद मैंने अपनी जाँच और भी सख़्त कर दी, किसी भी राजनीतिक दल की गाड़ी को नहीं बख़्शा।

पाँच बजे मतदान बन्द होने के करीब तीस मिनट पहले एक व्यक्ति दौड़ता हुआ मेरे पास आया, 'मैडम सर, देखिए, यह वाला मतदान केन्द्र क्योंकि सूनसान जगह पर है ये सारे लोग यहाँ झूठा मत डालने इकट्ठे हो गए हैं।' तो मैंने निश्चय किया कि मतदान बन्द होने तक मैं वहीं, मतदान केन्द्र से दो सौ गज़ की दूरी पर खड़ी रहूँगी। वर्दी पहने अधिकारी को खड़ी देख भीड़ धीरे-धीरे वहाँ से हट गई।

श्री लाला प्रचंड बहुमत से जीते। उस साल धनबाद में पहली बार शान्तिपूर्ण तरीके से मतदान हुआ। धनबाद के तत्कालीन पुलिस अधीक्षक आशीष रंजन सिन्हा और हम सबने उस दिन वास्तव में बहुत मेहनत की थी और इसके लिए हमारी चारों ओर भूरि-भूरि प्रशंसा भी हुई।

इस समय तक मेरे सबसे पहले महानिरीक्षक श्री राजेश्वर लाल राजनीति में आ चुके थे और बिहार की विधानपरिषद के सदस्य बन चुके थे। 1985 के विधानसभा चुनाव में एक प्रत्याशी के पक्ष में प्रचार करने वे बोकारो आए और हम दोनों के बीच मुलाकात काफ़ी दिलचस्प रही।

'कहना पड़ेगा यहाँ सब सच में आपके प्रशंसक हैं; सबके मन में आपके

लिए बहुत ज़्यादा सम्मान है', चेहरे पर मुस्कान के साथ उन्होंने कहा। मुझे लगा मेरी सफलता का थोड़ा बहुत श्रेय वह ख़ुद लेना चाह रहे हैं इसीलिए कह रहे हैं उन्हें मुझ पर गर्व है।

मुझे नहीं लगता उन्हें याद था कि पहले-पहल जब मैं पुलिस बल में आई थी तो उन्होंने मेरे साथ कैसा व्यवहार किया था। कैसे एक महिला अधिकारी की तैनाती में उन्हें दिक़्क़त पेश आई थी और कैसे उस महिला अधिकारी ने उसे जो भी तैनाती दी गई, उसे अपना लिया था। मैंने भी सोच लिया कि छोड़ो, जो बीत गई सो बात गई।

बोकारो में विधानसभा उप-चुनाव का मतदान 1985 की गर्मियों में हुआ। चुनाव के बन्दोबस्त का पूरा भार मुझ पर था। हमने हर बात का ध्यान रख कर योजना बनाई, एहतियातन गिरफ़्तारियाँ की गईं, गश्त लगाने और अपराध की रोकथाम के लिए बड़ी संख्या में तैनाती की गई। हमने ऐसे लोगों की सूची भी बनाई जिनके पास अपना निजी आग्नेयास्त्र रखने का लाइसेंस था, उनसे हमने मतदान के दौरान अपने आग्नेयास्त्र जमा करवाने के लिए कहा। इन सारे क़दमों के चलते बोकारो में भी शान्तिपूर्वक चुनाव सम्पन्न हो सके।

*

एक-दूसरे मोर्चे पर शान्ति बहुत दूर की चीज़ थी। प्रधानमंत्री राजीव गांधी ने अप्रैल, 1985 में न्यायमूर्ति रंगनाथ मिश्रा आयोग का गठन किया जिसका काम, जैसा कि आयोग की रिपोर्ट में दिया गया था :

> ...स्वर्गीय प्रधानमंत्री श्रीमती इंदिरा गांधी की हत्या के बाद हुए उपद्रव और दिल्ली में हुई नियोजित हिंसा की घटनाओं से सम्बन्धित आरोपों की जाँच करना...

सितम्बर, 1985 में इस जाँच का क्षेत्र 'बोकारो तहसील, चास तहसील और कानपुर में हुई गड़बड़ियों...' तक बढ़ा दिया गया। दंगों का सबसे बुरा ख़मियाज़ा दिल्ली ने भुगता जहाँ आधिकारिक रिपोर्ट के अनुसार 2146 मौतें हुई, इसके बाद कानपुर जहाँ 135 लोग मरे और फिर बोकारो—चास का इलाका जहाँ 69 लोगों की मौत हुई। इस प्रकार ये दोनों स्थान भी जाँच क्षेत्र के भीतर आ गए।

जाँच आयोग का सामना करने का मतलब होता है केस डायरियों, थाना डायरियों से घटनाक्रम को स्पष्ट करने के लिए ब्यौरों सहित दस्तावेज़ों के साथ पूरी तरह तैयार रहना—कौन-सी कॉल कब आई? किसने जवाब दिया? कौन-सी घटना थी? क्या कार्रवाई की गई? भागलपुर ब्लाइंडिंग्स की जाँच के दौरान क्रमवार दस्तावेज़ी काम करने का मेरा अनुभव अब यहाँ टीम का मार्गदर्शन करने में बहुमूल्य सिद्ध हुआ।

जाँच आयोग सिर पर सवार देख अधिकारी एक-दूसरे के विरुद्ध हो गए। 'इस अधिकारी ने मेरी बात नहीं सुनी, उस मातहत ने मेरे आदेश नहीं माने; या उस वरिष्ठ अधिकारी ने ग़लत निर्णय लिया।' मेरे पुलिसकर्मियों के बीच एक-दूसरे पर आरोप मढ़े जाने लगे।

हालाँकि मुझे मालूम था कि उस घटना के दौरान स्वीकृत छुट्टी पर होने के कारण मुझे कटघरे में खड़ा नहीं किया जा सकता, फिर भी पुलिस अधीक्षक की हैसियत से मैं चाहती थी कि आयोग के सामने हम एक संयुक्त मोर्चा प्रस्तुत करें। मैंने सबको इकट्ठा किया, उनसे बात की और स्पष्ट किया कि अभी एक-दूसरे में ग़लतियाँ निकालने का वक़्त नहीं है। सब एक नाव पर सवार हैं; सबकी जान साँसत में है। मैंने कहा जाँच आयोग का सामना करने में हर क़दम पर मैं उनके साथ हूँ पर उन्हें साथ मिल कर काम करना होगा। 'संकट में आप जहाज़ छोड़कर नहीं भाग सकते, सबको साथ चलना है।'

इस प्रक्रिया में मुझे परिक्षेत्र (ज़ोन) के महानिरीक्षक एल.वी. सिंह ने राह दिखाई, हमलों के बाद दर्ज़ की गई प्रत्येक प्राथमिकी की सूची तैयार की गई। हर मामले का हिसाब दिया गया और हर दस्तावेज़ हमने बहुत सावधानी के साथ प्रस्तुत किया। ज़िला प्रशासन के उप-प्रमंडल अधिकारी (एसडीओ) व अन्य आशंकित थे कि पुलिस उनका साथ देगी अथवा नहीं, पर मैंने सुनिश्चित किया कि सब साथ मिल कर चलें।

जाँच आयोग के बोकारो आने के पहले मैंने सारे मामले सूचना पट पर लगा दिए : मौतों की संख्या, लूट-मार, तोड़-फोड़ और हिंसा के मामलों की संख्या और हर वह प्राथमिकी जो हमने दर्ज़ की थी। यथासम्भव पारदर्शिता बनाने की दृष्टि से मैंने जनता से कहा कि आकर सूचना पट देखें और यदि कोई शिकायत हो तो जाँच आयोग को लिखें।

जाँच पूरी करके आयोग ने 1987 में अपनी रिपोर्ट प्रस्तुत की। रिपोर्ट में लिखा था :

> बोकारो की पुलिस उतनी निष्प्रभावी नहीं थी जितनी कानपुर और दिल्ली की। अनेक शपथपत्र दर्शाते हैं कि पुलिस ने आकर सहायता की थी। प्रशासन ने वास्तव में केन्द्रीय औद्योगिक सुरक्षा बल (सीआईएसएफ़) से मदद माँगी थी जिससे बोकारो में 7-8 घंटों के भीतर स्थिति पर नियंत्रण कर लिया गया था। आयोग ने पाया कि अधिकांश घटनाओं का कमोबेश पूरा ब्यौरा प्राथमिकी में दर्ज़ है। लगभग हर मामले की छानबीन की गई है और अधिसंख्य मामलों में आरोपपत्र दाख़िल किए जा चुके हैं। जैसा कि रिपोर्ट में कहा गया है, इनमें से कुछ मामले अदालत में जा चुके हैं।

बोकारो पुलिस दोषी नहीं पाई गई और इस रिपोर्ट ने मेरे कार्य-जीवन के सर्वाधिक कठिन दौरों में से एक का समापन कर दिया।

*

जाँच आयोग ने मेरे पुलिसकर्मियों को बरी कर दिया पर इस बात से भी ज़्यादा मेरा ढाँढस बोकारो के सिख समुदाय से मिले अपनत्व ने बँधाया। बोकारो में कार्यकाल ख़त्म कर लेने के बाद जब मुझे बाहर स्थानांतरित किया जा रहा था उन्होंने मुझे सम्मानित करने के लिए सिख संगत में आमंत्रित किया। उनकी मदद करने के लिए मेरे प्रति आभार प्रदर्शन के तौर पर उन्होंने मुझे एक फलक (प्लाक) भेंट में दिया। मेरे वहाँ न होने से इस समुदाय ने इतना कुछ गँवाया था परन्तु फिर भी मुझ पर न तो दोषारोपण किया न मेरे प्रति कटुता पाली।

एक दिन सिख विधवाओं का एक समूह मुझसे मिलने घर आ गया। 'मैडम, आपकी वजह से हम अपने अन्दर इतनी ताकत महसूस कर पाते हैं' उन्होंने कहा। मैंने उन्हें सलाह दी थी कि करुणा के आधार पर दी जा रही नौकरी कर लें। उन्होंने मुझे चाँदी की एक सुन्दर सिकड़ी उपहार में दी जो उन सबने परस्पर पैसे इकट्ठे कर के मेरे लिए ख़रीदी थी। यह सीधे उनके दिल से आया था और इसे लेने से मैं इनकार नहीं कर सकती थी।

ऐसे अन्य अनेक उदाहरण थे और बोकारो में मेरे कार्यकाल का समापन होने तक मुझे धन्यवाद देने बहुत सारे लोग आते रहे। चास में चास स्वीट

हाउस नाम की मिठाई की दुकान चटर्जी परिवार द्वारा चलाई जा रही थी। 3 नवम्बर, 1984 को मैं जब बम्बई से लौटी, मुझे बताया गया कि चास थाना प्रभारी ने दुकान के मालिक रोहिणी कुमार चटर्जी को बन्द कर दिया है। वे अस्सी साल से ऊपर थे। चास के लोग मेरे पास आ कर बोले, 'बहुत ग़लत हुआ है मैडम, इस बूढ़े आदमी को हवालात में बन्द कर दिया है। उन पर हमले के लिए उकसाने का आरोप महज़ इसलिए लगाया जा रहा है क्योंकि वह कांग्रेस समर्थक हैं।'

मुझे मालूम था कि लगाम कसी न जाए तो चास के थाना-प्रभारी ज़रूरत से ज़्यादा ही कठोर हो जाते हैं। मैंने उन्हें तुरन्त श्री चटर्जी को छोड़ने के लिए कहा।

महीनों बाद जब बोकारो चैम्बर ऑफ़ कॉमर्स ने बोकारो क्लब में मेरे लिए विदाई समारोह आयोजित किया तो एक बूढ़े सज्जन चलते हुए मुझ तक आए, मेरा हाथ पकड़ा और धीमे से रोने लगे। मेरी हथेली में कुछ रखा और चले गए। रात को पैकेट खोला तो एक छोटी-सी अँगूठी मिली। अचानक याद आया वे सज्जन कौन थे—रोहिणी कुमार चटर्जी! मन भर आया। उन्होंने एक शब्द भी नहीं कहा, बस अँगूठी दी और चले गए। वह अँगूठी मैंने आज तक सँभाल कर रखी हुई है।

मुझे लगा संयंत्र के प्रबन्धकों समेत मैंने समूचे शहर के साथ एक रिश्ता बनाया। वरिष्ठ अधिकारियों के साथ मैंने एक सहयोगात्मक रिश्ता सींचा था जिसका लाभ अपराध के नियंत्रण के साथ-साथ क़ानून-व्यवस्था के सुधार में भी मिला। मेरे जाने के वक़्त प्रबन्ध निदेशक ने बहुत आत्मीय विदाई समारोह आयोजित किया था। मुझे विदाई देने के लिए अनेक स्कूलों व कॉलेजों ने भी मुझे अपने यहाँ बुलाया, उन सबके साथ मेरे निकट सम्बन्ध थे। सेंट ज़ेवियर्स की ननों ने अपने साथ खाना खाने अपने घर बुलाया जो शायद ही कभी होता हो। होली फ़ैमिली अस्पताल की ननों ने अपने स्कूल में आमंत्रित किया और ख़ुद से बेक किए हुए नारियल के मैकरून का डिब्बा उपहार में दिया। बच्चों ने वे मैकरून बहुत मज़े लेकर खाए और मैंने अपने मन में ये सारी स्मृतियाँ एक बहुमूल्य खज़ाने की भाँति सँजो लीं।

बोकारो से मेरी विदाई देखने योग्य रही, एक-एक करके हर सेक्टर से लोग मिलने आते रहे। मैं अगले पुलिस अधीक्षक के लिए घर खाली करने और सारे मित्रों से विदा लेने में व्यस्त हो गई।

बोकारो में मेरे पड़ोस में रहने वाले डॉक्टर पति-पत्नी मेरे सबसे नज़दीकी

मित्र थे। डॉक्टर दिनेश और डॉक्टर आशा श्रीवास्तव मुझसे कुछ वर्ष बड़े थे और उनके भी दो छोटे बेटे थे। मेरे लिए उनका सहारा बहुत बड़ा था ख़ासतौर पर जब मैं एक छोटे बच्चे और गोद के शिशु के साथ अकेली थी। मुझे जब ज़रूरत होती वे मेरे बच्चों की ज़िम्मेदारी ले लेते। तुषार और अंशुमान उनके घर में खेलते रहते और मेरी ग़ैर-हाज़िरी में अगर बीमार पड़ जाते तो डॉक्टर दम्पती मेरी जगह ले लेते। उनकी दोस्ती मेरे लिए सच ही बेशकीमती थी, विशेष तौर पर इसलिए कि मुझे मात्र पुलिस की एक वरिष्ठ अधिकारी न समझ कर वे सच में एक साधारण व्यक्ति की तरह मुझसे स्नेह करते थे। मेरा बहुत समय उनके साथ बीता था।

मुझे लगता है कि एक पुलिस अधिकारी के पास अपनी सहायता के लिए कुछ लोगों का आस-पास होना बहुत महत्त्वपूर्ण है। मित्रों और पड़ोसियों से हमें अच्छे सम्बन्ध बनाकर रखने चाहिए ख़ासतौर पर इसलिए कि सुदूर तैनातियों में परिवार साथ नहीं होता। नाक ऊँची कर के चलेंगे तो भारतीय पुलिस सेवा अधिकारी होने के नाते हमारा कुछ भला नहीं होने वाला, हमें लोगों तक अपनी पहुँच बनानी होगी। केवल इसलिए नहीं कि वे हमारी सहायता कर सकते हैं, बल्कि सच्ची और खरी दोस्तियाँ कायम करने के लिए।

*

मेरा एक काम अब भी अधूरा रह गया था—मेरे पूर्ववर्ती को परेशान करने वाले छह सिपाहियों के ख़िलाफ़ शुरू की गई विभागीय कार्रवाई। बोकारो से जाने के एक सप्ताह पहले मैंने अन्तत: उनकी फ़ाइल पर आदेश पारित कर दिया। बोकारो में मेरे पूरे कार्यकाल के दौरान यह फ़ाइल उनके सिर पर तलवार की तरह लटकी रही थी, परिणामत: उन्होंने मुझे तनिक भी परेशान नहीं किया बल्कि ख़ुद को सुधार लिया था और एकदम अनुशासित हो गए थे। वास्तव में उस पहली पुलिस सभा के बाद से, जिससे मैंने उन्हें बाहर निकाल दिया था, मैंने उन्हें हमेशा पुलिस वर्दी में ही देखा।

तो मैंने तय किया कि उन्हें बर्ख़ास्त नहीं करूँगी जिसका भय उन्हें लगातार सताता रहा था। पर उन्हें, और दूसरों को एक कड़ा सन्देश देने के लिए उनकी कई वेतन-वृद्धियाँ रद्द कर दीं। यह एक कठोर दंड था पर हद से ज़्यादा कठोर नहीं था। वे तो हमेशा आभारी रहे कि उनकी नौकरी नहीं गई।

मेरे बाद 1979 बैच के कृष्ण चौधरी बोकारो के पुलिस अधीक्षक बन कर आए। वे पुलिस महानिदेशक ए.के. चौधरी के सुपुत्र थे जिनके साथ मैं कुछ वर्ष बाद पटना में काम करने वाली थी। इस बीच उप-महानिरीक्षक वाई. एन. श्रीवास्तव जा चुके थे और अब मेरे उप-महानिरीक्षक सन्तोष कुमार थे। वे एक बहुत बढ़िया अफ़सर थे तथा उनकी पत्नी व उनके साथ मेरा अच्छा तालमेल था।

अपने कार्यकाल के दौरान मैंने बड़ी संख्या में भर्तियाँ कीं। कहा गया कि बोकारो में पहली बार बिना एक भी रुपए के लेन-देन के भर्तियाँ हुईं। कुछ ऐसा सुनने में आया कि कॉन्स्टेबल के पद के लिए एक प्रत्याशी को उन दिनों चालीस हज़ार रुपए तक देने पड़ते थे। मैंने सुनिश्चित किया कि कोई पुलिसकर्मी रिश्वत न ले। जब पता चला कि एक सरकारी डॉक्टर चिकित्सा जाँच करने के लिए पैसे की माँग कर रहे हैं तो फ़ोन कर के उन्हें सावधान किया कि मैं उनके ख़िलाफ़ मामला दर्ज़ कर लूँगी।

जिस दिन मुझे जाना था नए भर्ती किए गए कॉन्स्टेबल आभार प्रदर्शन के लिए एक छोटी-सी सौगात लेकर आए, उन्होंने कहा कि अपनी भर्ती के लिए उन्हें एक भी पैसा ख़र्चना नहीं पड़ा। मैंने उन्हें शुभकामनाएँ दीं और विदाई परेड के लिए पुलिस लाइंस की ओर चल पड़ी।

परेड के बाद देखा कि मुझे रेल स्टेशन तक छोड़ने जाने के लिए पुलिस लाइंस के सामने बड़ा-सा जुलूस जमा हो गया है। मुझे हैरानी हुई पर किसी बात पर मैंने आपत्ति नहीं की, अब चूँकि नए पुलिस अधीक्षक ने कार्यभार सँभाल लिया था सारा प्रबन्ध उनके आदेश के तहत किया गया था।

बहुत से लोग सड़क के दोनों ओर खड़े थे और हम जब शहर से गुज़र रहे थे, वे हाथ हिला रहे थे। स्टेशन पर एक शामियाना खड़ा किया गया था। जब मैं पहुँची तो लगा मानो आधा शहर वहाँ मौजूद है जिसमें इस्पात संयंत्र के लोग, मेरे पड़ोसी, फ़ादर मैक्नमारा और वे छह सिपाही शामिल थे जो अब 'एस.पी. ज़िन्दाबाद' के नारे लगा रहे थे।

बोकारो और बोकारो वासियों की ओर विदा में मैंने आख़िरी बार हाथ हिलाया और रेल पर चढ़ गई। राकेश पहले ही लड़कों के साथ आ चुके थे। अब आख़िर कहीं मन में आया कि बोकारो में मैं तीन साल रही तो सबके लिए कुछ अच्छा किया ही होगा कि उन्होंने ऐसी भावाभिभूत कर देने वाली विदाई दी है। रेलगाड़ी जैसे ही चली मैं अपने आँसू रोक नहीं पाई। सारे विदाई

समारोहों और अलविदाओं के दौरान जो सारी भावनाएँ मैंने अन्दर दबा रखी थीं, बाँध तोड़ कर बाहर बह आईं।

हालाँकि पटना, राँची और मुंगेर जैसे बड़े और व्यस्त ज़िलों की तुलना में बोकारो की तैनाती काफ़ी आरामदेह मानी जाती थी, मुझे लगा इस तैनाती ने मुझे हर प्रकार का अनुभव दिया—एक बड़ी हड़ताल, दो चुनाव, विनाशकारी दंगों के बाद की घटनाएँ और एक जाँच आयोग। मुझे लगा मैंने एक सकारात्मक भूमिका निभाई और आज अनुभव और रिश्तों में अधिक समृद्ध हो कर बोकारो से जा रही हूँ।

14

'हाँ, हाँ, ज़रूर जाएँगे!'

26 जनवरी, 1986, मेरी भावभीनी और यादगार विदाई के कुछ माह पहले।

अभी कुछ देर पहले ही गणतंत्र दिवस की परेड में भाग लिया था। यह उन कुछ दुर्लभ दिनों में था जब मैं, राकेश और दोनों बेटे, सब साथ में सर्दियों की धूप में छुट्टियों का आनन्द उठा रहे थे। अचानक बिहार के गृह सचिव बी.के. सिंह का फ़ोन आया। मेरी अगली तैनाती के विषय में पहले ही अफ़वाहें उड़ने लगी थीं। कुछ का कहना था कि मेरा अगला पड़ाव जमशेदपुर के पुलिस-अधीक्षक पद पर होगा।

फ़ोन राकेश ने सुना, उनका चेहरा भावहीन बना रहा। मन में आया कि गृह सचिव आख़िर गणतंत्र दिवस की परेड के दिन क्या बात करना चाहते होंगे। 'हाँ, हाँ, सर। ज़रूर जाएँगे, कोई मुश्किल नहीं है' राकेश ने कहा और फ़ोन रख दिया।

मेरा दिल ज़ोर से धड़का। 'क्या हुआ? कहाँ जा रहे हैं हम?' मैंने चिन्तित हो कर पूछा। मुझसे मशविरा किए बिना राकेश कभी कोई बड़ा निर्णय लेते तो नहीं थे, वह भी तैनाती के विषय में।

'अकादमी में, वे हम दोनों को आने के लिए कह रहे हैं' राकेश ने मुस्कुराते हुए कहा।

हैदराबाद की रा.पु.अ. के विचार से ही मन में तरंग-सी दौड़ गई। अगला ख़याल यह आया कि हमने तो आवेदन तक नहीं किया! मन में बहुत से सवाल उठ रहे थे हालाँकि इस घटनाक्रम से मैं प्रसन्न तो बहुत थी! विशेषकर इसलिए कि हम दोनों की तैनाती एक स्थान पर हो रही थी।

हमारा विवाह हुए आठ वर्ष बीत चुके थे। हम दोनों क्योंकि एक ही बैच

के थे अक्सर हमारी तैनाती एक स्थान पर होना सम्भव नहीं होता था। काम की वजह से दोनों ही कुछ बहुत चुनौतीपूर्ण और रोमांचक स्थानों पर तैनात हो चुके थे पर हमारा वैवाहिक जीवन तो बाधित ही था। दोनों जब सहायक पुलिस अधीक्षक (ए.एस.पी.) पद पर थे तो मैं पटना में थी, राकेश राँची में। फिर पुलिस अधीक्षक के पद पर राकेश नालंदा चले गए। बाद में जब राकेश पहले पुलिस अधीक्षक (नगर) और फिर पुलिस अधीक्षक (ग्रामीण) के पद पर पटना आए और मैं अपराध अनुसन्धान विभाग में थी, हम दोनों कुछ समय साथ रहे थे। पर जल्द ही हम फिर अलग-अलग रह रहे थे—मैं बोकारो में पुलिस अधीक्षक थी और राकेश की तैनाती अधीक्षक, रेलवे पुलिस (एस. आर.पी.) पद पर धनबाद में हो गई थी। मुझे नहीं मालूम राकेश इस बात से निराश थे अथवा नहीं, वे कुछ कहते नहीं थे। मेरे काम को लेकर हमेशा मुझे प्रोत्साहित ही करते थे और सोचते थे कि मुझे बोकारो जाना चाहिए। पर फिर भी, क्योंकि मैं अभी अंशुमान के जन्म के बाद हुए पीलिया से उबर ही रही थी, मेरे स्वास्थ्य को लेकर वे चिन्तित भी थे।

'तुम इतनी बीमार रह चुकी हो, बेहतर होगा कि पास ही, धनबाद में रहूँ' उन्होंने बस इतना ही कहा।

पर साल भर में ही राकेश को बोकारो से लगभग 300 किलोमीटर दूर मुंगेर भेज दिया गया जो तत्कालीन मुख्यमंत्री चन्द्रशेखर सिंह का चुनाव क्षेत्र था और वहाँ काम भी बहुत ज़्यादा था। बिहार विधानसभा के बारह विधायकों का घर होने के नाते मुंगेर राजनीतिक दृष्टि से संवेदनशील भी था। मैं राकेश के लिए ख़ुश थी पर इस बात से उदास भी थी कि वे दूर जा रहे हैं। वे मेरा भावात्मक सम्बल थे; मुझे मालूम था कि उनकी कमी मुझे बहुत खलने वाली है और केवल पारिवारिक मामलों में ही नहीं बल्कि इसलिए भी कि वे मेरे साथी हैं। काम की चर्चा मैं उन्हीं से करती थी। पुलिस सेवा में पदानुक्रम का बहुत अधिक ध्यान रखा जाता है और अधिकारीगण, ख़ासतौर पर वरिष्ठ पदाधिकारी, अपने काम में बहुत अकेले पड़ जाते हैं।

उन दिनों एस.टी.डी. की सीधी फ़ोन-सुविधा नहीं थी। दूसरे शहर में किसी से बात करनी हो तो ट्रंक कॉल बुक करनी पड़ती थी। अक्सर कॉल मिलती ही नहीं थी। मुंगेर ज़रा दूर पड़ता था और राकेश अक्सर दौरे पर होते थे। तो हमारी बात मुश्किल से ही हो पाती।

एक-दूसरे से बात करने के लिए भी एक असहज कवायद से गुज़रना

पड़ता। उप-महानिरीक्षक (रेंज) के कार्यालय में रेडियो टेलीफ़ोन था, राकेश मेरे उप-महानिरीक्षक कार्यालय के ऑपरेटर के पास कॉल करने का सन्देश भेजते और पति से बात करने के लिए मुझे उप-महानिरीक्षक के कार्यालय जाना होता। वह निजी फ़ोन कनेक्शन नहीं था, राज्य के समूचे वायरलेस नेटवर्क के ऑपरेटर हमारी बात सुन सकते थे। 'कैसे हो?' जैसी सीधी-सी बात पूछते हुए भी संकोच होता था।

मेरे सास-ससुर राकेश के साथ मुंगेर जाकर रहने लगे थे। वहाँ का पुलिस-अधीक्षक निवास गंगा किनारे ख़ूब बड़े से अहाते में बना, अंग्रेज़ों के ज़माने का प्यारा-सा बँगला था। इस जगह पर गंगा का स्वरूप विशाल है—अपनी सम्पूर्ण भव्यता में विराट और मनोरम। मुंगेर जा कर रहने लगे तो ससुर को पूर्वाभास सा हुआ—'माँ गंगा के पास आ गया हूँ, मेरा समय अब आ गया है' वे कहा करते।

क्या मालूम था कि उनकी इच्छा पूरी हो जाएगी।

कभी-कभी मैं बेटों को लेकर राकेश के पास जाया करती थी। कोई सीधी रेलगाड़ी नहीं थी। बोकारो से धनबाद तक सड़क मार्ग से आते, आधी रात को रेलगाड़ी पकड़ भोर में किऊल नाम के छोटे से स्टेशन पर पहुँचते। दो छोटे बच्चों को लेकर डिब्बे से उतरना कठिन हो जाता था तो मदद के लिए राकेश किऊल आया करते थे। और तब पचास किलोमीटर की ड्राइव के बाद मुंगेर पहुँचते—थके-हारे और निढाल। इस कठिन यात्रा की थकान उतारने में पूरा एक दिन लग जाता। यह आना मानो किसी सज़ा जैसा था। पर दूसरा कोई उपाय भी नहीं था। मुंगेर के व्यस्त कार्यभार के चलते राकेश कभी बोकारो नहीं आ पाते थे।

1985 के मार्च में जब मैं बोकारो में थी, मेरे ससुर गम्भीर रूप से बीमार पड़ गए। टाटा के पूर्व कर्मचारी होने के नाते उन्हें टाटा मेन हॉस्पिटल में इलाज के लिए जमशेदपुर ले जाया गया। जब उनका स्वास्थ्य और बिगड़ने लगा, मैं जमशेदपुर चली गई। मैं चाहती थी राकेश के पिता के पास रहूँ, उनकी सेवा-सुश्रुषा करूँ। जब वे गुज़र गए तो उनका श्राद्ध-कर्म करने हम मुंगेर लौटे।

शीघ्र ही मुझे अपने उप-महानिरीक्षक का फ़ोन मिला। मैं चूँकि बहुत लम्बे समय से बाहर थी उन्होंने मुझसे वापस लौटने को कहा। विधानसभा के उप-चुनाव की घोषणा हो चुकी थी तो मैं अविलम्ब चल पड़ी।

मेरे लौटने के तुरन्त बाद राकेश को पीलिया हो गया। मुझे हरदम उनके

स्वास्थ्य की चिन्ता लगी रहती थी पर बोकारो छोड़कर उनकी देखभाल के लिए जा भी नहीं सकती थी। भाग्य अच्छा था कि राकेश के अनुरोध पर, सरकार ने उन्हें बिहार मिलिट्री पुलिस (बी.एम.पी.) की चौथी बटालियन में तैनात कर दिया जिसका मुख्यालय बोकारो में था। हमें कुछ राहत मिली।

तो इसमें कोई आश्चर्य नहीं कि बिहार के गृह सचिव ने जब हम दोनों को रा.पु.अ. में सहायक निदेशक के पद पर तैनात करने का प्रस्ताव किया तो राकेश ने तुरन्त हाँ कर दी। राकेश ने जब पिता को खोया उनकी एक बहन का विवाह अभी बाकी था और अच्छा रिश्ता ढूँढ़ने व शादी के पूरे प्रबन्ध का दायित्व उन्होंने अपने ऊपर ले लिया था। गृह सचिव का फ़ोन मिलने के सप्ताह भर पहले ही हमने मेरी ननद का ब्याह किया था।

हमें लगा भगवान हमसे कह रहे हैं कि अब जबकि हमने यहाँ अपना वचन पूरा कर लिया है, हमारी सेवाओं की आवश्यकता अन्यत्र कहीं है।

गृह सचिव ने राकेश को बताया कि प्रधानमंत्री राजीव गांधी और केन्द्रीय गृह मंत्री अरुण नेहरू की इच्छा है कि भारत में पुलिस प्रशिक्षण में सुधार लाया जाए और इसीलिए हमें इस काम के लिए चुना गया है। प्रधानमंत्री रा.पु.अ. गए थे और वहाँ जो देखा उससे प्रसन्न नहीं हुए थे।

जैसे ही हामी भरी, हमारे पद-मुक्ति के आदेश ज़ारी हो गए। हमसे कहा गया कि हैदराबाद के लिए निकलने से पहले भारतीय पुलिस सेवा के प्रतिष्ठित अधिकारी जूलिओ रिबेरो से मिल लें जो तब गृह मंत्रालय में भारत सरकार के विशेष सचिव थे। हम दोनों में से कोई भी उनसे पहले नहीं मिला था और हम समझ नहीं पा रहे थे कि उन्होंने हमसे मिलने के लिए क्यों कहा है।

परन्तु पहले तो हम वापस पटना गए। कुछ दिन अम्मा और बाबूजी के साथ रहकर बड़ी शान्ति मिली। हम बिहार पुलिस में अपने अनेक सहकर्मियों और मित्रों से भी मिले।

एस.बी. सहाय ने तभी बिहार के महानिदेशक का पदभार सँभाला था। उनसे मिलने गए तो उन्होंने कहा, 'श्री रिबेरो ने मुझे एक काम सौंपा है। महानिदेशक के तौर पर मेरा पहला काम है कि आप दोनों को रा.पु.अ. जाने के लिए आश्वस्त करूँ।' हमने उन्हें विश्वास दिलाया कि हमें आश्वस्त करने की ज़रूरत ही नहीं।

केन्द्रीय प्रतिनियुक्ति पर जाने के हमारे निर्णय से अनेक अधिकारी चकित थे। एक ने तो बल देकर कहा कि बिहार छोड़कर जाने का यह 'ग़लत समय' है।

'आप लोग कायस्थ हैं' मेरी और राकेश की जाति का नाम लेते हुए वे बोले। 'इस समय बिहार पुलिस के शीर्ष पर एक कायस्थ महानिदेशक हैं, उप-महानिरीक्षक (प्रशासन) एक कायस्थ हैं, महानिरीक्षक (अपराध अनुसन्धान विभाग) भी एक कायस्थ हैं। आपके लिए बिहार में यह सर्वोत्तम समय है, कायस्थों का 'स्वर्णिम-युग'।'

उनकी यह सोच हमें काफ़ी हास्यास्पद लगी। पर यह सच था कि अधिकारियों के प्रतिनियुक्ति पर जाने की संस्कृति बिहार में नहीं थी। बिहार से बाहर जाने वाले हम पहले कुछ बिहारियों में से थे, यही कारण है कि हमसे इतने सवाल पूछे गए। अकादमी में भी हमसे पूछा जाता कि अपना होम काडर हम क्या इसलिए छोड़कर आए हैं कि वहाँ मुसीबत में पड़ गए थे!

*

दिल्ली पहुँचे तो चढ़ते पारे के साथ गर्मी चरम पर थी। छुट्टी का दिन था तो श्री रिबेरो ने अपने घर बुलाया और हमें लाने के लिए अपनी कार भेजी। रास्ते में हम ड्राइवर से बात करने लगे जो अपने साहब के गुण गाते नहीं थक रहा था। 'वो तो भगवान जैसे हैं' ड्राइवर ने हमें बताया कि श्री रिबेरो अपने स्टाफ़ की इतनी अच्छी देखभाल करते हैं कि वे सब उन्हें भगवान मानते हैं।

घर पहुँचे तो श्रीमती और श्री रिबेरो की विनम्रता और सरलता देखकर दंग रह गए। श्रीमती रिबेरो हमारे लिए कॉफ़ी बनाने रसोई में गईं और श्री रिबेरो स्वयं ट्रे लेकर आए। न कोई अर्दली था न कोई नौकर-चाकर। मैं बहुत प्रभावित हुई और इसी के साथ श्री रिबेरो के साथ मेरे साहचर्य का आरम्भ हुआ जो फिर ज़िन्दगी भर चला।

उन्होंने हमारी इस अचानक तैनाती के पीछे की कहानी सुनाई। प्रधानमंत्री राजीव गांधी ने जब रा.पु.अ. की वर्तमान दशा पर असन्तोष जताया तो निर्णय लिया गया कि पुलिस प्रशिक्षण में अब सुधार लाना अनिवार्य है। एक बार जब अकादमी की कार्यप्रणाली में सुधार लाने का निर्णय बहुमत से हो गया तो भारतीय पुलिस सेवा के मध्य प्रदेश काडर के एक सक्षम अधिकारी ए.ए. अली को अकादमी का निदेशक नियुक्त किया गया। श्री अली ने गृह मंत्रालय से अनुरोध किया कि अकादमी में ऐसे अधिकारी तैनात करें जो अपना सामर्थ्य सिद्ध कर चुके हों, और वे अलग-अलग राज्यों से बुलाए जाएँ ताकि भारतीय

पुलिस सेवा के प्रशिक्षणार्थी अधिकारियों को पूरे भारतवर्ष में पुलिस के काम की जानकारी मिल सके।

श्री अली ने यह भी कहा कि चूँकि भारतीय पुलिस सेवा में अब अधिक महिलाएँ आ रही हैं, अकादमी में एक महिला अधिकारी की तैनाती भी की जाए। किरण बेदी से पूछा गया पर उन्होंने अस्वीकार कर दिया। तो गृह मंत्रालय ने भारतीय पुलिस सेवा की महिला अधिकारियों की सूची पर नज़र दौड़ाई जो मेरे नाम पर आ कर थमी। उन्हें मालूम हुआ कि मेरा रिकॉर्ड अच्छा है और मेरे पति भी भारतीय पुलिस सेवा अधिकारी हैं जिससे वे दुगने ख़ुश हो गए।

श्री रिबेरो ने बताया कि अच्छे अधिकारियों को रा.पु.अ. की ओर आकृष्ट करने के लिए बहुत-सी सुविधाएँ और प्रोत्साहन दिए जा रहे हैं। 'वेतन में 30 प्रतिशत की वृद्धि होगी और हम सुनिश्चित करेंगे कि आगे के प्रशिक्षण के लिए आपको विदेश भेजा जाए', श्री रिबेरो ने हमें प्रोत्साहन देने के लिए कहा, और वह इसलिए क्योंकि उन दिनों कोई भी पुलिस प्रशिक्षण में जाना नहीं चुनता था। ज़िले या रेंज के प्रभार की तुलना में पुलिस-प्रशिक्षण में तैनाती कोई नहीं चाहता था।

और इस तरह सन 1986 की गर्मियों में मैंने और राकेश ने ख़ुद को दस वर्ष बाद वापस हैदराबाद में सरदार वल्लभभाई पटेल रा.पु.अ. में पाया; इस बार संकाय (फ़ैकल्टी) के सदस्य के तौर पर।

*

हम चारों ने रेलगाड़ी पकड़ी और मई की एक दोपहर सिकन्दराबाद पहुँचे। मुझे याद है उस दिन भयंकर गर्मी थी। हमारे लिए मिनीवैन जैसी गाड़ी भेजी गई थी। हम सब उसमें बैठे और शिवरामपल्ली में अकादमी की ओर लम्बी यात्रा पर निकल पड़े। मैं बेहद उत्साहित थी कि एक बार फिर रा.पु.अ. देखूँगी और उसका सुन्दर परिसर अपने बच्चों को दिखा सकूँगी।

पर कुछ भी ठीक नहीं हो रहा था। गाड़ी एक पुरानी छकड़ा थी जो थोड़ी-थोड़ी देर पर झटका खा कर रुक जाती और ड्राइवर को नीचे उतर कर इंजन ठंडा करने के लिए पानी डालना पड़ता। खटर-खटर करते हम बुरी तरह थके हुए, पसीना बहाते, मीलों मील चलते गए, भीषण गर्मी और थकान से परेशान बच्चे रोते चले जा रहे थे।

एक राज्य में पुलिस अधीक्षक होने के बाद इस तरह के स्वागत से ज़रा धक्का-सा लगा था। आख़िरकार हम अकादमी के फाटक के अन्दर घुसे और सुपरिचित, शान्त, परिवेश देख चैन की साँस ली। सीनियर कोर्स मेस में सामान रखने के बाद सबसे पहले हमने चाहा कि दिन-भर की थकान धो डालें पर नल में पानी नहीं था। हमें बताया गया कि पानी दिन में केवल दो बार आता है; नहाने के लिए अगले दिन तक प्रतीक्षा करनी होगी!

मेस में जो दो कमरे हमें दिए गए, वे न तो आकर्षक थे और न ही आरामदायक। पहले लम्बी रेलयात्रा और फिर चलते चले जाने वाले कार के सफ़र के बाद बच्चे चिड़चिड़े हो रहे थे। हमने तय किया कि एक कमरे में रखे दो पलंगों पर बच्चों को सुला देते हैं, ख़ुद फ़र्श पर सो जाएँगे।

रात होने के साथ हमें अपना उत्साह क्षीण पड़ता महसूस हुआ। हमें कोई पूछने नहीं आया था, बिलकुल अकेला छोड़ दिया गया था। बत्ती बुझा कर हमने सोने की कोशिश की, इस उम्मीद के साथ कि सुबह सब ठीक होगा। पर अँधेरे में तिलचट्टे बाहर निकल आए। इससे बुरा क्या होना बाकी था?

अगले दिन, प्रशिक्षण के दिनों में सुबह-सुबह मिलने वाले बढ़िया नाश्ते को याद करते हुए मैं इस आशा के साथ उठी कि बच्चों को कम से कम अब अच्छा खाना तो मिलेगा। लेकिन गर्मागर्म नाश्ते की आशा बस आशा ही रह गई। खाना भारतीय पुलिस सेवा अधिकारी मेस में तैयार होता था और वहाँ से स्टील के टिफ़िन के डिब्बों में सीनियर कोर्स मेस में लाया जाता था—भाप से लिजलिजे ऑमलेट, चीमड़ टोस्ट। किसी का मन खाने का नहीं हुआ, देखकर ही मन खराब हो रहा था।

रा.पु.अ. में जब हम प्रशिक्षणार्थी अधिकारी की हैसियत से आए थे, कितना शानदार स्वागत हुआ था, अधिकारियों के समान व्यवहार किया गया था। अब दस साल के बाद का यह अनुभव बहुत बड़ी निराशा लेकर आया। उस रात मैं सो नहीं पाई। उठ कर बैठी और राकेश को हिलाया। वे भी जाग रहे थे।

'राकेश, तुम्हारा निर्णय सही तो है न? यहाँ आ कर कहीं बहुत बड़ी भूल तो नहीं कर दी हमने?' मैंने पूछा।

अँधेरी, नीरव रात में उनका मौन बहुत कुछ कह रहा था।

15

बेहतरीन साल

'यहाँ आ कर कहीं बहुत बड़ी भूल तो नहीं कर दी हमने?'

आज पीछे मुड़कर देखते हुए पूरी सचाई से कह सकती हूँ कि मेरे कार्य जीवन के वे बेहतरीन साल थे। भारतीय पुलिस के भावी नेतृत्व को आकार देने में योगदान करने का अपना अलग ही आनन्द था। भारतीय पुलिस सेवा का यही नेतृत्व तो व्यवस्था और अराजकता के बीच की बारीक ख़ाकी रेखा है। यहाँ से निकला प्रत्येक प्रशिक्षणार्थी हज़ारों पुलिसकर्मियों का नेतृत्व करता है जो फिर देश के हर भाग में लाखों लोगों के सम्पर्क में आते हैं, उन्हें सुरक्षा और सहायता देते हैं। दानापुर और बोकारो में मेरा विकास एक अधिकारी के रूप में हुआ तो रा.पु.अ. में तैनाती के पाँच वर्षों से मुझे भारतीय पुलिस सेवा के भीतर सम्मान व प्रतिष्ठा मिली। इस तैनाती ने मुझे अधिक कार्य-कुशल तो बनाया ही, दूसरों को परामर्श देने, उनका पथप्रदर्शन करने की योग्यता भी विकसित की। पूरे भारत के दिग्गज व्यक्तियों व सारी सेवाओं के वरिष्ठ अधिकारियों के सम्पर्क में आने का मौक़ा भी मिला। मैंने उन सबके अनुभवों से सीखा जिससे फिर मुझे देश के सामने उपस्थित विभिन्न चुनौतियों को बेहतर ढंग से समझने में मदद मिली।

मैंने और राकेश ने प्रशिक्षण की महत्ता को, जो तैनातियों के साथ मिलने वाले रुतबे और तामझाम में अक्सर दृष्टि से ओझल हो जाती है, हमेशा बहुत तीव्रता से महसूस किया है। अकादमी में हम अपने क्षेत्र के अनुभवों को बाँटने और भारतीय पुलिस सेवा के युवा अधिकारियों के प्रशिक्षण में सहायता के लिए तो थे ही, स्वयं अपनी शिक्षा और विकास के लिए भी थे।

1987 की दीक्षांत-परेड में कहे गए प्रधानमंत्री राजीव गांधी के शब्द मुझे आज भी याद हैं :

> 'पासिंग-आउट' का अर्थ प्रशिक्षण का अन्त नहीं होता। प्रशिक्षण तो एक सतत प्रक्रिया है जो आपके पूरे कार्य-जीवन के दौरान चलती रहनी चाहिए। इसका तात्पर्य है कि आप अपने अनुभवों से सीखें, दूसरों के अनुभवों से सीखें, सहकर्मियों के साथ, न केवल बराबरी के बल्कि अपने उच्चाधिकारियों और शायद उससे भी ज़रूरी है कि अपने अधीनस्थों, अपने कनिष्ठ अधिकारियों के साथ मिलें, जुलें... प्रशिक्षण का अर्थ थोड़े-थोड़े अन्तराल पर पुन: प्रशिक्षित होना भी है। यानी प्रशिक्षित होते रहें, तंदुरुस्त बने रहें, मिलते-जुलते रहें और आपके कर्तव्य का एक हिस्सा यह भी हो कि अपने मातहतों के प्रशिक्षण, उनके उत्थान के लिए सदा कार्यरत रहें।

प्रधानमंत्री नरेन्द्र मोदी ने 2018 के बैच की दीक्षांत-परेड में सितम्बर, 2020 में प्रशिक्षण और सुशासन के बीच अन्तर्सम्बन्धों को लेकर कुछ प्रासंगिक बातें कही थीं जो मुझे भारतीय पुलिस सेवा के भविष्य के लिए अत्यन्त आशाजनक लगीं :

> प्रशिक्षण के महत्त्व को हमें कम करके नहीं आँकना चाहिए। सरकारी सेवा में प्रशिक्षण को अक्सर दंड की तरह देखा जाता है। किसी को यदि प्रशिक्षण का दायित्व सौंपा जाए तो मान लिया जाता है कि अवश्य वह एक अक्षम अधिकारी है। प्रशिक्षण के मूल्य को इस प्रकार कम आँका जाना ही कारण है कि सुशासन के मार्ग में क़दम-क़दम पर रोड़े आते हैं। इस सोच से हमें बाहर आना चाहिए।

1985 से 1991 तक हमने छह बैचों, यानी भारतीय पुलिस सेवा के 500 से अधिक प्रशिक्षणार्थियों को प्रशिक्षित किया। मैंने और मेरे सहकर्मियों ने व्यक्तित्व व क्षमताओं के विकास में उनकी सहायता की और इस प्रक्रिया में भारत के कुछ सर्वाधिक प्रखर बुद्धि व्यक्तियों के साथ चिरस्थायी रिश्ते कायम किए। उनमें से अनेक के साथ हम आज भी सम्पर्क में हैं।

अकादमी में पहुँचने के एक सप्ताह के भीतर हमें पता चल गया कि श्री अली एक सज्जन व्यक्ति और समर्थ प्रशासक हैं। उन्होंने कहा उनका पहला

काम है विभिन्न राज्यों से सहायक निदेशकों को अकादमी में लेकर आना। पश्चिम बंगाल से आर.के. जौहरी, आन्ध्र प्रदेश से के.आर. नन्दन और गुजरात से जे. महापात्र ने हमारे साथ ही सहायक निदेशक का पदभार सँभाला। एक साल बाद पश्चिम बंगाल से एस. रामकृष्ण और उत्तर प्रदेश से पी.पी.एस. सिद्धू पहुँचे। दो उप-निदेशक—मध्य प्रदेश से वी.के. देउस्कर व केरल से ए.वी. सुब्बाराव—पहले से ही थे। अकादमी का वरिष्ठ संकाय पहली बार वहाँ पूरी संख्या में उपस्थित था।

निदेशक महोदय ने भविष्य की अपनी परिकल्पना सबके साथ साझा की—अकादमी को वे राष्ट्रीय स्तर पर उत्कृष्टता के केन्द्र में बदल देना चाहते थे। वर्तमान स्थिति से अवगत कराने के लिए उन्होंने एक वीडियो दिखाया, जिसने हमें डरा ही दिया। भारतीय पुलिस सेवा अधिकारियों की मेस में रसोइए को सीधे फ़र्श पर प्याज़ काटते हुए देखने की याद मेरा मन आज भी खराब कर देती है!

रसोई एकदम बेतरतीब, खाना ऐसा कि देखकर भूख मर जाए जिसकी ज़िम्मेवार किसी हद तक चारों ओर भिनभिनाती मक्खियाँ भी थीं। खस्ताहाल दिखती कक्षाओं में शायद ही शिक्षण में सहायक कोई आधुनिक सामग्री थी। बाहर ज़रूर तब तक चारों ओर हरियाली लहलहाने लगी थी, सुन्दर, हरे-भरे लॉन और बहुत सारे पेड़, पर थोड़ा नज़दीक से देखो तो बहुत सी इमारतों के पीछे जमा कूड़े के ढेर नज़र आ जाते थे।

हमें टेनिस कोर्ट ले जाया गया, जिनमें 1974 में माउंट आबू के परिसर से आए अंगड़-खंगड़ का पहाड़ बना था। टूटी-फूटी कुर्सियाँ और मेज़ें, टॉयलेट सीट्स, चटाइयाँ...सब मिल कर टेनिस कोर्ट को बदसूरत बना रहे थे। लेकिन सरकार में कोई भी चीज़ तब तक फेंकी नहीं जा सकती जब तक कि बाकायदा 'बेकार' न साबित कर दी जाए पर ग्यारह लम्बे वर्षों के दौरान अकादमी में किसी को वक़्त ही नहीं मिला था कि एक बोर्ड का गठन कर इन वस्तुओं को 'बेकार' घोषित कर दिया जाए।

'प्रशिक्षणार्थियों, आगंतुकों व विदेशी अतिथियों के लिए हमारी अकादमी सम्पूर्ण देश की पुलिस सेवा का प्रतिनिधित्व करती है। हमारा कैम्पस इतना फटेहाल नहीं हो सकता। क्या हमें अपनी मातृसंस्था पर गर्व नहीं होना चाहिए, प्रसन्न नहीं होना चाहिए कि यहाँ काम करने का अवसर मिल रहा है?' निदेशक महोदय ने हम सबसे प्रश्न किया।

उनके इन शब्दों से मुझे बड़ा प्रोत्साहन मिला; इस संस्था के लिए जिसने मुझे पुलिस सेवा में एक नया जीवन, सम्मान, अपने काम से सन्तुष्टि और एकनिष्ठ कड़े परिश्रम के प्रति समर्पण—यानी मेरा सब कुछ दिया था, मैं अपना सर्वश्रेष्ठ काम करने को तैयार थी।

*

मुझसे अपराध-अभिलेख (क्राइम-रिकॉड्र्स) और अपराध-निवारण (क्राइम-प्रिवेंशन) का प्रश्नपत्र व साथ ही अपराध-अनुसन्धान के प्रश्नपत्र का आधा भाग पढ़ाने को कहा गया। बाकी का आधा भाग, जिसमें विशेष-अपराध-अनुसन्धान आता था, राकेश को पढ़ाना था।

अध्यापन के साथ अकादमी के विभिन्न क्लबों व परिसर में होने वाली गतिविधियों का दायित्व भी शिक्षण संकाय को सौंपा गया। एक अधिकारी-क्लब भी शुरू किया गया जिसका प्रभारी मुझे बनाया। इस क्लब को मैंने एकदम शून्य से शुरू किया जिसमें फ़र्नीचर और क्रॉकरी ख़रीदने से लेकर साप्ताहिक कार्यक्रमों का आयोजन तक शामिल था। जैसे ही स्विमिंग पूल इस्तेमाल के लिए खुला, क्लब को उसके साथ जोड़ दिया गया। श्री अली चाहते थे कि क्लब का प्रयोग प्रशिक्षणार्थियों को उनसे अपेक्षित सामाजिक शिष्टाचार सिखाने के लिए किया जाए।

वास्तव में सामाजिक शिष्टाचार पर श्री अली का बहुत अधिक ज़ोर था। उन्होंने निर्णय लिया कि प्रशिक्षणार्थी अधिकारी शाम के वक़्त औपचारिक तौर पर संकाय के सदस्यों से मिलने जाएँगे। अधिकारीगण जब कभी किसी तैनाती पर जाते हैं उनसे अपेक्षा की जाती है कि वे अपने उच्चाधिकारियों से एक बार कार्यालय में पूरी वर्दी में और उसके बाद समय लेकर घर पर मिलने जाएँ। उनके साथ अपने घर पर मिलते वक़्त हमें क्या करना है क्या नहीं, अपना आचरण कैसा रखना है, किस विषय पर बात करनी है इन सारी बातों पर निदेशक महोदय ने हमें हिदायतें दीं। छोटी से छोटी बात का वे ध्यान रखते थे और इसके लिए मैं उनका सम्मान करती थी।

हमसे अपेक्षा थी कि तत्काल पढ़ाना आरम्भ कर दें—पर समस्या यह थी कि मुझे अपराध की पड़ताल करना तो आता था, उसे पढ़ाना नहीं आता था। हमें भारतीय पुलिस सेवा का अधिकारी होने का प्रशिक्षण दिया गया था,

पुलिसकर्मियों का नेतृत्व करना या पुलिस-बल को सँभालना सिखाया गया था। लेक्चर देना हम नहीं जानते थे!

पैंतालीस मिनट का एक व्याखान तैयार करने में मुझे पाँच घंटे लग गए। अपने सारे शिक्षकों के लिए मन में एक नया आदर उत्पन्न हुआ, समझ आ गया कि अध्यापन कितना कठिन है—सारे तथ्यों को एकत्र करना और ऐसे कमरा भर युवा एवं अत्यन्त बुद्धिमान अधिकारियों का ध्यान अपनी ओर खींचे रखना जो अभी-अभी देश की कठिनतम परीक्षा से निकले हैं! उनके पास हर तरह के प्रश्न होते और मुझे उनके उत्तर तैयार रखने होते थे।

पहले दिन कक्षा में जाते वक़्त मैं काफ़ी आशंकित थी पर दिखा नहीं सकती थी। लेकिन फिर जल्द ही पता चल गया कि छात्रों के साथ मैं सरलता से अपना तालमेल बिठा सकती हूँ। सहायक निदेशकों में मैं पहली थी जिसे हफ़्ते भर में सौ के करीब सारे प्रशिक्षणार्थियों के नाम याद हो जाते थे। नाम जानने का फ़ायदा यह हुआ कि जो ज़्यादा ऊधमी थे, उन पर लगाम कसना आसान हो गया। एक-एक कर के नाम पुकारे जाने से लड़के सतर्क रहने को विवश हो जाते। वर्ना वे या तो पीछे बैठे-बैठे ऊँघते या फिर विघ्न डालते।

अध्यापन के स्तर को लेकर निदेशक महोदय सजग थे और जानते थे कि उनके सहायक-निदेशक प्रशिक्षित अध्यापक नहीं है, तो उन्होंने प्रशिक्षणार्थियों की प्रतिक्रिया जानने की गोपनीय प्रणाली शुरू की। उनका यह क़दम हमें हरदम चौकन्ना रखता। ये प्रतिक्रियाएँ वे हमसे अलग-अलग साझा करते और यह देख मुझे बहुत अच्छा लगा कि मेरे विषय में बहुत सकारात्मक प्रतिक्रिया मिली है।

*

अकादमी में बड़े बड़े परिवर्तन हो रहे थे। कैम्पस-सुविधाओं से लेकर वहाँ की गतिविधियों तक, निर्माण से लेकर प्रकाशन तक—हर क्षेत्र में सिरे से संशोधन और सुधार लाए जा रहे थे। प्रत्येक सहायक-निदेशक को अनेक दायित्व सौंपे गए। अधिकारी-क्लब के साथ मुझे जहाँ रा.पु.अ. के प्रकाशनों और पत्रिकाओं तथा परिसर की महिला कल्याण समिति का जिम्मा दिया गया वहीं राकेश को सहायक निदेशक (प्रशा.) बनाया गया।

परन्तु इस सबके लिए वित्त आवश्यक था। तय हुआ कि राकेश दिल्ली जाएँगे और गृह मंत्रालय के सामने अपनी माँग रखेंगे। परिणाम बहुत उत्तम

निकला। बढ़े हुए वित्तीय समर्थन का असर शीघ्र ही दिखने लगा। टूटे फ़र्नीचर व क्रॉकरी बदल कर नए लाए गए; सिविल निर्माण कार्य में तेज़ी आई; कक्षाओं और प्रोबेशनरों के कमरों की मरम्मत हुई; परिसर की सफ़ाई और रखरखाव अधिक आसान हो गया; पुस्तकालय की सुविधाओं व किताबों में बढ़ोतरी हुई; कार्यालय की मशीनरी व साथ ही कक्षाओं, खेलकूद, प्रशिक्षण व अस्पताल के उपकरण ख़रीदे गए; प्रशिक्षण सामग्री छापी गई; वाहनों को रद्दी घोषित कर नए ख़रीदे गए...एक विश्व स्तरीय संस्थान का लक्ष्य पाने की लम्बी यात्रा का प्रारम्भ हो गया था।

राज्य सरकारों की सहायता से उड़ीसा भवन, बिहार भवन, मेघालय कॉटेज, केन्द्रीय औद्योगिक सुरक्षा बल (सी.आई.एस.एफ़.) कॉटेज व अन्य अनेक अतिथिशालाओं व कॉटेजों की स्थापना की गई। साइट ए में—जहाँ अकादमी के स्टाफ़ का निवास था—अधीनस्थ कर्मचारियों की पत्नियों को सदस्य बनाकर मैंने वहाँ पर स्थित उड़ीसा भवन में महिला कल्याण समिति का आरम्भ कर दिया। समाज-कल्याण के काम का अनुभव मुझे बचपन से ही मिला था, उसी का इस्तेमाल करते हुए मैंने उन महिलाओं को सिलाई-कढ़ाई में प्रशिक्षित करवा दिया। शीघ्र ही अकादमी के समस्त कर्मचारियों की वर्दियाँ हमारी कल्याण समिति की सदस्यों द्वारा सिली जाने लगीं, साथ ही वे कढ़ाई व हस्तशिल्प की अन्य वस्तुएँ भी बनातीं जो वार्षिक दीक्षांत परेड के दौरान प्रदर्शित की गईं। इससे स्टाफ़ की पारिवारिक आय में वृद्धि हुई और अकादमी के परिसर में अधिकारियों व अधीनस्थ कर्मचारियों के परस्पर तालमेल में सहायता मिली।

मुझे लगता है मेरे सबसे बड़े कामों में से एक था रा.पु.अ. की पत्रिका में सुधार, जिसके आकार-प्रकार में पूरे सैंतीस वर्ष बाद परिवर्तन हुआ। मैंने पत्रिका का रूप बदला और उसे ऑफ़सेट मशीनों पर छपवाना शुरू किया जिससे वह देखने और पढ़ने में बेहतर हो गई। पूरा बचपन मैंने अपने अनजाने में ही बाबूजी के हिन्दी प्रकाशन 'नई धारा' का खाका तैयार करने, उसे छापने और निकालने की प्रक्रिया को देखते हुए बिताया था, तो पत्रिका का खाका बनाने, प्रूफ़ पढ़ने और प्रकाशन से जुड़ी अन्य बारीकियों की जानकारी मुझे थी।

रा.पु.अ. की नई पत्रिका को हर ओर से सराहना मिली और पहली बार ऐसा हुआ कि उसकी सारी प्रतियाँ बिक गईं।

निदेशक महोदय लम्बे समय से अकादमी का अपना एक संवाद-पत्र (न्यूज़-लेटर) भी आरम्भ करना चाहते थे। 1987 में मैं रेशमा से मिलने कैलिफ़ोर्निया गई थी जहाँ मुझे प्रसिद्ध स्टैनफ़ोर्ड विश्वविद्यालय का कैम्पस न्यूज़ लेटर दिखा था। चार पन्नों के सुन्दर पैम्फ़्लेट ने मेरा ध्यान खींचा था और मैंने एक प्रति उठा ली थी। श्री अली को वह पैम्फ़्लेट दिखाया तो बोले, 'यही चाहिए। बिलकुल यही। कितना सुन्दर है!'

अकादमी के समाचार व अन्य सम्बन्धित विषयों सहित त्रैमासिक संवाद-पत्रिका निकलने लगी जिसका अच्छा स्वागत हुआ। मुझे इस बात की बहुत ख़ुशी थी कि स्टैनफ़ोर्ड का न्यूज़-लेटर मुझे दिख गया जिसे फिर प्रेरणा के लिए मैं साथ ले आई!

रा.पु.अ. के परिसर को ख़ुशहाल व जीवन्त बनाने में न केवल निदेशक महोदय बल्कि उनकी पत्नी का भी हाथ था। श्रीमती अली के मार्गदर्शन में हमने अधिकारियों व कर्मचारियों के लिए अनेक प्रकार के कार्यकलाप शुरू किए। पर्व-त्यौहार, सांस्कृतिक कार्यक्रम, पाककला-प्रतियोगिताएँ, वक्तृत्व-कला व बच्चों के लिए फ़ैंसी ड्रेस प्रतियोगिता—हर सप्ताह हम कुछ न कुछ आयोजित करते। बाद में जब मैंने अर्धसैनिक बलों की बटालियनों का कार्यभार सँभाला ये सारे अनुभव बहुत काम आए।

*

श्री अली मुझसे अक्सर कहा करते, 'अगर कुछ ग़लत होना होगा तो वह होगा, तुम्हें बस तैयार रहना पड़ेगा।'

1985 बैच की दीक्षांत परेड 1987 में आयोजित की गई। पहले यह परेड जहाँ नवम्बर में हुआ करती थी अब उसे पहले, अगस्त में ले आया गया था। परेड का हमारा मैदान कच्चा था, इसलिए उस पर बूट पहन कर मार्च करना आसान था, पर अब क्योंकि परेड मॉनसून में होने वाली थी मैदान को पक्का करवा दिया गया। अब चिन्ता यह थी कि परेड वाले दिन यदि बारिश हो गई तो क्या होगा। निदेशक ने बहुत ज़ोर दिया कि वैकल्पिक प्रबन्ध भी कर लेना चाहिए, तो प्रशिक्षणार्थियों से सभागार में भी परेड करने का अभ्यास करवाया गया।

उस वर्ष परेड वाले दिन वर्षा नहीं हुई पर मैंने एक बड़ा सबक सीखा;

एक कुशल प्रशासक सब अच्छा होने की उम्मीद रखने के साथ, सब बुरा होने की तैयारी रखता है।

कोरोना वायरस की महामारी के बीच 4 सितम्बर, 2020 को 2018 के बैच की दीक्षांत परेड का वीडियो देखते हुए श्री अली के शब्द याद आए। मुख्य अतिथि, प्रधानमंत्री नरेन्द्र मोदी तो परेड में आ भी नहीं सके। उन्होंने वीडियो के माध्यम से अधिकारियों को सम्बोधित किया। मैं भली-भाँति कल्पना कर सकती हूँ कि वर्तमान निदेशक अतुल करवल ने इस दिन के लिए प्रशिक्षणार्थियों से कितना अभ्यास कराया होगा—मास्क लगा कर मार्च करना, परेड के मैदान पर और फिर सभागार में सामाजिक दूरी बनाए रखना, सीधे प्रसारण के लिए दृश्य और श्रव्य माध्यमों का प्रबन्ध करना—यह सब कुछ कितना नया रहा होगा, सारी योजना बनाने और फिर कार्यान्वित करने में कितनी मेहनत लगी होगी!

वापस 1987 में चलें तो राजीव गांधी का आना हम सब के लिए आख़िरी कसौटी थी और इस पर खरा उतरना इसलिए और भी ज़रूरी था क्योंकि पिछली बार जब वे आए थे तो अकादमी से निराश हो कर गए थे। इस बार वे परिसर में की गई हमारी मेहनत से ख़ुश दिखे और हम सबने राहत की साँस ली।

महिला कल्याण समिति ने एक हस्तशिल्प स्टॉल लगाया और सोनिया गांधी से उसका उद्घाटन करने का अनुरोध किया। उन्होंने जब हमारे प्रयासों को सराहा तो समिति की सारी सदस्याएँ अत्यन्त उत्साहित हो गई थीं।

रा.पु.अ. के जीवन में सन् 1988 उसका चालीसवाँ वर्ष, यानी मील का एक पत्थर था। राष्ट्र-निर्माण के कठिन कार्य में उसके विशिष्ट योगदान के सम्मान में अकादमी को 15 सितम्बर, 1988 के दिन राष्ट्रपति ध्वज (प्रेसिडेंट्स कलर्स) प्रदान किया गया। मातृसंस्था को इस प्रकार सम्मानित होते देखना हमारे लिए गर्व का, सन्तृप्ति का, सन्तुष्टि का पल था। राष्ट्रपति ध्वज प्रदान करना एक रेजिमेंट के इतिहास में किसी विशिष्ट घटना अथवा वर्षगाँठ को चिह्नित करने वाला अनुष्ठान है। राष्ट्रमंडल देशों में सैन्य शिक्षण संस्थान अथवा प्रशिक्षण संस्थान को भी राष्ट्रपति ध्वज से सम्मानित किया जाता है।

1987 बैच ने इस परेड के लिए बहुत कठोर अभ्यास किया था। अवसर की गम्भीरता देखते हुए श्री रामकृष्ण (ए.डी.-ओ.डी.) स्वयं परेड कमांडर बने। ध्वजाधिकारी (एनसाइन ऑफ़िसर—ध्वज ग्रहण करने वाला पुलिसकर्मी) स्मार्ट और प्रभावशाली प्रशिक्षार्थी संजय चन्दर थे।

इन्हीं दिनों एक अन्य बड़ी घटना हुई—अधिकारी-सम्मिलन (रीयूनियन)

का प्रारम्भ। रा.पु.अ. छोड़कर जाने के बाद अधिकारियों को अपने बाकी कार्य-जीवन में शायद ही कभी दोबारा मिलने का मौक़ा मिलता है। श्री अली ने महसूस किया कि भारत के विभिन्न कोनों से आए अधिकारियों को परस्पर मिलते रहना चाहिए व सेवा से जुड़े अपने अनुभव एक-दूसरे के साथ साझा करने चाहिए, तो भारत सरकार से हमने अधिकारी-सम्मिलन के आयोजन की अनुमति ली। पहला सम्मिलन 1956 बैच का हुआ जिसके अधिकारी अपनी दीक्षांत परेड के तीसवें वर्ष का उत्सव मनाने आए। बैच के साथियों से मिल कर वे सब जैसे प्रसन्न हुए मानो इतने वरिष्ठ अधिकारी फिर से युवा प्रोबेशनर बन गए। यह देखकर बहुत मज़ा आया।

रा.पु.अ. में अधिकारी-सम्मिलन आयोजित करने की परम्परा अब भी चली आ रही है। मैं और राकेश अपने पच्चीसवें, तीसवें और पैंतीसवें वार्षिकोत्सव पर जा चुके हैं और अपने सहकर्मियों से मिल कर हमें बहुत आनन्द आता है। सबसे अपने अनुभवों के विषय में कुछ सुनाने के लिए कहा जाता है और ऐसे हर अवसर से हम कुछ सीख कर, एक नई दृष्टि के साथ लौटते हैं।

रा.पु.अ. के सम्मिलन इतने सफल रहे कि अन्य सेवाओं ने भी मनाना शुरू कर दिया। भारतीय प्रशासनिक सेवा, आयकर, कस्टम्स व अन्य सेवाएँ भी अपने सम्मिलन आयोजित करते हैं। सोशल मीडिया की मदद से अधिकारियों ने अब अनौपचारिक तौर पर मिलना-जुलना आरम्भ कर दिया है।

*

रा.पु.अ. में बहुत से हमउम्र सहायक निदेशक एक साथ तैनात थे और हमारा काफ़ी मिलना-जुलना होता रहता था। अकादमी का परिसर चूँकि बहुत सुरक्षित स्थान था, जब हम साथ बैठते, खाते और बतियाते तो बच्चों को खेलने के लिए छोड़ देते।

पर हमारी ज़िन्दगी में एक परेशानी थी—पानी की कमी। हैदराबाद सूखे की चपेट में था। कभी-कभी यूँ लगता कि पानी के लिए हमारी चिन्ता अन्य हर घरेलू समस्या पर हावी होती जा रही है। ज़िला तैनातियों में हमें अनेक सुविधाएँ मिलती थीं पर यहाँ ऐसा कुछ नहीं था—न ड्राइवर, न अंगरक्षक, न अर्दली। पानी टैंकरों में आता जिसे हम बाल्टियों में भर-भर कर लाते और ग़ुसलख़ानों और रसोईघरों में बड़े-बड़े ड्रमों में जमा करके रखते। कभी—कभी

यह बात बड़ी अवास्तविक-सी लगती कि कहाँ तो हम कभी एक पूरे ज़िले के प्रभारी पुलिस अधीक्षक हुआ करते थे, कहाँ अब हम पानी की बाल्टियाँ भरने में लगे हैं!

राकेश चूँकि सहायक निदेशक (प्रशासन) थे, निदेशक महोदय ने उनसे पानी की समस्या के विषय में कुछ करने को कहा। राकेश ने आकाश पाताल एक कर दिया, सचमुच में! पहले उन्होंने हैदराबाद स्थित भारतीय अन्तरिक्ष अनुसन्धान संस्थान (इंडियन स्पेस रिसर्च ऑर्गनाइज़ेशन यानी इसरो) की दूरसंवेदी (रिमोट सेंसिंग) एजेंसी से अकादमी के परिसर का उपग्रह-मानचित्र (सैटेलाइट मैप) उपलब्ध कराने का अनुरोध किया जो फिर ऐसे स्थानों की पहचान के लिए भारतीय भूवैज्ञानिक सर्वेक्षण के सुपुर्द कर दिया गया जहाँ भू-जल मिलने की सम्भावना हो। केन्द्रीय भूमिजल बोर्ड ने अन्तत: दो ऐसे स्थलों की शनाख़्त की जहाँ जल का अजस्र स्रोत हो सकता था। बारह महीनों से भी अधिक समय के बाद जब इन दो स्थलों पर खोदे गए बोरवेल में से अन्तत: पानी का सोता फूटा तो परिसर में उस दिन उत्सव का सा माहौल बन गया।

नलों में से जब पानी आने लगा, मुझे अपनी आँखों पर यकीन ही नहीं हुआ। 'क्या अब हमेशा हमारे नलों में पानी आएगा?' अविश्वास के साथ मैंने अपने पति से पूछा। बेटों ने तो शावर से बाहर निकलने से इनकार ही कर दिया।

निदेशक महोदय ने राकेश की प्रशंसा की, 'तुम भिश्ती हो, युद्धभूमि में घायल और मरणासन्न सैनिकों को भिश्ती पानी पिलाते हैं। फारसी में इसका अर्थ है—जो सीधा बहिश्त (स्वर्ग) जाए'। ये थे श्री अली—अपने विशुद्धतम रूप में उन्होंने अपना आभार स्पष्ट रूप से राकेश तक पहुँचा दिया।

आज भी रा.पु.अ. के लोग राकेश को अपने भिश्ती की तरह याद करते हैं। जैसे ही पानी मिला ओलम्पिक आकार का हमारा स्विमिंग पूल इस्तेमाल में आ गया और अधिकारी-क्लब पूल के अहाते में ले आया गया। प्रशिक्षणार्थियों को तैराकी सिखाई जाने लगी। मैंने भी आख़िरकार तैराकी सीख ही ली और जल्द ही अच्छी-खासी तैराक बन गई।

*

पहला बैच हमने 1985 का पढ़ाया। मुझे वे प्रशिक्षणार्थी ज़रा सहमे से, अनुशासन की सख़्ती से डरे हुए लगे। हमारे आने से वातावरण जैसे रातोंरात हल्का हो

गया, सम्भवत: इसलिए कि हम सभी सहायक-निदेशक युवा थे और हमारे अन्दर का उत्साह सबके अन्दर फैल गया था। प्रशिक्षणार्थी अधिकारियों के साथ हम तादात्म्य बना सकते थे। मैं और राकेश नौ वर्ष पूर्व ही अकादमी में थे और वहाँ के शिक्षण-संकाय में सबसे युवा थे।

संकाय के सदस्य के रूप में हमारा एक कर्तव्य यह भी था कि प्रशिक्षणार्थियों को परामर्श दें। बैच के अनेक समूह बनाकर उन्हें संकाय के विभिन्न सदस्यों में बाँट दिया गया। उन्हें परामर्श देना, उन्हें राह दिखाना हमारा काम था, भारत-दर्शन, ग्राम-यात्रा, संसदीय प्रशिक्षण जैसी सारी यात्राओं पर हमें उनके साथ-साथ रहना होता था।

प्रत्येक बैच में मुझे कुछ ऐसे प्रशिक्षणार्थी नज़र आए जिन्हें अकादमी की जीवनचर्या के साथ तालमेल बैठाने में कठिनाई हो रही थी। उनमें से अनेक बहुत कम-उम्र थे और पहली बार घर से बाहर निकले थे। उन सबकी हर कठिनाई को हमें संवेदना के साथ देखना था। कुछ के लिए कड़ा आउटडोर प्रशिक्षण पूरा करना अत्यन्त कठिन था जबकि कुछ को अनुशासित जीवनचर्या विद्रोही बना रही थी। पर उनके लिए अनुशासन को स्वीकार करना ज़रूरी था। क्षेत्र में काम करते वक़्त अधिकारियों के पदानुक्रम से कोई छुटकारा नहीं मिलता; उच्चाधिकारी की बात माननी ही होती है, बिना कोई सवाल किए पूरी आज्ञाकारिता के साथ उनके आदेशों का पालन करना ही पड़ता है।

अक्सर मैं देखती कि सीधी-सादी पृष्ठभूमि से आए प्रशिक्षणार्थी भा.पु.से. के उच्चवर्गीय वातावरण में ख़ुद को जल बिन मछली जैसा अनुभव कर रहे हैं। उनके भीतर असुरक्षा की, बड़े शहरों के प्रतिष्ठित कॉलेजों में पढ़कर आए लोगों की तुलना में हीन होने की भावना घर करने लगती थी। दो भिन्न संस्कृतियों के बीच फँसे ऐसे प्रशिक्षणार्थियों का हमें ख़याल रखना होता था और आवश्यक लगे तो व्यक्तिगत रूप से सलाह भी देनी होती थी।

और हाँ, ख़ुद को तुर्रम खाँ समझने वाले घमंडी भी प्रत्येक बैच में होते थे—विशिष्ट वर्ग में जन्मे ऐसे युवा अधिकारी जो बस इसलिए अकड़ कर चलते थे, दूसरों को अपने से हीन समझते थे कि उन्हें टाई की गाँठ लगानी आती है और वे फर्राटेदार अंग्रेज़ी बोल सकते हैं। संघ लोक सेवा आयोग विभिन्न पृष्ठभूमियों से आने वाले सुयोग्य प्रत्याशियों का चुनाव करता है। उनमें से कुछ ने कभी कोई गाँव नहीं देखा होता है तो कुछ सीधे गाँव से ही आ रहे होते हैं।

कई बार उस्ताद और सहायक निदेशक (आउटडोर) प्रशिक्षणार्थियों के

साथ बड़ा सख़्त बर्ताव करते थे और तब हमें हस्तक्षेप करना पड़ता था।

1986 के बैच का एक प्रशिक्षणार्थी बहुत संकोची था। भूपेन्दर सिंह आपसी परामर्श में कहता, 'मै'म, मैं दिल से एक आदर्शवादी हूँ, मुझे नहीं लगता कठोर अनुशासन वाला यह जीवन मेरे लिए है।' उसने कहा वह त्यागपत्र देने की बात सोच रहा है।

भूपेन्दर के साथ मैंने थोड़ा अतिरिक्त समय बिताया, उसके साथ बड़ी बहन बन कर बात की। समझाने की कोशिश की कि अगर प्रयास करता रहेगा तो धीरे-धीरे सब ज़्यादा आसान लगने लगेगा। अपने से पहले के अनेक प्रशिक्षणार्थियों की तरह वह भी प्रशिक्षण की माँगों के साथ सामंजस्य बैठा सकेगा। थोड़ा-बहुत आत्मविश्वास शायद मैं जगा पाई; उसने त्यागपत्र नहीं दिया। मेरी इस बात ने कि आदर्शवादियों की आवश्यकता अन्य किसी भी स्थान से अधिक पुलिस में है, शायद उसे आश्वस्त कर दिया।

भूपेन्दर के अकादमी छोड़कर जाने के बाद मैं उससे कभी नहीं मिली और अक्सर सोचती रहती कि वह सेवा में बना रहा अथवा नहीं। 2019 में मुझे एक फ़ोन आया, मैं तुरन्त उसकी आवाज़ पहचान गई। भूपेन्दर ने बताया कि हाल ही में उसने राजस्थान के महानिदेशक का पदभार सँभाला है। यह भी कहा कि मेरी याद उसके मन में उस पथ प्रदर्शक की है जिसने उसे ऐसे वक़्त में, जब वह दिशाहीन महसूस कर रहा था, सेवा में बने रहने के लिए राज़ी कर लिया था। यह जान कर कि किसी के जीवन में मैं इतनी सकारात्मक भूमिका निभा पाई और मेरे बारे में वह पैंतीस वर्ष बाद भी सोचता है, मुझे बहुत सन्तोष मिला।

एक अन्य अधिकारी जिसे लेकर मैं सदा चिन्तित रहती थी, बिहार से था। मोटे चश्में और शान्त हाव-भाव वाला पढ़ाकू किस्म का सीधा-सादा युवक। इतना दुर्बल कि मुझे चिन्ता होती कि यहाँ के कठोर जीवन से, जिसमें आउटडोर कार्यकलापों पर कुछ ज़्यादा ही ज़ोर है, वह कैसे निपट पाएगा। मेरी चिन्ता अकारण नहीं थी।

उससे व्यायाम न हो पाया। सहायक निदेशक (आउटडोर) श्री रामकृष्ण—जो इतने सख़्त थे कि निदेशक महोदय भी उन्हें 'कड़क' अनुशासक बुलाते थे—उसे बेहतर करने के लिए ठेलते रहे, लेकिन पहली आउटडोर परीक्षा में वह अनुत्तीर्ण हो गया। लड़का अन्दर से इतना हिल गया कि सच में पुलिस-सेवा छोड़ने की सोचने लगा।

वैसे तो शुरुआती महीनों में सच ही हमारे उस्तादों को हम सबको हमारी बर्दाश्त के बाहर मेहनत करने के लिए ठेलना होता था, मैंने सोचा मुझे सहायक निदेशक (आउटडोर) से बात कर लेनी चाहिए। श्री रामकृष्ण से मैंने कहा कि यह अधिकारी आउटडोर प्रशिक्षण के लिए ज़रूरी शारीरिक श्रम नहीं कर पा रहा और सुझाव दिया कि उसे थोड़ा समय दें कि ज़रूरत के अनुसार ख़ुद को ढाल सके।

श्री रामकृष्ण आश्वस्त नहीं दिखे—व्यायाम से बचने के लिए बहाने बनाने वाले प्रशिक्षणार्थियों से वे हमेशा सावधान रहते थे—पर इस युवक की एकनिष्ठा देखकर वे मान गए। अरुण कुमार सिन्हा आज अपने काडर के सबसे सफल अधिकारियों में से हैं और एक अत्यन्त वरिष्ठ, संवेदनशील पद पर आसीन हैं। जिस प्रकार शीर्ष पद पर रह कर भी सेवा के प्रति उनका रवैया विनम्र बना हुआ है, जिस प्रकार उन्होंने स्वयं को गढ़ा है, देखकर मन गद्‌गद हो जाता है।

कभी-कभी ऐसा भी होता कि ख़ुद का मन तो अपनी सलाह के औचित्य के प्रति सन्देह के बादलों से घिरा है और प्रशिक्षणार्थी अधिकारियों को हम पुलिस सेवा में बने रहने के लिए तैयार कर रहे हैं! आज भी मुझे याद है कि प्रशिक्षणार्थी सत्य सुन्दर त्रिपाठी को नागालैंड जाने के लिए राज़ी करते वक़्त मैं स्वयं कितनी असहज थी।

1989 के बैच में पहली बार भारतीय पुलिस सेवा के दो अधिकारियों—सत्य सुन्दर त्रिपाठी व वेद प्रकाश को नागालैंड काडर दिया गया। यह भय लगातार बना हुआ था कि विद्रोही नागा समूह अखिल भारतीय सेवाओं को स्वीकार नहीं करेंगे। काडर के आवंटन के बाद त्रिपाठी ने अपना त्यागपत्र मुझे सौंप दिया कि आगे सम्बन्धित अधिकारियों को भेज दूँ। पत्र मैंने दराज़ में रखा और उसे नागालैंड जाने के लिए समझाती रही हालाँकि पूरा समय मैं उसकी सुरक्षा को लेकर आशंकित थी। प्रशिक्षण पूरा कर लेने के पश्चात जब वह नागालैंड चला गया तो वह पत्र मैंने फाड़ दिया।

त्रिपाठी तो सुरक्षित रहा पर यह जान कर अत्यन्त दुख पहुँचा कि घात लगा कर किए गए हमले में वेदप्रकाश के प्राण चले गए। त्रिपाठी आज संयुक्त राष्ट्र संघ में उच्च पदासीन अधिकारी है। हाल ही में जब मैं उनके बैच के सम्मिलन में अकादमी गई—अब बैच के शिक्षकों को भी आमंत्रित किया जाता है—तो त्रिपाठी से यह सुन कर हार्दिक प्रसन्नता हुई कि मेरे समझाने के परिणाम स्वरूप ही वे इस सेवा में बना रहा।

लाल तेन्दू मोहन्ती नाम के एक अन्य प्रोबेशनर को जम्मू-कश्मीर काडर दिए जाने पर भी मुझे ऐसी ही आशंका ने सताया था। मोहन्ती ओडिशा के एक प्रभावशाली परिवार से था, रोज़ रात उसके पिता का फ़ोन आता कि इस्तीफ़ा दे दे और बिना देर किए घर चला आए। पिता और पुलिस-सेवा में बने रहने की इच्छा के बीच फँसा वह दुविधा में था।

मेरा काम था कि उसे सलाह दूँ और पुलिस सेवा छोड़ने से रोकूँ। पर कश्मीर में उन दिनों हालात बहुत ख़राब चल रहे थे, क्या पता उस पर क्या बीते? मैंने मोहन्ती को सेवा में बने रहने के लिए प्रेरित किया। हालाँकि उसके अपने काडर में चले जाने के बाद मेरा सम्पर्क टूट गया, उसकी सुरक्षा को लेकर मेरी चिन्ता कभी ख़त्म नहीं हुई। बरसों बाद दिल्ली में मिले तो यह देखकर मैं बहुत ख़ुश हुई कि वह बहुत अच्छा कर रहा है।

इन्हीं सारे अनुभवों की वजह से बाद में जब काडर आवंटन सम्बन्धी नियम बदले गए तो मुझे बहुत हर्ष हुआ। काडर का आवंटन अब प्रशिक्षण के अधबीच न हो कर, प्रशिक्षण शुरू होने के पहले ही हो जाता है। पुराने तरीके में किसी प्रशिक्षणार्थी अधिकारी को संवेदनशील काडर दिए जाने पर अक्सर उसे लगता था कि वह पुलिस सेवा में फँस गया है।

*

सच है कि संघर्ष करके, कठिनाइयों से लड़ के विजेता की तरह सामने आने वालों को आप अधिक प्यार के साथ याद करते हैं पर मेरी स्मृति में कुछ अधिकारी इसलिए भी अंकित हैं कि उन्होंने पहले दिन से ही प्रभावित किया।

रा.पु.अ. में सबसे कड़ी स्पर्धा बेस्ट ऑल-राउंड प्रोबेशनर व बेस्ट आउट-डोर प्रोबेशनर पुरस्कार पाने की होती है। बेस्ट ऑल-राउंड प्रोबेशनर को दीक्षांत परेड के दिन प्रधानमंत्री का बैटन व गृह मंत्रालय का रिवॉल्वर मिलता है। प्रत्येक बैच में प्रथम स्थान पाने वाले प्रोबेशनर को बैटन दिए जाने की परम्परा तब से शुरू हुई जब विशिष्ट अतिथि के रूप में प्रधानमंत्री जवाहरलाल नेहरू वहाँ आए और बेस्ट ऑल-राउंड प्रोबेशनर को अपना बैटन दे दिया। यह बैटन अकादमी में रखा जाता है और प्रति वर्ष प्रथम आने वाले को एक नए रिवॉल्वर सहित बहुत विधि-विधान सहित प्रदान किया जाता है।

बेस्ट आउट-डोर प्रोबेशनर को भारतीय पुलिस सेवा की सलामी तलवार (स्वॉर्ड ऑफ़ ऑनर) विधिवत समारोह के साथ प्रदान की जाती है।

सहायक निदेशक के तौर पर हमारी निगरानी में पहली दीक्षांत परेड 1985 के बैच की थी। अनूप कुमार सिंह को बेस्ट ऑल-राउंड प्रोबेशनर घोषित किया गया। आगे चलकर वे राष्ट्रीय सुरक्षा गार्ड के महनिदेशक बना। आचार-विचार, व्यवहार और व्यक्तित्व में मुझे वह बाक़ी सबसे कुछ ऊपर लगा था। 1986 में वी.एस.के. कौमुदी बेस्ट ऑल-राउंड प्रोबेशनर बना; 1987 में नन्द कुमार सरवदे; 1988 में अतुल करवल; 1989 में संजय कुंडू। इन सभी का कार्य-प्रदर्शन बहुत अच्छा रहा है।

इन पाँच प्रोबेशनरों का उल्लेख मैंने इसलिए किया क्योंकि इन कई सालों में मैं इतना समझ गई हूँ कि कभी-कभी जो हमें अकादमी में बहुत प्रभावित करते हैं, ज़रूरी नहीं कि क्षेत्र में जा कर भी अच्छा काम करें। उनमें से कुछ ग़लत रास्ता पकड़ लेते हैं, कुछ अपने अधिकार का दुरुपयोग करते हैं जबकि कुछ अन्य काम ही ठीक नहीं करते। किन्तु इन पाँचों बेस्ट ऑल-राउंड अधिकारियों ने पुलिस सेवा में और उसके बाहर भी सदा उत्कृष्ट कार्य-प्रदर्शन ही किया और उनके पथ-प्रदर्शक के तौर पर हमें लगता है कि उन पर हमने जो विश्वास जताया वह सही सिद्ध हुआ।

दूसरी ओर मैं यह भी समझ गई कि जो बुरे थे वे अकादमी से निकलने के बाद, बदतर न भी बने हों, पर बुरे तो बने ही रहे। शिक्षण संकाय के अन्य सदस्यों की धारणा भी ऐसी ही थी।

अनुशासनहीनता, अभद्र व्यवहार, कामचोरी, झूठ, सहकर्मियों के साथ दुर्व्यवहार—हमने यह सब बल्कि इससे भी कहीं अधिक अपनी आँखों से देखा था। उनके ख़िलाफ़ हम अनुशासनिक कार्रवाई कर सकते थे, उनकी भर्त्सना कर सकते थे, उन्हें दंडित कर सकते थे पर उन्हें सुधार नहीं सकते थे। एक बार जब वे अकादमी से बाहर निकल जाते तो अपने पुराने ढर्रे पर लौटने को स्वतंत्र थे।

मेरा सामना इतने सारे गड़बड़ी फैलाने वालों से हुआ कि एक बात मेरे सामने साफ़ हो गई—वह यह कि ख़राब अधिकारियों की छँटाई अकादमी में ही हो जानी चाहिए। इतने सारे कुपात्र अधिकारी कम से कम बत्तीस से पैंतीस वर्षों तक सेवा में बने रहते हैं, और वह इसलिए कि अकादमी द्वारा उनके ख़िलाफ़ लिखे जाने के बावजूद राज्य कार्रवाई नहीं करते। वे ही हैं जो पुलिस

का नाम बदनाम करते हैं, जनता को सताते हैं, व्यवस्था को तोड़ते-मरोड़ते हैं और पुलिस सेवा के आन्तरिक वातावरण में विष घोलते हैं।

*

सारे सहायक निदेशकों से वादा किया गया था कि अधिक कार्य-दक्ष बनाने के लिए उन्हें कैरियर के दौरान चलने वाले पाठ्यक्रमों में भेजा जाएगा जिसमें विदेशों में प्रशिक्षण भी शामिल था। मेरा भी मानना है कि पूरे कैरियर में अपने कौशलों को लगातार तराशने की हर कोशिश करनी चाहिए। यह सोच ग़लत है कि एक बार प्रशिक्षण पूरा कर के सेवा में आ गए तो सीखने को अब कुछ शेष नहीं रहा। कुछ लोग प्रशिक्षण के अवसरों से बचते रहते हैं क्योंकि वे नहीं चाहते कि मनचाही तैनाती हाथ से निकल जाए; कुछ दूसरों के लिए पाठ्यक्रम एक काम होता है या फिर घूमने का बहाना। पर मुझे लगता है कि किसी पाठ्यक्रम से एक सीख लेकर भी लौटे तो हमारा समय और प्रयास व्यर्थ नहीं गया।

शुरुआत में मैंने भारतीय प्रबन्धन संस्थान (आई.आई.एम.) बंगलूरू द्वारा मानव संसाधन प्रबन्ध पर संचालित सप्ताह भर के एक पाठ्यक्रम में भाग लिया। इससे मुझे अपनी बात दूसरों तक पहुँचाने का कौशल साधने में मदद मिली। मैंने ये ज़रूरी बातें सीखीं कि श्रोताओं को सम्बोधित करते समय कैसे मुख्य मुद्दों पर टिके रहें, कक्षा में परिचर्चा का तरीका क्या हो।

आईआईएम बंगलूरू द्वारा महिला कार्यकारी अधिकारियों के लिए चलाए जा रहे एक पाठ्यक्रम में—जिसकी निदेशक कल्याणी गांधी थीं—भाग लेने मैं 1988 में दोबारा बंगलूरू पहुँची। पाठ्यक्रम में भाग लेने के लिए सरकार, पुलिस, ग़ैर-सरकारी संगठन, बैंक, रेलवे व अन्य कई क्षेत्रों से महिलाएँ आई थीं। व्याख्यान सुनने में तो मज़ा आया ही, उसके अलावा भी उपलब्धि के शिखर छूने वाली महिलाओं से मिल के, उनसे बातें कर के बहुत आनन्द आया।

भारतीय स्टेट बैंक की वरिष्ठ कार्यकारी अधिकारी ने वह मुद्दा छेड़ा जो हम कामकाजी महिलाओं के ज़ेहन में सबसे ऊपर होता है—समय का जुगाड़। मैंने बताया कि रा.पु.अ. में ताँता बाँधकर आने वाले आगंतुकों की आवभगत और शाम को उन्हें ख़रीदारी के लिए ले जाने की विवशता बच्चों के साथ मेरे

समय में कटौती कर देती है जिससे मुझे तनाव होता है।

'आपको न कहना सीखना होगा। सबको तो ख़ुश नहीं रखा जा सकता। ख़रीदारी पर ले जाने में शायद आपको भी मज़ा आता हो, पर अगर समय का अभाव है तो दूसरों से, और ख़ुद से भी न कहना सीखना पड़ेगा' सुश्री गांधी ने समझाया।

सच्ची और सीधी-सी बात, पर कभी-कभी ज़रूरी हो जाता है कि कोई सीधी बातें भी याद दिलाए।

लौटने पर मैंने श्री अली से अनुरोध किया कि महिला अधिकारियों के लिए एक इन-सर्विस पाठ्यक्रम आयोजित करने दें, क्योंकि मुझे इस बात की ज़रूरत महसूस हो रही थी कि सरकार में काम करने वाली महिलाएँ अपने अनुभव एक-दूसरे से साझा करें और उन्हें समझें। श्री अली ने हमेशा की तरह उत्साह दर्शाया। सुश्री कल्याणी गांधी के साथ मिलकर मैंने सरकारी महिला पदाधिकारियों के लिए एक कार्यक्रम तैयार किया। कार्यक्रम अत्यन्त सफल रहा और अगले वर्ष हमने एक और कार्यक्रम किया।

पहले कार्यक्रम में हमने भारतीय पुलिस सेवा के अतिरिक्त रेलवे, सीमा शुल्क, आयकर जैसी अन्य अखिल भारतीय सेवाओं से भी महिला अधिकारियों को आमंत्रित किया।

यहाँ भी बहुत उपयोगी परिचर्चाएँ हुईं और कक्षा के बाहर एक-दूसरे के साथ की बातचीत ने भी हमें उतना ही समृद्ध किया। उनमें से अनेक, मेरी ही तरह, अपने-अपने काडर की पहली महिला पुलिस अधिकारी थीं। प्रत्येक के सामने—वह पुरुषों के बीच स्वीकार्यता पाने की बात हो, अपने वरिष्ठ अधिकारियों का विश्वास जीतना हो अथवा क्षेत्र में तैनाती का प्रश्न हो—उसी प्रकार की चुनौतियाँ आई थीं। एक-दूसरे की कहानी सुनने से मैं समझी कि कैसे हम हरदम यही मानते आ रहे थे कि यह केवल मेरे साथ ही घट रहा है। सबके बीच अब महिलाओं की समस्याओं के सम्बन्ध में आपसी समझ बनी, अपनत्व जागा, साझेदारी हुई जिससे मुझे अपनी निगरानी में महिला प्रशिक्षणार्थियों को आने वाले दिनों के लिए बेहतर ढंग से तैयार करने, उन्हें राह दिखाने और समझाने में मदद मिली।

महाराष्ट्र काडर की मीराँ चड्ढा बोरवंकर ने बताया कि शुरुआती दिनों में वे हमेशा इतने तनाव में रहती थीं कि थाने में कभी मुस्कुराती ही नहीं थीं। वहाँ केवल पुरुष ही पुरुष होते थे! आख़िर कुछ सहकर्मियों ने उनका ध्यान

इस ओर दिलाया और कहा, 'अपने मातहतों पर मुस्कुराने में कोई नुकसान नहीं है, सारे पुरुष बुरे नहीं होते।'

कंचन चौधरी भट्टाचार्य ने, जो बाद में उत्तराखंड पुलिस की महानिदेशक बनी, बताया कैसे अपने कैरियर के आरम्भिक दिनों में वे अकेलापन महसूस करती थीं। उनका यह अनुभव उनकी छोटी बहन कविता चौधरी ने स्वयं अपने द्वारा लिखित, निर्देशित व अभिनीत लोकप्रिय दूरदर्शन धारावाहिक 'उड़ान' में दर्शाया था। और तब मैंने सबको बताया कि रेलयात्रा के दौरान मेरे सहयात्री, यह जानने पर कि मैं भारतीय पुलिस सेवा की अधिकारी हूँ, अक्सर मुझसे पूछते थे कि धारावाहिक में क्या मैंने अभिनय किया है। 'उड़ान' की अभिनेत्री और मुझमें उन्हें साम्य दिखता था! इस बात पर सब खुल कर हँसे।

किरण बेदी को भी आमंत्रित किया गया। वे प्रतिभागियों को सम्बोधित करने तो आईं पर पाठ्यक्रम में हिस्सा नहीं लिया।

अकादमी के शिक्षण संकाय का एक काम था प्रशिक्षणार्थियों को सलाह-मशविरा देना। इस तरह का काम हमने पहले तो कभी किया नहीं था तो हममें से कई को यह भूमिका ज़रा मुश्किल ही जान पड़ती थी। श्री अली ने हमारे लिए पाठ्यक्रम आयोजित किए ताकि हम सीखें कि सलाह-मशविरा दिया कैसे जाता है। भारतीय प्रबन्धन संस्थान (आई.आई.एम.), कोलकाता से डॉ. गौरांग चट्टोपाध्याय सहित एक विशेषज्ञ दल आया। डॉ. गौरांग चट्टोपाध्याय ने ही मुझे समझाया था कि नाना-नानी के घर में कठोर अनुशासन में हुए मेरे लालन-पालन का मुझ पर क्या प्रभाव पड़ा है।

सलाह देने के सम्बन्ध में डॉ. चट्टोपाध्याय ने हमें कुछ मोटी-मोटी बातें समझाईं। 'जब कोई अपने बारे में बताने लगे तो पहले ख़ुद को उनकी जगह रख कर देखो। ख़ुद को उन्हीं के धरातल पर लाओ और समझो उनकी जड़े कहाँ हैं। एक बार तादात्म्य स्थापित कर लिया, उनका भरोसा जीत लिया तो आपके सुझाव वे बेहतर प्रकार से ग्रहण करेंगे।'

रॉयल इंस्टीट्यूट ऑफ़ पब्लिक ऐड्मिनिस्ट्रेशन से प्रशिक्षण-प्रबन्ध पर एक पाठ्यक्रम के लिए राकेश 1987 में इंग्लैंड गए। इंस्टीट्यूट लंदन के बीचोंबीच था। राकेश के साथ जाने के लिए मैंने छुट्टी ले ली और बच्चों को पटना में अम्मा-बाबूजी की देखरेख में छोड़ा।

पाठ्यक्रम पूरा हो जाने के बाद हम पूरा यूरोप बस में घूमे। वह अनुभव बहुत ही रोमांचक, उस हनीमून की तरह था जो हमने मनाया ही नहीं था। मुझे

इंग्लैंड बहुत खूबसूरत लगा, और फ्रान्स, जर्मनी और स्विट्ज़रलैंड भी। भारत कब ऐसा होगा जहाँ न कोई ग़रीब होगा, न भूखा, न उपेक्षित, मैंने सोचा। लौटने पर अपनी ओर से भरसक प्रयास करने के लिए मैं और भी दृढ़ संकल्प हो गई।

यूरोप से मैं अमरीका चली गई। रेशमा अपने पति अनिल के साथ वहाँ 1977 से रह रही थी लेकिन भारत से पूरा रास्ता अमरीका जाने के लिए हमारे पास कभी पर्याप्त धन रहा ही नहीं। तो अन्ततः जब मैं सैन फ्रैन्सिस्को पहुँची, वह मुझे सब कुछ दिखाने को उत्सुक थी जिसमें स्टैनफ़ोर्ड यूनिवर्सिटी का प्रतिष्ठित परिसर भी था। फिर ईस्ट कोस्ट भी गई जहाँ छोटा भाई समीर यूनिवर्सिटी ऑफ़ पेन्सिल्वेनिया (यूपॅन्न) में पढ़ रहा था।

जहाँ तक उच्च शिक्षा की बात थी, अमरीका में असीम सम्भावनाएँ थीं और इस बात ने मुझे अत्यन्त प्रभावित किया। ग्रीक साहित्य के साथ आप संगीत की पढ़ाई कर सकते थे, भौतिकशास्त्र के साथ भाषा की, जीवविज्ञान के साथ दर्शनशास्त्र की। इस शिक्षाप्रणाली—यानी 2020 की नई शिक्षानीति—तक पहुँचने में भारत को और तीस वर्ष लगे।

मेरा ध्यान ख़ासतौर पर परिसर में मौजूद लड़कियों पर जा रहा था। वे इतने प्रमुख संस्थानों में पढ़ाई कर रही थीं, इतना कुछ हासिल कर रही थीं। लड़के-लड़कियों के बीच कोई भेदभाव नहीं था, दोनों ही रात-रात भर पुस्तकालय में बैठे पढ़ते रहते। मुझे लगा कि अमरीका जैसी जगह में न पढ़ने से मैं कुछ बहुमूल्य पाने से रह गई।

अगस्त 1989 में मुझे रॉयल इंस्टीट्यूट ऑफ़ पब्लिक ऐड्मिनिस्ट्रेशन में प्रशिक्षण-प्रबन्ध पर पाठ्यक्रम के लिए चुना गया। हालाँकि देश से बाहर अकेले जाने को लेकर मैं थोड़ा घबराई हुई सी थी और इतने लम्बे समय तक बच्चों से दूर रहने को लेकर आशंकित भी, परन्तु ख़ुश भी थी कि लंदन जा रही हूँ—वही शहर जिससे थोड़ी-बहुत परिचित हो चुकी थी। मैं उन्हीं मकान-मालिकन के साथ पेइंग-गेस्ट की तरह ठहरी जिनके साथ राकेश रहे थे। श्रीमती आशा कोहली एक पाकिस्तानी महिला थीं, जिन्होंने जम्मू के व्यक्ति से विवाह किया था। हम दोनों के बीच एक बहुत आत्मीय रिश्ता कायम हो गया था और अपना खाली समय और खाना हम एक-दूसरे के साथ बाँटते थे। यह समझना आसान था कि जिस धार्मिक विभाजन और राष्ट्रीय शत्रुता का अनुभव हमें भारत में होता है, देश के बाहर जाने पर वह सब विलीन हो जाता है—हमारा साझा इतिहास और भूगोल हमें पास ले आते हैं।

मेरे पाठ्यक्रम में अफ्रीका, वेस्ट-इंडीज़ व दक्षिण—दक्षिण पूर्वी एशिया के विकासशील देशों से प्रतिभागी आए थे जिनमें से सत्रह महिलाएँ थीं। कक्षा के बाहर इन महिलाओं के साथ अपनी बातचीत से ही मैंने सबसे ज़्यादा सीखा। यह देखना दिलचस्प था कि यदि मैं अपने बच्चों के बारे में चिन्तित थी तो कीन्या अथवा सूडान से आईं महिलाएँ भी अपने बच्चों के बारे में उतनी ही परेशान थी। हम सभी अपने निजी या व्यावसायिक जीवन में आने वाली लगभग एक जैसी समस्याओं पर बात कर रहे थे। मैंने महसूस किया जैसे एक अन्तर्राष्ट्रीय महिला संघ का अंग हूँ।

मैंने पाया कि पाठ्यक्रम बहुत अच्छी तरह से तैयार किया गया है, यह भी कि रा.पु.अ. में मैं जिस प्रकार का काम कर रही हूँ, यह पाठ्यक्रम उसके अनुरूप है। हमने अन्तर्वैयक्तिक (इंटर-पर्सनल) कौशलों, सम्प्रेषण (कम्यूनिकेशन) व काम की आवश्यकताओं के विश्लेषण पर आधारित पाठ्यक्रम तैयार करने के विषय में सीखा जो विशेष रूप से सहायक था।

मेरे लौटने पर निदेशक महोदय ने मुझसे 1989 के बैच के लिए, पाठ्यक्रम के निदेशक का दायित्व दिया, साथ ही सेवा के दौरान पढ़ाए जाने वाले कनिष्ठ प्रबन्धन पाठ्यक्रम (जूनियर मैनेजमेंट कोर्स) को भी देख लेने को कहा।

इस काम से मैंने सीखा कि कैसे एक पूरे बैच का भार उठाएँ, कैसे उन्हें सही राह दिखाएँ। युवा अधिकारियों को पुलिस सेवा के भावी नेतृत्व के रूप में गढ़ने के अपने दायित्व की भावना मुझमें और गहरी हो गई। एक साथ कई सारे काम करना भी सीखा। लगातार अनेक भूमिकाएँ निभाते हुए मुझमें कुछ ऐसी परिपक्वता आ गई जिसकी कल्पना मैंने अकादमी में आने से पहले नहीं की थी।

*

प्रखर बुद्धि युवा अधिकारियों का गुरु बनकर रहना यदि मन को तृप्ति देता था तो कर्तव्य-पथ पर उन्हें खो देना दिल को उतना ही तोड़ता था।

मुझे आज भी याद है 1989 बैच का सलामी तलवार पाने वाला हमारा अधिकारी अशोक कामटे आउटडोर कार्यकलापों के लिए कैसे हरदम उत्साह से छलकता रहता था। मुम्बई में 26/11 को हुए आतंकवादी हमले में कामटे मुम्बई के आतंक-विरोधी दस्ते के प्रमुख हेमन्त करकरे के साथ शहीद हो गया।

कामटे की शवयात्रा जब टी.वी. पर देखी, मैं केन्द्रीय औद्योगिक सुरक्षा बल (सीआईएसएफ़) के मुख्यालय में थी। इस प्रतिभावान, जाँबाज़ अधिकारी का मुस्कुराता चेहरा आँखों के सामने कौंध गया और मैं फूट-फूट कर रो पड़ी।

साथी अधिकारियों का निधन हमेशा बड़ा आघात देता है, पर जब हम अकादमी में थे, तो हर क्षति और भी गहरी चोट देती थी। शायद इसलिए कि ये वो जगह थी जहाँ भारतीय पुलिस सेवा अधिकारी बनकर तैयार होते थे, हो सकता है इससे हमें अपने काम की राह में आने वाले ख़तरों का ध्यान आ जाता हो या शायद इसलिए कि हमारा शोक सामूहिक था, पर प्रत्येक मृत्यु से अकादमी में उदासी का अन्धकार छा जाता था।

अकादमी की पत्रिका की सम्पादक होने के नाते मैं बहुत भारी मन से श्रद्धांजलियाँ लिखा करती थी। पहली श्रद्धांजलि मैंने अरुण कुमार अरोड़ा के लिए लिखी जो 1984 बैच का बेस्ट ऑल-राउंड प्रोबेशनर था। जुलाई 1986 में अरुण सहायक पुलिस अधीक्षक के पद पर प्रशिक्षण ले रहा था जब जोधपुर में एक जाँच के दौरान हुए धमाके में घातक रूप से घायल हो गया और अकादमी के शहीद स्मारक में एक नाम और जुड़ गया।

भारतीय पुलिस सेवा में यह स्मारक एक तीर्थस्थली है। 21 अक्तूबर को पुलिस स्मृति दिवस पर परेड की जाती है और कर्तव्य पथ पर प्राणोत्सर्ग करने वाले भारतीय पुलिस सेवा के अधिकारियों को हम श्रद्धांजलि अर्पित करते हैं।

अकादमी में रहते हुए जिस एक और घटना से गहरा सदमा पहुँचा वह था पटियाला में दो युवा अधिकारियों का चले जाना। 1979 बैच के ए.एस. बरार पटियाला में वरिष्ठ पुलिस अधीक्षक थे व 1982 बैच के सहायक पुलिस अधीक्षक के.आर.एस. गिल उनके अधीन प्रशिक्षण ले रहे थे। पंजाब में अनेक आतंकवादी विरोधी अभियानों का दोनों ने मिलकर नेतृत्व किया था। 14 दिसम्बर, 1987 की सुबह, जब दोनों साथ दौड़ रहे थे, आतंकवादियों ने हमला किया और मौके पर ही हत्या कर दी।

जब समाचार मिला तो परिसर में एक भयभीत-सी चुप्पी छा गई। 'अगला कौन जाने वाला है?' वह चुप्पी मानो चीख-चीख कर पूछ रही थी।

सबसे बड़ी क्षति—व्यक्तिगत रूप से मेरे लिए और अकादमी में अन्य अधिकारियों के लिए भी—1987 बैच की प्रशिक्षणार्थी वन्दना मलिक की मृत्यु थी। वन्दना को मणिपुर-त्रिपुरा काडर दिया गया था जहाँ वह इम्फ़ाल के लमशंग पुलिस थाने में ज़िले का व्यावहारिक प्रशिक्षण ले रही थी।

8 अप्रैल, 1989 को वन्दना एक सार्वजनिक परीक्षा के लिए बन्दोबस्त ड्यूटी लगा कर वापस थाने लौट रही थी कि विद्रोहियों ने उसके वाहन पर आक्रमण किया और वह मारी गई।

मुझे वन्दना से अत्यधिक स्नेह था। मेधावी अधिकारी, इन-डोर और आउट-डोर दोनों प्रशिक्षण में समान रूप से कुशल और साथ ही पाठ्यक्रम से बाहर के कार्यकलापों में भी भाग लेती थी। परामर्शदाता होने के नाते मैं उसे देखने इम्फ़ाल भी गई थी। उसके साथ रुकी थी और कितनी ही चीज़ों के बारे में हमने बहुत सारी बातें की थी। वह अपने घर जाने की राह देख रही थी, हालाँकि भारी दिल से, क्योंकि कुछ माह पहले ही हृदयाघात के कारण उसने अपनी माँ को खो दिया था।

जिस दिन उसके न रहने की ख़बर मिली, मैं परिसर से बाहर गई हुई थी। लौटने पर 1988 बैच के सारे प्रोबेशनरों को भा.पु.से. मेस के सामने सिमटे हुए, स्तब्ध, एकदम मौन खड़े पाया। अब भी याद है कैसे अधिकारी सुन्दरी नन्दा और रश्मि शुक्ला सदमे में, छलकती आँखें लिये बाहर खड़ी थीं। सब सन्न थे; समझ ही नहीं पा रहे थे कि करें क्या।

अगले दिन, श्री अली और मैं शवयात्रा में शामिल होने के लिए वन्दना के गृहनगर फ़रीदाबाद गए। वह इतनी शान्ति के साथ लेटी हुई लग रही थी, मानो किसी भी क्षण उठ बैठेगी। उसका अन्तिम संस्कार पूरी वर्दी में, पूरे पुलिस सम्मान के साथ किया गया। उसे जाते देख मेरा संकल्प टूट गया और मैं रो पड़ी।

वापस अकादमी आने पर मुझे वन्दना का पत्र मिला जो उसने मृत्यु के एक दिन पहले डाक में डाला होगा। पत्र में लिखा था कि उसे माँ की बहुत याद आती है। वह पल उन सबसे क्रूर और कठिन पलों में से था जिनसे मैं अकादमी में रहते हुए गुज़री। वन्दना के बैच में पाँच लड़कियाँ थीं और उन सबके लिए मेरा दिल दुख रहा था। मैं जान रही थी कि अपने बीच से किसी को खो देने से वे कितनी विचलित होंगी, तो उनका दुख बाँटने, उन्हें ढाँढस बँधाने के लिए मैंने उन्हें पत्र लिखने का फ़ैसला किया।

प्रशिक्षणार्थी जब अकादमी में आते हैं, उनसे एक फ़ॉर्म भरने के लिए कहा जाता है। 'भारतीय पुलिस सेवा में आप क्यों आना चाहते हैं?' प्रश्न के नीचे वन्दना ने लिखा था : '...एक महिला पुलिस अधिकारी के सामने रखी जाने वाली चुनौतियाँ, एक घटनापूर्ण जीवन की उम्मीद।'

इस चुनौती को जीने की कीमत इस जीवन्त, युवा लड़की ने अपना जीवन देकर चुकाई। वन्दना के प्रति अपनी श्रद्धांजलि लिखना हृदय-विदारक था। अपनी पीड़ा मैंने छपे हुए पन्ने पर उड़ेल दी :

> शहीदों को हम फूलों से श्रद्धांजलि देते हैं, पर शहीद जब एक फूल हो तो क्या करें। 8 अप्रैल, 1989 के दिन वन्दना ने अपने देश और पुलिस सेवा को महानतम उपहार दिया—अपना अधूरा जीवन। आज अपने शस्त्रों को उलट कर और एक अनकही अलविदा के साथ हम उसकी स्मृति को मन में सँजो रहे हैं।

जैसे-जैसे वर्ष बीते हमने ऐसे और अधिकारी खोए जिन्हें हमने प्रशिक्षित किया था। जैसा कि पहले बताया 1988 बैच का एक अत्यन्त वीर पुलिस-अधिकारी वेद प्रकाश, अगस्त 1994 में मोकोकचुंग में नागा विद्रोहियों के हाथों मारा गया। इस ख़तरनाक तैनाती से वह कतई घबराया नहीं था।

1987 बैच के रवि कान्त सिंह की 1996 में, जब वह असम में बतौर पुलिस-अधीक्षक, तिनसुकिया, उग्रवादियों को सँभाल रहा था, उल्फ़ा (यूनाइटेड लिबरेशन फ्रंट ऑफ़ असाम) ने हत्या कर दी थी। अब भी मुझे याद है वह कितना समझदार, कितना व्यावहारिक लड़का था। 1987 बैच का जी. परदेसी नायडू हैदराबाद में महबूबनगर में पुलिस अधीक्षक था जब 1993 में नक्सलियों द्वारा बारूदी सुरंग के धमाके में मार दिया गया।

मेरे और राकेश के लिए अपने प्रशिक्षणार्थियों को खोना अत्यन्त पीड़ादाई था।

इस दौरान हमें अपने बैच के साथियों और मित्रों को खोने का दर्द भी सहना पड़ा। पंजाब के अति साहसी पुलिस अधिकारी सीतल दास की मृत्यु की ख़बर ने मुझे एकदम सुन्न और दुखी कर दिया। पटियाला में वे वरिष्ठ पुलिस-अधीक्षक के पद पर थे जब अगस्त 1988 में, स्वयं पर नियंत्रण खो चुके एक सहायक उप-निरीक्षक (ए.एस.आई.) से हथियार डलवाने के लिए गए। जब उन्होंने सहायक उप-निरीक्षक से अपना रिवॉल्वर लौटाने के लिए कहा तो उसने उन्हें एकदम नज़दीक से सीधे गोली मार दी।

हमारे बैचमेट, हिमाचल प्रदेश के दौलत सिंह नेगी को असम-मेघालय काडर दिया गया था। वे भारतीय सेना में रह चुके थे और 1971 के युद्ध में लड़े थे। प्रोबेशन के दिनों में मैं उनके ज़्यादा नज़दीक नहीं थी पर जब वे एक

इन-सर्विस पाठ्यक्रम के लिए रा.पु.अ. आए तो हमारी अच्छी दोस्ती हो गई थी। वे चाहते थे कि मैं उनकी पत्नी के लिए हैदराबाद के प्रसिद्ध मोती ख़रीदने में मैं उनकी मदद करूँ। जुलाई, 1990 में वे पुलिस अधीक्षक डिब्रूगढ़ के पद पर लौटे और उसके बाद जल्द ही उन पर घात लगा कर हमला कर के मार डाला गया, कथित तौर पर उल्फ़ा के लोगों द्वारा।

हर मौत व्यक्तिगत क्षति जैसी महसूस होती—हमें तोड़ती, चूर-चूर करती, सुन्न कर देती।

*

एक बार फिर विदा लेने की बारी थी पर इस बार एक ख़ुशनुमा, ख़ुशहाल माहौल में। हम सब की नज़र में श्री अली का स्थान बहुत ऊँचा था। वे बहुत अच्छे बॉस थे, अकादमी में सुधार लाने के लिए प्रतिबद्ध। पर हम सहायक निदेशक उनके बारे में चुटकी लेने से चूकते नहीं थे। श्री अली हम से इतनी ऊँची अपेक्षा रखते थे कि हम हँसी-हँसी में कहते कि वे आदेश देते तो आज हैं और उम्मीद करते है कि काम बीते कल में ही पूरा हो गया होगा।

मेरे विचार में श्री अली के नेतृत्व में अकादमी इसलिए इतना फली-फूली क्योंकि वे पहले, अकादमी जब माउंट आबू में थी, वहाँ सहायक निदेशक रह चुके थे और क्या किया जाना है इसकी उन्हें बिलकुल सही जानकारी थी। अकादमी से वे अन्दर-बाहर से पूरी तरह वाकिफ़ थे। अक्सर वरिष्ठ अधिकारीगण अपने कार्य-जीवन के अन्त में, रा.पु.अ. निदेशक के पद के साथ जुड़ी प्रतिष्ठा से आकृष्ट हो कर यहाँ आ जाते हैं, भले ही जीवन भर उनका प्रशिक्षण से कुछ भी लेना-देना न रहा हो। अकादमी ने हर प्रकार के निदेशक को देखा है : कुछ ऐसे जिन्होंने अकादमी को आगे ले जाने के लिए मशक्कत की, कुछ अन्य जिन्होंने वहाँ बस अपना वक़्त काटा।

अकादमी के निदेशक के रूप में श्री अली का कार्यकाल मार्च 1990 में समाप्त हुआ। वहाँ कार्यरत छोटे-बड़े सारे लोग उन्हें जाता देख दुखी थे। विरासत में उन्होंने एक खंडहर होता परिसर पाया था और चार साल के भीतर काया पलट कर के रख दी थी। अकादमी, भारतीय पुलिस सेवा, और हम सबके जीवन में उनका योगदान जितना अमूल्य था, उसी के अनुरूप उनका विदाई समारोह अत्यन्त भव्य स्तर पर आयोजित किया गया।

करीब तीस वर्ष बाद आज अकादमी में पुनः एक ऐसा निदेशक कार्यरत है जो वहाँ पहले सहायक निदेशक पद पर काम कर चुका है। मेरे विचार से 1988 बैच के मेरे प्रोबेशनर अतुल करवल की नियुक्ति एक सही निर्णय है। गुजरात काडर के अत्यन्त सक्षम अधिकारी अतुल करवल ने अपने कैरियर के बीच में अकादमी में सहायक निदेशक के पद पर नियुक्ति का अनुरोध इसलिए किया था क्योंकि वे प्रशिक्षण का महत्त्व समझते थे। अतुल की गुरु होने के नाते आज मुझे इस बात की ख़ुशी है कि हमारी प्रिय अकादमी इस अत्यन्त सामर्थ्यवान प्रशिक्षक के हाथों में है।

कैरियर की शुरुआत में ही रा.पु.अ. में मेरी नियुक्ति एक सामान्य से हटकर अनुभव था जो अचानक आया और मेरे कार्यजीवन की यात्रारेखा बदल गया। बिहार से बाहर आ कर मैं पुलिस-व्यवस्था पर राष्ट्रीय विमर्श का अंग बन गई—सिविल सेवाओं के चोटी के पदाधिकारियों से, क़ानून व पुलिस-प्रक्रियाओं के विशेषज्ञों और साथ ही राष्ट्रीय स्तर के नीति-निर्धारकों से मेरा मिलना-जुलना हुआ। भारतीय पुलिस सेवा के भावी नेताओं को गढ़ने और उनमें से अनेक के साथ वैयक्तिक रिश्ते बनाने से भी मुझे गहरा सन्तोष मिला था। इन सारे अनुभवों ने मेरे क्षितिज को एक नया विस्तार दिया, जो कि अपने बिहार काडर में बने रहने और ज़िला या रेंज की तैनाती में सम्भव न हो पाता।

रा.पु.अ. ने सच ही मुझे पुलिससेवा में अपने बेहतरीन साल दिए।

16

मेरी लड़कियाँ

जूलियो रिबेरो एक बार मसूरी में लालबहादुर शास्त्री राष्ट्रीय प्रशासन अकादमी के एक समारोह में प्रशिक्षणार्थियों से बातचीत कर रहे थे, उनसे पूछा गया, 'सर, आपको अगर एक और जीवन मिले तो आप क्या होना चाहेंगे?'

श्री रिबेरो कुछ देर सोचते रहे फिर मुस्कुराते हुए बोले, 'मैं किसी भारतीय पुलिस सेवा अधिकारी की पत्नी होना चाहूँगा।'

अक्सर पुलिस में कहा जाता है कि भापुसे अधिकारियों की पत्नियों का जीवन सबसे सुखी होता है। उन्हें सेवा से जुड़ी सारी सुविधाएँ तो मिलती हैं पर काम का तनाव नहीं झेलना पड़ता।

मुझे याद है मैंने सोचा था, 'मैं भी तो भापुसे अधिकारी की पत्नी हूँ, मेरे बारे में तो यह ज़रा भी सच नहीं है!'

मुझे ख़ुशी थी कि मैं ख़ुद एक अधिकारी हूँ, तनाव होता है तो हो। ख़ासतौर पर रा.पु.अ. में, जहाँ मैं महसूस कर रही थी कि महिला प्रशिक्षणार्थियों की महिला पथ-प्रदर्शक की भूमिका में मैं एक बड़ा काम पूरा कर रही हूँ।

पुलिस सेवा के अपने शुरुआती सालों में मैं आशंकित-सी रहती थी कि क्योंकि मैं एक महिला हूँ, मेरे साथ कुछ अलग व्यवहार किया जाएगा। इसलिए अकादमी के लिए जब मुझे इसी कारण चुना गया कि मैं एक महिला हूँ, तो यह एक सुखद आश्चर्य था।

ख़ुद मुझे किसी महिला ने प्रशिक्षण नहीं दिया था पर पुरुषों के इस संसार में यदि मेरी गुरु एक महिला रही होती तो अवश्य अच्छा लगता। इसीलिए महिला प्रशिक्षणार्थियों को वहाँ व्यवस्थित होने में मदद के लिए और जब कभी

उन्हें अपने किसी सहृदय उच्चाधिकारी से बात करने की आवश्यकता हो, मैं ज़रूर उनके साथ रहती थी।

1987 के बैच की सुमन बाला साहू ने रा.पु.अ. की अपनी स्मृतियों का वर्णन किया, जिसमें यह बात बहुत अच्छी तरह सामने आई है कि हम यदि एक सन्तुलित पुलिस बल खड़ा करना चाहते हैं तो महिला पथ-प्रदर्शकों का होना क्यों आवश्यक है :

> मैं केवल तेईस की थी और पहली बार घर से दूर रह रही थी। हमारे बैच में आठ लड़कियाँ आई थीं लेकिन कुछ अन्य सेवाओं में चली गईं और हम पाँच ही रह गईं। भारतीय पुलिस सेवा में अब भी पुरुषों का ही वर्चस्व था। मंजरी मै'म का साथ हमें बहुत राहत पहुँचाता था। बड़ी बहन की भाँति वे हमारी देखभाल करतीं, उनमें माँ का स्पर्श था।
>
> मै'म बताती थीं कि भापुसे अधिकारी के तौर पर हमसे क्या-क्या अपेक्षाएँ हैं, विशेष रूप से एक अधिकारी की तरह हम कैसा आचरण करें, वर्दी कैसे पहनें। हमारे भीतर उन्होंने यह भावना भरी कि जब हम वर्दी में हों तो पहले एक पुलिस अधिकारी हैं, इसलिए न मेक-अप करें, न बड़ी बिंदी लगाएँ।
>
> वे हमें बहुत नाज़ुक मसलों पर भी सलाह देतीं, जैसे कि महीने के उन दिनों के विषय में। वे अपने अनुभव से बतातीं, हमें विश्वास दिलातीं कि हमारा शरीर धीरे-धीरे आउट-डोर कार्यकलापों का आदी हो जाएगा। तैरना छोड़ बाकी सारे काम हम पूरा महीना करते।
>
> आउट-डोर प्रशिक्षण में अगर हमें दिक़्क़त होती तो वे हमें सलाह देतीं, हमारी ओर से सहायक निदेशक (आउट-डोर) श्री रामाकृष्ण के साथ बात भी करतीं। आयु में हमारे गुरुजन हमसे ज़्यादा बड़े नहीं थे, पर सभी अपनी सन्तान की तरह हमसे प्यार करते थे।
>
> मै'म को तो हमारी शादी की चिन्ता भी रहती थी! बहुत मधुर और स्नेहिल रिश्ता था हमारा। एक महिला उच्चाधिकारी ही अपनी अधीनस्थ अधिकारी के साथ इस प्रकार का सम्बन्ध बना सकती है। भारतीय पुलिस सेवा में हमारी यात्रा के आरम्भ में मंजरी मै'म

का साथ मिलना हमारा सौभाग्य था। हमारे बीच जो सम्बन्ध बना वह आज उनसे पहली बार मिलने के तैंतीस साल बाद भी बना हुआ है।

*

अक्सर लड़कियाँ अपनी पुलिस वर्दी को लेकर नाख़ुश रहती थीं। 'यह मर्दों वाली वर्दी हम क्यों पहनें मै'म। हमें हमारे हिसाब से कुछ ज़्यादा सुविधाजनक क्यों नहीं दिया जा सकता?'

यह तो सच है कि पुलिस की वर्दी पुरुषों के हिसाब से ही तैयार की गई है। महिला पुलिस को क्या चाहिए इसकी बात तो जाने ही दें, स्त्री के शरीर के हिसाब से वर्दी में कोई भी फेर बदल नहीं किया गया। नियम साफ़ हैं—कमीज़ को अन्दर खोंसा जाना है, ठीक चार बटन बेल्ट के ऊपर रहने चाहिए। धड़ के ऊपर से पहनी जाने वाली क्रॉस बेल्ट में भी स्त्री की सुविधा का ध्यान नहीं रखा गया है।

फिर भी मेरे ख़याल में वर्दियाँ अलग नहीं होनी चाहिए, क्योंकि मेरी निगाह में वर्दी ही है जो सबको समान धरातल पर ला खड़ा करती है। 'जिस क्षण हमारी वर्दी अलग हो जाएगी, लोग हमें अलग नज़र से देखना शुरू कर देंगे' लड़कियों से मैं कहा करती। आप जब पुरुषों के गढ़ में प्रवेश कर रहे हों तो सबसे हट कर दिखने के पहले सबके समान दिखना होगा। मेरी आशा है कि एक दिन महिलाएँ इतनी संख्या में पुलिस-अधिकारी बनेंगी कि फिर वे अजूबा नहीं रहेंगी

प्रशिक्षण के दौरान भी महिलाओं के साथ कोई रियायत नहीं की जाती। हमें वही सब कुछ करना पड़ता है जो पुरुष प्रशिक्षार्थी करते हैं। हो सकता है कुछ गतिविधियों में हमें कम अंक मिलें पर किसी भी बहाने हम किसी गतिविधि से बच नहीं सकते, न उसे अधूरा छोड़ सकते हैं।

1972 में जब किरण बेदी भारतीय पुलिस सेवा में आईं, कहते हैं कि उन्हें कोई भी अन्य सेवा चुनने का विकल्प दिया गया था। परन्तु उन्होंने भारतीय पुलिस सेवा में बने रहना ही चुना और वर्दी के नियमों या प्रशिक्षण-कार्यक्रम में किसी रियायत की माँग नहीं की। किरण बेदी ने एक स्वस्थ परम्परा की नींव रखी और इसलिए हम सबने वही प्रशिक्षण लिया।

यही कारण है कि आज भारतीय पुलिस सेवा की कोई भी महिला अधिकारी अपने पुरुष सहकर्मी की आँखों में देखकर कह सकती है, 'मैंने और तुमने एक ही प्रशिक्षण लिया है, मैं किसी से भी कम नहीं हूँ।' भारतीय पुलिस सेवा के भीतर अपने लिए एक अलग वर्गीकरण न चाह कर अगर हम बराबरी का स्थान चाहते हैं तो यह बहुत ज़रूरी है।

एक और बात जो लड़कियों को अक्सर परेशान करती थी वह थी अपने स्क्वॉड के साथ तैरना। जैसा कि मेरे समय में था, कई बार एक स्क्वॉड में बस एक ही लड़की होती। उनमें से कुछ तैराकी की पोशाक पहन कर लड़कों के साथ पूल में जाने से साफ़ इनकार कर देती थीं।

एक लड़की ने कहा उसकी पीठ पर दाग़ है और कोशिश की कि मैं उसे तैराकी से छूट देने के लिए मान जाऊँ। मैंने धैर्यपूर्वक उसकी बात सुनी लेकिन फिर उसे अपने काम की सच्चाइयाँ भी बताईं। 'बाढ़ आई तो पुरुषों के साथ पानी में कूदना ही पड़ेगा, अपराधी बचकर भाग रहा है तो पानी से भरे खेत में पानी ठेलते हुए चलना पड़ेगा। सकुचाहट का हवाला देकर ड्यूटी से बचा नहीं जा सकता। बेहतर होगा मन की इन रुकावटों को अभी ही जीत लिया जाए।'

मैं उन्हें अपने अनुभवों के बारे में बताती। आज भी मुझे याद है अपने स्क्वॉड के साथियों के साथ निहत्थे मुकाबले का अभ्यास कितना असहज कर देता था। पर आदत डाल लेनी होती है कि पुरुष छुएगा और कंधों के ऊपर उठा लेगा। वास्तविक जीवन में हाथापाई की स्थिति में आपको महिला होने की छूट मिलने वाली नहीं है।

हालाँकि मैं हमेशा कहती हूँ कि हम पुलिस अधिकारी हैं, 'महिला पुलिस अधिकारी' नहीं, लेकिन मैं यह नहीं मानती थी कि सिर्फ़ इसलिए कि मैं भारतीय पुलिस सेवा अधिकारी हूँ, मुझे नारी जैसा व्यवहार नहीं करना चाहिए। काम के घंटों के बाहर मैं हमेशा साड़ी पहना करती, बाल लम्बे थे और मुझे सजने-सँवरने का शौक था। मुझे कभी नहीं लगा कि यह सब छोड़ देना चाहिए। अनेक महिला अधिकारियों ने मुझसे कहा कि भारतीय पुलिस सेवा के लिए चुने जाने के बाद उन्हें डर था कि अब तो अपने बाल कटवा देने होंगे साड़ी पहनना छोड़ देना होगा ताकि 'सबमें एक' लगें। पर मुझसे मिलते ही उनका ख़याल बदल गया।

1986 के बैच की मेरी प्रशिक्षणार्थी श्रीलक्ष्मी प्रसाद के पास सुनाने को काफ़ी मज़ेदार किस्सा है :

अपने बैच में हम बस दो ही लड़कियाँ थीं, पर पुरुषों की उस भीड़ में ऐसा कभी नहीं लगा कि हमें वहाँ नहीं होना चाहिए क्योंकि हमने देखा वहाँ एक महिला अधिकारी हैं। उनमें हमें अपना आदर्श दिखा, इसके पहले हम भारतीय पुलिस सेवा की किसी महिला अधिकारी से नहीं मिले थे।

शिक्षण संकाय से हमारी मुलाक़ात, प्रशिक्षण-पूर्व के परिचय (ओरिएंटेशन) कार्यक्रम में हुई थी। मैडम वर्दी में थीं—न बिंदी, न नेल-पॉलिश, बाल कस कर जूड़े में बँधे; एकदम दुरुस्त व छरहरी। दिखने में कड़क लग रही थीं, हमने सोचा ज़रूर ये व्यर्थ बात बर्दाश्त नहीं करती होंगी। उनकी क्लास में हमें मज़ा आता था, जिस तरह वे विषय समझाती थीं, हमें अच्छा लगता था।

उसी दिन देर शाम हमने अकादमी द्वारा आयोजित एक सामाजिक सभा में भाग लिया। यहाँ मैंने एक महिला को देखा—चटक रंग की साड़ी, लम्बी चोटी, लिप्स्टिक, नेल-पॉलिश, बिंदी से सजी... मुझे लगा ज़रूर ये उन महिला अधिकारी की जुड़वाँ है जिन्होंने सुबह हमारी क्लास ली थी।

काफ़ी देर तक मैं भ्रम में रही, बार-बार उन्हें देखती रही। शायद बैच की दूसरी लड़की से पूछा भी, 'क्या तुम्हें लगता है ये जुड़वाँ बहनें हैं?' और जब पता चला कि ये वही महिला हैं तो मेरा मुँह खुला का खुला रह गया।

तब तक हमारा ख़याल था कि भारतीय पुलिस सेवा की महिला अधिकारी किरण बेदी मै'म जैसी होती हैं। बाकी पुलिस अधिकारियों में से एक दिखना है तो बाल कटवाने होंगे, दबंग बनना होगा, पुरुषों जैसा व्यवहार करना होगा, उन्हीं की तरह बोलना होगा, उन्हीं जैसे कपड़े, भले ही सादे कपड़े हों, पहनने होंगे।

मैं दक्षिण भारत के एक रूढ़िवादी परिवार से हूँ, स्वभाव और प्रकृति से बिलकुल पारम्परिक। भारतीय पुलिस सेवा में चुनाव हुआ तो लोगों ने कहा अब तो तुम्हें अपने लम्बे बाल कटवाने पड़ेंगे, लड़कों जैसे

कपड़े पहनने पड़ेंगे। मुझे साड़ियाँ पहनना बहुत पसन्द है। डर रही थी कि एक बार पुलिस अफ़सर बन गई तो यह सब छोड़ना पड़ेगा।

मंजरी मै'म को देखा तो समझ आया कि यह सब बिलकुल ज़रूरी नहीं है। न पुरुष जैसा दिखना ज़रूरी है, न उनके जैसा व्यवहार करना ज़रूरी है। अपना स्त्री होना छिपाने की हमें कतई ज़रूरत नहीं, ज़रूरी यह है कि पुलिस के काम हम अपने स्त्री-स्पर्श के साथ करें।

मंजरी मै'म की हर बात मैं बड़े ग़ौर से देखा करती थी—कैसे एक महिला अधिकारी पुलिस-वर्दी में, पुलिस-सेवा में एकदम माकूल हो सकती है, कैसे वह पुरुषों के साथ मिलती-जुलती है, कहाँ वह अलग है, कहाँ सबके समान है...सब मैंने उन्हीं से सीखा। उस समय—पैंतीस साल पहले—मेरे लिए यह जानना बहुत मायने रखता था कि पुरुष प्रधान पुलिस सेवा में मैं, एक स्त्री, कैसे तालमेल बैठाऊँ।

हमारे सामने उन्होंने एक उदाहरण रखा, केवल व्यवहार और व्यक्तित्व से ही नहीं, वे हमें सलाह भी देतीं, दुनियादारी की बातें भी समझातीं। पुलिस-सेवा के अपने अनुभव हमें सुनातीं, ताकि जब हम क्षेत्र में काम पर जाएँ तो एकदम से धक्का न लगे। मेरा पूरा जीवन वे मेरे लिए एक प्रेरणा और एक मित्र बनी रही हैं।

जितनी भी लड़कियों को मैंने पढ़ाया, उनमें से मुझे ख़ासतौर पर 1985 बैच की मीरा वर्मा याद है। अपने बैच में वह एकमात्र लड़की थी और जितनी भी लड़कियों से मैं मिली हूँ उनमें शायद सबसे ज़्यादा मज़बूत। उसकी जीवन-कथा जितनी कठोर व कठिन थी, उतनी ही प्रेरणादाई भी। उनके दल के साथ भारत दर्शन यात्रा के दौरान मुझे उसे नज़दीक से जानने का मौक़ा मिला। वह चूँकि दल की अकेली लड़की थी, उसे मेरे साथ कमरा साझा करना पड़ा।

मीरा राजस्थान के एक दूरदराज़ गाँव में बड़ी हुई थी, इतनी ग़रीब कि स्कूल जाना सम्भव नहीं था। 'स्कूल जाने का समय नहीं था, मुझे कुएँ से पानी खींचना होता था, घर में मदद करनी होती थी। फिर पास में एक कॉन्वेंट स्कूल खुला और नन लोग सारे गाँव में घूम-घूम कर लड़कियों का नाम लिखवाने के लिए कहने लगीं। मेरे पिता ने तो साफ़ मना कर दिया' मीरा ने बताया।

पर नन लोगों ने भी ठानी हुई थी। उन्होंने याचना की, ज़िद की और आख़िरकार मीरा को स्कूल भेजने के लिए उसके पिता को राज़ी कर के ही मानीं।

'पहली बार मैंने पढ़ना शुरू किया और इस बात से कि मैं पढ़ने में तेज़ निकली, मुझे भी उतना ही आश्चर्य हुआ जितना बाकी सबको', पुरानी बातों को याद करके वह मुस्कुराई।

उसके मामा जब जयपुर से गाँव आए तो घर की लड़की को स्कूल जाता देख चकित रह गए। 'मुझमें कुछ सम्भावना देखने का श्रेय मामा को ही जाता है। वे मुझे जयपुर ले आए और पहले स्कूल फिर कॉलेज की पढ़ाई पूरी करवाई।'

शिक्षा ने मीरा के सामने एक पूरा नया संसार खोल दिया; उसने संघ लोक सेवा आयोग परीक्षा की तैयारी की और भारतीय पुलिस सेवा में आ गई। यह सुन मन गदगद हो गया कि जीवन में उसका एक मकसद यही था कि सारे छोटे भाई-बहनों को पढ़ाएँ।

मैं अपनी ही कहानी को बड़ा अनोखा समझती कि कैसे परिस्थितियों ने मुझे भारतीय पुलिस सेवा की दिशा में धकेला। और यहाँ यह लड़की थी, जिसके पास वास्तव में ही कुछ नहीं था फिर भी सिर्फ़ और सिर्फ़ अपनी दृढ़ संकल्पशक्ति के सहारे वह इस प्रतिष्ठित सेवा में आने में सफल हो गई। उसके साहस और जोश की मैं दाद देती हूँ। उसकी शारीरिक सबलता से भी मैं प्रभावित थी। बावजूद इसके कि मैं उसकी शिक्षिका थी, मैं इतना जान गई कि ज़िन्दगी के बारे में मैं उससे बहुत कुछ सीख रही हूँ।

सालों बाद मैं मीरा के काडर गुजरात में उससे मिलने गई। उसने एक पुलिस अधिकारी से शादी की थी और यह देखकर मुझे ख़ुशी हुई कि एक अधिकारी के तौर पर भी वह बहुत दृढ़ता और साहस से काम कर रही है।

*

उस्ताद लोग कभी-कभी प्रशिक्षणार्थियों से नामुमकिन से कारनामों की उम्मीद कर बैठते थे। एक बार मैं सहायक निदेशक (आउट-डोर) श्री रामाकृष्ण से यह सुन भौचक्की रह गई कि लड़कियों में से एक को वे दीक्षांत परेड में भाग नहीं लेने देंगे। अकादमी में पहले कभी ऐसा नहीं हुआ था कि किसी महिला अधिकारी को आउट-डोर प्रशिक्षण में अच्छा न करने की वजह से परेड में भाग लेने से रोक दिया गया हो।

श्री रामाकृष्ण से मैंने याचना की कि इतना कड़ा क़दम न उठाएँ; इससे उस लड़की का आत्मविश्वास कमज़ोर पड़ेगा। सहायक निदेशक (आउट-डोर) यद्यपि आश्वस्त नहीं लग रहे थे पर उस लड़की को उन्होंने दीक्षांत परेड में भाग लेने की अनुमति दे दी। यह बताते हुए मुझे बहुत ख़ुशी हो रही है कि वह महिला अधिकारी एक समर्थ अधिकारी बन कर निकली है और अपने काडर में बहुत अच्छा काम कर रही हैं।

अकादमी में कभी-कभी हम शारीरिक प्रशिक्षण में इतना उलझ जाते हैं कि यह नहीं समझ पाते कि रस्सी न चढ़ पाने या छलाँग पूरी न कर पाने के बावजूद एक अधिकारी के लिए क्षेत्र में अच्छा काम कर पाना मुमकिन है!

इतने सारे पुरुष पुलिस अधिकारियों व कर्मचारियों के बीच मुट्ठी भर महिलाओं की उपस्थिति के कारण लड़कियों की सुरक्षा व संरक्षा को लेकर हमें हमेशा सावधान रहना पड़ता था। अभद्र व्यवहार की छिटपुट घटनाएँ हो जाया करती थीं पर न तो शिक्षण संकाय और न ही श्री अली इस सम्बन्ध में ज़रा भी ढील सहन करते थे। अकादमी में फाउंडेशन कोर्स कर रही एक महिला ने एक दिन एक ड्रिल इंस्ट्रक्टर की शिकायत की। आरोप प्रमाणित होते ही श्री अली ने ड्रिल इंस्पेक्टर को वापस उनकी संस्था में भेजने में ज़रा भी हिचकिचाहट नहीं दिखाई।

कभी-कभी मेरा सामना एक पेचीदा स्थिति से हो जाता जहाँ नियमों के शब्दों व उनके भाव के बीच की बारीक रेखा पर चलना पड़ता था। एक दिन सुबह-सुबह एक महिला प्रशिक्षणार्थी बिलकुल बेहाल और आँखों में आँसू भरे मेरे दरवाज़े पर पहुँची। पिछली रात उसके एक सहकर्मी ने नशे की हालत में उसके साथ मेस में शारीरिक रूप से अभद्रता की थी।

उसने कहा कि दूसरे सहकर्मी उस पर दबाव डाल रहे हैं कि वह शिकायत न करे, उनका कहना है कि यह बस ग़लती से हो गया है। 'मैं क्या करूँ मै'म?' उसने मुझसे पूछा।

मैंने बात सुनी, उसकी कठिन परिस्थिति से मुझे सहानुभूति हुई। फिर पूछा कि वह क्या चाहती है। उसने कहा वह कोई निर्णय नहीं ले पा रही। उसकी दुविधा देखते हुए मैंने सलाह दी कि हमें इस घटना की सूचना निदेशक महोदय को दे देनी चाहिए। मेरा मानना है कि ऐसे मामलों में सख़्त अनुशासनिक कार्रवाई होनी चाहिए।

पर बाद में, अपने सहकर्मी के व्यवहार के विषय में कुछ देर सोचा तो

उसे एहसास हुआ कि वह सोच-विचार कर की गई अभद्रता नहीं थी, न ही वह आदतन ऐसा करता था। जब उसने मुझे सूचित किया कि वह इस मामले को ख़त्म कर देना चाहती है तो मैंने इस निर्णय का सम्मान किया।

*

वैसे तो अनेक प्रशिक्षणार्थी अधिकारियों ने हमारा सिर गर्व से ऊँचा किया, कुछ लड़कियाँ हैं जिनके लिए मेरे मन में ख़ास स्थान है, उनके उत्कृष्ट काम के लिए भी और उस रिश्ते के लिए भी जिसे पिछले तीस सालों से हम पोसते आए हैं।

1986 बैच की श्रीलक्ष्मी प्रसाद और द्युति रानी डोले बर्मन, दोनों लड़कियों ने सेवा में नाम किया। श्रीलक्ष्मी सिद्धांतवादी और व्यावहारिक पुलिस अधिकारी थी जो चुपचाप अपना काम करने में यकीन रखती थी। 2020 में वह तमिलनाडु मानवाधिकार आयोग के महानिदेशक पद से सेवानिवृत्त हुई। द्युति रानी जम्मू-कश्मीर काडर की पहली महिला भापुसे अधिकारी थी। बाद में उसने निदेशक, उत्तर-पूर्वी पुलिस अकादमी तथा निदेशक रा.पु.अ. के पद पर नाम कमाया।

1987 बैच की आर. श्रीलेखा केरल की और सुमन बाला साहू पश्चिम बंगाल की पहली महिला पुलिस अधिकारी थी, वहीं उनकी बैच की साथी ए.आर. अनुराधा आन्ध्र प्रदेश काडर में गई। श्रीलेखा ने नए-नए मार्ग खोले, पुलिस व सार्वजनिक क्षेत्र के अनेक संस्थानों में महत्त्वपूर्ण पदों को सुशोभित किया व इतने काम के साथ-साथ अनेक किताबें भी लिखीं।

अपने काडर की पहली महिला होने के कारण सुमन को पश्चिम बंगाल की वाम मोर्चा सरकार में क्षेत्र की तैनाती नहीं मिल पाई। पर इससे उत्साह कम नहीं हुआ, जो भी पद मिला उसने भली-भाँति निभाया। एक दिन उसे किसी पुलिस संस्थान के प्रमुख के रूप में देखूँगी, ऐसी मेरी पूरी आशा है।

1988 बैच की रश्मि शुक्ला भी मुझे याद है। इतना तो साफ़ था कि वह भारतीय पुलिस सेवा प्रशिक्षण के कड़े शारीरिक श्रम के लिए नहीं बनी है, पर सारी चुनौतियों को उसने जिस तरह जीता, क्षेत्र के सभी लोग प्रभावित हो गए। उस नाज़ुक-सी लड़की को पहले एक सख़्त पुलिसकर्मी और फिर पुणे की पुलिस आयुक्त बनते देखना बहुत सुखद अनुभव था। उसी बैच की एस. सुन्दरी नन्दा ने पुद्दुचेरी की प्रथम महिला पुलिस महानिदेशक बन कर नाम रोशन किया जबकि बी. संध्या ने केरल में बहुत प्रभावशाली कैरियर बनाया। बाद में

उसने आपराधिक न्याय में पी-एच.डी. की और अनेक किताबें प्रकाशित कीं।

1989 के बैच की बी. राधिका के कैरियर को आगे बढ़ते देख मुझे ख़ुशी मिली। ओडिशा काडर की पहली महिला अधिकारी राधिका एक कर्मठ, ईमानदार व निष्ठावान अधिकारी के रूप में जानी जाती है और इस समय नई दिल्ली में सशस्त्र सीमा बल में कार्यरत है। उसकी बैच-मेट नीना सिंह, जो स्नातकोत्तर उपाधि के लिए हार्वर्ड विश्वविद्यालय गई थी, राजस्थान पुलिस में अपने अभिनव प्रयोगों के लिए ख्यातनाम है। केन्द्रीय अन्वेषण ब्यूरो (सीबीआई) में भी उसने नाम कमाया। यह जान कर कि नीना ने, अर्थशास्त्र में नोबल पुरस्कार पाने वाले अभिजीत विनायक बैनर्जी व एस्थर डुफ़्लो के साथ मिलकर, पुलिस-सुधारों व पुलिस के साक्ष्य-आधारित काम पर दो शोधपत्र लिखे हैं, मुझे अत्यधिक गर्व हुआ।

1990 के बैच की रेणुका मिश्रा, सविता हांडे, सीमा अग्रवाल, तनुजा श्रीवास्तव और तिलोत्तमा वर्मा अलग ही दिखती थीं। रेणुका ने उत्तर प्रदेश के अपने काडर में कॉन्स्टेबलों की भर्ती प्रक्रिया पारदर्शी व न्यायोचित बना कर, उसमें भाई-भतीजावाद व भ्रष्टाचार का अन्त करके पुलिस-बल की बहुत बड़ी सेवा की है। उसके द्वारा तैयार की गई मानक संचालन प्रक्रिया (स्टैंडर्ड ऑपरेटिंग प्रोसीजर—एसओपी) का पालन आज देश भर में हो रहा है और एक अत्यन्त भ्रष्ट चलन को समाप्त करने के लिए उसे हर ओर से वाहवाही मिल रही है। सविता ने विश्व भ्रमण किया और राष्ट्रसंघ के लिए अनेक प्रकार के चुनौतीपूर्ण कार्यों को उनकी परिणति तक पहुँचाया। इस समय वह अफ़ग़ानिस्तान में है।

सीमा अग्रवाल के विषय में पढ़ कर भी मुझे हर्ष हुआ जिसने तमिलनाडु अपराध अभिलेख (क्राइम रिकॉर्ड्स) ब्यूरो में तैनाती के दौरान लापता लोगों को उनके परिवारों से मिलाने में सहायता की थी।

तनुजा ने स्त्री-समस्याओं के सम्बन्ध में व उत्तर प्रदेश के पुलिसकर्मियों को इस दिशा में संवेदनशील बनाने के लिए जो काम किया, वह बड़े स्तर पर सराहा गया है। तिलोत्तमा ने वन्यजीवन अपराध नियंत्रण ब्यूरो में कार्यभार सँभाला जहाँ वह देश की वन्यप्राणी सम्पदा की सुरक्षा का बड़ा काम कर रही है।

मेरे ही समान रेणुका और तिलोत्तमा के पति भी भारतीय पुलिस सेवा के अधिकारी थे जिनके साथ सहायक निदेशक पद पर वे रा.पु.अ. में आईं और अपना कार्य बहुत दक्षता के साथ पूरा किया।

1990 बैच की एक अन्य उल्लेखनीय लड़की थी बिहार के एक भापुसे अधिकारी की बेटी अनुराधा शंकर जो जब प्रशिक्षण के लिए अकादमी में आई तो दो छोटे बच्चों की माँ थी। दुबली-पतली थी तो आउट-डोर प्रशिक्षण उसे काफ़ी कठिन लगता था और बच्चों से दूर थी तो ख़ुद को अपराधी महसूस करती और दुखी रहा करती थी। फिर भी उसने अपना प्रशिक्षण पूरा किया और मध्य प्रदेश काडर में गई, जहाँ उसने बहुत अच्छा काम किया।

इनमें से प्रत्येक अपने-अपने काडर की पहली या फिर पहली कुछ महिलाओं में से थी, प्रत्येक ने—कभी-कभी विषम व प्रतिकूल वातावरण में—उन सारी चुनौतियों का सामना किया जिनसे अपनी राह स्वयं बनाने वालों को गुज़रना पड़ता है। अपनी संकल्पशक्ति और कठोर परिश्रम के बल पर उन्होंने अपने बाद आने वाली भारतीय पुलिस सेवा की सारी महिला अधिकारियों के लिए हर राज्य का दरवाज़ा खोल दिया। मुझे उन सब पर गर्व है।

सितम्बर 2020 में तमिलनाडु की किरण श्रुति डी.वी. को 2018 के बैच के 131 अधिकारियों में से—जिनमें 28 महिलाएँ थीं—बेस्ट ऑलराउंड प्रोबेशनर चुना गया। प्रधानमंत्री श्री मोदी ने जब वीडियो लिंक के माध्यम से प्रशिक्षणार्थियों को सम्बोधित किया और किरण से पूछा, 'आपने इंजीनियरिंग छोड़कर भारतीय पुलिस सेवा को क्यों चुना?' उसने जवाब दिया, 'सर, मेरी हमेशा से आकांक्षा थी कि सिविल सेवा में जाऊँ। वर्दी वाली सेवाओं के प्रति मेरे परिवार के मन में बहुत सम्मान है। मेरा नाम किरण श्रुति, किरण बेदी मैं'म के नाम पर रखा गया है।'

किरण बेदी से यह कहे जाने से लेकर, कि क्योंकि पहले कभी किसी महिला ने भारतीय पुलिस सेवा में आना नहीं चुना था इसलिए वे कोई अन्य सेवा चुन लें; अब लड़के-लड़कियों के मिश्रित बैच में किरण श्रुति के सर्वोत्तम प्रशिक्षणार्थी चुने जाने तक हम सच में बहुत आगे निकल आए हैं।

17

वापसी, एक नए बिहार में

1990 बिहार में सत्ता-परिवर्तन का साल था, वर्षों के कांग्रेस शासन के बाद वहाँ जनता दल ने सरकार बनाई थी। मार्च 1990 में लालू प्रसाद यादव ने कुर्सी सँभाल ली थी और वे एक के बाद एक बदलाव ला रहे थे।

रा.पु.अ. में थे तो अपने गृहराज्य में घट रही घटनाओं को हम बड़ी दिलचस्पी से पढ़ा करते थे। सबसे बड़ी ख़बरों में एक तब बनी जब 23 अक्तूबर, 1990 को लालू प्रसाद यादव ने भाजपा नेता लालकृष्ण आडवाणी को गिरफ़्तार करवाया और उनकी रथयात्रा के पहिए रोक दिए। समाचार पत्रों के अनुसार मुख्यमंत्री ने पहले श्री आडवाणी से उनकी यात्रा रोकने की अपील की थी पर जब उन्होंने कोई ध्यान नहीं दिया तो समस्तीपुर में गिरफ़्तार कर लिए गए।

बिहार के अपने सहकर्मियों से हमें लालू प्रसाद यादव द्वारा राज्य प्रशासन में किए जा रहे बड़े उलट-फेर के किस्से सुनाई पड़ते रहते थे : कि वे जन-नेता हैं, कि उनकी कार्य-शैली बिलकुल ही हटकर है। हमने सुना वे राज्य में एक सिरे से सब बदल दे रहे हैं और किसी की नहीं सुनते। अच्छे-बुरे, हर प्रकार के किस्से बिहार से निकल-निकल कर बाहर आ रहे थे।

अप्रैल 1991 में रा.पु.अ. में हमारा कार्यकाल ख़त्म हो गया। वापस जाने को लेकर मैं और राकेश उत्साहित भी थे और थोड़ा आशंकित भी। हमने सोचा वापसी के लिए मार्च-अप्रैल का समय ठीक रहेगा क्योंकि बच्चे स्कूल का नया सत्र शुरू कर सकेंगे। उनकी शिक्षा की चिन्ता हमारे लिए अब भी बाकी हर चीज़ से ऊपर थी, ख़ासतौर पर अब जबकि तुषार बड़ा हो रहा था। हमारे दोनों बेटे हैदराबाद के सबसे अच्छे स्कूलों में से एक—लिट्ल फ़्लावर

हाई स्कूल—में पढ़ रहे थे। तुषार एक अच्छा छात्र बन कर निकल रहा था जबकि अंशुमान नटखट था।

मैं क्योंकि कॉलेज की पढ़ाई तक एक ही शहर में पली-बढ़ी थी, बच्चों पर हमारे बार-बार के तबादले के प्रभाव से चिन्तित रहा करती थी। हमारे कैरियर के कारण बच्चों को सात बार अपना स्कूल बदलना पड़ा। न केवल अपने मित्रों और प्रिय शिक्षकों को, बल्कि जो कुछ सीखा था वह भी उन्हें पीछे छोड़ना पड़ा या एक बिलकुल नई भाषा सीखनी पड़ी।

इसलिए रा.पु.अ. में हमारे पाँच वर्षों ने जब उन्हें एक स्थिर घर और स्कूली जीवन दिया तो बहुत तसल्ली मिली। काम का भार व्यस्त तो रखता था पर हर शाम घर पहुँच कर हम उनके साथ समय बिता पाते थे। बच्चों के बड़े होने के लिए अकादमी बहुत बढ़िया जगह थी। ज़िले में, क्योंकि माता या पिता एक मात्र पुलिस अधीक्षक या उप-महानिरीक्षक होते हैं, इस बात की सम्भावना बनी रहती है कि बच्चे ख़ुद को कुछ ख़ास या दूसरों से बेहतर समझने लगें। अपने काम से हम उन्हें कितना भी बचाने की कोशिश करें, लोग उनके साथ विशिष्ट व्यवहार करते ही हैं। परन्तु रा.पु.अ. में, ज़िले की तैनाती के सारे ताम-झाम और सुविधाओं के परे हमारे बच्चे भारतीय पुलिस सेवा के अन्य परिवारों के हमउम्र बच्चों के साथ बड़े हो रहे थे। यह बात सबको एक समान धरातल पर ला खड़ा करती थी और मेरे ख़याल में इसी ने बच्चों को ज़मीन से जोड़े रखा।

हम बिहार लौटें, उसके पहले ही हमारी तैनाती के आदेश पहुँच गए, जिसने न केवल हमें बल्कि अकादमी में हमारे सहकर्मियों को भी उतना ही चकित और प्रभावित कर दिया। क्या बिहार में अब इस प्रकार काम हो रहा है?

प्रशिक्षणार्थियों, सहकर्मियों और अकादमी के कर्मचारियों से अनेक भावभीनी विदाइयाँ पाने के बाद हम पटना के लिए रवाना हो गए।

लौटने पर मुझे विशेष शाखा में पुलिस-अधीक्षक (जी) और राकेश को सी.आई.डी. में पुलिस-अधीक्षक (सी) के पद पर तैनात किया गया। हम दोनों को पटना में रहना था जिससे हम प्रसन्न हो गए। असल में हम एक ही इमारत में काम करने वाले थे।

अम्मा-बाबूजी के घर की पहली मंज़िल खाली पड़ी थी और हम दोनों ने वहीं घर बसाने का निर्णय लिया। अम्मा-बाबूजी की ख़ुशी तो दोगुनी हो गई

क्योंकि उनके नाती अब हरदम पास ही रहने वाले थे। कामकाजी माँ होने के नाते मुझे भी आश्वस्ति का अनुभव हुआ कि बच्चे नाना-नानी के साथ बड़े हो रहे हैं, जैसे मैं हुई थी।

हमने उम्मीद की थी कि तुषार का नाम हम पटना के प्रतिष्ठित सेंट माइकल्स स्कूल में लिखवा देंगे पर हमारी अनुपस्थिति में पटना में लड़कों के सारे स्कूल अंग्रेज़ी माध्यम के स्थान पर हिन्दी माध्यम कर दिए गए थे। हैदराबाद में हमारे बेटे पहले ही तेलुगू सीख रहे थे, इसका मतलब था कि अब फिर एक बदलाव होगा। पर मित्रों और सम्बन्धियों ने विश्वास दिलाया कि यह इतना मुश्किल नहीं होगा तो तुषार को सेंट माइकल्स स्कूल में कक्षा सात में दाख़िल करा दिया गया। अंशुमान रोज़बड नाम के एक स्थानीय अंग्रेज़ी माध्यम स्कूल में तीसरी कक्षा में जाने लगा।

*

अपना काम मुझे काफ़ी दिलचस्प लगा। विशेष शाखा सरकार की आँख और कान की तरह काम करती है। वह एक पूरे राज्य से हर प्रकार की—आपराधिक, क़ानून-व्यवस्था सम्बन्धी, राजनीतिक, कृषि सम्बन्धी, सामाजिक इत्यादि—जानकारी इकट्ठी करती है, उसका मिलान करती है और सरकार को प्रतिदिन उसकी सूचना देती है। अग्रिम व वास्तविक समय पर आधारित सूचनाएँ देना इस काम का बड़ा हिस्सा है।

ए.के. चौधरी बिहार पुलिस के महानिदेशक थे और कृष्ण प्रकाशजी विशेष शाखा में महानिदेशक व मेरे उच्चाधिकारी थे।

बिहार पुलिस के आकार-प्रकार में दोबारा व्यवस्थित होते हुए मैंने बिहार को एक बाहरी की निगाह से देखा। मुझे प्रतीत हुआ कि हमारा राज्य आगे नहीं बढ़ा है। अकादमी में काम कर लेने के बाद जहाँ हर वक़्त कुछ न कुछ होता रहता था—वहाँ हम काम करवा सकते थे, पहल करने के लिए प्रोत्साहित किए जाते थे और एक अच्छा-ख़ासा बजट भी था—बिहार मुझे पिछड़ा हुआ लगा। यहाँ सब धीमी गति से चलता था, कुछ भी करवाना हो एक लम्बी, घुमावदार और कठिन प्रक्रिया से गुज़रना होता। मुझे लगता कि अपना काम करवाने से ज़्यादा लोगों की रुचि मंत्रिमंडल की बैठकों में थी जहाँ अधिकारियों के तबादलों पर फ़ैसले लिए जाते थे।

पर साथ ही नए मुख्यमंत्री के कारण, जो चाहते थे कि काम हो, बहुत कुछ हो भी रहा था। लालू प्रसाद से मैं कभी मिली नहीं थी तो चाहती थी कि उनके साथ मुलाक़ात हो जाए। एक बार भोजपुर ज़िले के आरा में जाति को लेकर हिंसा हो गई। इससे सम्बन्धित जानकारी मुख्यमंत्री को देने जब मेरे उच्चाधिकारी कृष्ण प्रकाशजी उनके पास गए तो मुझे साथ ले गए। जैसे ही मैंने भीतर प्रवेश किया, मुख्यमंत्री ने ऊपर से नीचे तक मुझे देखा। मुझे लगा एक महिला पुलिस अधिकारी को देखने के लिए वे ज़रा उत्सुक थे। मैं यह भी समझ गई कि उन्होंने बोकारो में मेरे काम के बारे में सुन लिया है, क्योंकि उन्होंने महानिदेशक से कहा, 'आरा की हालत ख़राब है, आप इनको वहाँ क्यों नहीं भेज देते? इन्हें वहाँ जा कर चार्ज लेने दीजिए।'

प्रकाशजी भी उतना ही चौंक गए जितना कि मैं, पर कुशलता के साथ उस पर पर्दा डाल दिया। उन्होंने मुख्यमंत्री को बताया कि पाँच साल बाद अपने राज्य लौट कर मैंने अभी-अभी विशेष शाखा में काम सँभाला है। शुक्र है कि मुख्यमंत्री ने उनकी बात समझी और इसके पहले कि पटना में रहना शुरू करूँ, भोजपुर भेजे जाने से मैं किसी तरह बच गई!

मेरा काम श्रमिक बल, पुलिस-सिपाही दल, हरिजनों पर अत्याचार, कृषि-सेवाओं, नक्सल गतिविधियों पर इकट्ठा की गई सूचनाओं को देखना था। यह काम बहुत कठिन नहीं था। लगभग आठ माह बाद, दिसम्बर 1991 में मुझे विशेष शाखा में पुलिस अधीक्षक (ए) बना दिया गया। यह एक महत्त्वपूर्ण पद था जिसमें वरिष्ठ अधिकारी पहले ज़िलों के साथ बातचीत करते और फिर मुख्यमंत्री को स्थिति से अवगत कराते थे।

जो भी महत्त्वपूर्ण घटना होती मुझे उसकी सूचना तुरन्त अपने बॉस और बिहार पुलिस के महानिदेशक को देनी होती विशेषकर इसलिए कि जब भी कोई बड़ी बात होती लालू प्रसाद सीधे उन्हीं से पूछ लेते कि क्या क़दम उठाए गए हैं। सही समय पर सही सूचना देने के लिए दोनों महानिदेशक पूरी तरह से मुझ पर निर्भर थे।

उन दिनों बिहार जातिगत तनावों से बुरी तरह ग्रस्त था, जिसका अन्त बहुधा दंगों और मारकाट में होता। समस्या धनिक ज़मींदारों—जो अधिकांशत: भूमिहार समुदाय से थे—और अपेक्षाकृत निर्धन ग्रामवासियों और श्रमिकों के बीच थी जो ज़्यादातर यादव या दलित जातियों से थे। नक्सलवाद भी हमारे पहलू का काँटा बनता जा रहा था। माओइस्ट कम्युनिस्ट सेंटर ऑफ़ इंडिया

(एम.सी.सी.) जो बाद में सी.पी.आई. (माओवादी) बनी, अपनी उपस्थिति दर्ज़ कराने लगी थी।

विशेष शाखा के सामने एक विचित्र समस्या थी। मुख्यमंत्री जन-नेता थे, उनके वफ़ादार पूरे राज्य में यहाँ से वहाँ तक फैले हुए थे। अक्सर दूरदराज़ के किसी गाँव में जब कोई घटना घटती सबसे पहले उन्हीं को मालूम चलता था। हमारी स्थिति तब बहुत लज्जास्पद हो जाती जब महानिदेशक को फ़ोन करके वे पूछते, 'आपको मालूम है कि ऐसा हुआ है?'

यह भी हमारे लिए एक चुनौती बन गया कि क्षेत्र में मौजूद हमारे अधिकारी घटना की सूचना हम तक पहले पहुँचा दें। यह लगभग एक होड़ जैसा था : सूचना किसके पास पहले पहुँचेगी, हमारे पास या फिर मुख्यमंत्री के पास?

हमें तो हर काम विधिवत करना होता था जिसमें देर हो जाती थी। उदाहरण के लिए रात में यदि कोई अपराध हो तो इसकी सूचना पहले इलाके के थानाप्रभारी के पास जाती, फिर वे घटना-स्थल पर जा कर स्थिति का सत्यापन करते। तब रात को आठ बजे वायरलेस चालू किए जाने पर अपनी रिपोर्ट भेजते। घटना बहुत बड़ी हो तो थाना प्रभारी पहले अपने पुलिस अधीक्षक को सूचित करते जो जाँच करने गाँव जाते और फिर हॉटलाइन पर हमें सूचित करते। इस सबमें हमेशा समय लग जाता। लेकिन कोई भी व्यक्ति जिसके आस-पास फ़ोन हो—इसके पहले कि हम ऐसा करें—सीधे नम्बर घुमा कर मुख्यमंत्री को, या उनके दल के लोगों को या फिर प्रेस को सारे ब्यौरे दे सकता था। यह चुनौती बहुत बड़ी थी और जितने भी दिन मैं विशेष शाखा में रही इस चुनौती ने मुझे हमेशा एक टाँग पर खड़ा रखा।

1990 का दशक बिहार में राजनीतिक सरग़र्मियों का समय था। मुझे हर घड़ी सतर्क रहना होता था व मुख्यमंत्री के ख़िलाफ़ कोई बैठकें कर रहा हो, राजनीतिक षड्यंत्र रच रहा हो, या किसी विरोधी गुट का पलड़ा भारी हो रहा हो तो तुरन्त उन्हें आगाह करना होता था। उप-महानिरीक्षक आशीष रंजन सिन्हा के साथ, जो मेरे तत्काल उच्चाधिकारी थे, मैं बहुत नज़दीक से काम करती थी और उनके साथ अच्छा तालमेल बैठा लिया था। बिहार की आड़ी-तिरछी राजनीतिक धाराएँ और जात-पात का हिसाब-किताब परस्पर कैसे कार्य करता है, इसे जानने के लिए मैं उनकी गहरी समझ पर निर्भर करती थी। वे बहुत अधिक परिश्रमी थे व उनके अच्छे ज़मीनी राजनीतिक सम्पर्क भी थे।

पुलिस अधीक्षक (ए) के नाते प्रतिष्ठान व कार्मिक प्रबन्ध भी मेरा काम था।

नक्सल प्रकोष्ठ को मैंने पूरी तरह से दोबारा नियोजित किया ताकि कार्मिक-बल का बेहतर उपयोग हो सके। बोकारो में मेरे उप-महानिरीक्षक रह चुके वाई.एन. श्रीवास्तव ने, जो पहले पुलिस अधीक्षक (ए) रह चुके थे, सलाह दी थी कि मुझे कभी-कभार विशेष शाखा की रिज़र्व लाइंस में भी बैठना चाहिए क्योंकि शायद ही कोई पुलिस अधीक्षक ऐसा करता है।

उनकी सलाह मान कर मैंने सप्ताह में एक बार रिज़र्व लाइंस जाना शुरू कर दिया। इससे हमारा काम ज़्यादा सुचारु ढंग से होने लगा और लगा कि मेरे एक व्यवस्था खड़ी कर देने से सबको राहत मिली। क्षेत्र में तैनात अधिकारियों की ओर से रिज़र्व लाइंस में एक ऑफ़िसर्स क्लब की माँग आई जिसका इस्तेमाल वे पटना आने पर कर सकें। मैंने क्लब की मंज़ूरी दिलवा दी और मेरे बाद आने वाले पुलिस अधीक्षकों ने उसे बनवा दिया। विशेष शाखा के अधिकारियों के लिए यह एक बड़ी राहत की तरह आया।

*

1991 में हमारे परिवार में दो महत्त्वपूर्ण बातें हुईं। जुलाई में भाई समीर का विवाह हुआ। उसने अमरीका में अपनी पढ़ाई ज़ारी रखी थी, इंजीनियरिंग के बाद मास्टर्स और फिर पी-एच.डी.। यह देखना दिलचस्प था कि अम्मा-बाबूजी पुत्र के विवाह के लिए भी उतने ही व्याकुल थे जितना पुत्रियों के विवाह के लिए हुआ करते थे।

'कब वह लौटेगा? कब उसकी शादी होगी?' यह वाक्य निरन्तर दोहराया जाता। समीर क्योंकि बहुत योग्य वर माना जाता था, उसके लिए रिश्तों का ताँता लगा था। अन्तत: अम्मा-बाबूजी को एक सुसंस्कृत परिवार की एक मेधावी लड़की मिली जो समीर को भी पसन्द आई। चूँकि सालों बाद परिवार में एक शादी हो रही थी, यह बहुत बड़ा मौक़ा था। पटना आकर, शादी के प्रबन्ध में अम्मा-बाबूजी का हाथ बँटा कर मुझे हार्दिक ख़ुशी मिल रही थी। पूरे कुटुम्ब से सारे नाते-रिश्तेदार पटना पहुँचे और घर के वातावरण में उत्सव-सा रच गया।

मैंने अपने सहकर्मियों और उच्चाधिकारियों और साथ ही मुख्यमंत्री लालू प्रसाद यादव के कार्यालय में भी निमंत्रण भेजा था। पर मैं तो सिर्फ़ एक पुलिस अधीक्षक थी, उम्मीद नहीं थी कि मुख्यमंत्री मेरे भाई के विवाह में आएँगे।

पर वे आए जिससे स्वागत भोज में भगदड़-सी मच गई! सभी अतिथि उन्हें देखना चाहते थे।

रेशमा ने उन्हें बताया कि वे उसे पटना विश्वविद्यालय के एक छात्र नेता के रूप में याद हैं, 'सर, छात्र-संघ का चुनाव लड़ते वक़्त प्रचार के लिए आप पटना वीमेंस कॉलेज आए थे। मैंने और मेरी सहेलियों ने आपके पक्ष में मत दिया था।'

इस बात पर लालू प्रसाद खुल कर मुस्कुरा दिए थे; यह किस्सा वे आगे चलकर बहुत बार दोहराने वाले थे, कि अमुक अधिकारी की बहन और उसकी सहेलियों ने छात्र-संघ चुनाव में उनके पक्ष में मतदान किया था।

विवाहोत्सव का भी अन्त हुआ और समीर अपनी पत्नी गौरी के साथ अमरीका लौट गया।

पर हमारी ख़ुशी पर दुख की छाया पड़ गई। अम्मा की बड़ी बहन लीला को, जो मेरी माँ समान थीं कैंसर हो गया। मौसी का घर भी अम्मा-बाबूजी के घर के अहाते में ही था तो हम सब उनके और उनके बच्चों—रणजीत, रंजना और ऋतु—के बेहद करीब थे। जहाँ कहीं मेरी तैनाती होती, मौसी मुझसे मिलने ज़रूर आया करती थीं, हैदराबाद भी। मैं कृतज्ञ थी कि अब पटना वापस आ गई थी, मौसी के अन्तिम दिनों में उनके पास रह सकती थी। हम सबको दुखी छोड़ वे अगस्त में गुज़र गईं।

*

पुलिस अधीक्षक (ए) के पद पर मेरे कार्यकाल के दौरान फ़रवरी 1992 में गया ज़िले के बारा में एक नरसंहार हो गया, एक बड़ी वारदात जिसने सारे प्रशासन को हिला कर रख दिया। भूमिहार समुदाय के पैंतीस ऊँची जाति के पुरुषों की सामूहिक हत्या कर दी गई। हमें बताया गया कि एम.सी. सी. के सदस्यों ने पैंतीसों ज़मींदारों को एक नहर किनारे ला कर उनके गले काट डाले।

विशेष शाखा को स्थानीय पुलिस के साथ मिल कर काम करना होता था और सभी जगह से सूचना इकट्ठी कर उसके विश्लेषण के बाद तुरन्त उचित कार्रवाई के लिए देनी होती थी। पर एम.सी.सी. से बैर ठानने से सभी डरते थे, स्थानीय पुलिस अधिकारी भी। आख़िरकार हमने किसी तरह पुलिस

के लिए इतनी जानकारी तो जुटा ही ली कि कई दिनों तक, कई सारी जगहों पर छापे डाल कर वे अनेक सन्दिग्धों को पकड़ सकें।

पाँच साल बाद, 1997 में भूमिहारों ने 'रणवीर सेना' नाम से अपना एक दल खड़ा कर लिया और बदले में अट्ठावन दलितों को मार कर बारा हत्याकांड का प्रतिशोध ले लिया। इस कांड को लक्ष्मणपुर बाथे नरसंहार का नाम मिला।

1990 के दशक का प्रारम्भ वह समय था जब भारत में प्रौद्योगिकी की प्रगति-यात्रा का आरम्भ अभी हुआ ही था। मुझे लगता है इस दिशा में मेरा एक अहम योगदान यह था कि नक्सल अनुभाग का समूचा रिकॉर्ड मैंने कंप्यूटरीकृत करवा दिया। यह एक वृहत कार्य था और सबके द्वारा बहुत सराहा गया।

15 अगस्त, 1992 के दिन मैंने उत्कृष्ट सेवा के लिए पुलिस पदक प्राप्त किया।

राकेश और मैं पुलिस में अपेक्षित सालों की सेवा कर चुके थे और अब हमारी पदोन्नति का वक़्त आ गया था। पर चूँकि 1975 के बैच के हमारे दो सहकर्मियों पर भ्रष्टाचार के आरोप में सतर्कता कार्रवाई चल रही थी जिसके चलते उनकी पदोन्नति रोक दी गई थी, हमें पदोन्नति नहीं दी जा सकती थी। इन दोनों ने केन्द्रीय प्रशासनिक न्यायाधिकरण (सीएटी) से—जो नौकरशाहों से सम्बन्धित इस प्रकार के मामलों को देखता है—स्थगन आदेश ले लिया। परन्तु इन दोनों को पदोन्नति मिलने से पहले इनके नीचे के किसी अधिकारी को पदोन्नति नहीं दी जा सकती थी।

पुलिस अधीक्षक (ए) का पद तो मूलत: उप-महानिरीक्षक के पद पर पदोन्नति की प्रतीक्षा के लिए था, तो मेरी अगली तैनाती की जगह को लेकर भी अटकलें लगाई जा रही थीं। मैंने यह ज़ाहिर कर दिया कि मैं किसी रेंज में जाना चाहूँगी। मुझे लगा कि वापस पुलिस व्यवस्था का हिस्सा बनने के लिए विशेष शाखा अच्छी जगह है, ख़ासतौर पर जब हमारी अनुपस्थिति में सत्ता बदल चुकी थी। पर अब मैं पुन: क्षेत्र में काम करने को तैयार थी।

बतौर पुलिस अधीक्षक (ए), कई बार बैठक के दौरान या जब भी मेरे उच्चाधिकारी मुझसे सीधे मुख्यमंत्री को स्थिति से अवगत कराने को कहते, मेरी बात लालू प्रसाद से होती थी। 1992 की गर्मियों में मेरे पास हॉटलाइन पर एक फ़ोन आया, 'मैं लालू प्रसाद बोल रहा हूँ। आपकी तैनाती मैं दक्षिण रेंज

के उप-महानिरीक्षक पद पर कर रहा हूँ। कृपया राँची जा कर काम सँभाल लें।' उन्होंने सीधी और संक्षिप्त बात की थी। मैं सन्न रह गई।

रेंज़ उप-महानिरीक्षक राँची बहुत अच्छी जगह मानी जाती थी। यह अच्छी ख़बर मैंने किसी पर ज़ाहिर नहीं की, सोचा कि अधिसूचना ज़ारी होने की प्रतीक्षा करती हूँ। पर अधिसूचना कभी ज़ारी ही नहीं हुई। बाद में पता चला कि तत्कालीन उप-महानिरीक्षक राँची से जाना नहीं चाहते थे तो उन्होंने बहुत चालाकी से हमारी बदनाम जाति-ग्रस्त व्यवस्था को अपने हक में इस्तेमाल करते हुए यह पक्का कर दिया कि अधिसूचना ज़ारी न हो।

तो मैंने पुलिस अधीक्षक (ए) और राकेश ने पुलिस अधीक्षक (सी) के पद पर काम करना ज़ारी रखा। हमारे कुछ मित्रों ने कहा कि पदोन्नति के लिए अनिश्चित काल तक प्रतीक्षा करने के बजाय हमें स्थगन को चुनौती देनी चाहिए। हम सोलह साल काम कर चुके हैं और अब हमें उप-महानिरीक्षक बन जाना चाहिए। उनका सुझाव था कि हम इस मामले में मध्यस्थ बन जाएँ। पर हमारे पास इतना पैसा नहीं था कि वकील की सेवाएँ ले सकें। तो हमने अपने मित्र चन्द्रमौली प्रसाद से, जो एक युवा और उभरते हुए वकील थे, हमारे पक्ष से लड़ने का अनुरोध किया। उन्होंने काफ़ी दमदार दलीलें दीं पर इसके पहले कि स्थगन निरस्त हो, मामला पाँच माह तक और खिंचा।

कुछ दिन बाद मैं दोपहर के खाने के लिए घर पहुँची ही थी कि विशेष शाखा के नियंत्रण कक्ष से फ़ोन आया। तारीख़ मुझे आज तक याद है—17 नवम्बर, 1992। उन्होंने बताया कि मंत्रिमंडल की बैठक चल रही है और मुख्यमंत्री जी ने मुझे तलब किया है—'तुरन्त'।

अचानक इस तरह बुलावा आने से थोड़ी चिन्तित, मैं उल्टे पाँव सीधी वापस सचिवालय चली गई। कमरे में घुसी जहाँ मंत्रिमंडल के सारे सदस्य एक लम्बी सी मेज़ पर बैठे थे, लालू जी अध्यक्ष की कुर्सी में थे। मुझे देखते ही उन्होंने किसी की ओर इशारा करते हुए कहा, 'आपने इस महिला की भर्ती नहीं की...'

नज़र घुमाई तो देखा कि विशेष शाखा के कुछ सिपाही एक स्त्री को मुख्यमंत्री से मिलाने लाए हैं। वह सिर झुकाए खड़ी थी, एक बच्चा गोद में, दूसरा साड़ी पकड़े खड़ा था। मैं उसे पहचान नहीं पाई। नाराज़ स्वर में मुख्यमंत्री ने कहा, 'इसे भर्ती करना चाहिए था।'

मुझे याद आया वह विशेष शाखा के एक सिपाही की विधवा थी जिसे

प्रथा अनुसार करुणा के आधार पर सिपाही की नौकरी दी जानी थी। मैंने मुख्यमंत्री जी को बताने की कोशिश की कि उसकी भर्ती के लिए हम ज़रूरी प्रक्रिया पूरी कर रहे हैं जिसमें अक्सर समय लग जाता है।

शीघ्र ही मेरे उच्चाधिकारी कृष्ण प्रकाश जी वहाँ पहुँच गए। लालू प्रसाद जी ने अपनी शिकायत दोहराई। हमेशा की तरह महानिदेशक तनिक भी नहीं घबराए। मुझसे बस इतना भर कहा, 'जल्दी करवा दो।' मैंने हाँ में सिर हिला दिया।

हम निकल ही रहे थे कि लालू प्रसाद अचानक मुड़े और मुझे फिर से सम्बोधित किया, 'आज आपके लिए बहुत शुभ दिन है' खिली हुई बाँछों के साथ उन्होंने कहा।

मैं सोचने लगी आज मेरे साथ क्या होने वाला है।

'आपको हम पटना का डी.आई.जी. बना रहे हैं' उन्होंने कहा।

कानों पर विश्वास नहीं हुआ। क्या उन्होंने यह कहा कि वे मुझे पटना का उप-महानिरीक्षक बना रहे हैं? उप-महानिरीक्षक, सेंट्रल रेंज, पटना? मेरे चेहरे पर शायद अविश्वास दिख रहा होगा क्योंकि मंत्रिमंडल के सारे सदस्य घूमे और मुझे घूरने लगे। मैं क्या कहूँ, सूझा ही नहीं।

'सर, डी.आई.जी., पटना तो बहुत सीनियर पोज़ीशन है' अस्फुट आवाज़ में मैं बोली।

पटना के तत्कालीन उप-महानिरीक्षक एम.के. सिन्हा थे जो मुझसे छह साल आगे थे, और यहाँ मुख्यमंत्री जी मुझसे बस यूँ ही कह रहे थे कि जाऊँ और काम सँभालूँ।

'श्री सिन्हा का काम मैं कैसे ले सकती हूँ सर? वे तो मुझसे बहुत सीनियर हैं' लड़खड़ाते स्वर में मैंने कहा। पर लालू प्रसाद का मन बन चुका था। 'नहीं, नहीं, नहीं...मैं आपको वहाँ तैनात कर रहा हूँ, जाइए और काम सँभालिए।'

कमरे से निकली, अब भी सदमे में। खाने के लिए पहले ही बहुत देर हो चुकी थी, मगर जब घर लौटी तो फिर फ़ोन आ गया। इस बार बताया गया कि मुझे पाँच बजने से पहले उप-महानिरीक्षक का पदभार सँभाल लेना है, उसी दिन! हो सकता है पदोन्नतियों पर दोबारा रोक लग जाए, इसलिए मुझे फ़ौरन कार्य भार ले लेना होगा।

मैंने वर्दी चढ़ाई और सेंट्रल रेंज पटना के उप-महानिरीक्षक के कार्यालय के लिए निकल पड़ी, साथ ही सोचती जा रही थी कि मैं कैसे बस यूँ ही उनके कमरे में चली जाऊँ और कहूँ, 'मैं यहाँ का कार्यभार सँभालने आई हूँ।' हमारी

सेवा में अनुशासन और वरिष्ठता सर्वोपरि हैं। शुक्र है, कहीं कुछ असहज नहीं हुआ। श्री सिन्हा को पहले ही बता दिया गया था और बिना किसी दिक़्क़त के मैंने पद का प्रभार ले लिया।

मुड़कर जब विशेष शाखा के उन सालों को देखती हूँ तो महसूस होता है कि वह समय बहुत स्थिर था जब विशेष शाखा और ज़िला पुलिस के बीच बेहद सौहार्दपूर्ण सम्बन्ध थे। मुख्यालय का वातावरण मैत्रीपूर्ण था क्योंकि—कृष्ण प्रकाशजी एवं ए.के. चौधरी—दोनों ही महानिदेशक निष्ठावान और सुलझे हुए लोग थे। हमेशा से तो विशेष शाखा और ज़िला पुलिस के बीच तनातनी ही चलती आई थी पर मेरे कार्यकाल के दौरान ऐसा नहीं था। एक-दूसरे पर भीतरी भरोसा था और हमने भी सुनिश्चित किया कि ख़ुद को बड़ा दिखाने के चक्कर में हम अपनी हदें न तोड़ें।

18

'कोई मदद चाहिए क्या?'

मेरे लिए सेंट्रल रेंज पटना के उप-महानिरीक्षक के पद पर आना मेरी सारी तैनातियों में सबसे ज़्यादा भावुक क्षण था, क्योंकि यहीं से बिहार पुलिस में मेरी यात्रा शुरू हुई थी।

उप-महानिरीक्षक का कार्यालय पटना के विशाल गांधी मैदान के बगल में लाल ईंटों से बनी, भव्य खम्भों वाली ब्रिटिश शैली की एक इमारत में स्थित है। मुझे याद है कि 1977 की सर्दियों में कैसे मैं एक प्रशिक्षणाधीन सहायक पुलिस अधीक्षक (एएसपी) के रूप में झिझकते हुए एल.वी. सिंह के कमरे में घुसी थी—घबराई, सकुचाई और उत्तेजित भी। लगता था मानो उप-महानिरीक्षक सारे अधिकारों की प्रतिमूर्ति हैं, पुलिस-ज्ञान का भंडार हैं।

मैं हमेशा कहती हूँ कि एल.वी. सिंह का मुझ पर बड़ा कर्ज़ है; उन्होंने ही सुनिश्चित किया कि मुझे सम्पूर्ण प्रशिक्षण मिल सके। यह मानते हुए कि मेरा प्रशिक्षण भी बाक़ी सबकी भाँति होना चाहिए उन्होंने मुझे सीधे हालात के ठीक बीचोंबीच रख दिया। मेरी नज़रों में उनका स्थान इतना ऊँचा था कि अब ख़ुद को उनकी कुर्सी पर बैठा पा कर मैं अभिभूत थी।

मेरे कार्यभार सँभालने के कुछ सप्ताह बाद एल.वी. सिंह मुझसे मिलने मेरे नए कार्यालय में आए। सेवानिवृत्ति के पश्चात वे राजनीति में आ गए थे और पिछली केन्द्र सरकार में रक्षा राज्य मंत्री थे। सफ़ेद और कड़क धोती कुर्ते में वे बहुत भव्य दिख रहे थे। मैं तुरन्त उठ खड़ी हुई और उनसे उनकी पुरानी कुर्सी पर बैठने के लिए कहा।

'नहीं आप बैठिए, मैं आपको इस कुर्सी में देखना चाहता हूँ', उन्होंने हाथ हिलाते हुए कहा और मुस्कुराते हुए मेरे सामने बैठ गए। वे बोले कि मेरे

कैरियर को इस शानदार ढंग से आगे बढ़ते देख उन्हें बहुत हर्ष हो रहा है। उनके मुँह से यह प्रशंसा सुनकर, जो जब मैं सहायक पुलिस अधीक्षक थी तो मुश्किल से ही सुनने को मिलती थी, मेरा मन गद्‌गद् हो गया और मैंने फिर एक बार प्रण लिया कि इस पद पर अपना सर्वोत्तम कार्य-प्रदर्शन करूँगी।

रेंज उप-महानिरीक्षक होने के नाते मुझ पर सेंट्रल रेंज—जिसमें पटना और नालंदा ज़िले आते थे—के पुलिस प्रशासन का दायित्व था। मुझे महानिरीक्षक श्री के.ए. जेकब को रिपोर्ट करना था जो सबके अनुसार हमारे काडर के बहुत 'सज्जन' पुलिस अधिकारी थे।

काम का जायज़ा लेते वक़्त मैंने पाया कि पुलिस के नियमित काम की कुछ समय से अनदेखी की जा रही है; सारे पुलिस अधिकारी क़ानून और व्यवस्था व रोज़ रोज़ आने वाली समस्याओं से निपटने में व्यस्त हैं। पुलिस अधीक्षकों के कार्यालयों का मैंने पुन: निरीक्षण शुरू किया। अधूरी विभागीय जाँचों और पिछले बकाया मामलों को पूरा करने की मुहिम शुरू की। इससे ज़िलों का सामान्य कामकाज सुधरा और पुलिस बल का मनोबल ऊँचा हुआ।

बतौर उप-महानिरीक्षक मुझे सहायक पुलिस अधीक्षकों व पुलिस उपाधीक्षकों के प्रशिक्षण पर भी नज़र रखनी थी। इससे बहुत सी स्मृतियों की बाढ़ सी आ गई! एल.वी. सिंह ने जो कुछ सिखाया उसे याद करते हुए मैंने उन सबको अपनी छत्रच्छाया में ले लिया। महिला सहायक पुलिस अधीक्षक केवल एक ही थी, मैंने सुनिश्चित किया कि उसके प्रशिक्षण में किसी प्रकार की बाधा न आए।

*

1990 के दशक के शुरुआती दौर के बिहार में जातिगत और साम्प्रदायिक तनाव व्याप्त था, नक्सल गतिविधियाँ पूरे ज़ोर पर थे, कुख़्यात आपराधिक गिरोह सक्रिय थे। और मैं इस बवंडर के बीच में थी।

6 दिसम्बर, 1992 को बाबरी मस्जिद गिरा दी गई, कार्यभार सँभाले तब मुझे बस तीन सप्ताह ही हुए थे। यह ख़बर मुझे वायरलेस पर तब दी गई जब मैं दोपहर का खाना खा रही थी; चारों ओर बड़े पैमाने पर फ़साद होने की आशंका थी। मैंने खाना अधखाया छोड़ा और बाहर निकल गई।

मैं और पटना ज़िले के प्रमंडल-आयुक्त (डिवीज़नल कमिश्नर) राहुल सरीन

तुरन्त पुराने पटना शहर के इलाक़े के लिए, जहाँ आमतौर पर साम्प्रदायिक दंगे भड़कते थे, रवाना हो गए। पुलिस अधीक्षकों ने कार्रवाई शुरू कर दी थी, वे लोगों को शान्त कर रहे थे, बैठकें कर रहे थे, लोगों को एक जगह जमा होने से रोक रहे थे, और दोनों सम्प्रदायों के लोगों से शान्ति बनाए रखने को कह रहे थे। हमने भारी गश्त शुरू कर दी। हर शाखा, हर अनुभाग, पुलिस का हर प्रकोष्ठ जानकारियाँ इकट्ठी करने और किसी भी अप्रिय घटना को रोकने के लिए पूरी तेज़ी से काम में जुट गया।

जैसे ही मस्जिद गिराए जाने की ख़बर फैली, भीड़ सड़कों पर उमड़ पड़ी, गुस्सा बढ़ा और लोगों ने एक-दूसरे पर पत्थर चलाने शुरू कर दिए। सुल्तानगंज पुलिस थाने के इलाके में भीड़ को तितर-बितर करने के लिए पुलिस अधिकारियों ने गोलियाँ चलाईं जिससे एक व्यक्ति की मृत्यु हो गई। यह देखकर कि पुलिस सख़्त कार्रवाई से पीछे नहीं हटेगी वह इलाका पूरी तरह वीरान और शान्त हो गया।

कुछ ही घंटों में पटना शहर के अधिकांश हिस्सों में भगवा झंडे लहराने लगे। यह एक नई घटना थी और जिस तेज़ी से यह झंडे इमारतों के ऊपर और सड़कों के किनारे लग गए उसने हमें हैरान कर दिया। हमारे सामने अपना काम स्पष्ट था। हमने पुलिस बल की संख्या बढ़ा दी और देर रात तक पुराने शहर में बने रहे।

हमेशा सुना था कि लालू प्रसाद ख़ुद आगे आ कर काम करने वाले मुख्यमंत्री हैं, उस दिन नज़दीक से उनके काम करने का तरीका देख भी लिया। स्थिति का जायज़ा लेने वे देर रात अपने काफ़िले के साथ पुराने शहर पहुँचे। हम सारे वरिष्ठ अधिकारी अगले कुछ दिन की रणनीति तैयार करने के लिए उनके साथ थाने में बैठे।

हमारी तत्काल चिन्ता यह थी कि कारसेवक अयोध्या से लौटने वाले थे। 'उनके रेल स्टेशन पहुँचने के साथ ही आपको सावधान रहना होगा। जो भी लौट रहा है, सम्भव है कि टूटी मस्जिद की ईंटें लेकर आ रहा हो। हो सकता है वे शरारत करें और भावनाएँ भड़काने की कोशिश करें', उन्होंने ध्यान दिलाया।

मुख्यमंत्री का बाहर सड़क पर होना बहुत भरोसा जगाने वाला था क्योंकि उनकी उपस्थिति से हर समुदाय के व्यक्ति को शान्ति मिल रही थी। हिन्दू हो या मुस्लिम, सबके साथ उनका अच्छा तालमेल था। जब हम साथ बैठे थे उनके पास लगातार बिहार के बाहर हो रही हिंसा में फँसे लोगों के फ़ोन आ

रहे थे। अन्य राज्यों में फँसे लोगों की सहायता के लिए वे वहाँ के मुख्यमंत्रियों के साथ भी निरन्तर सम्पर्क में थे। मैंने देखा कैसे हर कोई उन पर विश्वास कर रहा है; वे पूरी तरह नियंत्रण में थे।

पहले से ही गश्त लगाने और ज़िले के समूचे प्रशासन के सम्मिलित प्रयासों का असर था कि बाबरी मस्जिद के ध्वंस के बाद पटना-नालंदा में कोई बड़ी घटना नहीं घटी।

*

बिहार, जहाँ सदा-सर्वदा से जातिगत टकराव होते आए थे, अब एक नए प्रकार की जातिगत राजनीति का साक्षी बन रहा था। लालू प्रसाद यादव के जनता दल की जीत ने यादव समुदाय और उससे जुड़ी तथाकथित 'पिछड़ी' जातियों में एक नई ऊर्जा भर दी थी जबकि 1980 की मंडल कमीशन रिपोर्ट में आरक्षण के लिए की गई सिफ़ारिशों ने 'अन्य पिछड़ी जातियों' (ओ.बी.सी.) को अपने अधिकारों के प्रति अधिक सजग कर दिया था। पर अगड़ी जातियाँ भी बिना लड़े अपना स्थान छोड़ने वाली नहीं थीं। परिणाम था बार-बार का टकराव, आन्दोलन, प्रदर्शन, हिंसा और मौतें।

पटना की उप-महानिरीक्षक होने के नाते मैं अक्सर दौरे पर रहा करती थी और पटना ज़िले के बाढ़, मोकामा और बख़्तियारपुर व साथ ही नालंदा में बिहारशरीफ़ कस्बे और हरनौत जैसे संवेदनशील इलाकों में तनाव को दूर करती थी। वहाँ जा-जा कर ज़िला-पुलिस, स्थानीय लोगों व जाति के नेताओं के साथ बैठकें किया करती थी। मैं पड़ोसी जिलों व रेंज (भागलपुर) के साथ भी आपसी सहयोग के लिए बैठकों का आयोजन करती थी।

1993-94 में मैंने एक नए ही चलन—यानी जातियों की रैली—की शुरुआत देखी। लालू प्रसाद यादव व उनके दल की राजनीति से प्रोत्साहित हो कर अन्य पिछड़ी जातियों ने भी अपनी मौजूदगी का बिगुल बजाना शुरू कर दिया। 1994 की जनवरी से लेकर 1994 की मई तक पटना में इतनी जातिगत रैलियाँ हुईं जितनी पहले कभी नहीं हुई थीं। प्रत्येक रैली में पूरे बिहार भर से एक जाति विशेष के लोग इकट्ठा हो जाते। अपने संख्या बल के प्रदर्शन के लिए राज्य की राजधानी में आ कर वे गांधी मैदान में अड्डा जमा लेते। हमारे लिए इसका मतलब था दिन-रात का पुलिस बन्दोबस्त। वे महीने बड़े ही

तनावपूर्ण थे; हम हमेशा चौकन्ने रहते, यह आशंका कि कहीं कुछ गड़बड़ न हो जाए सदा हावी रहती और हमारी कोशिश होती कि अपनी तैयारी में एक क़दम आगे ही रहें।

पटना में संसद का एक साधारण सा उप-चुनाव भी सिर का दर्द बन गया था। यादवों व अन्य पिछड़ी जातियों ने ताकत का स्वाद अभी नया-नया ही चखा था, तो मैंने और आयुक्त सरीन ने तय किया कि मतदान वाले दिन दानापुर उप-प्रमंडल (सब-डिवीज़न) में मौजूद रहेंगे। और सच ही बम फेंके गए—अनेक बूथों पर बोगस मतदान करने के इरादे से कब्ज़ा कर लिया गया। मतदान स्वतंत्र और निष्पक्ष ढंग से हो सके, यह सुनिश्चित करने के लिए हम पूरे दिन व्यस्त रहे।

नालंदा ने भी जातिगत और साम्प्रदायिक तनाव देखा। स्थिति को सुलझाने मुझे और आयुक्त सरीन को बार-बार नालंदा की दौड़ लगानी पड़ती। उन दो घंटों की सड़क यात्राओं में श्री सरीन से मेरा अच्छा परिचय हो गया; मैंने पाया कि वे बहुत ईमानदार, समझदार और सहयोग करने वाले इनसान हैं।

एक दिन साम्प्रदायिक तनातनी हुई और हम तुरन्त नालंदा गए ताकि शहर के पुराने इलाके में, जहाँ पतली, सँकरी गलियों की भरमार है, पुलिस बन्दोबस्त और गश्ती दस्तों का संचालन देख सकें। अचानक हमें बताया गया कि मुख्यमंत्री वहाँ आ रहे हैं।

वे पहुँचे तो हमने उन्हें घटना की, जिसमें एक व्यक्ति की जान चली गई थी, जानकारी दी। उन्होंने मौके पर जाने की ज़िद की और उस दिन मैंने लालू प्रसाद की जानी-मानी लोकप्रियता के साक्षात दर्शन किए। उन्होंने वहाँ एक नुक्कड़ पर, जिसके चारों ओर ऊँची-ऊँची इमारतें थीं, लोगों को सम्बोधित करने का फ़ैसला किया। उनकी सुरक्षा के लिए यह इतना बड़ा ख़तरा था कि हम सकते में आ गए। पर मुख्यमंत्री जी सबके सामने आने के मौके से चूकने वाले नहीं थे, वे एक जीप के ऊपर चढ़े और बोलना शुरू कर दिया।

उनमें ऐसी मोहिनी शक्ति थी कि आनन-फानन में आस-पास के सारे इलाके खाली हो गए और सब वहाँ, उनके सामने जमा हो गए। नितांत सन्नाटे में सबने उनको सुना। उन्होंने सबसे अपील की कि साम्प्रदायिक सौहार्द बनाए रखें, स्थिति को हाथ से बाहर न जाने दें, 'अगर कुछ हो गया तो सबको तकलीफ़ होगी', उन्होंने जनता से कहा। ख़ामोश शाम में उनकी आवाज़ गूँज रही थी।

अँधेरा होने लगा था, और हम सब सच में मुख्यमंत्री जी की सुरक्षा को

लेकर बहुत परेशान थे, हमारी चिन्ता थी कि किसी ने यदि बम फेंक दिया तो क्या होगा। ख़तरे से बेख़बर लालू जी, आत्मविश्वास की तस्वीर बने बोलते गए। शुक्र है कि उस शाम कुछ हुआ नहीं और हम सब सही-सलामत पटना लौट आए।

*

पटना को नालंदा से जोड़ने वाली सड़क इन दोनों शहरों की गाड़ियों से भरी रहती थीं जिनकी फिर आगे पड़ने वाले राँची की गाड़ियों से धक्का-मुक्की होती। लोगों को जब भी कोई शिकायत होती गाँवों से बाहर आ कर वे नालंदा से गुज़रने वाली सड़क रोक लेते। इस रणनीति में मेहनत न्यूनतम थी और प्रभाव अधिकतम था। इस कार्यकाल के दौरान मेरे लिए यह सबसे बड़ी सिरदर्दी बन गई थी।

बिहार में अधिकांश मुख्य सड़कों के दोनों ओर गाँव पड़ते हैं। सड़क-नियमों को ताक पर रख, यातायात से बच-बच कर निकलते हुए लोग इन चलती हुई सड़कों को हरदम पैदल पार करते रहते हैं। अक्सर ही दुर्घटनाएँ हो जाया करती थीं।

एक दोपहर गाड़ी से टकरा जाने से एक व्यक्ति की मृत्यु हो गई, गाड़ीवाला रुका नहीं था। उत्तेजित हो कर बड़ी संख्या में ग्रामवासी नालंदा की सड़क रोकने के लिए बाहर निकल आए। उनकी माँग थी कि मुआवज़ा मिले और टक्कर मारने वाले की गिरफ़्तारी हो। पर सड़क दुर्घटना के लिए मुआवज़ा देना उन दिनों का चलन नहीं था। सारा दिन मैं पटना से ही स्थिति पर नज़र रखे थी। मुझे बताया गया था कि नाकाबन्दी जल्द ही हटा ली जाएगी; जिलाधीश और पुलिस अधीक्षक वहीं मौके पर आन्दोलनकारियों से बातचीत कर रहे थे। सात बजे के करीब मेरे पास श्री लालू प्रसाद का फ़ोन आया, 'रात होने को है, स्थिति नियंत्रण के बाहर चली जाएगी; बेहतर होगा आप जाकर मामला सुलझा लें।'

आयुक्त श्री सरीन को बताया तो वे साथ चलने के लिए तैयार हो गए। कुछ मिनटों में हम नालंदा के लिए निकल गए। नाकाबन्दी के आस-पास कहीं पहुँचे तो घुप्प अँधेरा था। गाड़ियों की लम्बी कतार लगी थी। जब आगे गाड़ी ले जाना असम्भव हो गया तो कुछ अतिरिक्त पुलिस बल और मेरे अनुरक्षक

के साथ हमने पैदल चलना शुरू किया। सिपाहियों को मैंने समझा दिया था कि पहला काम यह करना है कि शव को उठा कर सड़क खाली करवा देनी है।

प्रदर्शनकारियों ने एक ओर राँची व दूसरी ओर पटना से आने वाले वाहनों को रोकने के लिए मृतक के शव को सड़क पर रख दिया था। मैंने एक जोखिम उठाया, जो अब पीछे मुड़ कर देखने पर ख़ासा ख़तरनाक लगता है।

अँधेरे में मैंने चिल्लाना शुरू किया, 'सड़क खाली करो, सड़क खाली करो, सब लोग फ़ौरन हट जाएँ, नहीं तो गिरफ़्तार कर लेंगे। खाली करो, खाली करो!'

लाठियाँ ज़मीन पर पीटते हुए सिपाही भी चिल्लाने लगे। प्रदर्शनकारियों को पता ही नहीं चला कि क्या हो रहा है, वे एकदम चकरा गए। सिपाहियों ने शव को जबरन उठाया और जीप पर रख दिया। इस सारे दौरान मैं चिल्लाती जा रही थी, 'कोई अगर समझौते के लिए बातचीत करना चाहता है तो मैं तैयार हूँ। पाँच लोगों को चुनिए, बाहर आइए, बात करते हैं। पर सड़क खाली करनी पड़ेगी।'

वहाँ फँसे वाहनों के ड्राइवर व यात्री सड़क किनारे बेचैनी से टहल रहे थे। अब अचानक सब दौड़-दौड़ कर अपने-अपने वाहनों को लौटने लगे और जल्द ही पुलिसकर्मी यातायात के प्रवाह को दिशा देने लगे। गुस्साई भीड़ रात के अँधेरे में कहीं गुम हो गई।

जो गतिरोध दोपहर 2 बजे शुरू हो कर रात के 9 बजे तक चलता जा रहा था मिनटों में ख़त्म हो गया। हाँ, भीड़ को शान्त करने के लिए बातचीत ज़रूरी तो है; परन्तु कभी-कभी स्थिति काबू में लाने के लिए दृढ़ और निर्णायक कार्रवाई काम कर जाती है। उस दिन मैंने भी नहीं सोचा था कि इतनी लम्बी नाकेबन्दी यूँ इतनी जल्दी खुल जाएगी। अँधेरे में अशान्त भीड़ के भीतर घुस जाना मेरे लिए सुरक्षित नहीं था पर वक़्त की ज़रूरत यही थी।

मेरी यह कार्रवाई पटना में चर्चा का विषय बन गई। बाद में मालूम हुआ कि राँची से वापसी में मेरे कुछ मित्र और सम्बन्धी भी वहाँ उस दिन अटके हुए थे। पहले कभी उन्होंने मेरा यह पक्ष नहीं देखा था और जिस साहस से मैंने हालात सँभाले उसे देख वे सब चौंक गए थे। फिर तो जिसको भी हम जानते थे, उन्होंने सबको यह प्रकरण सुनाया!

*

पटना पुलिस उन दिनों अपराधियों का सफ़ाया कर देने के लिए बदनाम थी। यह एक खुला राज़ था जिससे लोग डरे-डरे रहते थे। कुछ के लिए तो—वे पुलिस हो या उनके राजनीतिक आक़ा या फिर आबादी का कुछ हिस्सा—यह फ़ायदेमन्द था। पर अन्दर ही अन्दर शहर में रोष पनप रहा था।

मैं सदा से ही क़ानून के दायरे से बाहर किसी भी प्रकार की कार्रवाई के ख़िलाफ़ थी। भागलपुर में आरोपियों को अन्धा किए जाने का अंजाम मैंने नज़दीक से देखा था और जानती थी कि यह एक फिसलन भरी ढलान है जो सिर्फ़ नीचे ले जाती है। मैंने देखा था कि तुरन्त न्याय के नाम पर पुलिस अधिकारी कैसे मानवाधिकारों का घोर उल्लंघन करते हैं और मैं नहीं चाहती थी कि मेरे कुर्सी पर रहते ऐसा कुछ भी हो। न ही मैं किसी ग़लत काम में भागीदार होना चाहती थी। यूँ ही अगर ढील दी जाती रही तो मुझे लगता था कि पटना पुलिस एक दिन बड़ी मुश्किल में पड़ जाएगी।

मार्च, 1993 में एक किशोर पटना में दिन दहाड़े मुठभेड़ में मार डाला गया। पुलिस का आरोप था कि वह चोर था और पिस्तौल लिए हुए था। मृतक लड़के के मोहल्ले वाले दिन दहाड़े की इस हत्या से अत्यधिक उत्तेजित हो गए थे और यहाँ भीड़ को तितर-बितर करने के लिए पुलिस बल लगाना पड़ा था।

उनके मोहल्ले के कुछ लोग मुझसे मिलने आए। 'मैडम, देखिए आपके रहते यहाँ क्या हो रहा है!' बहुत खिन्न हो कर उन्होंने कहा। वे न्याय चाहते थे, उनका कहना था कि लड़का पक्का अपराधी नहीं था और पिस्तौल उसकी नहीं थी, उसके पास रख दी गई थी। ज़्यादा से ज़्यादा वह एक छोटा-मोटा जेबकतरा था, उनका आरोप था की पटना पुलिस उसे बलि का बकरा बना रही है।

जो कुछ सुना, उसने मुझे बहुत परेशान कर दिया, लड़के के माता-पिता के बारे में सोचकर भी दुख हो रहा था। मैंने इस मामले पर पुलिस अधीक्षक की टिप्पणी देखने की माँग की, काफ़ी पूछताछ की और लिखित में अपने विचार रखे। यह भी ज़ाहिर कर दिया कि जो कुछ हुआ मैं उसके पक्ष में नहीं हूँ।

एक दिन बिलकुल सुबह मेरी हॉटलाइन की घंटी बजी। फ़ोन मेरे बेडरूम में ही था तो मैंने हाथ बढ़ा कर उठा लिया। दूसरे छोर पर किसी ने कहा कि मुख्यमंत्री मुझसे बात करना चाहते हैं। मैं उठ कर बैठ गई, नींद दूर भाग गई। कुछ क्षणों में ही लालू प्रसाद लाइन पर थे। वे ख़ुश नहीं थे और यह ज़ाहिर करने में उन्होंने कोई कसर नहीं छोड़ी।

'शहर के एस.पी. बता रहे हैं कि आप उन्हें ठीक से काम नहीं करने दे रहीं। अगर वे कार्रवाई नहीं करेंगे तो पटना में अपराध फिर पहले की तरह हाथ से निकल जाएगा। हालात महज़ इसलिए काबू में आए हैं कि एस.पी. कार्रवाई कर रहे हैं, बेहतर होगा आप दख़ल-अन्दाज़ी न करें।'

उस एक पल में पता नहीं क्या सूझा, लेकिन मैंने तय कर लिया कि मुख्यमंत्री की बात काटूँगी। मैंने स्पष्ट जवाब दिया, 'सर, मैं इस कार्रवाई के पक्ष में नहीं हूँ, मुझे यह ठीक नहीं लगता। इसे यहीं रोक देना चाहिए वर्ना बहुत से लोग परेशानी में पड़ जाएँगे', पूरे जोश के साथ इतना बोल चुकने के बाद मैं साँस लेने को रुकी। दूसरी ओर ख़ामोशी थी तो मैंने बोलना ज़ारी रखा।

'जो मारा गया वह केवल चौदह साल का था। सर, आपका बच्चा चौदह का हो सकता है, मेरा भी एक बेटा लगभग चौदह साल का है। कैसा लगेगा आपको या मुझे अगर हमारे बच्चे के साथ ऐसा कुछ हो जाए? बच्चा ग़लती कर सकता है पर क्या उसे मार डालना चाहिए?'

मेरा लहज़ा सुन कर मेरे पति की नींद उड़ गई। वे उठ कर बैठे और पूछने लगे, 'क्या कह रही हो? कौन है?'

पर मैं बोलती गई, 'मान लीजिए पर्स छीनने के अपराध में यही आपके बेटे के साथ हुआ होता, या फिर मेरे बेटे के साथ...तो आपको या मुझको कैसा लगा होता सर?'

आख़िर मुख्यमंत्री ने कहा, 'नहीं, यह तो ग़लत है।' और फ़ोन काट दिया।

मुझे लगता है मुख्यमंत्री ने इस विषय में पुलिस अधीक्षक से बात की होगी क्योंकि उसके बाद फिर कभी इस बारे में कोई चर्चा नहीं हुई, और पटना ज़िले में मेरे कार्यकाल के दौरान फिर कोई मुठभेड़ भी नहीं हुई। और हाँ, जिस पुलिस अधीक्षक ने शायद मेरी शिकायत की थी, उसका तबादला भी हो गया।

इस बातचीत के बारे में हालाँकि मैंने किसी से नहीं कहा, मेरे मन में यह सदा बनी रही। राजनेताओं के साथ हम हमेशा सावधानी बरतते हैं क्योंकि हमें लगता है उन्हें दो टूक बात नापसन्द है। लालू प्रसाद के लिए मेरे हृदय में सम्मान तब और बढ़ गया क्योंकि मुझे लगा कि उन तक मेरी बात का आशय अवश्य पहुँचा था। यह मेरे लिए तो ठीक था ही, बाकी सब पर भी इसका अच्छा प्रभाव पड़ा—सी.आई.डी. (अपराध अनुसन्धान विभाग) के पदाधिकारियों ने चैन की साँस ली कि मुठभेड़ होनी बन्द हो गई हैं। पर किसी को भनक नहीं थी कि मुठभेड़ होना क्यों और कैसे बन्द हुआ।

एक और संकट जो उन दिनों बिहार में मँडराता रहता था, जबरन वसूली के लिए किए जाने वाले अपहरण का था। एक प्रकार का शहरी आतंक जिसने धनिक वर्ग को अपनी गिरफ़्त में ले लिया था और जो पुलिस को हर क्षण चौकन्ना रखता था। उप-महानिरीक्षक पद पर मेरे कार्यकाल के दौरान पटना में चर्चित बड़े अपहरणों में से एक पटना के बड़े व्यापारी राम कैलाश सरावगी का अपहरण था। शहर भर में हंगामा हो गया, विशेष तौर पर व्यापारी वर्ग में, जो आतंक की छाया में जी रहा था। विरोध में जगह-जगह प्रदर्शन होने लगे, मीडिया में खलबली मच गई, बंधक को छुड़वाने के लिए हम पर ज़बरदस्त दबाव था। चूँकि यह प्रकरण लड़के के साथ मुठभेड़ के तुरन्त बाद हुआ था हम बहुत ज़्यादा क्षुब्ध थे, पटना पुलिस की प्रतिष्ठा दाँव पर लगी थी।

वरिष्ठ पुलिस अधीक्षक और उनके दल की दाद देनी होगी कि चौबीस घंटों के भीतर श्री सरावगी को छोड़ दिया गया। मुझे बिहार चैम्बर ऑफ़ कॉमर्स की ओर से एक पत्र मिला जिसमें उन्होंने आभार व्यक्त किया था :

> ...श्री सरावगी को छुड़ाने के लिए आपके द्वारा किए गए सराहनीय काम के लिए, जिससे आम जनता और व्यापारी वर्ग का मनोबल बढ़ा है।

*

पिछले बीस सालों में अपराध और क़ानून-व्यवस्था से जुड़ी समस्याएँ कई गुना बढ़ गई थीं परन्तु उस हिसाब से पुलिस कर्मियों की संख्या नहीं बढ़ी थी। पूरे बिहार में पुलिस थानों में बल की विकट कमी थी, विशेष रूप से उप-निरीक्षकों (एस.आई.) की।

1993 के दौरान बिहार पुलिस में घटी सबसे महत्त्वपूर्ण घटनाओं में एक थी, बड़े स्तर पर चलाया गया भर्ती अभियान। लालू प्रसाद यादव ने बिहार में 1600 उप-निरीक्षकों की अब तक की सबसे बड़ी भर्ती करने का निर्णय लिया। पुलिस कर्मियों की भारी कमी के बावजूद इतनी बड़ी संख्या में पुलिस-भर्ती करने की हर ओर आलोचना हुई। विपक्षी दल और मीडिया आरोप लगा रहे थे कि मुख्यमंत्री जी तो केवल अपनी जाति के लोगों की भर्ती ही करेंगे।

मंडल आयोग की सिफ़ारिश पर आरक्षण पहले ही लागू हो चुका था,

परन्तु हर चीज़ में जाति देखने की बिहारी प्रवृत्ति, संशय और अटकलबाज़ियों के वातावरण को और गाढ़ा कर देती थी। लालू प्रसाद को इसकी परवाह नहीं थी; विधानसभा में उनका अच्छा बहुमत था तो अपनी योजनाएँ वे आगे बढ़ाते जाते थे।

भर्ती की मुहिम बिहार के हर ज़िले में चलाई जानी थी। अकेले पटना में ही 500 उप-निरीक्षकों के चुनाव के लिए पाँच भर्ती बोर्ड गठित किए जा रहे थे। प्रत्येक बोर्ड में तीन वरिष्ठ सदस्यों व एक अध्यक्ष को होना था। जब देखा कि पाँचों बोर्ड में अध्यक्ष के रूप में मेरा नाम है तो मैं एकदम चौंक गई, बल्कि वास्तव में ज़रा डर सी गई।

अन्य मापदंडों के साथ-साथ भर्ती बोर्ड द्वारा दौड़, ऊँची कूद, लम्बी कूद के आधार पर प्रत्याशियों का परीक्षण किया जाता है और अन्तिम चुनाव के पहले शारीरिक नापजोख होती है। गड़बड़ होने की सबसे अधिक गुंजाइश शारीरिक स्वास्थ्य के परीक्षण में होती है क्योंकि इसके परिणाम बदल देना आसान है।

सत्ता के गलियारों में फुसफुसाहटें शुरू हो गईं, 'मंजरी जारुहार को पाँच बोर्ड क्यों दिए गए हैं?' मैंने अपने वरिष्ठों के सामने गुहार लगाई, ध्यान दिलाया कि पाँचों बोर्डों की अध्यक्षता एक ही इनसान करेगा तो उस पर भ्रष्टाचार के आरोप लग सकते हैं। वे ख़ुद ही हक्के-बक्के थे क्योंकि मुख्यमंत्री ने स्वयं मुझे इन बोर्डों का अध्यक्ष बनाने के लिए कहा था।

पर मैं डटी रही और आख़िरकार मेरे बोर्ड घटा कर तीन कर दिए गए, बाकी दोनों बोर्ड महानिरीक्षक के.ए. जेकब की अध्यक्षता में काम करने वाले थे। हालाँकि तीन भी मुझे ज़्यादा लग रहे थे पर मैं मान गई। ऐसे मामलों में कोई कितना प्रतिरोध करे?

श्री जेकब ने फ़ोन किया तो हँस रहे थे, 'ठीक है, आपने कर ली अपने मन की, लेकिन एक बात बता दूँ, काम तो सारा आपको ही करना होगा। मैं तो बस उस काग़ज़ पर दस्तख़त कर दूँगा जो आप मेरे सामने रखेंगी।' हार की मुद्रा में मैंने सिर तो हिलाया पर आगे कुछ कह न सकी और उस भरोसे पर, जो उन्होंने मुझ पर जताया था, ज़रा ख़ुश भी हो गई।

पूरे राज्य में भर्ती अभियान की तैयारियाँ चल रही थीं। बिहार के अन्य हिस्सों में उप-महानिरीक्षक पद पर आसीन मेरे अनेक सहकर्मी फ़ोन करके पूछते, 'मंजरी, अगर हमें एक सूची दी गई तो? तुम्हें मिली है क्या?'

अफ़वाह चल रही थी कि 'पसन्दीदा प्रत्याशियों' की सूची उप-महानिरीक्षकों

को दे दी जाएगी। पटना से दूर वे समझ नहीं पा रहे थे कि राज्य की राजधानी में हवा किस ओर बह रही है।

'मुझे कोई 'सूची' नहीं मिली है; अगर ऐसा होता है तो आपको ख़ुद ही उससे निपटना होगा। मैंने तो तय कर लिया है कि नियम से चलूँगी और जो सही होगा वहीं करूँगी' मैंने जवाब दिया। विपक्ष की मंशा देखते हुए मेरा अनुमान था कि भर्ती को किसी भी समय अदालत में चुनौती दी जा सकती है और हमारे काम के लिए हमें ही जवाबदेह ठहराया जाएगा।

भर्ती अभियान की शुरुआत के एक दिन पहले मुझे देर रात लालू प्रसाद का अजीब सा फ़ोन आया, 'आपसे मुझे बड़ी आशाएँ हैं, पटना में चूँकि पाँच बोर्ड हैं सबकी नज़रें यहीं टिकी हैं। विपक्ष के नेता जगन्नाथ मिश्रा पटना में ही हैं। ग़ौर से देख रहे हैं, इन्तज़ार कर रहे हैं कि विधानसभा में, जिसका अभी सत्र चल रहा है, यह मामला उठाने का मौक़ा मिल जाए। भर्ती में ऐसा कुछ न हो जिसे चुनौती देकर मेरी सरकार पर कीचड़ उछाला जा सके। इसीलिए यह काम आपको सौंपा है।'

इस फ़ोन ने, जिसने मुझे चौंका दिया था, स्वतंत्र व निष्पक्ष भर्ती करवाने के मेरे संकल्प को बस और मज़बूत कर दिया। पूरी प्रक्रिया हमने बिना किसी अड़चन के पूरी कर ली। अभियान कई दिनों तक चलता रहा, यह एक बड़ी कवायद थी—पटना बोर्ड द्वारा देखी जा रही 500 रिक्तियों के लिए कुल 65000 आवेदन थे।

सब लोग सोच रहे थे कि लालू प्रसाद अपने लोगों को प्राथमिकता देंगे या अपनी कोई सूची घुमाएँगे पर ऐसा कुछ नहीं हुआ। बाद में कुछ लोगों ने भर्ती को अदालत में चुनौती दी और यह विवाद कुछ समय तक ज़ारी भी रहा, पर अन्ततः बिहार में पहली बार, एक ही बार में 1600 उप-निरीक्षक भर्ती कर लिए गए जो पुलिस बल के लिए बहुत बड़ी राहत थी।

*

मैं नवम्बर, 1992 से जुलाई 1994 तक उप-महानिरीक्षक, पटना के पद पर रही। इस बीच श्री जेकब वहाँ से चले गए और महानिरीक्षक के पद पर श्री अनिल कुमार आ गए। वे अत्यन्त सौम्य व विनम्र थे और अपने अधीनस्थों के काम में हस्तक्षेप नहीं करते थे। जब कभी मेरे सामने कोई उलझन या परेशानी

आती तो उनसे सलाह माँगने में मुझे कोई झिझक नहीं होती थी।

मैंने चाहा तो था कि पदोन्नति के बाद रेंज का प्रभार सँभालूँ, पर इतनी जल्दी केन्द्रीय रेंज का महत्त्वपूर्ण पदभार दे दिया जाएगा इसकी तो कल्पना भी नहीं की थी। मेरा सौभाग्य कि स्वयं मुख्यमंत्री ने इस पद के लिए मुझे चुना। लेकिन यह भी है कि यहाँ का काम बहुत ज़्यादा थका देने वाला था। जो अट्ठारह माह मैं पटना के उप-महानिरीक्षक पद पर रही, शायद ही कभी घर पर रही, एक स्थिति से दूसरी तक की दौड़ में मुझे साँस लेने की फुरसत भी नहीं थी।

मुझे याद है कैसे एक साल हम घर में होली मना रहे थे। रंगों में मैं सराबोर थी जब सूचना मिली कि पुराने पटना शहर में कुछ हुड़दंगियों ने एक कब्र को अपवित्र कर दिया है। परिवार और मेहमानों को वहीं छोड़ मैंने तुरन्त वर्दी पहनी और मौके की ओर रवाना हो गई। साम्प्रदायिक दृष्टि से यह चूँकि पटना के सबसे संवेदनशील इलाकों में से था, कुछ भी हो सकता था।

मुझे लगने लगा था कि अपने बच्चों की मैं बहुत अधिक अनदेखी कर रही हूँ। वे इतनी तेज़ी से बढ़ रहे थे! बतौर माँ, मुझे बस यही तसल्ली थी कि बच्चे अब भी अम्मा-बाबूजी के घर की ऊपरी मज़िल में रह रहे थे और उनकी अच्छी देखभाल हो रही थी। शुक्र है कि बच्चों का दायित्व उठाने में राकेश भी हमेशा साथ देते थे और अक्सर जब भी मैं दौरे पर होती, जो हमेशा होती थी—माँ और पिता दोनों का दायित्व वही निभाते।

उस दौरान मेरे सामने एक और रोमांचकारी अवसर आया।

उन दिनों कुछ महिला पुलिस अधिकारियों को कैरियर के बीच प्रशिक्षण पाठ्यक्रमों के लिए ऑस्ट्रेलिया भेजा जा रहा था। ऑस्ट्रेलिया के न्यू साउथ वेल्स के वॉलॉन्गॉन्ग विश्वविद्यालय में संगठनात्मक व्यवहार पर बारह सप्ताह के एक पाठ्यक्रम के लिए मुझे चुन लिया गया। बहुत लोग हैरान थे कि उप-महानिरीक्षक, पटना का पद छोड़ने की बात मैं सोच भी कैसे सकती हूँ। पर मैं जानती थी अपने मन को, और मेरा मन पक्का था।

ऑस्ट्रेलिया के लिए निकलने को थी कि तभी नौबतपुर थाने में पुलिस हिरासत में एक मौत हो गई। मृतक कथित 'ऊँची जातियों' में से एक का था। इस दुर्भाग्यपूर्ण मृत्यु से इलाके में जातिगत तनाव बढ़ गया, ऊँची जात के लोग जाँच की माँग लेकर विधानसभा के सामने बार-बार धरने पर बैठने लगे। उनमें से कुछ की माँग थी कि जाँच मंजरी जारुहार द्वारा की जाए। पर जाने

के पहले मैं किसी ऐसी विवादास्पद जाँच में नहीं फँसना चाहती थी, जो...मैं जानती थी कि लम्बी खिंचेगी।

जब सरकार ने निर्णय लिया कि मामले की जाँच उप-महानिरीक्षक, पटना करेंगी तो मैंने अपने बॉस अनिल कुमार से अनुरोध किया कि चूँकि तीन माह के लिए मैं बाहर जा रही हूँ और जाँच विवादित होगी, क्या मुझे इससे छूट मिल सकती है?

श्री कुमार ने उस दिन मुझे एक बड़ी बात बताई—एक सीख जो मुझे आज तक याद है : 'नहीं मंजरी, आपको जाना चाहिए, जाँच करनी चाहिए। लोग आप पर विश्वास करते हैं, इसीलिए चाहते हैं कि आप जाँच करें। जब कभी लोग भरोसा जताएँ उसका सम्मान करिए, दूर मत भागिए। इसलिए मेरी सलाह तो यही है कि इस मामले से छूट मत लीजिए। जाइए और जो ठीक लगे अपनी रिपोर्ट में लिखिए।'

मैंने ख़ुद को फँसा महसूस किया। जो वे कह रहे थे मैं उसका मूल्य समझ रही थी पर बिहार की चिरस्थायी जातिवादी राजनीति में फँसना नहीं चाहती थी। तब मुझे अपने पथप्रदर्शक श्री एल.वी. सिंह के शब्द याद आए जो उन्होंने तब कहे थे जब सहायक पुलिस अधीक्षक के नाते मैं उनके अधीन प्रशिक्षण ले रही थी।

'भारतीय पुलिस सेवा अधिकारी से हमेशा अपेक्षा रहती है कि आगे बढ़कर नेतृत्व करेंगे...आपके कैरियर में कई बार ऐसा होगा जब आपसे किसी मामले में निर्णय करने के लिए या फिर वरिष्ठ अधिकारियों को मामले के निषय गें बताने के लिए कहा जाएगा। निर्णायक होना नेतृत्व की ज़रूरत है।'

तो मैं नौबतपुर गई, जाँच पूरी की और अपनी रिपोर्ट सरकार को सौंप दी। जाँच ने मेरे इस सन्देह को कि मृतक को पुलिस हिरासत में मारा गया था यकीन में बदल दिया, और मैंने दोषी अधिकारी के ख़िलाफ़ कार्रवाई किए जाने की सिफ़ारिश की।

मेरे ऑस्ट्रेलिया के लिए निकलने से पहले महानिरीक्षक ने कहा, 'मुख्यमंत्री ने हमेशा आपमें भरोसा जताया है; मेरे विचार से आपको स्वयं जा कर उन्हें बताना चाहिए कि आप इस पाठ्यक्रम के लिए ऑस्ट्रेलिया जा रही हैं।'

उस दिन बारिश हो रही थी। 1 अणे मार्ग स्थित अपने घर में लालू प्रसाद बगीचे में बने मंडप के नीचे बैठे हुए थे। मैं जब अन्दर पहुँची तो उन्होंने मुझसे बैठने के लिए कहा। मैंने उस दिन साड़ी पहन रखी थी। वे निश्चिन्त मुद्रा में

थे, यह भी कहा कि वर्दी की तुलना में मैं साड़ी में ज़्यादा लम्बी दिखती हूँ। यह देखकर कि महिला पुलिस अधिकारियों को लोग कितने ध्यान से देखते हैं, मन ही मन हँसी-सी आई।

मुख्यमंत्री जी ने आस-पास बैठी अपनी मंडली को वहाँ से जाने के लिए कहा और मेरी ओर मुड़े। वे जानना चाहते थे कि क्या हुआ है। मैंने कहा, 'सर, मैं तीन महीने का एक प्रशिक्षण पाठ्यक्रम करने ऑस्ट्रेलिया जा रही हूँ। तो आपसे मिलने आई हूँ।'

उन्हें कारण कुछ समझ में आया नहीं। 'क्यों जा रही हैं? डी.आई.जी. पटना का पद कोई छोड़ता थोड़े ही है।'

'सर, यह बहुत प्रतिष्ठित कोर्स है और अच्छी तरह से तैयार किया गया है; मैं सोचती हूँ मुझे इससे बहुत फ़ायदा होगा।'

'ठीक है, आपकी बात मान लेते हैं' मुस्कुराते हुए वे बोले।

फिर आवाज़ धीमी करके, जैसे षड्यंत्र रच रहे हों, बोले, 'कोई मदद चाहिए क्या?'

मैं सकपका गई। मुख्यमंत्री जी आख़िर मुझसे पूछ क्या रहे हैं? वे तो मँजे हुए राजनेता थे, मेरी उलझन तुरन्त समझ गए। 'नहीं, नहीं, आपके जैसे सीधे, सच्चे अफ़सरों के लिए हमारा एक छोटा सा कोष है। हम जानते हैं बाहर जाना कितना महँगा पड़ सकता है...आप जैसे अफ़सरों की मदद के लिए हम कुछ अलग से रखते हैं।'

मुझे समझ ही नहीं आया क्या कहूँ—झिझक भी हुई, चकरा भी गई और थोड़ी हँसी भी आई, सब एक साथ! शायद ऐसा कुछ बुदबुदाया, 'नहीं, नहीं, सर, सारा पैसा हमारी सरकार और ऑस्ट्रेलिया की सरकार दे रही है' और उनसे इजाज़त ले ली।

यह बातचीत जब महानिरीक्षक को सुनाई तो उन्हें बड़ा अचम्भा हुआ। फिर मुस्कुरा कर बोले, 'पहले कभी मैंने इस तरह की कोई बात नहीं सुनी! ज़रूर उनकी नज़र में आप बहुत मूल्यवान हैं।'

श्री लालू प्रसाद सच ही महिला अधिकारियों पर बहुत भरोसा करते थे और उनके साथ बहुत सम्मान से पेश आते थे। महिलाएँ उन दिनों अनेक महत्त्वपूर्ण पद सँभाल रही थीं। मैं जब भी श्री लालू प्रसाद यादव से मिली उनका व्यवहार सदा शालीन रहा।

बतौर उप-महानिरीक्षक केन्द्रीय क्षेत्र (रेंज) बिहार प्रशासन के केन्द्र में

रहने से मुझे एक के बाद एक संकट से निपटने का भरपूर अनुभव मिला; फिर वह जातिगत या साम्प्रदायिक तनाव हो; राजनीतिक दृष्टि से महत्त्वपूर्ण घटनाएँ हों; या आपराधिक गतिविधियाँ। पुलिस के काम से यहाँ मेरा सीधा सम्पर्क रहा जिसने मेरे भीतर यह विश्वास जगाया कि मुझे दी गई किसी भी ज़िम्मेदारी को पूरा करने में मैं सक्षम हूँ।

*

जब से मैं स्टैनफ़ोर्ड और यूपॅन से हो कर आई थी, अन्दर कहीं इस बात का मलाल था कि मैं अमरीका में शिक्षा पाने से चूक गई। बस ऐसे किसी कैम्पस में होना ही, जहाँ लड़के-लड़कियाँ ज्ञानार्जन में, अपने-अपने सपने सच करने में जुटे हों, अत्यन्त रोमांचकारी था और मन में आता था कि काश मुझे भी यहाँ पढ़ने का अवसर मिला होता...। ठीक अमेरिकन आईवी लीग जैसा अनुभव तो नहीं, पर ऑस्ट्रेलिया के इस पाठ्यक्रम ने मुझे एक 'पश्चिमी' देश के कैम्पस-जीवन का स्वाद आख़िर चखा ही दिया।

1994 की जुलाई में मैं सिडनी पहुँची। पटना जैसे भीड़-भड़क्के वाले शहर के बाद सिडनी में लोगों का न होना अपने आप में अजब था। सिडनी से करीब 90 किलोमीटर दूर, न्यू साउथ वेल्स में समुद्र-तट पर बसा वॉलॉन्गॉन्ग एक छोटा-सा विश्वविद्यालयी नगर है। कम आबादी का एक मनोरम स्थल। न्यू साउथ वेल्स के इल्लावारा क्षेत्र में स्थित वॉलॉन्गॉन्ग विश्वविद्यालय की गिनती ऑस्ट्रेलिया के सबसे सुन्दर विश्वविद्यालय-परिसरों में होती है।

मुझे एक सुन्दर-सा स्टूडियो अपार्टमेंट दिया गया। पूरी तरह सुसज्जित वह अपार्टमेंट जितना आरामदेह था उतना ही व्यावहारिक। एक दिन विश्वविद्यालय के किताबों भरे पुस्तकालय में मैं वहाँ की पूरी कंप्यूटरीकृत माँग-प्रणाली पर चमत्कृत हो रही थी कि अचानक एक लड़का मुझ तक आया, 'मै'म आप पटना की डीआईजी हैं?'

'आप मुझे कैसे जानते हैं?' आश्चर्य से मैंने पूछा। क़ानून-व्यवस्था की ड्यूटी पर मैं कभी पटना विश्वविद्यालय गई थी तभी देखा था, लड़के ने बताया। अब वह और उसके दोस्त इस पर हैरान थे कि जिस विश्वविद्यालय में वे पढ़ते हैं, वहीं पर एक डीआईजी अपने पाठ्यक्रम के लिए आई हैं। मुझे इस बात पर हँसी आई कि यह जान कर कि उनके कॉलेज के दिनों में जिस

पुलिस अफ़सर को वे दूर से मुँह बाए देखते थे, अब उनकी सहपाठिनी है, वे सब किस कदर उत्साहित हैं!

उन्हें क्या मालूम कि दोबारा छात्रा बन जाने से—वह भी ऐसे विश्वविद्यालय में जो मेरे कॉलेजों से एकदम भिन्न था, मैं भी उतनी ही उत्साहित थी। पुलिस के काम की रोज़ की उठापटक पीछे छोड़, पढ़ाई-लिखाई में जुट जाने से जैसे नई स्फूर्ति आ गई थी।

*

क्लास में मैंने अनेक नई अवधारणाओं के विषय में सीखा। एक अवधारणा सम्पूर्ण गुणवत्ता प्रबन्ध (टोटल क्वॉलिटी मैनेजमेंट) की थी जो जापान के 'काइज़ेन' सिद्धांत से निकली है, इस शब्द का अर्थ है 'बेहतरी के लिए बदलाव' अथवा 'लगातार सुधार'।

वहाँ की शिक्षण-पद्धति भारत के कॉलेजों से बिलकुल अलग थी। प्रोफ़ेसर अनेक अवधारणाओं पर चर्चा करते और हमसे आशा की जाती थी कि आगे की पढ़ाई अपने आप करेंगे। लिखित कार्य नहीं था, जमा करने को न ट्युटोरियल, न कोई पेपर, न ही पाठ्यक्रम के अन्त में कोई परीक्षा। मुझसे बस इतनी अपेक्षा थी कि सुनूँ और सीखूँ।

'परिवर्तन का प्रबन्धन' (मैनेजमेंट ऑफ़ चेंज) के पाठ्यक्रम में मेरी विशेष रुचि थी। यह सीखना मुझे बेहद दिलचस्प लग रहा था कि एक संस्थान के प्रमुख के रूप में आप कैसे परिवर्तन ला सकते हैं : कौन से क़दम उठाएँ, किस प्रकार वार्तालाप करें और संस्थान के सारे सदस्यों के पास क्या सन्देश पहुँचाएँ।

हमारी पुलिस सेवा के लिए भी, जो श्रेणियों तथा नियमों में बँधी हुई है, यह विषय उतना ही प्रासंगिक लग रहा था। मैंने सीखा कि जब आप किसी परिवर्तन की शुरुआत करना चाहें तो हमेशा यह बेहतर होता है कि सबको विश्वास में लेकर समझा दें कि यह परिवर्तन ज़रूरी क्यों है। इस तरह के परिवर्तन में सबकी भागीदारी बनती है। परिवर्तन यदि ज़बरदस्ती लादा जाएगा तो सम्भव है आपकी टीम उसे स्वीकार न करे, क्योंकि सूचना का अभाव लोगों में सन्देह पैदा करता है जिसके चलते परिवर्तन की प्रक्रिया को वे मुश्किल बना देंगे।

पर साथ ही मैंने यह भी सीखा कि हर बार सर्वसम्मति से परिवर्तन लाना सम्भव नहीं। कभी-कभी लोगों के प्रतिरोध के बावजूद परिवर्तन लाने के लिए

लीडर को डटे रहना होता है।

बाद में अपने कार्यजीवन में मैंने दोनों ही दृष्टिकोणों को अपनाया। जब कभी कुछ बदलने की ज़रूरत पड़ती मैं अपने वरिष्ठों और अधीनस्थों से बात करके उनके विचार जानने और आम सहमति बनाने का प्रयास करती। इससे मुझे कोई भी संगठनात्मक बदलाव अधिक शीघ्रता से लाने में सहायता मिलती। परन्तु कड़ा फ़ैसला लेने से भी मैं पीछे नहीं हटती थी, चाहे बदलाव ज़बरदस्ती ही क्यों न लाना पड़े। वॉलॉन्गॉन्ग विश्वविद्यालय में जो सीखा, उसके अलावा मैं कहूँगी कि किसी परिवर्तन को शुरू करते वक़्त नेतृत्व के अपने अनुभवों पर भी निर्भर करना होता है। कभी-कभी मैंने इस पद्धति का सहारा भी लिया, ख़ासतौर पर वरिष्ठ पदों पर रहते।

पाठ्यक्रम का एक अन्य दिलचस्प अंश 'तनाव प्रबन्धन' (स्ट्रेस मैनेजमेंट) पर था। प्रोफ़ेसर ने तनाव की विभिन्न किस्मों पर बात की और तनाव दूर करने के लिए हमें कुछ व्यायाम भी सिखाए।

उन्होंने बताया कि तनाव को तब तक मापा नहीं गया था—ख़ासतौर पर यह कि किन कारणों से कितना तनाव होता है। अपने शोध के दौरान उन्होंने एक चार्ट तैयार किया था जिसमें मापा था कि सर्वाधिक तनाव सन्तान की मृत्यु से होता है।

अनेक प्रकार के मामलों से निपटते वक़्त मैंने भी यही महसूस किया था कि सन्तान-शोक से ज़्यादा बड़ा दुख कोई नहीं होता। ख़ासतौर पर—जब मैं बोकारो में पुलिस-अधीक्षक के पद पर थी—एक छोटे से लड़के का मामला याद आता है। एक गाड़ी ने चार-पाँच साल के बच्चे को कुचल दिया था। वह सड़क पार करने की कोशिश कर रहा था कि दूसरी ओर जा कर खेले। माँ ने शायद पल भर के लिए उस पर से नज़र हटाई थी कि कार ने टक्कर मार दी। ख़बर मिलते ही मैं दुर्घटना-स्थल पर पहुँची थी। माँ को अपने मृत बच्चे पर रोते देखना दिल को चूर-चूर कर रहा था। माँ के साथ मैं भी रो पड़ी थी।

ख़ुद को मैं भाग्यशाली समझती हूँ कि अपने कैरियर के बीच मुझे भारत में कई छोटे मॉड्यूल्स के अलावा लंदन और ऑस्ट्रेलिया में भी पाठ्यक्रमों में भाग लेने के लिए चुना गया। नई संस्कृतियों से परिचय, कक्षाओं में व्याख्यान, प्रतिभागियों के मिले-जुले समूहों से आदान-प्रदान, बल्कि एक अन्य शहर में अकेले रहने के अनुभव ने भी मेरी कार्य-कुशलता को बढ़ाने और व्यक्तित्व के विकास में बड़ा योगदान दिया।

19

अर्ध-सैन्यबलों की चुनौती

बोकारो ने जब भावभीनी विदाई दी थी, तभी मुझे समझ जाना चाहिए था कि स्नेह और सद्भाव से सींचे गए सम्बन्ध बदलते नहीं। क्योंकि, बतौर पुलिस-अधीक्षक इस्पात नगर छोड़कर जाने के आठ साल बाद मैं पुन: बोकारो में थी। इस बार एक बिलकुल भिन्न कार्यभार के साथ। अब मैं केन्द्रीय औद्योगिक सुरक्षा बल (सीआईएसएफ़), बोकारो इस्पात संयंत्र की उप-महानिरीक्षक थी। यह पद मैंने 1994 में, ऑस्ट्रेलिया से वापसी के बाद सँभाला था।

केन्द्रीय औद्योगिक सुरक्षा बल का प्रारम्भ भारत सरकार के एक सशस्त्र बल के रूप में हुआ जिस पर इस्पात संयंत्रों, बिजली संयंत्रों, खदानों, तेल क्षेत्रों, परिशोधन शालाओं व बन्दरगाहों जैसे भारत में फैले सार्वजनिक क्षेत्र के उपक्रमों की रक्षा का भार होता है। बाद में यह सुरक्षा-बल हवाईअड्डों, मेट्रो रेल व अति महत्त्वपूर्ण निजी संस्थानों के साथ भी जोड़ दिया गया।

पहली बार जब सी.आई.एस.एफ़. ने मुझसे पूछा था तो मन में स्पष्ट नहीं था कि जिस ज़िले में मैं पहले पुलिस अधीक्षक के पद पर काम कर चुकी हूँ, वहीं पर स्थित इस्पात संयंत्र में उप-महानिरीक्षक पद पर मैं जाना चाहूँगी कि नहीं। मेरे मन का बदलना एक संयोग ही था। जब मैं उप-महानिरीक्षक पटना के पद पर थी तो मेरा एक पुलिस-उपाधीक्षक प्रशिक्षणार्थी, जो बोकारो में मेरे साथ था, मुझसे मिलने आया। उसने बताया कि बोकारो में दिल्ली पब्लिक स्कूल खुल गया है जिसमें केन्द्रीय माध्यमिक शिक्षा बोर्ड (सी.बी.एस.ई.) के अनुरूप पढ़ाई होती है। मुझे पता था कि बोकारो में इंजीनियरिंग की प्रवेश-परीक्षा के लिए बहुत बढ़िया कोचिंग उपलब्ध है।

तुषार अब 10वीं में था, और एक कैरियर की राह चुन लेने का वक़्त जल्द

ही आने वाला था, वहीं अंशुमान अब भी पटना में मोहल्ले के एक स्कूल में पढ़ रहा था जो बिलकुल अच्छी बात नहीं थी। मुझे हरदम यही चिन्ता सताती थी कि मेरा काम बच्चों के आड़े आ रहा है, तो अब लगा कि इस समय उनकी शिक्षा को पहले रखना चाहिए।

अभी सोच-विचार कर ही रही थी कि ऑस्ट्रेलिया में तीन माह के पाठ्यक्रम के लिए चुन ली गई और ख़ुद को एक दोराहे पर खड़ा पाया। बहुत संकोच के साथ मैंने केन्द्रीय औद्योगिक सुरक्षाबल के महानिदेशक श्री एस.सी. मेहता को फ़ोन लगाया और उन्होंने छूटते ही कहा, 'नहीं, नहीं, आपको जाना चाहिए। पुलिस अधिकारियों को कम ही मौक़ा मिलता है इस तरह के कोर्स में भाग लेने का। बस बारह सप्ताह की तो बात है; बोकारो में उप-महानिरीक्षक का पद आपके लिए खाली रखा जाएगा।'

तो मेरा जाना इस तरह हुआ।

*

ऑस्ट्रेलिया से वापसी पर अंशुमान के साथ मैं बोकारो के लिए निकल गई और राकेश तुषार के साथ, जो दसवीं की बोर्ड परीक्षा की तैयारी कर रहा था, पटना में रुके रहे। मैं परेशान थी कि तुषार की पहली बड़ी परीक्षा के लिए मैं उसके साथ नहीं हूँ पर राकेश ने आश्वासन दिया कि वह एकदम ठीक रहेगा।

जैसे ही बोकारो पहुँचे मेरे पुराने मित्र, श्रीवास्तव दम्पती, हमसे मिलने हमारे ठहरने की जगह सी.आई.एस.एफ़. की मेस में आ गए। यह पुनर्मिलन बहुत ख़ुशी के साथ, हालाँकि ज़रा जल्दी में हुआ। आते ही उन्होंने अंशुमान को सँभाला और मैं उप-महानिरीक्षक, केन्द्रीय औद्योगिक सुरक्षा बल का कार्यभार ग्रहण करने निकल गई। बोकारो इस्पात संयंत्र के प्रबन्ध निदेशक के.ए.पी. सिंह से भी मिली। वे काफ़ी अनुभवी व व्यावहारिक व्यक्ति लगे, मुझे लगा इनके साथ पटरी बैठ जाएगी। लिखित और मौखिक परीक्षा के बाद अंशुमान का दाख़िला दिल्ली पब्लिक स्कूल में छठी कक्षा में हो गया। कितनी राहत मिली!

जैसे जब मैं बोकारो के पुलिस अधीक्षक के पद पर आई थी, वैसे ही केन्द्रीय औद्योगिक सुरक्षा बल में मेरे पूर्ववर्ती का स्थानांतरण भी सन्देह के घेरे में हुआ था। उनके ख़िलाफ़ गम्भीर आरोप थे। एक कमांडेंट को निलम्बित कर दिया गया था व सी.बी.आई. (केन्द्रीय अन्वेषण ब्यूरो) में मामला दर्ज़ कर

लिया गया था। संयंत्र का माल चोरी-छुपे बाहर ले जाने में केन्द्रीय औद्योगिक सुरक्षा-बल के लोगों का हाथ था, गाँववाले भी बड़े पैमाने पर यह काम कर रहे थे। लूट के माल के बँटवारे को लेकर हुए झगड़े में सुरक्षा-बल और गाँव वालों के बीच हिंसक झड़प हुई, सुरक्षा-बल के जवानों ने कई ट्रकों में आग लगा दी और तबाही मचा दी।

संयंत्र के प्रबन्धकों ने जब उप-महानिरीक्षक और कमांडेंट से गुहार लगाई तो दोनों स्वयं इस चोरी-कांड में लिप्त पाए गए। इन सारी बातों ने केन्द्रीय औद्योगिक सुरक्षा बल का नाम मिट्टी में मिला दिया था।

तो, आते ही मैं पूरी तेज़ी से काम में जुट गई। जिस भी पद पर जाती, मेरा पहला सन्देश यह जाता था कि अनुशासन के मामले में कोई समझौता नहीं करूँगी। पर इसके साथ ही ड्यूटी के घंटों के बाद के उनके जीवन को कुछ आसान बनाने का मैं भरसक प्रयास करती थी।

जैसे सब पहले से देखा-सुना-जिया हो—मैंने पाया कि संयंत्र में तैनात सी.आई.एस.एफ़. के जवान लापरवाह और बेलगाम हो चुके हैं, एक अनुशासित बल के स्थान पर किसी कामगार संघ के समान बर्ताव कर रहे हैं। उनमें से अनेक सादे कपड़ों में काम पर पहुँच जाते। मैंने फिर वही आदेश ज़ारी किया जो पुलिस अधीक्षक के पद से किया था—कि संयंत्र के भीतर कोई बिना वर्दी के प्रवेश नहीं करेगा। उदाहरण प्रस्तुत करने के लिए मैं जिन चार वर्षों तक वहाँ रही, एक बार भी सादे कपड़ों में संयंत्र के भीतर नहीं गई। मैं सदैव वर्दी में ही रहती थी।

सुरक्षा बल के जवानों को संयंत्र के कर्मचारियों के साथ उनके दुपहिया वाहनों पर चलने की आदत भी हो गई थी। कर्मचारी के साथ चूँकि कॉन्स्टेबल जा रहा होता, फाटक पर सुरक्षा बल उनकी जाँच न करता और संयंत्र का सामान चुराकर ले जाने में वे कामयाब हो जाते। इस साँठ-गाँठ को तोड़ना ज़रूरी था। मैंने आदेश दिया कि कोई भी सुरक्षाबल-कर्मी संयंत्र के कर्मचारी के वाहन पर नहीं चलेगा। उन लोगों ने जब आपत्ति की कि बसें पर्याप्त नहीं हैं तो हमने सुनिश्चित किया कि पाली बदलने के समय पर्याप्त परिवहन सुविधाएँ उपलब्ध हों।

बोकारो इस्पात संयंत्र चूँकि एक लाभ कमाने वाला संस्थान और भारत के सार्वजनिक क्षेत्र के उपक्रमों के नवरत्नों में से एक था, तो सुरक्षाबल की वे खूब अच्छी देखरेख करते थे। संयंत्र ने मुझे जो कार्यालय दिया वह बड़ा,

साफ़-सुथरा और आरामदेह था और एक छोटे से परिसर में स्थित था जिसमें पर्याप्त बैरकें थीं। फिर भी अनेक सुरक्षाबल कर्मी संयंत्र के भीतर रह रहे थे जो अनेक प्रकार के अनाचार का कारण था। उन सबको हम केन्द्रीय औद्योगिक सुरक्षा बल के परिसर में बनी बैरकों में ले आए, केवल एक छोटी-सी टुकड़ी को आपातकालीन ड्यूटी के लिए भीतर रहने दिया। परिसर पर हमने साप्ताहिक परेड आरम्भ की, और एक मासिक पुलिस सभा जिसमें मैं जवानों को सम्बोधित करती और उनकी शिकायतें सुनती। उनका यह समझना ज़रूरी था कि उप-महानिरीक्षक उनकी बेहतरी के विषय में भी उतनी ही गम्भीर हैं जितनी अनुशासन के मामले में। मेरा यह सन्देश धीर-धीरे सब तक पहुँचने लगा और मेरे जवानों के अन्दर उत्तरदायित्व की भावना आई।

जैसा कि ज़िला पुलिस के साथ था, सुरक्षा बल और संयंत्र के बीच भी टकराव का सम्बन्ध था, शायद इसलिए कि तस्करी, चोरी, चीज़ों को खिसकाने, मामलों को कम करके बताने में अर्धसैनिक बल और पुलिस से लेकर कर्मचारियों और स्थानीय लोगों तक—सब का हाथ था। कर्मचारी संघ की ओर से कुछ उत्पात किए जाने की स्थिति में अपनी और संयंत्र की सुरक्षा और संरक्षा के लिए संयंत्र का प्रबन्धन पूरी तरह से केन्द्रीय औद्योगिक सुरक्षा बल पर निर्भर था मगर जिस बल पर उनकी रक्षा का दायित्व था, उसी की भूमिका सन्दिग्ध हो जाने से वह ख़ुद को लाचार पाता था।

संयंत्र के प्रबन्धकों के साथ मैंने एकजुट हो कर काम शुरू किया, आशा थी कि मेरे आने से पहले जो कुछ भी गड़बड़ हुई है शायद इससे कुछ ठीक हो सके। वैसे भी संयंत्र की सुरक्षा मेरा दायित्व था और वहाँ के प्रबन्धन के सामने खड़ी समस्याओं को समझना मेरे हित में ही था।

प्रबन्धकों ने मुझे अपनी मासिक बैठकों में बुलाना शुरू किया, जिससे संयंत्र के कामकाज को मैं बेहतर ढंग से समझ सकी। सुरक्षा बल की समस्याओं को प्रबन्ध निदेशक के सामने रखने का भी वह एक उपयुक्त अवसर होता था। श्री सिंह द्वारा मुझे लिखे गए पत्र में, जिसमें संयंत्र का कार्यप्रदर्शन 'अच्छा' रहने का उल्लेख किया गया था, परस्पर सौहार्द के इस सम्बन्ध की झलक दिखती है :

> इसे सम्भव बनाने में एक बड़ी हद तक, केन्द्रीय औद्योगिक सुरक्षा बल की सक्रिय भूमिका और साथ रहा...काम के हर क्षेत्र में केन्द्रीय औद्योगिक सुरक्षा बल ने सहभागिता और सहयोग की भावना जगाई, परिणामत: कंपनी की एक बेहतर छवि बनी।

यह जानकारी आम थी कि संयंत्र के भीतर ट्रकों के प्रवेश की प्रणाली में भ्रष्टाचार ही भ्रष्टाचार है। ट्रक बाहर खड़ा रखा जाए तो ट्रक मालिक का बड़ा नुकसान था और अपना ट्रक जल्दी भीतर पहुँचाने के लिए वह रिश्वत देने को तैयार था। मैंने देखा कि इस सारी प्रक्रिया को आसान बनाने के सारे साधन तो संयंत्र में ही मौजूद हैं और प्रबन्ध निदेशक से, 'पहले आओ—पहले पाओ' आधार पर कंप्यूटरीकृत प्रवेश-पत्र ज़ारी करने का अनुरोध किया। हाथ से प्रवेश-पत्र बाँटने की भ्रष्ट व्यवस्था का अन्त करके हमने ट्रक मालिकों को राहत पहुँचाई।

एक अन्य नया उपाय, जिसका संयंत्र के कर्मचारियों पर अच्छा प्रभाव पड़ा, 'समकालिक अभियान' का था। यह उपाय मैंने पुलिस में सीखा था जिसमें अपराध नियंत्रण के लिए एक नियत रात को पूरे ज़िले में लोगों और वाहनों की आवाजाही की औचक जाँच की जाती है। संयंत्र के प्रबन्धकों को मैं विश्वास में लेती और बड़े पैमाने पर आकस्मिक जाँच करवाती। किसी एक पाली में प्रत्येक व्यक्ति के प्रवेश-पत्र को बारीकी से जाँचा-परखा जाता जिसका मतलब था 15 से 20 हज़ार लोगों की जाँच। हमें अनेक ऐसे लोगों का पता लगा जो या तो पहचान पत्र के बिना या फिर ऐसे पहचान पत्र के साथ संयंत्र के भीतर आ रहे थे जो जाली था या जिसकी तारीख निकल चुकी थी। संयंत्र के भीतर के सारे वाहनों की भी हम जाँच करते। इससे हमें काफ़ी हद तक अपराध रोकने में मदद मिली और कर्मचारियों में अनुशासन आया।

*

तुषार की बोर्ड-परीक्षा के बस तीन माह पहले राकेश को हज़ारीबाग़ के पुलिस प्रशिक्षण कॉलेज भेज दिया गया। रा.पु.अ. में हमारे अनुभव के चलते राकेश को उन 1600 उप-निरीक्षकों के प्रशिक्षण का जिम्मा सौंपा गया जिनकी भर्ती तब हुई थी जब मैं पटना में उप-महानिरीक्षक थी। चुनौती बहुत बड़ी थी क्योंकि देश में इतना बड़ा कोई पुलिस प्रशिक्षण केन्द्र था ही नहीं जिसमें 1600 लोगों को एक साथ प्रशिक्षण दिया जा सके। तो प्राथमिक प्रशिक्षण के लिए कुछ लोग पंजाब और हरियाणा भेज दिए गए। राकेश के लिए इसका अर्थ था कि इतने बड़े पैमाने पर मानकीकरण, समन्वयन और पर्यवेक्षण का काम किया जाए जितना बिहार में पहले कभी नहीं हुआ था।

तो, पटना में तुषार अब बिलकुल अकेला था, बोर्ड परीक्षा की पढ़ाई कर रहा था और साथ में न माँ थी न पिता। मुझे लगा यह सच ही बेचारे बच्चे के साथ अन्याय है, पर कोई विकल्प था ही नहीं। बेटे को मैं शाबाशी दूँगी कि उसने धैर्य नहीं खोया। भाग्य अच्छा था कि परीक्षा के दौरान राकेश छुट्टी लेकर तुषार के पास जा कर रह सके।

बोर्ड के बाद तुषार को बोकारो के दिल्ली पब्लिक स्कूल में प्रवेश मिल गया और वह इंजीनियरिंग की कोचिंग करने लगा। वह पढ़ाकू था, उसने क्लास में अच्छा किया और स्कूल में नया होने के बावजूद स्क्वॉड कैप्टेन बन गया जो उसके लिए बड़ी बात थी। नटखट अंशुमान की तुलना उसके अध्यापक अक्सर बड़े भाई के साथ करते। तो मुझे अपने दोनों बेटों की भावनाओं और पढ़ाई को सँभालना पड़ता था। वह समय आसान नहीं था। मुझे लगता मैं हर किसी के निशाने पर हूँ, मानो हर कोई कह रहा हो कि मैं अपने बेटों की सही देखभाल नहीं कर रही। वह मुश्किल साल थे, पर यह किसने कहा कि किशोरों को बड़ा करना आसान होगा?

तब तक उप-निरीक्षकों का प्रशिक्षण पूरा हो चुका था। मुझे पता चला कि महाप्रबन्धक (नगर सेवाएँ), भारतीय इस्पात प्राधिकरण लि. के पद के लिए संयंत्र एक भारतीय प्रशासनिक सेवा या भारतीय पुलिस सेवा अधिकारी की तलाश में है। राकेश को मैंने आश्वस्त कर दिया कि यह प्रस्ताव स्वीकार कर लें और मार्च, 1996 में वे वहाँ प्रतिनियुक्ति पर आ गए। 4 साल के अन्तराल के बाद हम चारों एक बार फिर एक साथ थे।

*

पदभार लेने के तुरन्त बाद एक दिन मैं दौरे पर थी जब महानिरीक्षक अजय सिंह ने सूचित किया कि हमारी अपराध आसूचना शाखा (क्राइम इंटेलिजेंस विंग) ने सुरक्षाबल के चौदह कार्मिकों को, जो कि सभी पंजाब से हैं, रँगे हाथों पकड़ लिया है। संयंत्र की खूब ऊँची चारदीवारी के ऊपर चक्करदार नोकदार कन्सर्टीना तार लगा था लेकिन बीच-बीच में खाली जगह थी। इन्हीं खाली जगहों से होकर कुछ सुरक्षाबल कार्मिक संयंत्र में घुस आए थे, जबकि कुछ दीवार के दूसरी ओर खड़े थे ताकि साथियों द्वारा भीतर से चुरा कर बाहर फेंका जा रहा सामान बटोर लें।

महानिरीक्षक ने मुझे तुरन्त बोकारो लौट कर स्थिति सँभालने का निर्देश दिया। मैं लौटी और सभी चौदह कार्मिकों को निलम्बित कर दिया। मामला जब आपराधिक दुराचरण अथवा अनुशासनहीनता का हो तो सख़्ती करने से मैंने कभी संकोच नहीं किया। उसके बाद छह निरीक्षकों को उनके ख़िलाफ़ बिना नागा रोज़ विभागीय कार्रवाई करने के आदेश दिए। और चूँकि बोकारो के केन्द्रीय औद्योगिक सुरक्षाबल में कुछ वर्ष पहले विद्रोह हो चुका था जिसका अन्त सेना के साथ भिड़ंत और एक कमांडेंट की मृत्यु में हुआ था, उन चौदह लोगों को अलग-अलग बैरकों में रखा गया।

विभागीय कार्रवाई इक्कीस दिन के रिकॉर्ड समय में पूरी हो गई और मैंने सभी चौदह आरोपियों को बर्ख़ास्त कर दिया। सब तक मैं यह सन्देश पहुँचा देना चाहती थी कि यह सम्भव नहीं कि जिस संयंत्र की सुरक्षा के लिए आप रखे गए हैं उसी में चोरी करें और उम्मीद करें कि बच जाएँगे। आने वाले महीनों में सुरक्षा बल में हर कोई पूछ रहा था कि इतना कड़ा क़दम मैंने उठा कैसे लिया। जिस तरह हम स्थिति से निपटे, उससे महानिदेशक भी ख़ुश थे।

स्वाधीनता दिवस 1995 की पूर्वसंध्या को संयंत्र के दूर-संचार भंडार से एक बड़ी चोरी होने की सूचना मिली। उस ओर जाते हुए लगा ऐसा पहले भी हो चुका है। संयंत्र के भंडार-रक्षकों के घरों की तलाशी, उनकी पत्नियों की गिरफ़्तारी, कोक चुरा कर ले जाने वाली लॉरियों को पकड़ने के लिए जीप भगाने की यादें आँखों के सामने कौंध गईं।

छान-बीन में मदद के लिए मैंने कुत्तों का दस्ता भी बुलवाया था। एक कुत्ता जा कर एक बड़े से मैनहोल के ढक्कन पर बैठ गया। मैं जानती थी कि चूँकि इस्पात को ठंडा करने व अन्य कामों के लिए संयंत्र में बड़ी मात्रा में पानी की आवश्यकता पड़ती है, पानी की आपूर्ति व बेकार पानी के निकास के लिए परिसर के भीतर भूमिगत सुरंगों का जाल है। मुझे याद आया कभी सुना था कि अपराधी कभी-कभी इन सुरंगों से रेंग कर अन्दर आ जाते हैं, मैनहोल का ढक्कन हटाते हैं और संयंत्र का सामान चुरा कर उसी रास्ते भाग जाते हैं। फाटक पर होने वाली जाँच को कड़ा कर दिए जाने के बाद अपराधियों ने सोचा होगा कि चलो 'भूमिगत' हो जाएँ। सचमुच में।

साँझ के धुँधलके में मैंने अपराध आसूचना शाखा के प्रभारी, उप-कमांडेंट जगबीर सिंह से मैनहोल खोलने के लिए कहा। अन्दर घुप्प अँधेरा था। कुछ देर तक हम यह जाँचने को रुके रहे कि अन्दर की हवा विषैली तो नहीं फिर

अपराध आसूचना शाखा की टीम के दो सदस्यों को मैनहोल में उतारा। सुरंग उस दिन सूखी थी; शायद वह एक बरसाती नाला थी। दोनों ने बाहरी चारदीवारी की दिशा में चलना आरम्भ किया, उनकी शक्तिशाली टॉर्चों की रोशनी चाकू की धार की तरह अँधेरे को काट रही थी। थोड़ा आगे बढ़े तो सुरंग की दीवार के सहारे उन्हें कुछ रखा दिखाई दिया।

आश्चर्य और रोमांच से वे ज़ोर-ज़ोर से चिल्लाने लगे कि उन्हें दूर-संचार उपकरणों की बड़ी-बड़ी ढेरियाँ रखी मिल गई हैं। चोरी लम्बे समय से होती आ रही होगी क्योंकि यह एक दिन की लूट नहीं थी। सारा सामान सुरंग से बाहर निकालने में पूरी टीम को डेढ़ घंटे से ऊपर लग गए। जैसे ही इस आश्चर्यजनक तरीके से लूट का सामान मिला, सब कुछ निकाल कर बाहर ले आने को सब उतावले हो उठे।

संयंत्र के प्रबन्ध निदेशक के.ए.पी. सिंह अपने महाप्रबन्धकों के साथ तुरन्त वहाँ पहुँचे और हालाँकि चोरी की गई वस्तुओं की मात्रा देख वे सन्न रह गए पर जिस तेज़ी से हमने उन्हें छिपाने का स्थान ढूँढ़ निकाला था, उससे प्रभावित भी थे। अपने कार्यालय के लेखापाल को मैंने पुरस्कार कोष में से दस हज़ार रुपए लेकर आने के लिए कहा और जिसने भी इस मामले पर काम किया था, उन सबको मैंने और प्रबन्ध निदेशक ने हाथोंहाथ वहीं पर नकद पुरस्कार दिया। इस प्रकार सराहे जाने से जवानों को लगता है कि उनके प्रयास को मान्यता दी जा रही है जिसका प्रभाव सकारात्मक होता है।

इस मामले से काफ़ी सनसनी हुई और कई दिनों तक यह चर्चा का विषय बना रहा, तत्परता से काम करने के लिए सब केन्द्रीय औद्योगिक सुरक्षा बल की प्रशंसा कर रहे थे। प्रबन्ध निदेशक ने मुझे धन्यवाद देते हुए एक पत्र भी लिखा। मेरे लिए यह बहुत सन्तोष की बात थी क्योंकि जो सुरक्षा बल मुझे विरासत में मिला था, वह विवादों से घिरा हुआ था, उस पर बड़े पैमाने पर चोरी के आरोप थे, वहीं अब इतनी मशक्कत के साथ चोरी का माल ढूँढ़ निकालने के लिए हमारा गुणगान हो रहा था।

*

हालाँकि बोकारो में हमारी गृहस्थी शान्ति से चल रही थी, सुरक्षाबल में पुलिस पदाधिकारियों की कमी का मतलब था कि मेरा आना-जाना लगा ही रहता था।

धनबाद, राउरकेला और दुर्गापुर के कोयला और इस्पात संयंत्रों का अतिरिक्त प्रभार भी मुझ पर था, भर्ती और पदोन्नति बोर्डों की बैठकों में भाग लेने अलग जाना पड़ता। कुछ समय के लिए पुलिस उप-महानिरीक्षक, पूर्वी क्षेत्र का काम भी मैं देख रही थी।

अन्य संयंत्र ही नहीं, बोकारो इस्पात संयंत्र से जुड़ी चार—जमशेदपुर के निकट किरीबुरू और मेघाहाटुबुरू, बिहार के पलामू (अब झारखंड में) में भवनाथपुर और मध्य प्रदेश की कोटेश्वर खानों में तैनात सी.एस.आई.एफ़. की इकाइयों को देखना भी मेरा दायित्व था। इन इकाइयों के बुनियादी ढाँचे की हालत ख़राब थी। मैंने प्रयास कर के कुछ सक्षम अधिकारियों को वहाँ तैनात करवाया ताकि वे स्वतंत्र रूप से काम कर सकें व बुनियादी सुविधाओं में सुधार लाने के लिए उन्हें धन भी उपलब्ध कराया।

किरीबुरू और मेघाहाटुबुरू खानों के आस-पास का क्षेत्र विशेष तौर पर मनोरम था, पर खनन-प्रक्रिया पर्यावरण की कैसे हानि कर रही है यह दिखाई देता था। बाद में जब झारखंड में मेरी तैनाती हुई, मैंने देखा कैसे यह सुन्दर स्थान नक्सलियों के लिए वध-स्थल में बदल गया था।

हालाँकि ये सारी ज़िम्मेदारियाँ निभाने के लिए मुझे बार-बार यात्राएँ करनी पड़तीं जो बहुत थका देने वाली थीं, परन्तु सार्वजनिक क्षेत्र की विभिन्न इकाइयों का कामकाज देखने से भारतीय अर्थव्यवस्था की रीढ़ माने जाने वाले क्षेत्रों की औद्योगिक संरचना मुझे ज़्यादा समझ आने लगी।

धनबाद के भारत कोकिंग कोल लिमिटेड (बी.सी.सी.एल.) में बड़ी संख्या में सी.आई.एस.एफ़. के 5000 जवान तैनात थे और क्योंकि यह कोयला माफ़िया की धरती थी, गाहे-बगाहे समस्या खड़ी होती ही रहती थी। कोयला मफ़िया द्वारा बड़ी मात्रा में, कभी-कभी सी.आई.एस.एफ़. कर्मियों की मिलीभगत से, कोयला चुराया जाता। अपराध पर रोक लगाने के लिए मैंने अपना दिल और दिमाग़ दोनों लगा दिए, जो कोई पकड़ा जाता उसके ख़िलाफ़ कड़ी से कड़ी कार्रवाई करती। इससे सी.आई.एस.एफ़. और बी.सी.सी.एल. के बीच का रिश्ता गाढ़ा हुआ।

एक और दिलचस्प बात यह हुई कि करगली में—जो अब झारखंड में है—सेंट्रल कोल फ़ील्ड्स लिमिटेड (सी.सी.एल.) में सी.आई.एस.एफ़. का प्रवेश हुआ। यह बहुत बड़ी कार्रवाई थी जो कई माह चली और मैं निरन्तर प्रबन्धकों के सम्पर्क में रहते हुए सुरक्षा बल के लिए पर्याप्त बुनियादी ढाँचा

खड़ा करने के लिए वहाँ काफ़ी समय तक रही।

इन दायित्वों को निभाने के दौरान मुझे यह समझ आ गया कि ग़ैरक़ानूनी कोयला-खनन में लाभ ही लाभ है और तुलना में जोखिम कम है। इसलिए हमारी ईमानदार कोशिशों के बावजूद भी यह चोरी जारी ही रही।

*

तुषार ने स्कूल की पढ़ाई ख़त्म कर ली तो हमने इंजीनियरिंग कॉलेज देखने शुरू किए। किसी ने मणिपाल प्रौद्योगिकी संस्थान के विषय में बताया जो अच्छे परिणाम दिखा रहा था। पता चला कि सविता हांडे, जो रा.पु.अ. में मेरी प्रशिक्षणार्थी रह चुकी थी, कर्नाटक के उडुपी ज़िले में तैनात है। फ़ोन करके मैंने उससे पूछा कि क्या वह वहाँ की प्रवेश प्रक्रिया की जानकारी मालूम कर सकती है।

भारत भर में फैले हमारे ये सच्चे, खरे मित्र व सहकर्मी ही रा.पु.अ. में हमारी तैनाती के सालों की सबसे बड़ी देन हैं।

सविता ने कहा वह किसी मामले के सिलसिले में मणिपाल जा रही है और वहाँ से सारी जानकारी ले लेगी। एक दिन के भीतर उसका फ़ोन आया कि इलेक्ट्रिकल एवं इलेक्ट्रोनिक्स इंजीनियरिंग में वहाँ केवल पाँच स्थान खाली हैं, अगर हम प्रवेश चाहते हैं तो तुरन्त आवेदन करना होगा। सविता ने जो फुर्ती दिखाई यह उसी का फल था कि तुषार को मणिपाल में प्रवेश मिल गया और हम सबको बड़ी राहत मिली।

यह तो उसे छोड़ने जब मैं उसके नए कैम्पस गई कि सच पूरी तरह दिमाग़ में घुसा। हमारा नन्हा बेटा बड़ा होकर घोंसले से उड़ गया है और अब हम उसे बस छुट्टियों में मिल पाएँगे। तुषार के कॉलेज तक पहुँचने के लिए मैंने और उसने जो लम्बा सफ़र तय किया—बोकारो—कोलकाता—चेन्नई—बंगलूरू—मंगलौर—मणिपाल, उससे मैं और भी घबरा गई थी। यूँ लग रहा था जैसे बेटे को हम वनवास भेज रहे हैं!

मेरे मणिपाल से लौटने से पहले मैं और तुषार दोनों ही रोने लगे। मुझे याद हो आया कैसे दिल्ली के लेडी इरविन कॉलेज भेजने के पहले बाबूजी ने अपना फ़ैसला बदल लिया था। मैं तब उनसे कितना नाराज़ हो गई थी; अब अपने बेटे के ख़ुद से दूर जाने के हृदयविदारक अनुभव ने ही शायद मुझे पिता

की भावनाओं को नई रोशनी में देखने में मदद की।

बेटे जब बड़े हो रहे थे, अम्मा अक्सर कहती थीं कि चूँकि राकेश और मैं दोनों ही इतने व्यस्त रहते हैं और मैं जब देखो तब बच्चों को लेकर चिन्तित रहती हूँ, मुझे उनको बोर्डिंग स्कूल भेज देना चाहिए। पर नहीं, मैं तो चाहती थी बच्चे साथ ही रहें—हमेशा यही डर सताता था कि छुट्टियों में जब वे घर आएँगे मुझे कहीं पुलिस के ज़रूरी काम से बाहर न जाना पड़ जाए। यहाँ बता दूँ कि तुषार जब पहली छुट्टी में घर आया तो ठीक यही हुआ। मैं मुश्किल से उससे मिल पाई और तुरन्त ही एक बैठक के लिए दिल्ली रवाना होना पड़ा, लौटी तो वह बस कुछ ही घंटों में कॉलेज के लिए निकलने वाला था। मैं हमेशा कहती हूँ कि ड्यूटी पहले है, पर माँ के दिल में भावनाओं को उमड़ने से कौन रोक पाया है।

*

अर्धसैन्यबलों में केवल 14 प्रतिशत को परिवार साथ रखने के लिए आवास की सुविधा दी जाती है। बोकारो में 2400 जवान तैनात थे जिसका अर्थ था कि संयंत्र करीब 350 लोगों को आवास उपलब्ध करा रहा था। ये सारे लोग संयंत्र के अपने कर्मचारियों के निवास-स्थानों के अगल-बगल शहर भर में फैले थे। नतीजतन पड़ोसियों में अकसर कहा-सुनी और झगड़े होते रहते थे। संयंत्र ने हाल ही में उसी रूसी तर्ज़ पर—जो पूरे बोकारो में चारों ओर देखा जा सकता है—एक नए सेक्टर का निर्माण करवाया था। प्रबन्ध-निदेशक ने इस सेक्टर में करीब 1000 फ्लैट आवंटित करने का प्रस्ताव किया और यह मौक़ा मैंने दोनों हाथों लपक लिया। हालाँकि जवान वहाँ जाने के बिलकुल इच्छुक नहीं थे। उनका कहना था कि वह जगह बहुत दूर है और उन्हें आने-जाने में बहुत समय लग जाएगा। पर मैंने ज़ोर दिया कि सबको वहाँ जाना ही होगा। ऑस्ट्रेलिया में बदलाव सम्बन्धी प्रबन्ध-पाठ्यक्रम से पाई सीख के अनुरूप मैंने अपने जवानों को समझाया कि एक कैम्पस पर सब लोगों के रहने के क्या फ़ायदे होंगे।

नए कैम्पस में मैंने उन्हें और उनके परिवारों को कई सुविधाएँ उपलब्ध कराने की कोशिश की—कैंटीन, नर्सरी स्कूल और एक परिवार कल्याण केन्द्र जिसमें सुरक्षा-बल की सारी वर्दियाँ सिली जाने लगीं। इन सेवाओं से निचली

श्रेणियों के परिवारों को अतिरिक्त आय भी होने लगी।

चूँकि हम इतना बेहतर काम कर रहे थे, केन्द्रीय औद्योगिक सुरक्षा बल के भीतर हम देखने-दिखाने वाली एक इकाई बन गए थे। दिल्ली में जब कभी कोई नया महानिदेशक पदभार सँभालता, निरीक्षण के लिए बोकारो अवश्य आता। वे मेरा काम देखते और प्रशंसा-पत्र भेजते। बोकारो में अपराध नियंत्रण के लिए मुझे 1997 में डी.जी. प्रशस्ति डिस्क व प्रमाणपत्र मिला।

अर्धसैनिक बलों के कल्याण कोषों में अच्छी-खासी राशि होती है। सुरक्षा-बल में मेरे पदभार सँभालने के कुछ पहले सी.आई.एस.एफ़. ने एक औद्योगिक प्रशिक्षण संस्थान (आई.टी.आई.) खोला था पर वह कुछ ज़्यादा आगे बढ़ा नहीं था। मैंने तय किया कि अपने उप-कमांडेंट, वी.पी. प्रभु की मदद से आई.टी.आई. के लिए शिक्षकों की नियुक्ति, उपकरणों की ख़रीद, छात्रावास के प्रबन्ध के लिए धन की व्यवस्था करूँगी। हालाँकि इसके लिए मुझे अपने काम के घंटों के बाहर भी काम करना पड़ता था, पर कल्याणकारी कार्य मुझे कभी भार महसूस नहीं हुए। सच तो यह है कि अपने लोगों के लिए काम करने में मुझे आनन्द आता था और इसमें मुख्यालय हमेशा मेरा साथ देता था।

इस समय तक मैं संयंत्र के शीर्ष स्तर के प्रबन्धकों के साथ काम कर रही थी जिनमें अपने-अपने क्षेत्र के विशेषज्ञ, उच्च-योग्यता प्राप्त व्यावसायिक व्यक्ति थे। हालाँकि सब मुझसे बहुत वरिष्ठ थे, मेरे ख़याल से संयंत्र में जब भी कुछ घटता तो स्थिति को काबू में लाने के लिए वे मेरी सलाह की कद्र करते थे।

संकट की स्थिति में मेरी समझ पर उनका यकीन, अपने सामर्थ्य पर मेरा आत्मविश्वास और दृढ़ करता था। इसका मोल मुझे बाद में तब समझ आया जब अचानक मैं एक बड़ी भूमिका में धकेल दी गई।

*

बोकारो में चार साल बीत चुके थे। मेरी योजना थी कि प्रतिनियुक्ति पूरी कर के साल भर बाद बिहार पुलिस में लौट जाऊँगी कि अचानक 1998 की गर्मियों में निजी सहायक का फ़ोन मिला :

> मै'म, आपको उप-महानिरीक्षक (प्रशासन) के पद पर दिल्ली भेजा जा रहा है।

यह बिलकुल ही अप्रत्याशित था! कुछ समय बाद बात कुछ साफ़ हुई। राजस्थान में भर्ती प्रक्रिया में बड़े स्तर पर भ्रष्टाचार होने की बात महानिदेशक केन्द्रीय औद्योगिक सुरक्षा बल, श्री आर.के. शर्मा की जानकारी में आई और उन्होंने परेड के मैदान से ही उप-महानिरीक्षक को वापस बंगाल भेजे जाने के आदेश ज़ारी कर दिए। दिल्ली में उप-महानिरीक्षक (प्रशासन) का स्थानांतरण भी मुख्यालय से बाहर कर दिया गया। इस तरह उनके स्थान पर रातोंरात मेरी तैनाती उप-महानिरीक्षक (प्रशासन) के पद पर कर दी गई।

पर मैं इससे परेशान हो गई। अंशुमान अब दसवीं में था और मैं एक बार फिर बेटे की महत्त्वपूर्ण परीक्षा के दौरान उसके साथ रहने वाली नहीं थी। लेकिन राकेश, जो सदा बुद्धि और विवेक से काम लेते थे, आगे बढ़कर बोले, 'फ़िक्र न करो, अंशुमान के साथ मैं बोकारो में रहूँगा। उसकी बोर्ड परीक्षा के बाद शायद हम सभी दिल्ली आ सकें। देखते हैं आगे क्या होता है, मगर अभी तो तुम्हें दिल्ली चले जाना चाहिए।'

पति के शब्दों से मुझे दिलासा मिली। वह तो राकेश ही हमेशा मुझे शान्त करते थे, वर्ना मैं तो सदा यही सोच कर व्याकुल रहती थी कि मेरी तैनातियों के चलते परिवार कितना कष्ट सहता है।

राकेश हमेशा प्रोत्साहित ही करते थे, हमारी तैनाती साथ हो या न हो। शुरुआत के कुछ सालों में मामूली तैनातियाँ होने के बाद जब मेरा कैरियर ऊपर उठने लगा तो, बावजूद इसके कि हमारे काम हमें अलग-अलग दिशाओं में ले जा रहे थे, वे मेरे लिए ख़ुश हुए थे।

उनका अडिग साथ मेरी दुखी आत्मा के लिए मरहम समान था। बस यह जान लेने भर से कि वे साथ हैं, मेरे लिए अपने कैरियर और जीवन के सम्बन्ध में बहुत से कठिन फ़ैसले लेना सम्भव हो जाता जो मैं अन्यथा न ले पाती।

जब कभी चिन्ता होती कि मेरी तैनाती के कारण गृहस्थी छिन्न-भिन्न हो रही है—वे बिना विचलित हुए कहते, 'जाओ और काम सँभालो, बाकी हम देख लेंगे।' वहीं यह भी था कि जब उनका काम भारी होता तो मैं आगे बढ़कर घर-परिवार की ज़िम्मेदारी, कभी-कभी तो बिलकुल अकेले ही, अपने सिर ले लेती। मुझे लगता है कि जहाँ पति और पत्नी, दोनों सक्रिय कामों में जुटे हों-–जैसे कि हम—तो एक अच्छी साझेदारी परम आवश्यक है।

तो हवाई मार्ग से मैं दिल्ली पहुँची और महानिदेशक के सामने हाज़िरी दी। लेकिन फिर भी मन में चैन नहीं था। 'सर, मेरा बेटा दसवीं में है, मैं यहाँ

काम नहीं कर सकती!' श्री शर्मा का उत्तर मुझे आज भी स्पष्ट याद है। 'जंगल में मोर नाचा, किसने देखा?' यानी वहाँ बियाबान में मैं कितना ही अच्छा काम कर लूँ, वह किसी का ध्यान नहीं खींचेगा।

उन्होंने बताया मुझे वे मुख्यालय क्यों लाए हैं :

> आपका काम मैंने देखा है, आपकी यूनिट का निरीक्षण किया है, मेरे विचार में आपको मुख्यालय में काम करना चाहिए। आपकी ज़रूरत यहाँ है, आपके लिए भी यह एक अच्छा अनुभव होगा।

बिना और प्रतिरोध किए मैंने शालीनता से उनकी प्रशंसा को स्वीकारा और पदभार सँभाल लिया। पर उनका वाक्य मैंने स्मृति में दर्ज़ कर लिया। बाद में जब कभी मुझे अच्छे अधिकारियों को क्षेत्र से मुख्यालय आने के लिए राज़ी करना पड़ता मैं हूबहू यही शब्द दोहरा देती।

20

परिवर्तन लाने वाले

बोकारो से लगभग रातोंरात दिल्ली के स्थानांतरण ने हालाँकि मुझे पहले तो बहुत परेशान कर दिया, लेकिन मेरे कार्यजीवन में यह नया मोड़ लाया। एक कम-उम्र दुल्हन के रूप में मेरे साथ घटी घटनाओं ने यदि मुझे भारतीय पुलिस सेवा के जीवन की ओर धकेला था तो क्षेत्र में बिताए वर्षों ने मुझे अगले चरण के लिए भलीभाँति तैयार कर दिया था।

मेरा सौभाग्य रहा कि 1998 की गर्मियों से लेकर अक्तूबर 2010 में मेरी सेवानिवृत्ति तक—सिवाय उन तीन वर्षों के जब मैं अपने काडर में वापस गई—मुझे अर्धसैन्य बल में विभिन्न पदों पर काम करने का मौक़ा मिला। उप-महानिरीक्षक (प्रशा) के पद पर करीब डेढ़ साल काम करने के बाद अक्तूबर 1999 में मुझे महानिरीक्षक पद पर पदोन्नत कर दिया गया। चूँकि केन्द्रीय औद्योगिक सुरक्षा बल में महानिरीक्षक का कोई पद खाली नहीं था, मुझे केन्द्रीय रिज़र्व पुलिस बल (सी.आर.पी.एफ़.) में भेज दिया गया जहाँ मैंने माउंट आबू, राजस्थान में केन्द्रीय रिज़र्व पुलिस बल की आन्तरिक सुरक्षा अकादमी के निदेशक का पदभार सँभाला। छह माह के भीतर दिल्ली लौटने का समय आ गया, इस बार महानिरीक्षक, उत्तरी क्षेत्र, केन्द्रीय रिज़र्व पुलिस बल के पद पर।

2004 में मैं वापस केन्द्रीय औद्योगिक सुरक्षा बल में थी, पहले पटना में महानिरीक्षक, पूर्वी क्षेत्र, और फिर दिल्ली मुख्यालय में महानिरीक्षक (कार्मिक), फिर अतिरिक्त महानिदेशक (एडीजी) और अन्त में विशेष महानिदेशक के पद पर जहाँ से मैं सेवानिवृत्त हुई।

दिल्ली आई तो मेरा काम, जो अभी तक क्षेत्र-केन्द्रित था अचानक हट

कर डेस्क-केन्द्रित हो गया। एक युवा सहायक पुलिस अधीक्षक के पद पर मुझे अपराध अनुसन्धान विभाग में डेस्क पर काम करना कितना अखरा था! परन्तु अब, अपने जीवन और कार्य जीवन के इस चरण में मैंने इसका स्वागत किया। बल्कि कलम चलाने वाली इस भूमिका ने मुझे और अधिक उत्साह और ऊर्जा से भर दिया—क्योंकि अब मेरे काम का सीधा और सकारात्मक प्रभाव समूचे सुरक्षाबल पर पड़ने वाला था।

उप-महानिरीक्षक (प्रशा.) होने के नाते अपना कार्यालय, क्षेत्रीय इकाइयों के अधिक अनुकूल बनाने के लिए मैंने क्षेत्र के अपने अनुभवों का इस्तेमाल किया। गृह मंत्रालय के साथ तालमेल बैठाते हुए महानिदेशक के साथ मिल कर काम किया। सुनिश्चित किया कि इकाइयों को जो भी चाहिए—बजट, गाड़ियाँ, वर्दियाँ, या रसद—उन्हें समय पर उपलब्ध कराया जाए। सुरक्षा-बल के हितों की रक्षा के लिए मैंने इस बात की पड़ताल भी की कि गैर-सरकारी कोष का प्रबन्धन व उपयोग उचित ढंग से हो रहा है कि नहीं।

मेरा प्रयास रहा कि अलग-अलग टीमों का गठन करूँ जिन पर कार्यालयों के नवीकरण, अधिकारी मेस और स्टाफ़ कैंटीन की सफ़ाई, कैफ़ेटेरिया की शुरुआत, साफ़ पेय जल की आपूर्ति, बेहतर बर्तनों की ख़रीद, खाना पकाने के लिए गैस की सुविधा उपलब्ध कराने का जिम्मा रहे। जहाँ कहीं कर्मचारी हमें तंग जगहों में सिमटे मिलते—केन्द्रीय औद्योगिक सुरक्षा बल के मुख्यालय में मैंने सिपाहियों को गलियारे में बैठे भी देखा—बेकार चीज़ों को हटाकर और कायदे के कार्यालय और क्यूबिकल बनाकर हम जगह निकाल ही लेते।

जितने भी सरकारी दफ़्तरों में गई, मैंने देखा वहाँ चीज़ों को जमा करते जाने की बड़ी बेमतलब सी आदत है, जिससे मूल्यवान जगहें बेकार चीज़ों से भर जाती हैं और लोगों को इधर-उधर किसी तरह अपना काम चलाना पड़ता है। पूरे-पूरे कमरे, कभी-कभी पूरी इमारतें, यहाँ तक कि बैरकें भी फ़ालतू फ़र्नीचर, उपकरण और भी तरह-तरह की चीज़ों से अटी होती, सिर्फ़ इसलिए कि किसी ने कभी यह ज़हमत नहीं उठाई कि बोर्ड की बैठक बुलाएँ और उन्हें अनुपयोगी घोषित कर दें। सरकार में चीज़ों को हटाने का यही एकमात्र तरीका था। यह काम बहुत थकाऊ व नीरस था तो कोई करने को तैयार ही नहीं था।

इन ज़रूरी और बुनियादी बातों को वरिष्ठ अधिकारी अक्सर नज़रअन्दाज़ कर देते थे पर मेरा ख़याल था कि कार्यालय में सब कुछ ठीक ठाक और व्यवस्थित रखना भी उतना ही आवश्यक है जितना कि अनुशासन और प्रशिक्षण।

शायद इसलिए कि मैं एक स्त्री हूँ, यह सुधार मेरी कार्यसूची में सबसे ऊपर थे, बाद में सोच कर जोड़े नहीं गए थे। और कर्मचारियों के सन्तोष व टीम की निष्ठा की सूरत में मुझे इन सुधारों से बहुत बड़ा लाभ मिला।

*

बोकारो में पुलिस अधीक्षक के पद पर थी, तब से ही बिहार पुलिस के भीतर मुझे सम्मान और स्वीकृति प्राप्त थी। पर जब केन्द्रीय रिज़र्व पुलिस बल की माउंट आबू स्थित प्रशिक्षण अकादमी में भेजा गया तो मुझे एक बार फिर अपनी टीम की निष्ठा अर्जित करनी पड़ी।

निदेशक, आन्तरिक सुरक्षा अकादमी का पदभार सँभालने के पश्चात एक बात मुझे समझ में आ गई कि स्टाफ़ के अधिकांश वरिष्ठ सदस्यों को सन्देह है कि भारतीय पुलिस सेवा की एक महिला अधिकारी अपनी निगरानी में एक अर्धसैनिक बल का कठोर प्रशिक्षण करवा पाएगी अथवा नहीं। कार्यबल में यह एक नितांत 'स्त्री' अनुभव है। जहाँ पुरुष को—भले ही लोग उसे पसन्द न करें या इज़्ज़त न दें—बस अपने पदनाम की वजह से स्वीकृति मिल जाती है, वहीं महिला को तब तक स्वीकार नहीं किया जाता जब तक कि वह बार-बार अपना सामर्थ्य सिद्ध न कर दे।

पर चूँकि उस समय प्रशिक्षणार्थियों के तीसवें बैच की दीक्षांत परेड सिर पर थी जिसके लिए केन्द्रीय गृह मंत्री श्री लालकृष्ण आडवाणी को आमंत्रित किया जा चुका था, मैं यथा स्थिति को भंग नहीं करना चाहती थी। मैं जानती थी कि मुख्यालय में भी इस बात की चिन्ता है कि इतने महत्त्वपूर्ण अतिथि का स्वागत-भार एक महिला अधिकारी पर है।

दीक्षांत परेड के अभ्यास में मेरी उपस्थिति से ही सबको आश्चर्य होता था। मैंने देखा कि झंडा उठा कर चलने वाली टोली उतनी मुस्तैदी से मार्च नहीं कर रही। सहायक निदेशक (आउटडोर) से मैंने पूछा कि प्रति मिनट वे कितने क़दम ले रहे हैं। रा.पु.अ. में बिताए सालों से मुझे मालूम था कि उन्हें प्रति मिनट 120 से 125 क़दम लेने चाहिए। सहायक निदेशक (आउटडोर) थोड़े हक्के-बक्के से लगे, पर उन्होंने मेरा सुझाव नोट किया और परेड की गति में सुधार लाने की कोशिश की। बाद में उन्होंने स्वीकार किया कि उन्होंने सोचा नहीं था कि महिला अधिकारी को परेड के विषय में इतनी जानकारी होगी।

अपने भाषण में श्री आडवाणी ने भी आश्चर्य व्यक्त किया। 'पहले कभी मैंने किसी महिला को पुलिस प्रशिक्षण अकादमी के प्रमुख के तौर पर नहीं देखा। मुझे नहीं मालूम था कि भारतीय पुलिस सेवा की एक महिला अधिकारी अर्ध-सैन्य बलों को प्रशिक्षित कर रही है', सराहना के स्वर में वे बोले थे।

उनके शब्दों से मुझे बहुत प्रोत्साहन मिला; भारत में किसी अर्धसैन्य बल के प्रशिक्षण का नेतृत्व करने वाली मैं शायद पहली महिला थी।

अगले कुछ सप्ताह में, जैसे ही स्टाफ़ ने यह समझ लिया कि मेरी दिलचस्पी अकादमी की सुविधाओं में सुधार लाने की है, सब मेरे साथ आ खड़े हुए। उप-महानिरीक्षक डी.एन.एस. बिष्ट तथा संयुक्त सहायक निदेशक बी.पी. सिंह सदा मेरे सहयोगी बने रहे। एक ओर तो श्री बिष्ट ने सुनिश्चित किया कि पढ़ाई के नए तौर-तरीकों को इस्तेमाल में लाने के लिए शिक्षण विभाग का पूरा सहयोग मिले तो दूसरी ओर क्वार्टर मास्टर स्टोर के प्रभारी श्री सिंह की देखरेख में वे अनेक बदलाव सम्भव हो पाए जो हमने अत्यन्त कम समय में लागू कर दिए थे। यहाँ मैं श्री सिंह के इस अभिनव सुझाव का उल्लेख व प्रशंसा करना चाहूँगी कि क्वार्टर गार्ड को एक अधिक उपयुक्त स्थान पर ले जाया जाए और फिर उन्होंने फ़ुर्ती से यह काम करवा भी दिया। प्रात: जागरण (मॉर्निंग रीवेल) व संध्या प्रत्यावर्तन (ईवनिंग रिट्रीट) के बिगुल की प्रथा हमने दोबारा प्रारम्भ की। एक प्रशिक्षण संस्थान के रूप में अकादमी की पावनता को पुनर्स्थापित करने में ये सारे परिवर्तन बहुत सहायक सिद्ध हुए।

इतने सारे सुधारों के बावजूद यह तथ्य अपनी जगह था कि एक प्रशिक्षण संस्थान के लिए माउंट आबू पूरी तरह से अनुपयुक्त स्थान था। मेरे आन्तरिक सुरक्षा अकादमी में आने के पहले, गृह मंत्रालय में विशेष सचिव एम.बी. कौशल ने मुझसे कहा था कि अकादमी को देश के एक अधिक केन्द्रीय स्थान पर ले जाने की सम्भावना पर विचार करूँ।

अच्छा मौसम और ऊबड़-खाबड़ ज़मीन जंगल-युद्ध के प्रशिक्षण के लिए उपयुक्त थे, पर सच यह है कि माउंट आबू में बस यही एक सुविधा थी। वह जगह इतनी दूर थी कि प्रशिक्षणार्थियों को वरिष्ठ अधिकारियों, शिक्षाविदों या क्षेत्र के विशेषज्ञों से मिलने-जुलने का कोई अवसर न मिलता। इतनी दूर अलग-थलग पड़ने वाली जगह आने को कोई तैयार ही न होता। दूर होने का मतलब यह भी था कि कोई सेवा उपलब्ध नहीं थी। कुछ भी खराब हो जाए तो दूसरा लाने के लिए हमें किसी को उदयपुर या अहमदाबाद भेजना पड़ता था।

अकादमी को ज़मीन के इक्कीस टुकड़े और अलग-अलग आकारों की इमारतें प्रदान की गई थीं। इतने बड़े-बड़े बैचों को प्रशिक्षण देने के लिए हमें एक कहीं ज़्यादा बड़े, सुसम्बद्ध कैम्पस की आवश्यकता थी। यह सारी बातें मस्तिष्क में लिए मैं महानिदेशक एम.एन. सभरवाल से मिलने दिल्ली गई, मेरे साथ उस भूखंड का बड़ा सा मानचित्र था जिसमें सारे इक्कीस टुकड़ों की स्थिति दर्शाई गई थी ताकि उन्हें दिखा सकूँ कि यह स्थान कितना अपर्याप्त है।

परन्तु श्री सभरवाल सुनने को तैयार ही नहीं थे। चेहरे पर परेशानी के भाव के साथ उन्होंने एकदम से मानचित्र को मोड़ते हुए कहा, 'प्लीज़ वापस जाइए और माउंट आबू में काम कीजिए।'

शायद उन्हें लगा हो कि मेरा परिवार चूँकि दिल्ली में है, मैं वहाँ आने के लिए यह सब कर रही हूँ। यह सच से कोसों दूर था।

यह कल्पना तो मैंने की नहीं थी कि अकादमी को मेरे कार्यकाल के दौरान माउंट आबू से हटाना सम्भव हो पाएगा। जब हम प्रशिक्षणार्थी थे तो रा.पु.अ. के निदेशक एस.एम. डायज़ से सुना था कि अकादमी को माउंट आबू से हैदराबाद लाने के लिए राजस्थान सरकार को राज़ी करने में कैसे कई बरस लग गए थे। मैंने बस इतना सोचा था कि जगह बदलने की प्रक्रिया की शुरुआत अभी की जा सकती है।

शुक्र है कि केन्द्रीय रिज़र्व पुलिस बल की प्रशिक्षण अकादमी अब गुड़गाँव के निकट कादरपुर में ले आई गई है, जबकि माउंट आबू के परिसर को काम में लाने के लिए वहाँ कुछ सेवाकालीन (इन-सर्विस) पाठ्यक्रमों का आयोजन किया जाता रहता है।

अपनी बात कहूँ तो माउंट आबू का जीवन ज़रा अकेला कर देता था। राकेश तभी दिल्ली आए थे और बी.पी.आर. एंड डी. (पुलिस अनुसन्धान एवं विकास ब्यूरो) में काम कर रहे थे, अंशुमान को सेंट कोलम्बस में 11वीं कक्षा में दाख़िला मिल गया था, जबकि तुषार मणिपाल में था। सब मुझे बताते थे कि प्रसिद्ध नक्की झील का दृश्य मेरे घर से कितना सुन्दर दिखता है। परन्तु दृश्य साथी तो नहीं बन सकता। हमेशा से मैं घर-परिवार के बीच रही थी, अकेले रहना मेरे लिए अब भी अनजाना था।

मैंने तय किया कि अपनी इस स्थिति का भी लाभ उठाना चाहिए, तो शाम को मैं अधिकारियों और उनके परिवारों से मिलने जाने लगी। जान कर धक्का-सा लगा कि अनेक स्त्रियाँ पहली बार पति के साथ रह रही हैं। कितना

कठिन जीवन चुना था इन स्त्रियों ने अपने लिए! मैंने देखा कि अधिकारियों के मन में अपने परिवारों की कितनी चिन्ता थी : काम की हज़ार बाध्यताओं के बावजूद वे कोशिश करते कि अच्छे पिता, बेटे और पति बनें। मैंने भी मन बना लिया कि जब तक वे वहाँ हैं, उनका जीवन कुछ आरामदेह बनाने के लिए मुझसे जो कुछ भी बन पड़ेगा मैं करूँगी। इस अनौपचारिक मेलजोल से हमारा टीमवर्क और मज़बूत हुआ और मैंने एक बार फिर ऐसे रिश्ते बनाए जिन्होंने जीवन भर साथ निभाया।

स्टाफ़ के लोगों में सबसे उत्साही था केरल से आया युवा अधिकारी, उप-कमांडेंट (आउट-डोर) वी.टी. मैथ्यू, जो सीखने को हरदम तत्पर रहता था। सालों बाद जब मैं झारखंड में थी, यह जान कर मुझे अत्यधिक दुख पहुँचा कि छत्तीसगढ़ में घात लगा कर किए गए एक आक्रमण में वह मारा गया। माउंट आबू में मेरा परिचय उसकी पत्नी सैली से हुआ था। उसका दुख साझा करने को मैंने फ़ोन किया। मेरी इस बात से वह काफ़ी द्रवित हो गई और उसे फ़ोन पर रोता और यह कहते सुन मेरा दिल टूट गया कि अभी उसके पति की उम्र ही क्या थी, अभी तो उसे बहुत कुछ करना था पर वह इतनी जल्दी चला गया।

पुलिस सेवा के मेरे चौंतीस वर्षों में सहकर्मियों को खोने का दुख सह पाना कभी आसान नहीं हुआ।

हालाँकि माउंट आबू जैसे दूरवर्ती स्थान पर रहना और काम करना एक चुनौती था, मुझे लगता है कि वहाँ की प्रशिक्षण अकादमी में काम करने से मैं केन्द्रीय रिज़र्व पुलिस बल को, जो केन्द्रीय औद्योगिक सुरक्षा बल से बहुत भिन्न था, बेहतर ढंग से समझ सकी। सेवाकालीन पाठ्यक्रमों के लिए पूरे भारत से केन्द्रीय रिज़र्व पुलिस बल के अधिकारी माउंट आबू आते थे। उनके साथ मिलने-जुलने से इस बात पर मेरी पकड़ और गहरी हुई कि पुलिस बल की आवश्यकताएँ क्या हैं और किस प्रकार की हैं। साथ ही रा.पु.अ. में पाई सीखों की मदद से मैं भी कैम्पस के सुधार में अपना योगदान दे सकी।

*

केन्द्रीय औद्योगिक सुरक्षाबल से केन्द्रीय रिज़र्व पुलिस बल में आई तो आँखें खुल गईं। क्योंकि केन्द्रीय रिज़र्व पुलिस बल की बटालियनों के लिए ज़िन्दगी लगातार चलते रहने का नाम है, क्या आश्चर्य कि वहाँ सब मज़ाक में कहते

थे कि सी.आर.पी.एफ़. (सेंट्रल रिज़र्व पुलिस फ़ोर्स) का असली मतलब है 'चलते रहो प्यारे, फ़ोर्स!'

इस दृष्टि से सी.आर.पी.एफ़. का जीवन सी.आई.एस.एफ़. के जीवन से कहीं अधिक कठिन है। सच है कि सी.आई.एस.एफ़. की तैनाती बहुधा खानों अथवा तेल क्षेत्रों जैसे दूरवर्ती इलाकों में होती है, उनके काम के घंटे भी लम्बे हो सकते हैं पर वह एक स्थान पर टिक कर रहने वाला बल है और सार्वजनिक क्षेत्र की जिस इकाई के लिए काम करता है वह उसकी बहुत अच्छी देखभाल करती है। वहीं केन्द्रीय रिज़र्व पुलिस बल को मालूम ही नहीं होता कि अगली बार उन्हें कहाँ और किन परिस्थितियों में भेजा जाएगा। आवास और सुविधाओं के लिए वे पूर्णत: राज्य सरकारों पर निर्भर करते हैं फिर भी शायद ही कभी उन्होंने हालात की शिकायत की हो या ड्यूटी से इनकार किया हो। लगातार अनिश्चितता के इस जीवन को मैं समझती थी और मैंने संकल्प किया कि यह सुनिश्चित करने के लिए कि सी.आर.पी.एफ़. अपना काम बेहतर ढंग से कर सके, जो भी सम्भव होगा मैं करूँगी।

छह माह तक माउंट आबू में रहने के बाद मैंने सी.आर.पी.एफ़. की 'हॉट सीट' कही जाने वाली, महानिरीक्षक, उत्तरी सेक्टर, की कुर्सी सँभाली जिसके साथ बड़ी संख्या में बटालियनों को सँभालने और संसद भवन और प्रधानमंत्री कार्यालय में तथा दिल्ली पुलिस के साथ मिल कर महत्त्वपूर्ण तैनाती करने का जिम्मा जुड़ा था। उत्तरी सेक्टर में दिल्ली व राजस्थान के दो रेंज आते थे। दिल्ली का दायित्व अपने-आप में ही बहुत भारी था जिसमें न केवल मेरी बल्कि राजधानी में तैनात अन्य महानिरीक्षकों की बटालियने भी शामिल थीं। इसके अतिरिक्त जब भी—जैसे दिसम्बर 2000 में लाल किले पर आतंकी हमले के बाद या 26 जनवरी की वार्षिक गणतंत्र दिवस परेड पर—गड़बड़ की आशंका होती तो दिल्ली पुलिस की सहायता के लिए केन्द्रीय रिज़र्व पुलिस बल को बुला लिया जाता।

केन्द्रीय रिज़र्व पुलिस बल की पहली ज़िम्मेदारी है आन्तरिक सुरक्षा। महानिरीक्षक होने के नाते मेरी सीधी ज़िम्मेदारी थी कि बटालियनों को हरदम चाक-चौबन्द और चौकस रखूँ ताकि तैनाती के आदेश मिलते ही वे कम से कम समय में कूच कर सकें। हमें पक्का करना होता कि उनके सारे उपकरण और बुनियादी ज़रूरतों की चीज़ें उन्हें उपलब्ध हों, उनके कैंप करने के मैदान में ठीक ठाक सुविधाएँ हों; साथ ही वे सदा दुरुस्त रहें इसके लिए ज़रूरी था

कि उन्हें लगातार व्यायाम करवाया जाए।

मेरी बटालियनें क्योंकि जम्मू-कश्मीर व उत्तर-पूर्व में भी तैनात थी, मुझसे उम्मीद थी कि वहाँ जा कर भी अपनी इकाइयों का निरीक्षण करूँ। श्रीनगर में मैंने देखा कि हर क्षण आक्रमण के भय के साथ जीवन कैसे जिया जाता है। भय को हवा में महसूस किया जा सकता था, और पहली बार मैं भी आशंकित थी कि क्या होगा। 2000-2001 में केन्द्रीय रिज़र्व पुलिस बल अभी इतना तैयार नहीं था कि हर आतंकी स्थिति को सँभाल ले। और यह तो लगभग गुरिल्ला युद्ध जैसा हो रहा था, जहाँ कोई आतंकी गुट एक बच्चे को भी 50 रुपए देकर किसी ड्यूटी चौकी पर ग्रेनेड फेंकने के लिए कह देता था।

अपने हर काम में हमें हद से ज़्यादा सावधानी बरतनी पड़ती थी। अपनी बटालियन तक पहुँचने के लिए मुझे एक काफ़िले के साथ जाना होता और सड़क को सुरक्षित बनाने के लिए हमारे आगे-आगे एक दल सड़क को खाली करवाता चलता। बहुत बार सलाह दी जाती कि उसी रास्ते वापस न लौटें। अपनी आँखों के सामने मैंने देखा कि हमारा पुलिस बल वहाँ किन कठोर परिस्थितियों में रहता है। एक पुल की रखवाली में लगी छोटी-सी टुकड़ी की मुझे याद है। जिस जर्जर मकान में वह रह रही थी उसने मुझे अवाक कर दिया था। मैंने पैसों की मंज़ूरी दी ताकि वे एक कायदे की ड्यूटी पोस्ट बना सकें, पानी के टैंकर मँगा सकें और खाना पकाने की बेहतर सुविधाएँ पा सकें।

बहुत बार मैं अजमेर भी जाया करती थी जो विश्व में ख़्वाजा मोइनुद्दीन चिश्ती की दरगाह के लिए मशहूर है। अजमेर में केन्द्रीय रिज़र्व पुलिस बल के दो समूह केन्द्र (ग्रुप सेंटर—जी.सी.) थे। अतिरिक्त उप-महानिरीक्षक के.डी. पचौरी वहाँ समूह केन्द्र-1 की सारी सुविधाओं का प्रबन्ध और सुधार बहुत दक्षता के साथ कर रहे थे और उन्हें जो भी सहायता चाहिए होती मैं सहर्ष करती थी पर वास्तविक सन्तोष मुझे समूह केन्द्र-2 को विनियमित करवाने से मिला।

समूह केन्द्र-2 को मूल रूप से असम के सिल्चर के लिए स्वीकृति मिली थी परन्तु केन्द्रीय रिज़र्व पुलिस बल को उत्तर-पूर्व में ज़मीन नहीं मिली। अजमेर में उन्हें कुछ पुरानी बैरकें और भूमि आवंटित की गई—कहते हैं ये महान योद्धा पृथ्वीराज चौहान के समय की छावनी थी। समूह केन्द्र-2 चूँकि सिल्चर ले जाए जाने की प्रतीक्षा में था, उसके लिए किसी भी वस्तु की स्वीकृति नहीं दी जा रही थी जिससे इस समूह केन्द्र के प्रभारी अतिरिक्त उप-महानिरीक्षक एम.एम. शर्मा बहुत निराश हो जाते थे।

श्री शर्मा एक परिपक्व व व्यावहारिक अधिकारी थे और समझ चुके थे कि मैं बल के लिए काम करना चाहती हूँ, हमारे महानिदेशक त्रिनाथ मिश्रा निर्णय लेने वाले व्यक्ति थे और समूह केन्द्र-2 को विनियमित करने के लिए उन्होंने अपना पूरा ज़ोर लगा दिया। केन्द्रीय रिज़र्व पुलिस बल में इसके पहले कभी एक ही शहर में दो समूह केन्द्र नहीं रहे थे, पर समूह केन्द्र-2 के विनियमन का प्रस्ताव हमने आगे भेज ही दिया और स्वीकृत भी करवा लिया। इसने मेरे इस विश्वास को और बल दिया कि इरादा अगर भलाई का हो तो लाभदाई और टिकाऊ परिवर्तन लाने के लिए लोग आपका साथ देंगे।

अक्सर मैं शताब्दी एक्सप्रेस से अजमेर जाती थी। अर्धसैनिक बलों में विधि-विधान और परिपाटी पर बड़ा ज़ोर दिया जाता है। एक बार यात्रा के दौरान गाड़ी कुछ मिनट के लिए जयपुर पर रुकी, मैंने देखा सीटों के बीच में से होते हुए कुछ श्वेत वस्त्रधारी चाय-नाश्ते की ट्रे लिए चले आ रहे हैं। आ कर वे मेरे पास खड़े हो गए तो मुझे बड़ी ही शर्मिंदगी हुई। चेयर कार में बैठा हर व्यक्ति मुड़ कर मुझे देखने लगा। यह समझते हुए कि यह सारा सरंजाम मेरे लिए है, मैंने जल्दी से एक नारियल पानी उठाया ताकि वे चले जाएँ और मुझे इस शर्मिंदगी से मुक्ति दें! मैंने सुनिश्चित किया कि भविष्य में फिर कभी ऐसा किसी के लिए न किया जाए।

मेरे सहयात्री मुझसे पूछने लगे, 'आपके पति क्या सेना में हैं?' उन्होंने जब सुना कि मैं सी.आर.पी.एफ़. में आई.जी. हूँ तो सब हक्के-बक्के रह गए। 'आई.जी. या आई.जी. की पत्नी?' एक ने दोबारा पूछा। शेष यात्रा में सब इस 'अद्भुत' उपलब्धि पर ही बात करते रहे या फिर छुपाए न छुपने वाली उत्सुकता से मेरी ओर झाँकते रहे।

एक बार फिर मैंने ख़ुद को अजायबघर में रखा अजूबा महसूस किया।

*

राजनीति, आन्दोलनों और सार्वजनिक जीवन में महिलाओं की बढ़ती भागीदारी से पुलिस बलों को हर ऐसी स्थिति में जहाँ महिलाएँ उपस्थित हों, अपने हाथ बँधे महसूस होने लगे थे। इस कमी को पूरा करने के लिए प्रधानमंत्री राजीव गांधी के निर्देश पर 1986 में केन्द्रीय रिज़र्व पुलिस बल की पहली महिला बटालियन—88 (म) बटालियन—गठित की गई जिसका मुख्यालय दिल्ली

में था। मैं जब केन्द्रीय रिज़र्व पुलिस बल में आई तो 1995 में दूसरी महिला बटालियन—135 (म) बटालियन—का गठन हुआ जिसका मुख्यालय गांधीनगर में था। आज महिला बटालियनों की कुल संख्या छह है।

88 (म) बटालियन, जो तब जम्मू-कश्मीर में तैनात थी, मेरे अधीन थी। बटालियन का मुख्यालय दिल्ली के बाहरी छोर पर झड़ौदा कलाँ समूह केन्द्र में था जहाँ महिलाएँ उसी कैम्पस में रह रही थीं जिसमें कि पुरुष, और वहाँ उठ रही अनेक समस्याओं की जड़ में यही बात थी। दोनों की बैरकों के बीच कँटीले तारों की बाड़ थी। फिर भी पुरुष कभी-कभी महिलाओं के साथ अभद्रता करते, महिलाएँ पलट कर कुछ कहतीं जिससे फिर कुछ अप्रिय घट जाता।

88 (म) बटालियन को झड़ौदा कलाँ से हटाकर मैं कहीं बाहर ले जाना चाहती थी ताकि महिलाएँ शान्तिपूर्वक और ज़्यादा आज़ादी के साथ रह सकें। सरकार ने हमें दिल्ली के द्वारका इलाके में पप्पन कलाँ में ज़मीन आवंटित की थी।

केन्द्रीय रिज़र्व पुलिस बल के तत्कालीन महानिदेशक त्रिनाथ मिश्रा थे जिनके साथ मैं पहले केन्द्रीय औद्योगिक सुरक्षा बल में काम कर चुकी थी और हमारे बीच अच्छा तालमेल था। श्री मिश्रा पहले अनेक बलों में काम कर चुके थे और अपने साथ अनुभव का बड़ा ख़ज़ाना लेकर आए थे, उनकी ओर से मुझे अपना काम करने की पूरी स्वतंत्रता थी। जब मैंने 88 (म) बटालियन को उसके वर्तमान स्थान से हटाने के प्रस्ताव की चर्चा की तो डॉ. मिश्रा को मेरी बात में वज़न नज़र आया और मुझे आगे बढ़ने की सलाह दी।

कोई भी पुलिस बल हो, महिला कार्मिकों की सहायता करने, उन्हें राह दिखाने में मेरा विश्वास हमेशा रहा है, पर इस बार हमारे समक्ष एक अनोखी समस्या आ गई। जैसे ही हमने बैरकें तैयार करवानी शुरू कीं, महिलाओं ने कहा हमें तो जाना ही नहीं! उनमें से कुछ झड़ौदा कलाँ के साथ जुड़ चुकी थीं—अपने परिवारों को रखने के लिए उन्होंने समूह केन्द्र के बाहर मकान किराए पर ले लिए थे, कुछ के पतियों ने आस-पास नौकरी करनी शुरू कर दी थी। यह गुट वहाँ से हटने की बात से बहुत अप्रसन्न था।

मैंने पी.पी.एस. सिद्धू, महानिरीक्षक (कार्मिक) से—जिनके साथ रा.पु.अ. के समय से ही मेरे अच्छे तालमेल वाले सम्बन्ध थे—अनुरोध किया कि 88 (म) बटालियन के कमांडेंट के पद पर किसी अनुभवी अधिकारी को तैनात कर दें। उन्होंने पी.पी. सिंह को वहाँ तैनात किया जिनकी निगरानी में एक से

दूसरी जगह जाने का यह विवादित काम होना शुरू हुआ।

काम अभी आधा ही हुआ था कि हमने सुना वे महिलाएँ राजनेताओं के पास पहुँच रही हैं कि महानिदेशक से कह कर जगह बदलने का काम रुकवा दिया जाए। इस आशंका से कि ऊपर से दबाव आ सकता है मैंने कमांडेंट पी.पी. सिंह से कहा कि बिना देर किए वे क्वार्टर गार्ड पप्पन कलाँ ले जाएँ और वहाँ 88(म)बटालियन का नामपट लगवा दें। महानिदेशक का सुझाव था कि बटालियन जिस दिन से नए स्थान से काम करना आरम्भ करे, हमें वहाँ एक सर्वधर्म प्रार्थना सभा का आयोजन करना चाहिए।

तिथि की घोषणा कर दी गई, सारी योजना बना ली गई। समारोह के एक दिन के पहले मुझे झटपट महानिदेशक के कार्यालय में बुलाया गया। उन पर भी दबाव था कि महिला बटालियन अपनी जगह से न हटाई जाए पर अभी तक मुझसे कहा नहीं था। उस सुबह श्री मिश्रा ने बताया कि उनके पास गृह मंत्री लालकृष्ण आडवाणी का फ़ोन आया था कि अनेक महिला कार्मिक उनसे इस अनुरोध के साथ मिली हैं कि स्थानांतरण रोक दिया जाए। गृह मंत्री ने महानिदेशक को फ़ोन कर के पूछा था कि महिलाओं को अपनी जगह से क्यों हटाया जा रहा है जबकि इससे उन्हें इतना कष्ट झेलना पड़ेगा।

'आपको पक्का लगता है हमें ऐसा करना चाहिए? शायद फिर से सोच लेना चाहिए' महानिदेशक ने कहा।

पर मैं तो आश्वस्त थी कि मेरी सोच सही है, जवाब दिया, 'सर, हम तो नई जगह पर आ भी गए हैं; नाम की तख़्ती भी लग गई है।'

महानिदेशक महोदय ने तुरन्त वहीं निर्णय लिया, 'ऐसी बात है तो ठीक है, पीछे हटने की ज़रूरत नहीं।' उसके बाद सब कुछ वैसे ही हुआ जैसे निर्धारित था और हमने स्थान-परिवर्तन का कार्यक्रम पूरा कर लिया। वह एक खुला हुआ और सुनियोजित परिसर था।

पिछले कई वर्षों में मुझे केन्द्रीय रिज़र्व पुलिस बल से अनेक महिलाएँ मिलती रही हैं और उन सबने मुझे जो 'लगभग असम्भव' था, उसे कर दिखाने के लिए बधाई दी है। इस बात के लिए वे सदा आभारी अनुभव करती हैं कि उनका अपना एक कैम्पस है जहाँ वे स्वतंत्रता से जी सकती हैं।

यह मेरे सर्वाधिक कठिन कामों में से एक था और अन्ततः केन्द्रीय रिज़र्व पुलिस बल में काम करने वाली महिलाओं के लिए मेरा सर्वाधिक सन्तोषजनक योगदान भी।

*

केन्द्रीय रिज़र्व पुलिस बल में मुझे कुछ एकदम नए अनुभव भी हुए जो हमारी रोज़मर्रा की ज़िम्मेदारियों से बिलकुल भिन्न थे। पुलिस एवं अर्धसैनिक बल प्रति वर्ष अपना स्थापना दिवस पूरे धूमधाम व समारोह के साथ मनाते हैं। मुझे हमेशा लगा करता था कि इन समारोहों में हमारी कार्यशक्ति, श्रमशक्ति व धन का अपव्यय होता है। पर अब मैं समझती हूँ कि इन्हें मनाना क्यों ज़रूरी था। महिला और पुरुष, दोनों में ही स्थापना दिवस परेड में मार्च करने का भरपूर उत्साह होता है और यह उनका मनोबल और ऊँचा उठाता है, उनके भीतर की निष्ठा को और दृढ़ करता है व अपने बल के प्रति उनकी प्रतिबद्धता को और पक्का करता है।

केन्द्रीय रिज़र्व पुलिस बल की स्थापना 1939 में हुई थी। 1999 में इस बल की साठवीं वार्षिकी के लिए, दिल्ली से 35 किलोमीटर दूर झड़ौदा कलाँ स्थित समूह केन्द्र में सलामी लेने के लिए तत्कालीन प्रधानमंत्री अटल बिहारी वाजपेई को आमंत्रित किया गया था। केन्द्रीय रिज़र्व पुलिस बल के लिए वह एक बड़ा अवसर था अत: सारे महानिरीक्षकों को उपस्थित रहने का निमंत्रण दिया गया था। मैं माउंट आबू से आई।

वह दिसम्बर का एक ठंडा दिन था। प्रात: 9 बजे तक परेड इकट्ठा हो गई थी। हम सबकी आँखे आकाश में गड़ी थीं कि प्रधानमंत्री का हेलीकॉप्टर दिख जाए। पर दिल्ली में उस दिन इतना कुहासा था कि हेलीकॉप्टर उड़ ही नहीं पाया। वह लम्बी यात्रा प्रधानमंत्री ने सड़क मार्ग से तय की और 11 बजे के बाद ही झड़ौदा कलाँ पहुँच पाए थे। उस कड़ाके की ठंड में पूरा केन्द्रीय रिज़र्व पुलिस बल दो घंटों तक अपनी राइफ़लों के संग परेड मैदान पर स्थिर खड़ा रहा। उस दिन मैंने देखा केन्द्रीय रिज़र्व पुलिस बल का सामर्थ्य—उनका अनुशासन, उनका मनोबल, उनका वह गर्व जो उन्हें अपने समारोह पर था।

अगले वर्ष मुझे महानिरीक्षक उत्तरी-सेक्टर, होने के नाते स्थापना दिवस परेड के आयोजन का सौभाग्य प्राप्त हुआ। कितने बड़े स्तर की कार्रवाई थी वह भी; झड़ौदा कलाँ में एक पूरी नगरी खड़ी की गई, शानदार प्रदर्शन करने के लिए सारी टीम ने दिन-रात काम किया। इस प्रयास में मुझे उप-महानिरीक्षक महबूब आलम और मेरे स्टाफ़ अधिकारी, एच.एस. नेगी से निरन्तर बल मिलता

रहा। 2000 में मुझे केन्द्रीय रिज़र्व पुलिस बल में सेवा के लिए महानिदेशक डिस्क भी प्रदान की गई।

बतौर महानिरीक्षक उत्तरी सेक्टर, मेरे कार्यकाल के दौरान केन्द्रीय रिज़र्व पुलिस बल को दूसरी 'अखिल-भारतीय-पुलिस-बैंड' प्रतिस्पर्धा का आयोजन करने का दायित्व सौंपा गया जिसमें राज्यों व अर्धसैन्य बलों से अट्ठारह बैंड भाग लेने वाले थे। महानिदेशक त्रिनाथ मिश्रा के मस्तिष्क में सदा नए-नए विचार आते थे। उन्हें लगा कि जनता को दिखना चाहिए कि पुलिस बैंड कितने सुन्दर और भव्य होते हैं तो उन्होंने सुझाव दिया कि प्रतिस्पर्धा नेहरू पार्क में हो ताकि सब उसका आनन्द ले सकें। वह कार्यक्रम अत्यन्त सुन्दर हुआ व उसी के साथ दिल्ली में सार्वजनिक स्थानों पर पुलिस बैंड की परम्परा प्रारम्भ हुई जो आज तक चली आ रही है। इस प्रतिस्पर्धा के लिए मैंने व्यक्तिगत रुचि लेकर सी.आर.पी.एफ़. के बैंड को व्यावसायिकों से प्रशिक्षण दिलवाया था। हर्ष की बात कि वे ओवरऑल चैंपियंस ट्रॉफ़ी और पाइप बैंड में प्रथम पुरस्कार के साथ लौटे।

सच्ची निष्ठा क्या होती है, यह मैंने केन्द्रीय रिज़र्व पुलिस बल में जाना। शायद ही मैंने अन्य कोई ऐसा बल देखा हो जिसे कर्तव्य के नाम पर इतना कुछ त्यागना पड़े। फिर भी समर्पण, अनुशासन व उच्चाधिकारियों के प्रति सम्मान का भाव उनमें कूट-कूट कर भरा होता है। देश के एक छोर से दूसरे छोर तक वे कभी उग्रवादियों के ख़िलाफ़ कार्रवाई जैसे ख़तरे भरे काम करते हैं तो कभी धीमी रफ़्तार से चलने वाले चुनावों, जन-आन्दोलनों और क़ानून-व्यवस्था से जुड़ी समस्याओं से भिड़ते हैं। आदेश मिलते ही उन्हें कम समय में निकलना होता है, कई बार तो बिना जाने कि वे कैसे जाएँगे, कहाँ रहेंगे। वे बस तम्बू गाड़ते हैं और काम में लग जाते हैं, कभी-कभी कठोरतम परिस्थितियों में। और यह सब वे बिलकुल शान्त भाव से करते हैं।

कभी बल में किसी की मृत्यु हो जाए तो भी अगले ही दिन, सौंपा गया दायित्व निभाने को तत्पर, वे बाहर निकल पड़ते हैं। मुझे लगता है राष्ट्र के प्रति उनकी इस असाधारण नि:स्वार्थ सेवा के लिए हम सभी को उनका आभारी होना चहिए।

21

एक नया राज्य

बिहार में छोटानागपुर और संथाल परगना की जनजातीय आबादी के लिए एक अलग राज्य की माँग 1947 में भारत की आज़ादी के समय से ही सुगबुगाती आ रही थी। झारखंड मुक्ति मोर्चा (झामुमो) ने एक ज़ोरदार आन्दोलन चलाया जिसके बाद सरकार ने पहले 1995 में झारखंड क्षेत्र स्वायत्त परिषद और फिर 2000 में एक पूर्ण राज्य की स्थापना की।

सिविल सेवा के पूरे बिहार काडर को अब दो राज्यों में बाँटे जाने की ज़रूरत हुई और इसे लेकर सब बड़ी-बड़ी अटकलें लगाने लगे कि कौन कहाँ जाएगा। बहुत ऐसे थे जो झारखंड भेजे जाने की आशा कर रहे थे; वे लालू प्रसाद यादव के राजनीतिक शासन से, जिसके कारण उनके विचार में बिहार का विकास रुक गया था, निकल जाना चाहते थे। झारखंड में अधिक सम्भावनाएँ दिख रही थीं—जहाँ राँची, जमशेदपुर, बोकारो और धनबाद जैसे शहरों में आगे बढ़ने का बहुत सामर्थ्य था।

काडर के बँटवारे के लिए भारत सरकार की नीति एकदम स्पष्ट थी—अधिकारियों को उनके मूल निवास-स्थान के अनुरूप काडर आवंटित किया जाएगा। विवाहित जोड़ों के मामले में पति-पत्नी में जो वरिष्ठ होगा उसका काडर दोनों पर लागू होगा।

हमारे काडर के आवंटन आदेश हमारे पास दिल्ली में 14 नवम्बर, 2000 को, झारखंड राज्य के निर्माण के एक दिन पहले पहुँचे। राकेश जमशेदपुर से थे और हम दोनों में वही वरिष्ठ थे तो मुझे भी झारखंड मिला। हम ख़ुश थे, सोच रहे थे कि दो साल में अपनी केन्द्रीय प्रतिनियुक्ति पूरी कर हम जा कर अपने नए राज्य में काम करेंगे।

इस बीच हमारे परिवार की स्थिति तेज़ी से बदल रही थी। मणिपाल में इंजीनियरिंग की पढ़ाई ख़त्म करने के बाद आगे पढ़ने के लिए तुषार 2001 में देश के बाहर जाना चाहता था। पर वह कौन सी जगह होगी यह एक बड़ा सवाल था। अंशुमान ने उसी साल 12वीं की बोर्ड परीक्षा दी थी। चूँकि इंजीनियरिंग में उसकी कोई रुचि नहीं थी, हम भी इस सोच में थे कि उसके लिए कौन से विषय सही रहेंगे। भारत में तभी क़ानून के चार वर्षीय पाठ्यक्रमों की शुरुआत हुई थी। अंशुमान ने पुणे स्थित सिम्बायोसिस लॉ स्कूल की प्रवेश परीक्षा दे दी।

मेरे जीवन में कुछ दिन ऐसे आए जिनके बाद ज़िन्दगी बदल गई। मई 2001 में एक दिन मैं दोपहर के खाने के लिए घर लौटी तो देखा दिल्ली में भारती नगर वाले हमारे फ़्लैट के दरवाज़े के अन्दर एक पत्र खिसका दिया गया है। तुषार को पेनसिल्वेनिया विश्वविद्यालय में इंजीनियरिंग एवं दूरसंचार में स्नातकोत्तर पाठ्यक्रम के लिए स्वीकार कर लिया गया था। यह एक आइवी लीग विश्वविद्यालय है और मेरे भाई समीर ने वहीं पढ़ाई की थी। मैं उस कैम्पस में गई थी और अन्दर यह इच्छा उपजी थी कि काश मैं भी वहाँ पढ़ी होती। अब मेरा बेटा यूपॅन जा रहा था और उसके लिए मैं बहुत ज़्यादा प्रसन्न थी!

और तब राकेश खाने के लिए घर पहुँचे और बताया कि अंशुमान को सिम्बायोसिस लॉ स्कूल में ले लिया गया है। माता-पिता के रूप में वह हमारे लिए बड़ा दिन था। हमारे दोनों बेटों ने अच्छा किया था। लेकिन उस क्षण में कुछ उदासी का भी पुट था। एक बेटा दूर, अमरीका चला जाने वाला था और दूसरे को भी अब घर से चले जाना था।

दोपहर में मेरी गृह मंत्रालय में बैठक थी। जैसे ही संयुक्त सचिव ओ.पी. आर्य के सामने बैठी उन्होंने मुझे एक काग़ज़ पकड़ा दिया, 'देखिए, यह आया है।'

वह गृह मंत्री लालकृष्ण आडवाणी के हस्ताक्षर का एक नोट था जिसमें लिखा था कि झारखंड के मुख्यमंत्री बाबूलाल मरांडी ने भारत सरकार से पाँच अधिकारियों के अविलम्ब प्रत्यावर्तन का अनुरोध किया है क्योंकि नए राज्य को उनकी ज़रूरत है। मैंने देखा सूची में मेरा और राकेश, दोनों का ही नाम था। संयुक्त सचिव ने आगे कहा, 'हम आपके प्रत्यावर्तन के आदेश ज़ारी कर रहे है।'

घर लौटी तो मन विचलित था; हमारी केन्द्रीय प्रतिनियुक्ति ख़त्म होने में अभी पूरा एक साल बाकी था। मुझे लगता था कि सब ठीक ठाक चल रहा है, केन्द्रीय रिज़र्व पुलिस बल में काम करना मुझे अच्छा लग रहा था। और

फिर अपनी प्रतिनियुक्ति का कार्यकाल पूरा किए बिना शायद ही कोई वापस जाता था! पर राकेश ने दार्शनिक रवैया अपनाया।

'नहीं, मैं सोचता हूँ हमें चले जाना चाहिए। केन्द्रीय प्रतिनियुक्ति पर हम एक मकसद से आए थे—कि बच्चों को पढ़ाई के बेहतर अवसर मिलें। वह मकसद तो पूरा हो गया, अब तो दोनों ही अपनी-अपनी राह पर चल पड़े हैं। हमारा काम ख़त्म हुआ, अब वापस चलना चाहिए। नए राज्य को हमारी ज़रूरत है।' मेरे पति को इस बात पर पक्का विश्वास है कि 'ख़ुद को ऊपरवाले के हाथ में छोड़ देना चाहिए।'

तुषार के पाठ्यक्रम के लिए हम पैसा जुटाने में व्यस्त हो गए और राकेश ने तय किया कि अंशुमान का दाख़िला सिम्बायोसिस में कराने वे उसके साथ पुणे जाएँगे। इसके पहले अंशुमान ने अपने दोस्तों की सलाह पर भोपाल स्थित राष्ट्रीय विधि संस्थान विश्वविद्यालय (एन.एल.आई.यू.) की प्रवेश परीक्षा भी दे दी थी। पुणे के लिए रवाना होने के एक दिन पहले वहाँ से स्वीकृति-पत्र मिला।

अब तो हमारा परिवार दुविधा में पड़ गया। मैंने पहले राष्ट्रीय विधि स्कूल (नेशनल लॉ स्कूल), बैंगलोर के संस्थापक प्रोफ़ेसर माधव मेनन से परामर्श लिया। मैं उन्हें तब से जानती थी जब वे रा.पु.अ. में क़ानून पढ़ाने आए थे, उन्होंने मेरे सम्पादन में निकलने वाली अकादमी की पत्रिका के लिए लेख भी लिखे थे। उनकी सलाह स्पष्ट थी—अंशुमान को भोपाल भेजिए। उनका कहना था कि क़ानून की पढ़ाई हमेशा ऐसे विश्वविद्यालय से करनी चाहिए जो पूरी तरह क़ानूनी शिक्षा को समर्पित हो। हमने उनकी सलाह मानी। अंशुमान को एन.एल.आई.यू. के कैम्पस में व्यवस्थित होने में मदद के लिए मैं भोपाल गई। और फिर तुषार अमरीका चला गया।

राकेश को मुझसे पहले वापस भेज दिया गया। केन्द्रीय रिज़र्व पुलिस बल के महानिदेशक त्रिनाथ मिश्रा ने कहा कि मुझे वे तभी जाने देंगे जब मेरा कोई स्थानापन्न मिल जाए। उन्होंने एक शर्त भी रखी, 'जिस दिन आप हमें ऑफ़िसर्स मेस के लिए ज़मीन दिलवा देंगी, मैं आपको जाने दूँगा' मुस्कुरा कर वे बोले।

केन्द्रीय रिज़र्व पुलिस बल के पास अधिकारियों के लिए दिल्ली में अपना मेस नहीं था जिससे दिल्ली आने वाले या यहाँ से गुज़र रहे अधिकारियों को बहुत कठिनाई होती थी। सरकार ने हमारे लिए दिल्ली के बीचोंबीच नेहरू नगर में एक छोटा सा प्लॉट चुना हुआ था जहाँ हमारा इरादा एक मेस बनाने का था। यह मामला बहुत अरसे से लटका हुआ था। महानिदेशक महोदय

के शब्दों पर मैं मुस्काई थी। ज़मीन का हस्तांतरण मेरे हाथों में नहीं था पर जितने भी सप्ताह मैं वहाँ थी, कमांडेंट रविदीप साही के साथ मैंने पूरे मन से इस मसले पर काम किया और ज़मीन हमें मिल गई। अन्ततः उस ज़मीन पर 'विश्रान्ति' नाम से अधिकारियों के लिए एक मेस बन कर तैयार हुई जिससे सी.आर.पी.एफ़. के अधिकारियों को बड़ी राहत मिली।

31 अक्तूबर, 2001 को भारत सरकार ने मुझे कार्यमुक्त कर दिया ताकि मैं अपने नए काडर में जा सकूँ, जो था—झारखंड।

*

झारखंड की राजधानी राँची में, मैं उसके बनने के एक साल बाद पहुँची। हमने सुन रखा था कि राज्य में अच्छी-अच्छी बातें हो रही हैं—सड़क निर्माण हो रहा है, घर-घर बिजली पहुँचाई जा रही है...इस विकास-कथा का हिस्सा बनने को मैं उत्सुक थी।

राज्य का प्रशासन सक्षम हाथों में था। बाबूलाल मरांडी केन्द्र में वन एवं पर्यावरण राज्य-मंत्री रह चुके थे और अपना सामर्थ्य सिद्ध कर चुके थे। मुख्य सचिव वी.एस. दूबे व महानिदेशक टी.पी. सिन्हा—दोनों ही नए विचारों के और निर्णय लेने वाले व्यक्ति थे और चाहते थे कि नए राज्य का निर्माण एक ठोस नींव पर हो। दोनों में अच्छा सामंजस्य था और मिल कर वे अच्छा काम कर रहे थे। जब नव-निर्माण हो रहा हो तो यह बात बहुत महत्त्वपूर्ण हो जाती है।

राकेश पहले ही महानिदेशक (प्रशिक्षण व आधुनिकीकरण) का कार्यभार सँभाल चुके थे। नए राज्य के सृजन के साथ-साथ नियमों का बनना, प्रशिक्षण-प्रक्रिया की तैयारी, पदोन्नतियाँ देना और भर्ती बोर्डों का गठन भी ज़रूरी हो जाता है। राकेश को तो सदा से ही प्रशिक्षण व आधुनिकीकरण में रुचि थी, अपनी नई भूमिका में वे सोत्साह उतर पड़े।

मुख्यमंत्री की इच्छा थी कि मैं किसी परिक्षेत्र (ज़ोन) के महानिरीक्षक का पद सँभालूँ परन्तु महानिदेशक सिन्हा को लगा कि राज्य की सशस्त्र पुलिस को नए सिरे से नियोजित करने में अर्ध-सैन्य बल का मेरा अनुभव अधिक काम आएगा। जैसे ही झारखंड सशस्त्र पुलिस का जायज़ा लेना शुरू किया, मैं महानिदेशक सिन्हा की दूरदृष्टि की कायल हो गई।

भारत सरकार जैसे अर्ध-सैन्य बलों को रखती है, ठीक वैसे ही राज्य सरकारें रिज़र्व के तौर पर सशस्त्र पुलिस की बटालियनें रखती हैं। ख़ास ज़रूरत की घड़ी में ज़िला पुलिस के साथ इन बटालियनों की तैनाती की जाती है। सशस्त्र पुलिस को छोटी और सुगठित बटालियनों में नियोजित किया जाता है व आशा की जाती है कि काम के लिए वे प्रति क्षण पूरी तरह चौकस व तत्पर रहेंगे।

बिहार सैन्य पुलिस को दो फाँक कर के झारखंड सशस्त्र पुलिस बनाई गई थी। जिन सात बटालियनों का मुख्यालय झारखंड में था उन्हें नए राज्य को दे दिया गया था। जल्द ही मेरे ध्यान में यह बात आई कि बटालियनें अभी अपनी पूरी संख्या के साथ स्थानांतरित नहीं हुई हैं, अनेक लोग बिहार में अब भी जहाँ-तहाँ फँसे हैं। हमारे लिए तत्काल अपने लोगों को ढूँढ़कर बटालियनों को एकजुट करना व सुदृढ़ बनाना आवश्यक था।

झारखंड सशस्त्र पुलिस के मुख्यालय में मेरे पास केवल एक सहायक था, श्री जयशंकर। काम की अधिकता को देखते हुए मैंने अपने लिए एक और सहायक जुटा ही लिया और झारखंड पहुँच चुकी कम्पनियों में से कुछ ऐसे सिपाहियों को, जो अपेक्षाकृत अधिक शिक्षित थे, मेरे कार्यालय भेजने के लिए कहा।

काम की शुरुआत हमने, कार्यालय के बाहर गलियारे में अख़बार बिछा कर बिहार से आई फ़ाइलों को तरतीबवार लगाने से की। उन दिनों की याद करती हूँ तो आज भी हँसी आ जाती है, सिपाहियों की वह मिलीजुली टोली और मैं गलियारे में फाइलों में आँखें गड़ाए बैठे सोच रहे हैं कि शुरू कहाँ से करें। पर इस अनोखी स्थिति में हम अकेले नहीं थे; आरम्भ में तो महानिदेशक महोदय के पास भी नियमित कार्यालय नहीं था और अपने काम का श्रीगणेश उन्होंने पुलिस मेस से किया था!

लोगों को ढूँढ़ निकालना भी एक भारी काम था, बिहार के पुलिस अधीक्षक अपने पुलिस-कर्मियों को जाने देने के लिए तैयार ही नहीं थे। सौभाग्य से हमारी सारी बटालियनों में सक्षम कमांडेंट और और पुलिस उपाधीक्षक थे। यह उनके सम्मिलित काम का परिणाम था कि धीरे-धीरे हमारे लोगों ने आना और हमारे साथ काम करना आरम्भ कर दिया। कुछ के घर बिहार में थे और वे अपनी जगह बदलना नहीं चाहते थे। हमें उन्हें आने के लिए विवश करना पड़ा, उनसे कहा गया कि जब तक वे झारखंड में अपनी बटालियन में काम शुरू नहीं करेंगे, उनके वेतन का भुगतान नहीं किया जाएगा।

मैं 1994 से 2001 तक अर्ध-सैन्य बलों के साथ काम कर चुकी थी और अच्छी तरह जानती थी कि झारखंड सशस्त्र पुलिस की मुझसे क्या अपेक्षा है। रोज़ सामने आने वाली चुनौतियों से भिड़ना मज़ा देता था, हम सबको सामान्य से कुछ हट कर सोचना पड़ता, कुछ नई तरह के समाधान निकालने पड़ते। हम जानते थे कि सरकार अन्त तक हमारा साथ देगी और यह बात हमें और ऊर्जा देती थी।

*

हमारी बटालियनों का एक महत्त्वपूर्ण काम था कि नक्सलवाद से निपटने में, जो 2001 तक बहुत बड़ा ख़तरा बन चुका था, ज़िला पुलिस की सहायता करें। पहाड़ी और दुर्गम जंगली इलाका व आदिवासी आबादी की भीषण ग़रीबी—दोनों ने खाद-पानी की भाँति उस भूमि को तैयार कर रखा था जिस पर नक्सलवाद फल-फूल रहा था।

कुछ अचम्भे के साथ मैंने पाया कि इन ख़तरनाक इलाकों के भीतर घुसने के लिए कोई मानक कार्यविधि (एस.ओ.पी.) तैयार नहीं की गई है। केन्द्रीय रिज़र्व पुलिस बल में देख चुकी थी कि मानकों का पालन कैसे सबका स्वभाव ही बन गया है। जैसे, रिज़र्व पुलिस बल की टुकड़ी अगर किसी संवेदनशील स्थान की ओर जाती तो कभी उसी रास्ते से नहीं लौटती थी। या फिर क्योंकि नक्सली अक्सर कच्चे रास्तों पर बारूदी सुरंग बिछा कर उन्हें कंकड़-पत्थर से ढक देते थे और उन रास्तों पर से वाहन के गुज़रने पर उसके उड़ जाने का भय हमेशा बना रहता था, कच्चा रास्ता हमेशा पैदल पार किया जाता था। या फिर तीर का आकार बनाकर चलते थे ताकि कोई बारूदी सुरंग यदि फटे भी तो जीवन की क्षति, या अंग-भंग कम से कम हो। हमने इन प्राथमिक मानकों को बनाना व पुलिस बल को प्रशिक्षित व शिक्षित करना आरम्भ कर दिया।

एक रात सूचना आई कि ज़िला पुलिस व झारखंड सशस्त्र पुलिस की बड़ी सी टुकड़ी पर चाईबासा में घात लगा कर हमला किया गया है जिसमें हमारी ओर उनतालीस जानें चली गई हैं। एक गाँव के मुखिया की हत्या कर दी गई थी। नक्सली अक्सर इसी तरह काम करते थे। किसी नागरिक को—अक्सर गाँव के किसी पदाधिकारी को—मार डालते और पुलिस दल जब शव उठाने

जाता या वापस लौट रहा होता तो उन पर हमला बोल दिया जाता।

मुखिया की हत्या की ख़बर पा कर एस.डी.पी.ओ., जो पुलिस उपाधीक्षक श्रेणी के थे, स्थानीय पुलिस व झारखंड सशस्त्र पुलिस के बड़े से दल के साथ जल्दी से उस इलाके में गए। जब तक वे शव को उठा पाते अँधेरा घिर आया था। पुलिस उपाधीक्षक ने अँधेरे में उसी रास्ते लौटने का निर्णय लिया और इस भूल की भारी कीमत चुकाई। पुलिस बल जब सारंडा वन से गुज़र रहा था उन पर छुप कर हमला किया गया और सब के सब, पुलिस उपाधीक्षक भी, मारे गए।

इस घटना की सूचना देर शाम मिली और महानिदेशक व अन्य अधिकारियों सहित मौके पर पहुँचने के लिए हम तुरन्त निकल पड़े। हालाँकि घने अँधेरे में जाना ख़तरे से ख़ाली नहीं था, हम चाहते थे कि अपने लोगों के शव तुरन्त ले आएँ। हमने देखा कि नक्सलों ने हमारे सारे वाहन जला डाले हैं, सारे आग्नेयास्त्र चुरा लिए हैं। दृश्य बहुत भयावह था।

शहीद पुलिस-कर्मियों की अन्त्येष्टि अगले दिन सैनिक-सलामी के साथ की गई; सम्मान प्रकट करने व पुलिस बल के साथ खड़े रहने के लिए स्वयं मुख्यमंत्री उपस्थित थे। झारखंड सशस्त्र बल के इतने आदमियों को खो देने का मुझ पर बहुत असर पड़ा था।

केन्द्रीय औद्योगिक सुरक्षा बल में थी तो किरीबुरू और मेघाहाटूबुरू जाते वक़्त हरे-भरे सारंडा वन से गुज़रना होता था। कुछ घंटों के बाद जब हम दिन की रोशनी में लौट रहे थे, मैंने देखा कि वन अब उतना घना नहीं रह गया था। वन की छतरी पहले इतनी सघन थी की धूप इसे भेद नहीं पाती थी, दिन में भी चारों ओर अँधेरा छाया रहता था। परन्तु अब इतनी संख्या में वृक्ष काटे जा चुके थे कि जंगल धूप में नहाया हुआ था। जंगल के यूँ काटे जाने से मन उदास हो गया।

*

नए राज्य में पुलिस-कर्मियों की भारी कमी थी और तत्काल भर्ती ज़रूरी थी मगर सामने मूल निवास का मसला आ खड़ा हुआ। आदिवासी आबादी का कहना था कि इस धरती के असली वासी वही हैं इसलिए नौकरियाँ उन्हीं को मिलनी चाहिए, जो ग़ैर-आदिवासी अपना सारा जीवन वहीं रहे थे उन्होंने यह

कहते हुए कि उनका घर भी तो वहीं है, बड़ा भारी आन्दोलन खड़ा कर दिया। मामला फँस गया और एक भी भर्ती नहीं की जा सकी।

झारखंड सशस्त्र पुलिस में केवल गोरखा बटालियन के लिए—क्योंकि वह केवल गोरखा लोगों के लिए थी—भर्ती की जा सकी। राज्य के गृह विभाग द्वारा दो नई कम्पनियों की स्वीकृति दी गई और हमने तुरन्त भर्ती शुरू कर दी। परम्परागत तौर पर गोरखा लोग आमने-सामने की लड़ाई में दक्ष होते हैं। सब तरफ़ मौजूद नक्सली ख़तरे को देखते हुए मुझे लगा कि गोरखा लोगों को विशेष प्रशिक्षण देकर हमें उनको अविलम्ब नक्सल-विरोधी कार्रवाइयों में लगा देना चाहिए। मुझे यह भी सूझा कि राँची में सेना की अच्छी-खासी मौजूदगी है तो क्यों न उनकी सहायता ली जाए? मैंने जब मेजर-जनरल टॉमस मैथ्यूस से बात की तो वे आसानी से मान गए और तब मैंने महानिदेशक महोदय को भी इसकी अनुमति देने के लिए राज़ी कर लिया।

सेना के साथ प्रशिक्षण के दौरान हमारे आदमियों ने हर प्रकार के आग्नेयास्त्र के विषय में जाना, जंगल-युद्ध सीखा, उग्रवादियों से निपटने के तरीके सीखे। झारखंड सशस्त्र पुलिस की बटालियनों में से प्रशिक्षकों का एक दल चुन कर मैंने सेना से प्रशिक्षित होने भेजा ताकि फिर वे हमारे आदमियों को प्रशिक्षण दे सकें।

अर्धसैनिक बल से मैंने एक और चीज़ यह ली कि हमारे पुलिस-कर्मियों को सेवानिवृत्ति पर मिलने वाले लाभ सेवानिवृत्ति के दिन ही मिल जाएँ। महानिदेशक आर.के. शर्मा ने यह चलन केन्द्रीय औद्योगिक सुरक्षा बल में प्रारम्भ किया था और सुरक्षा बल छोड़कर जाने वालों को इससे बहुत राहत मिली थी।

पर पेंशन के काग़ज़ात समय पर तैयार करवा लेना भी एक भारी काम था। हमें मालूम हुआ कि बिहार सैन्य पुलिस से सेवामुक्ति के पश्चात लोगों को सालों तक भुगतान नहीं हुआ था। वे जगह—जगह धक्के खाते फिर रहे थे और पुलिस बल के बँटवारे ने उनकी मुश्किलें कई गुना बढ़ा दी थीं। बच्चे की शिक्षा या चिकित्सा के ख़र्च में दिक़्क़त होने पर वे अपना पक्ष रखने मेरे कार्यालय में आते। उनकी दुर्दशा से विचलित हो कर मैं बिहार के महा-लेखापाल आर.के. वर्मा से मिलने पटना गई। एक महा-निरीक्षक को अपने सिपाहियों की पेंशन के सम्बन्ध में इतना चिन्तित देखकर, जबकि दूसरे किसी वरिष्ठ अधिकारी को इससे कोई फ़र्क पड़ता नहीं दिख रहा था, वे चकित रह गए और कहा कि पेंशन के काग़ज़ात तैयार करने के लिए वे अपने कार्यालय से

एक व्यक्ति को नियत कर देंगे। अक्तूबर 2002 तक झारखंड सशस्त्र पुलिस से सेवानिवृत्ति के दिन ही पेंशन का भुगतान शुरू हो गया जिसने लोगों को अचम्भित कर दिया।

ड्यूटी पर प्राण गँवाने वालों का मुआवज़ा देने में भी तत्परता दिखाने की ज़रूरत थी। बिहार में प्रशासनिक सुस्ती के चलते पुलिस बल का मनोबल कमज़ोर हुआ था और सरकार-विरोधी हिंसा की जवाबी कार्रवाई पर भी असर हुआ था। पर झारखंड में हम सुस्ती सहन नहीं कर सकते थे; नक्सल ख़तरे से निपटने के लिए अत्यन्त आवश्यक था कि हमारा पुलिस बल सदा पूरी तरह मुस्तैद रहे। पुलिसकर्मी प्रतिदिन अपने प्राण दाँव पर रखने से पीछे न हटें, इसके लिए उनके मन में यह आश्वासन होना अत्यावश्यक था कि ड्यूटी निभाने के क्रम में यदि उनके साथ कुछ घट जाए तो उनके परिवार को सही समय पर सही मुआवज़ा मिलेगा। झारखंड में मुआवज़े का पैकेज सबसे अच्छा था, पर मिलने में देर हो जाती थी। मैं जानती थी कि जैसा अर्धसैनिक बल में होते देखा था, यहाँ भी इसमें और शीघ्रता की जा सकती है।

चाईबासा में मारे गए लोग झारखंड सशस्त्र पुलिस-4 से थे—बोकारो बटालियन। मैंने सुनिश्चित किया कि मारे गए सभी उनतालीस लोगों के मुआवज़े के काग़ज़ात प्राथमिकता के आधार पर तैयार हों और महानिदेशक से अनुरोध किया कि बटालियन के स्थापना दिवस के अवसर पर परिवारों को मुआवज़े का भुगतान करवा दिया जाए। विधवाएँ, बच्चे, बूढ़े माता-पिता आए और मुआवज़ा लेते समय फूट पड़े। उस क्षण हम सब भी अपनी भावनाओं को रोक नहीं पाए, एक भी आँख उस दिन सूखी नहीं थी।

मुआवज़े के शीघ्र भुगतान ने हमारे पुलिस बल पर अच्छा प्रभाव डाला था; उन्हें प्रोत्साहन दिया था कि कर्तव्य निर्वाह में हिचके नहीं।

इसी उत्साह के साथ हमने अन्य कल्याणकारी गतिविधियाँ प्रारम्भ कीं जिनमें सबसे पहले परिवारों के स्वास्थ्य की जाँच करवाई। मैंने झारखंड सशस्त्र पुलिस के कार्मिकों की पत्नियों के लिए आँखों का जाँच-शिविर लगवाया और उनके लिए चश्मा ख़रीदने के लिए अपने कल्याण-कोष का इस्तेमाल किया। इस कार्य की बड़ी सराहना हुई क्योंकि यह पहली बार था कि महिलाओं के लिए कुछ किया जा रहा था।

अपने आदमियों से हमने पूछा उन्हें कौन सी सुविधाएँ चाहिए तो उन्होंने कहा कि वे कंप्यूटर का प्रयोग करना सीखना चाहते हैं। हमारे कल्याण कोष

में काफ़ी धन था जिससे कंप्यूटर ख़रीदे गए और उनका प्रयोग सिखाने के लिए कंप्यूटर के जानकारों को रखा गया। शाम को यह सुविधा उनकी पत्नियों व बच्चों को दी जाती थी। हमने उनके बैंक खाते भी खोले, जहाँ उनका वेतन सीधा जमा हो जाता और पैसा निकालने के लिए पत्नियों को डेबिट कार्ड दिए गए। ऐसा मैंने अर्धसैनिक बल में देखा था। इससे लोगों का व्यर्थ आना-जाना कम हो जाता था, वर्ना उन्हें पैसे के लिए हर माह अक्सर नक्सल-ग्रस्त इलाकों से होते हुए गाँव जाना पड़ता था जो ख़तरनाक था। इस वजह से भी हम अपने कुछ लोगों को खो चुके थे।

कभी-कभी, जब पुलिस बल के कल्याण की बात आती, हमें कुछ अलग ही तरीके अपनाने पड़ते। झारखंड सशस्त्र पुलिस-1 यानी गोरखा बटालियन राँची के बीचोंबीच तैनात थी। वहाँ पानी की बड़ी कमी थी। इंडियन ऑयल कॉर्पोरेशन ने जब हमारी ज़मीन पर पेट्रोल पम्प खोलने के लिए मुझसे बात की तो मुझे इसमें तुरन्त अपने लिए एक अवसर नज़र आ गया। हालाँकि पट्टे पर सरकारी ज़मीन पाना टेढ़ी खीर है, मैंने किसी तरह गृह सचिव को राज़ी कर ही लिया कि हमें इंडियन ऑयल को पट्टे पर ज़मीन देने की अनुमति दे दी जाए। यहीं खुकरी पेट्रोल स्टेशन बन कर खड़ा हुआ। इस तरह प्राप्त धन से हमने झारखंड सशस्त्र पुलिस-1 के मुख्यालय में चापाकल (हैंडपम्प) गाड़ने शुरू किए। इंडियन ऑयल के अधिकारियों को मैंने इस बात के लिए भी राज़ी कर लिया कि पेट्रोल पम्प का संचालन वे गोरखा पुलिस कर्मियों की पत्नियों के हाथों में दे दें ताकि उनकी पारिवारिक आय बढ़ सके।

*

बिहार पुलिस बँटी तो उसकी खेल-कूद की टीमें और पुलिस बैंड भी बँट गए। हमने बटालियनों के बीच फ़ुटबॉल, वॉलीबॉल और हॉकी मैच करवाने प्रारम्भ किए ताकि झारखंड पुलिस अपनी टीमें तैयार कर के उन्हें राष्ट्रीय मुकाबलों में उतारना आरम्भ कर सके।

गोरखा बटालियन को अपने पाइप बैंड पर बड़ा नाज़ था, तो केन्द्रीय औद्योगिक सुरक्षा बल में अपने अनुभव के अनुरूप मैंने उसे फिर खड़ा करने का प्रयास किया। झारखंड सशस्त्र पुलिस-1 के बैंड ने शीघ्र ही अखिल भारतीय बैंड प्रतिस्पर्धा में भाग लेना आरम्भ कर दिया। 2003 में उन्होंने सोलह राज्यों

में तीसरा स्थान प्राप्त किया। एक नव-निर्मित राज्य के लिए यह बड़ा कारनामा था जिससे सबका मनोबल बढ़ा।

गोरखा निशानेबाज़ी में भी अच्छे थे। मैं अपने योग-प्रशिक्षक को ले आई कि एकाग्रता का अभ्यास करवाएँ जिससे निशाना भी सधे, प्रोत्साहन भी मिले। झारखंड छोड़े मुझे दो महीने हुए थे जब गोरखा बटालियन के हवलदार ने अखिल भारतीय पुलिस निशानेबाज़ी स्पर्धा में रिवॉल्वर की निशानेबाज़ी में स्वर्ण पदक जीत कर हमारा नाम ऊँचा किया।

हमारा उद्देश्य यह था कि झारखंड सशस्त्र पुलिस में आचरण के अपने कुछ मानक तैयार हों जिससे हमारे वहाँ से चले जाने के बाद भी उसके क़दम जमें रहें। उच्च-स्तर के प्रशिक्षण, कार्य-कौशल और केन्द्रीय अर्धसैनिक बल में मेरे अनुभव से प्रेरित औपचारिक समारोहों ने झारखंड सशस्त्र पुलिस को एक ख़ास रंग, एक ख़ास अन्दाज़ दे दिया था। स्थापना दिवस समारोह हो, बटालियनों के बीच आपसी मुकाबला हो या फिर परेड, झारखंड सशस्त्र पुलिस में इन स्वस्थ परम्पराओं का आरम्भ करने से मुझे बहुत सन्तोष मिला।

झारखंड सशस्त्र पुलिस बल, जो कभी विखंडित था, अब ऊर्जा से भरपूर, नए राज्य की सेवा को तत्पर बल में बदल चुका था।

*

जहाँ तक परिवार की बात है, मैं और राकेश राँची में अच्छी तरह रह रहे थे, बच्चे बाहर आगे की पढ़ाई कर रहे थे, घर में बस राकेश की माता जी और हम दोनों थे। इस दौरान कुछ बहुत अच्छे दोस्त बनाए, समाज में लोगों के साथ खूब मिलना-जुलना हुआ।

पर जल्द ही सब सिरे से बदल जाने वाला था।

तुषार जब पेन्सिलवेनिया विश्वविद्यालय से स्नातकोत्तर के लिए अमरीका गया, उसके तुरन्त बाद ही 2001 में 9/11 की आतंकवादी घटना हो गई। अर्थव्यवस्था को धक्का लगा और जब तक उसने दोहरा स्नातकोत्तर किया, नौकरियाँ मिलनी बन्द हो गई थीं। मार्च 2004 में मैं तुषार और बहन रेशमा से मिलने अमरीका गई। हालाँकि तुषार को आख़िर नौकरी मिल गई, उसका वीज़ा ख़त्म हो चुका था और उसने वापस घर आने का निर्णय लिया। मैं अप्रैल की शुरुआत में ही भारत आ गई, तुषार कुछ सप्ताह बाद आने वाला था।

दिल्ली पहुँची तो हवाईअड्डे पर राकेश के सन्देश के साथ सीआईएसएफ़ कमांडेंट आर.क़े. शर्मा मिले। 'सर ने राँची लौटने से मना किया है। पहले आप उन्हें फ़ोन कर लें।'

इस अस्पष्ट सन्देश पर कुछ हैरान होते हुए मैंने राकेश को फ़ोन किया तो मालूम चला कि उनकी एक आँख में 'रेटिना डिटैचमेंट' (आँख के पिछले पर्दे का अलग हट जाना) पाया गया है। मेरी अक्ल काम नहीं कर रही थी, मालूम ही नहीं था इसका मतलब क्या हुआ। डॉक्टर ने उपचार के लिए बिना देर किए चेन्नई के संकरा नेत्रालय जाने की सलाह दी थी। पर कुछ बड़े लोगों की आवाजाही के चलते राकेश को दिल्ली पहुँचने में ही दो दिन लग गए और फिर चेन्नई जाने में हमें एक दिन और लग गया। इस देरी से बहुत घबराहट होने लगी।

रेटिनल डिटैचमेंट विशेषज्ञ डॉ. प्रतीक सेन ने तुरन्त सर्जरी की सलाह दी। अपने परिवार में मैंने किसी को आँख की शल्य चिकित्सा करवाते नहीं देखा था और मैं भयभीत थी। पर मैं यह भी जानती थी कि राकेश इससे बेहतर हाथों में नहीं हो सकते।

सर्जरी सफल रही और हम सबने राहत की साँस ली हालाँकि सर्जरी के बाद की देखभाल लम्बी अवधि तक चलने वाली थी। राकेश अभी चिकित्सालय में ही थे कि अनजान नम्बर से एक फ़ोन आया। फ़ोन केन्द्रीय औद्योगिक सुरक्षा बल के महानिदेशक के.एम. सिंह का था। उन्होंने कहा कि अधिकरियों से उन्होंने केन्द्रीय औद्योगिक सुरक्षा बल में मेरे काम के विषय में सुन रखा है और क्या मैं दोबारा वहाँ आना चाहूँगी।

मैं चकित रह गई! श्री सिंह से मैं बस एक बार, अपने केन्द्रीय रिज़र्व पुलिस बल वाले दिनों के दौरान, श्रीनगर में मिली थी। मैंने बताया कि मैं अभी कहाँ हूँ। उन्होंने स्थिति को समझा और कहा कि बाद में फ़ोन करेंगे।

जून में बाबूजी गिर पड़े जिससे उनके चेहरे पर काले गहरे दाग पड़ गए। हमारा भाई जब अपने जन्मदिन के लिए अम्मा-बाबूजी के पास गया तो उसको पता चला और उसने मुझे तुरन्त पटना पहुँचने के लिए कहा। बाबूजी बिलकुल ठीक नहीं लग रहे थे तो उन्हें अस्पताल में भर्ती करवाना पड़ा। तुषार मुम्बई में एक नौकरी के लिए इंटरव्यू दे रहा था। क्योंकि तुषार और बाबूजी का एक-दूसरे से बहुत लगाव था, मैंने उसे पटना बुला लिया।

बाबूजी की हालत जब थोड़ी स्थिर हुई, हम उन्हें घर ले आए, समीर

दिल्ली चला गया। तुषार को अपना नया काम शुरू करना था तो हम भी ट्रेन से राँची के लिए निकल गए। पर ट्रेन पर चढ़ते ही अम्मा के फ़ोन आने शुरू हो गए कि ट्रेन से उतर जाएँ। मैंने बाबूजी के डॉक्टर को फ़ोन किया और उन्होंने मेरे सबसे बड़े भय की पुष्टि कर दी—बाबूजी नहीं रहे थे। तब तक ट्रेन ने गति पकड़ ली थी; मेरे आँसू रुक नहीं रहे थे। मैं ज़ंजीर खींचना चाहती थी कि ट्रेन रुक जाए किन्तु टी.टी.ई. ने ध्यान दिलाया कि ट्रेन तो धान के खेतों के बीच रुक जाएगी। 'आप नीचे कैसे उतरेंगे और वापस कैसे जाएँगे?'

मैं तुषार की ओर मुड़ी। उसका साथ मुझे शान्ति दे रहा था। हालाँकि इस घटनाक्रम की आकस्मिकता से वह ख़ुद भौचक्का रह गया था, मेरे बेटे ने हिम्मत बटोरी और मुझे ढाँढस बँधाने लगा। असहाय बैठे हम प्रतीक्षा करते रहे कि ट्रेन कब अगले स्टेशन पर पहुँचेगी। मोबाइल फ़ोन की ताकत क्या होती है यह मुझे उस वक़्त समझ आया। अम्मा घर में अकेली थीं तो मैंने पटना में अपने सम्बन्धियों को फ़ोन करके उनसे कहा कि हमारे घर चली जाएँ। मेरे भाई-बहन और मैं लगातार सम्पर्क में थे, एक-दूसरे की आवाज़ से दिलासा पा रहे थे। दिल्ली से आने के लिए समीर ने हवाई जहाज़ का टिकट पाने को पूरा ज़ोर लगा दिया पर नहीं मिला। मैंने केन्द्रीय औद्योगिक सुरक्षा बल में अपने कुछ सहकर्मियों को फ़ोन किया और एक टिकट का प्रबन्ध करने का अनुरोध किया। दुख व घबराहट के उन क्षणों में बस यही एक साधन हमारे पास था!

ट्रेन तारेंगना स्टेशन पर रुकी — वही जगह जहाँ दानापुर की सहायक पुलिस अधीक्षक होने के नाते मैं बस डकैती की छानबीन करने आई थी। पर पुलिस ड्यूटी उस क्षण दूर-दूर तक मेरे दिमाग़ में नहीं थी। मैं तो बस गहरे दुख में डूबी एक बेटी थी जो घर लौटने को छटपटा रही थी। और इस घड़ी में जो मेरे काम आया वह मेरा पुलिस परिवार था।

मैं और तुषार एक बिहार सैनिक पुलिस चौकी के ठीक सामने उतरे थे। अभी सोच ही रहे थे कि क्या करें कि एक हवलदार पहचान गया कि मैं पटना की उप-महानिरीक्षक रह चुकी हूँ और वे झटपट काम में जुट गए। मैंने फिर एक बार समझा कि हमारे आदमी कितने समर्पित, कितने सूझबूझ वाले हैं! उन्होंने एक कार का प्रबन्ध किया और तीस मिनट के भीतर हम वहाँ से रवाना हो गए।

घर पहुँचे तो पता चला कि जैसा बाबूजी सदा कहा करते थे कि वे चाहते

हैं, उनका निधन उनके अपने बिस्तर पर हुआ था। अम्मा से उन्होंने कहा कि टी.वी. पर रामायण लगा दें और सुन्दरकांड पढ़ कर सुनाएँ। और तब वे शान्ति से चले गए। शोक के इस क्षण में साथ रहने को सारा परिवार पटना में इकट्ठा हो गया। घर में बाबूजी के बिना जीवन की हम कल्पना भी नहीं कर सकते थे।

हमारे लिए वह एक युग का अन्त था।

तेरह दिन के शोक की अवधि के दौरान श्री के.एम. सिंह का फ़ोन फिर से आया। 'आपने मेरे अनुरोध पर विचार किया? हम चाहते हैं कि आप आएँ', उन्होंने कहा।

हाँ, मैंने कहा, मैं आऊँगी।

झारखंड छोड़कर मैंने केन्द्रीय औद्योगिक सुरक्षा बल में लौटने का निर्णय लिया तो इसके पीछे एक कारण था। मैं और राकेश जब 2001 में झारखंड आए तो एक नए राज्य में काम करने को, एक नए पुलिस बल की नींव रखने में सहायता करने को उत्सुक थे। वह जगह छोड़कर जाने का हमारा कोई इरादा नहीं था, हमने सोचा था कि झारखंड पुलिस से ही सेवानिवृत्ति लेंगे। रहने के लिए राँची अच्छी जगह थी और हम वहाँ ख़ुश थे।

किन्तु राकेश की आँख की हालत से मुझे बहुत धक्का पहुँचा था। राकेश के डॉक्टर ने बताया था कि आँखों और कानों को एक-दूसरे से बहुत 'सहानुभूति' होती है। एक आँख या एक कान को यदि कुछ हो जाए तो दूसरे को भी होने की पूरी सम्भावना रहती है। 'दूसरी आँख में भी किसी भी समय रेटिनल डिटैचमेंट हो सकता है', डॉक्टर ने हमें सचेत किया था। राँची में एक भी नेत्र विशेषज्ञ का न होना मुझे तब बहुत ज़ोर से खला था। स्वास्थ्य सम्बन्धी किसी भी गम्भीर समस्या के लिए हमें राज्य के बाहर जाना पड़ता था। चेन्नई भी जाते तो दिल्ली हो कर ही जाते। अगली बार ऐसा होने पर पर्याप्त समय न मिला तो?

अब समझ में आता है कि सिविल सेवक क्यों किसी सुदूरवर्ती जगह पर, वह उत्तर-पूर्व हो अथवा टियर-2 या 3 का अन्य कोई शहर, तैनाती नहीं चाहता है, क्यों वह हरदम बाहर स्थानांतरण के लिए अधीर रहता है। जहाँ चिकित्सा और शिक्षा सुविधाएँ न हों, वहाँ अपनी ज़िन्दगी खपा देना बड़ा मुश्किल होता है।

इसीलिए जब केन्द्रीय औद्योगिक सुरक्षा बल के महानिदेशक ने दूसरी बार फ़ोन किया तो मैं हिचकिचाई नहीं।

एक अन्य कारण भी था। राजनीतिक कारणों से बाबूलाल मरांडी को अचानक मुख्यमंत्री पद से हटा दिया गया था। झारखंड के लिए यह बहुत दुर्भाग्यपूर्ण था। उनके बाद आने वाले मुख्यमंत्रियों के पास न वह दृष्टि थी, न वह उत्साह। कुछ भी होता नज़र नहीं आ रहा था। राज्य सेवा आयोग किसी की बहाली नहीं कर सकता था। पुलिस उपाधीक्षकों की कमी थी और नक्सल समस्या बढ़ती जा रही थी। राज्य अधर में लटका हुआ था। पहले दो सालों को छोड़ दें तो झारखंड आगे बढ़ ही नहीं रहा था। इन सारी बातों से मैं बहुत निराश हो गई थी। बाबूजी को खो देने से मुझे लग रहा था जैसे जीवन का एक अध्याय पूरा हो चुका है, और मैंने दिल्ली चले जाने का निर्णय कर लिया।

एक राज्य की शुरुआत में वहाँ काम करने का अनुभव बहुत बढ़िया था क्योंकि हर चीज़ का निर्माण शून्य से किया जाना था। राकेश और मैंने किस उमंग के साथ झारखंड में शुरुआत की थी! रिकॉर्ड समय में काम पूरे हो रहे थे, फ़ैसले लिए जा रहे थे, लक्ष्य को पाने का जुनून था, उपलब्धियों पर गर्व था। पर तीन वर्ष के भीतर ही हमारा सारा उत्साह ग़ायब हो गया था। नया राज्य पुराने राज्य जैसा बनता चला जा रहा था।

22

मिशन मोड

और इस प्रकार 2004 में, मैं केन्द्रीय औद्योगिक सुरक्षा बल में लौट आई। अगले छह वर्ष एक रोमांचक यात्रा की भाँति थे, जिसमें मैं एक ऐसी वरिष्ठ प्रबन्धन टीम का हिस्सा बनी जिसने सुरक्षा बल की प्रतिष्ठा और आकार में आमूलचूल परिवर्तन किया।

केन्द्रीय औद्योगिक सुरक्षा बल आवश्यकता पर आधारित बल है और 1969 में मूल रूप से सार्वजनिक क्षेत्र की इकाइयों की सुरक्षा के लिए बना था। 1983 में यह एक सशस्त्र बल बना। जब भी इसकी आवश्यकता पड़े, एक सर्वेक्षण किया जाता है और उसके आधार पर आदमी भेजे जाते हैं। सम्भव है कभी यह संख्या सिर्फ़ इक्कीस हो और कभी हज़ारों में। वहीं जब केन्द्रीय रिज़र्व पुलिस बल या भारत-तिब्बत सीमा पुलिस (आईटीबीपी) की संख्या बढ़ानी हो तो एक पूरी बटालियन खड़ी करनी पड़ती है। वहीं चूँकि केन्द्रीय औद्योगिक सुरक्षा बल की तैनाती छोटी टुकड़ियों में भी हो सकती है, विभिन्न प्रकार की इकाइयों की सुरक्षा के लिए इसे अधिक उपयुक्त माना जाता है। केन्द्रीय औद्योगिक सुरक्षा बल गृह मंत्रालय के अधीन काम करता है लेकिन इस पर आने वाला ख़र्च गृह मंत्रालय नहीं, वही उपक्रम उठाते हैं जिनकी यह रक्षा करता है।

1994 में जब बतौर उप-महानिरीक्षक बोकारो इस्पात संयंत्र, मैं केन्द्रीय औद्योगिक सुरक्षा बल में आई थी तो इसके लिए सार्वजनिक क्षेत्र की इकाइयों का सुरक्षा-भार सबसे बड़ा माना जाता था। लेकिन फिर अर्थव्यवस्था के उदारीकरण के साथ नब्बे के दशक के अन्त तक सार्वजनिक क्षेत्र का महत्त्व काफ़ी-कुछ कम होता चला गया और सुरक्षा-बल के भीतर यह भावना छा

गई कि वह किसी एक जगह पर आ कर थम गया है।

24 दिसम्बर, 1999 को इंडियन एअरलाइंस की उड़ान संख्या आईसी-814 का काठमांडू से दिल्ली आते वक़्त हरक़त-उल-मुजाहिदीन नाम के आतंकवादी गुट के कथित सदस्यों द्वारा अपहरण कर लिया गया। उनकी माँग थी कि भारतीय जेलों में रखे गए आतंकवादियों को छोड़ दिया जाए। थोड़े-थोड़े समय के लिए अमृतसर, लाहौर और दुबई में रुकते हुए अपहर्ता विमान को अफ़ग़ानिस्तान में कंधार हवाईअड्डे पर ले गए जो तब तालिबान के क़ब्ज़े में था।

इतने बड़े संकट से निपटने के लिए हमारे हवाईअड्डों की तैयारी कितनी अपर्याप्त थी यह बात तब बड़े ही दुखदाई ढंग से स्पष्ट हो गई जब विमानचालक ईंधन के लिए विमान को अमृतसर हवाईअड्डे पर उतारने में सफल हो गया, परन्तु तीस मिनट बाद आईसी-814 को, बिना ईंधन लिये, भारतीय वायुसीमा से बाहर जाने दिया गया।

इस घटना के बाद फ़रवरी 2000 में, केन्द्रीय औद्योगिक सुरक्षा बल के दायित्वों में हवाई-अड्डों की सुरक्षा भी शामिल कर ली गई, जयपुर हवाई-अड्डा क्योंकि सबसे असुरक्षित पाया गया, शुरुआत वहीं से हुई। तब तक हवाई-अड्डों की सुरक्षा स्थानीय पुलिस के हवाले थी, जिसकी प्राथमिकताओं में यह बहुत ऊपर नहीं था। अगले कुछ सालों में केन्द्रीय औद्योगिक सुरक्षा बल को सभी हवाई-अड्डों की सुरक्षा में शामिल कर लिया गया, बस श्रीनगर हवाई-अड्डा केन्द्रीय रिज़र्व पुलिस बल के ज़िम्मे था। केन्द्रीय औद्योगिक सुरक्षा बल आज देश भर में, श्रीनगर हवाई-अड्डे सहित, 59 महत्त्वपूर्ण हवाई-अड्डों की रखवाली में लगा है।

13 दिसम्बर 2001 को भारत के संसद भवन पर आतंकी हमला हुआ। सरकारी इमारतों पर ख़तरे की आशंका की धारणा अचानक बदल गई; दिल्ली पर दोबारा आक्रमण की सम्भावना ने सबको सतर्क कर दिया। केन्द्रीय औद्योगिक सुरक्षा बल को नॉर्थ ब्लॉक, साउथ ब्लॉक, सी.जी.ओ. कॉम्प्लेक्स (केन्द्र सरकार कार्यालय संकुल) व राजधानी की अन्य महत्त्वपूर्ण इमारतों की सुरक्षा के साथ जोड़ दिया गया। केन्द्रीय औद्योगिक सुरक्षा बल अब केवल सार्वजनिक क्षेत्र की इकाइयों तक सीमित नहीं रहा था।

महानिदेशक के.एम. सिंह ने जब मुझसे केन्द्रीय औद्योगिक सुरक्षा बल में महानिरीक्षक के पद पर लौटने के लिए कहा तो उनके दिमाग़ में एक ख़ास उद्देश्य था। वे चाहते थे कि मैं काडर (संवर्गों) की लम्बे समय से बाकी

पुनर्रचना पर काम करूँ जो वर्षों से भारत सरकार में फँसी पड़ी थी।

काम बढ़ गया था पर नए पदों की स्वीकृति नहीं मिली थी। असल में तो उप-महानिरीक्षक, (ऑपरेशंस) सुरक्षा बल के संचालन के साथ हवाईअड्डे भी सँभाल रहे थे और उनकी मदद के लिए बस दो सिपाही थे! इस तरह काम चलने वाला नहीं था, विशेष तौर पर हवाईअड्डों जैसे संवेदनशील प्रभार के सम्बन्ध में। प्रतिदिन कुछ ऐसा घटता जिसकी ओर ध्यान देना आवश्यक हो जाता था। देश में कहीं न कहीं ख़तरे की घंटी बजती ही रहती और तब एक या एक से अधिक सुरक्षा-इकाइयाँ निर्देश पाने के लिए मुख्यालय की ओर देखतीं वर्ना जनता की ओर से शिकायतें आनी शुरू हो जातीं जिनका समाधान करना आवश्यक था। हमें ऐसे एक पूरे विभाग की ज़रूरत थी जिसमें वरिष्ठ अधिकारी हों जो देश भर के हवाईअड्डों में हो रहे कामों की प्रतिदिन, बल्कि प्रति घंटा निगरानी करते रहें।

महानिदेशक ने मुझे केन्द्रीय औद्योगिक सुरक्षा बल की पुनर्रचना पर एक रिपोर्ट दी जिसे श्री एम.के. नारायणन ने—जो बाद में राष्ट्रीय सुरक्षा सलाहकार बने—तैयार किया था और कहा कि उस पर तुरन्त काम शुरू कर दूँ। इसका मतलब था कि इस विषय में गृह एवं वित्त मंत्रालयों के साथ लगातार काम करती रहूँ, जो मैंने किया। सरकार ने मार्च 2005 में स्वीकृति दी जिससे सुरक्षा बल की सारी श्रेणियों में कुल 259 पदों का सृजन हुआ जिसमें एक महानिरीक्षक (हवाईअड्डा) व दिल्ली और मुम्बई के लिए दो उप-महानिरीक्षक (हवाईअड्डा) के पद शामिल थे। मेरे अपने पद-महानिरीक्षक (मुख्यालय)—का सृजन भी हुआ।

इसके बाद मेरे बैचमेट एम.एस. बाली ने, जो महानिरीक्षक (हवाईअड्डा) के पद पर थे, हवाईअड्डे के प्रबन्धन के लिए नियम-विनियम बनाने का बड़ा काम आरम्भ किया। हम दोनों ने साथ मिल कर काम किया और यह देखते हुए कि सुरक्षा बल के लिए वे कितने महत्त्वपूर्ण हैं, अधिकारियों को चुन-चुन कर हवाईअड्डों के लिए रखा।

काडर की इस ऐतिहासिक पुनर्रचना के सुरक्षा बल के लिए दूरगामी परिणाम निकले, विशेषकर विस्तार, भर्ती व पदोन्नति की दृष्टि से। महानिदेशक ने मुझे व मेरी टीम को बधाई दी और कहा कि हमने जो किया है उसका प्रभाव केन्द्रीय औद्योगिक सुरक्षा बल पर अगले बीस साल तक रहेगा। मुझे इस बात का बहुत सन्तोष था कि केन्द्रीय औद्योगिक सुरक्षा बल में ला कर और इस

महत्त्वपूर्ण कार्य का दायित्व देकर महानिदेशक ने मुझ पर जो भरोसा जताया था मैं उस पर खरी उतरी थी।

महानिदेशक ने मुझे काम करने की पूरी स्वतंत्रता दी थी पर साथ ही यह भी कहा था कि उनकी सहायता माँगने में कभी झिझकूँ नहीं। 'हमारा काम बनता हो तो मैं सरकार में किसी से भी बात कर लूँगा।'

हमारा सौभाग्य था कि श्री सिंह के बाद हमारे महानिदेशक एस.आई. एस. अहमद बने जिन्होंने केन्द्रीय औद्योगिक सुरक्षा बल को आगे ले जाने में हमारी मदद की, क़दम-क़दम पर प्रोत्साहन बढ़ाया, मार्गदर्शन किया। 7 जुलाई, 2005 को लंदन की भूमिगत रेल पर आतंकियों ने हमला कर दिया जिसने तुरन्त दिल्ली मेट्रो के लिए खतरे की आशंका को बढ़ा दिया। हमारे सुरक्षा बल के लिए यह समय ऐतिहासिक साबित हुआ। दिल्ली मेट्रो बहुत तेज़ी के साथ दिल्ली की सार्वजनिक परिवहन व्यवस्था की जीवनरेखा बनती जा रही थी और सरकार चाहती थी कि इसकी सुरक्षा और मज़बूत की जाए। पर दिल्ली मेट्रो रेल कॉर्पोरेशन के प्रबन्ध निदेशक ई. श्रीधरन इसके बिलकुल ख़िलाफ़ थे। उन्हें लगता था कि यहाँ भी यदि हवाईअड्डों जैसी जाँच होने लगी तो इस तीव्र गति सार्वजनिक परिवहन व्यवस्था में अकारण विलम्ब होने लगेगा, उन्होंने हमारे सुरक्षा बल का व्यय वहन करने से भी इनकार कर दिया।

पर गृह मंत्रालय अपने निर्णय पर अडिग रहा। यह जिम्मा अब अहमद साहब पर आया कि ऐसा कोई उपाय निकालें कि कम से कम तैनाती ज़्यादा से ज़्यादा प्रभावी हो सके। उप-महानिरीक्षक एम.के. झा के साथ मिल कर महानिदेशक ने दिल्ली मेट्रो में केन्द्रीय औद्योगिक सुरक्षा बल की तैनाती के लिए एक-एक स्थान निर्धारित किया और 2006 में दिल्ली मेट्रो रेल कॉर्पोरेशन में केन्द्रीय औद्योगिक सुरक्षा बल का प्रवेश हो गया।

उसी वर्ष एक अति-विशिष्ट-व्यक्ति सुरक्षा शाखा (वी.आई.पी. सिक्योरिटी विंग) की स्वीकृति दी गई। आसूचना (इंटेलिजेंस) ब्यूरो की रिपोर्ट थी कि अति विशिष्ट व्यक्तियों को अधिक खतरा है, परन्तु उन सभी को सुरक्षा देने में सरकार को कठिनाई हो रही थी जिन्हें उसकी ज़रूरत थी। चूँकि हमारे सुरक्षा बल से छोटी तैनाती हो सकती थी, एक बार फिर हमें बुलाया गया। ये प्रतिष्ठापूर्ण काम थे जिनसे हमारे सुरक्षा बल का दर्जा ऊँचा होता था। इन नए दायित्वों के सौंपे जाने से अधिक संख्या में पदोन्नति और भर्ती भी होने लगी। एस.सी. गम्भीर, जो बल में बहुत पुराने थे, नई इकाइयों के सृजन का सारा

काम सँभाल रहे थे। काम बहुत मुश्किल था परन्तु उन्होंने बहुत लगन और मेहनत के साथ उसे किया।

मेरे विचार में इतना सब कुछ हम श्री अहमद के कारण कर पाए, वे सीमा सुरक्षा बल की पृष्ठभूमि से थे और अर्धसैनिक बलों की रीति-नीति से भलीभाँति परिचित थे। अपनी टीम पर भरोसा तो करते ही थे पर साथ ही सुरक्षा बल के प्रत्येक पहलू में भी उनका निर्देशन रहता था, निर्णय लेने में वे तनिक नहीं चूकते थे। एक ऐसे समय में जब केन्द्रीय औद्योगिक सुरक्षा बल का विस्तार हो रहा था, वह नए क्षेत्रों से जुड़ रहा था हमें बिलकुल ऐसे ही नेतृत्व की आवश्यकता थी।

मेरे विवेक पर उन्हें विश्वास था और उन्होंने मुझे अपनी टीम चुनने की अनुमति दी थी। रा.पु.अ. में मेरे प्रशिक्षणार्थी रह चुके ताज हसन से, जो अब केन्द्रीय औद्योगिक सुरक्षा बल, उत्तरी ज़ोन में उप-महानिरीक्षक थे, मैंने मुख्यालय में अपनी टीम का हिस्सा बनने के लिए कहा। इस टीम ने, जिसमें ताज हसन, सहायक महानिरीक्षक के.बी.पी. शर्मा, एन.जी. गुप्ता और मैं शामिल थे, गृह मंत्रालय व संघ लोक सेवा आयोग के साथ मिल कर काम किया और उन पदोन्नतियों की मंज़ूरी दिलवाई जो नए पदों की स्वीकृति के चलते ज़रूरी हो गई थीं।

2008 में 26/11 को मुम्बई में हुए आतंकी हमलों और आसूचना विभाग की इस रिपोर्ट के बाद कि भारत के सूचना प्रौद्योगिकी क्षेत्र (आई.टी. सेक्टर) के लिए ख़तरा और बढ़ गया है, इंफ़ोसिस के सह-संस्थापक नारायण मूर्ति व कॉर्पोरेट सेक्टर के अन्य शीर्ष व्यक्तियों ने गृह मंत्री पी. चिदम्बरम से अनुरोध किया कि कॉर्पोरेट सेक्टर को केन्द्रीय औद्योगिक सुरक्षा बल की सुरक्षा प्रदान की जाए।

परन्तु केन्द्रीय औद्योगिक सुरक्षा बल अधिनियम 1968 के अनुसार वह केवल सार्वजनिक क्षेत्र की इकाइयों को ही सुरक्षा प्रदान कर सकता था और उसके प्रभार में किसी भी आन्तरिक परिवर्तन के लिए संसद द्वारा संशोधन अनिवार्य था। केन्द्रीय औद्योगिक सुरक्षा बल अधिनियम में यह संशोधन 2009 के आरम्भ में किया गया और हमने उसी वर्ष जुलाई में निजी क्षेत्र में प्रवेश करने के साथ ऊँचे दर्जे के प्रशिक्षित और हथियारबन्द कार्मिक उपलब्ध कराने शुरू कर दिए जो आतंकी हमलों को विफल करने व कॉर्पोरेट सेक्टर द्वारा अपने लिए रखी गई निजी सुरक्षा को और बढ़ाने के लिए योजनाबद्ध तरीके

से तैनाती करने में दक्ष थे। शुरुआत पश्चिमी सेक्टर के महानिरीक्षक आर.के. मिश्रा की अगुआई में बंगलूरू व पुणे में स्थित इंफ़ोसिस के परिसरों से की गई और फिर बंगलूरू की इलेक्ट्रॉनिक सिटी व अन्य अनेक कॉर्पोरेट सेक्टरों तक विस्तार किया गया।

इतने सारे महत्त्वपूर्ण दायित्वों ने केन्द्रीय औद्योगिक सुरक्षा बल में नए प्राण फूँक दिए जो मात्र दस वर्ष पहले की स्थिति से—जब यह बल ख़ुद को एक जगह थमा हुआ पा रहा था—बड़ा सुधार था।

*

कभी-कभी मैं मुड़ कर पुलिस सेवा में अपने अन्तिम कुछ वर्षों को बहुत आश्चर्य से देखती हूँ। कितने उत्साह के साथ हम सब टीमों का गठन करते थे, एक के बाद एक ऐसे बड़े-बड़े काम हाथ में लेते जाते थे जिनके दूरगामी परिणाम देश भर के सुरक्षा बलों तक पहुँचते थे!

छठा केन्द्रीय वेतन आयोग अक्तूबर 2006 में स्थापित हुआ। केन्द्रीय औद्योगिक सुरक्षा बल में मैं चूँकि महानिरीक्षक (कार्मिक) थी, मुझे उनका अभ्यावेदन (रिप्रेज़ेंटेशन) आयोग के समक्ष प्रस्तुत करना पड़ा। साथ ही केन्द्रीय भारतीय पुलिस सेवा संघ की सचिव होने के नाते भा.पु.से. अधिकारियों का अभ्यावेदन भी प्रस्तुत करना पड़ा।

हर जगह से आँकड़े इकट्ठा करना, उनका मिलान करना—काम बहुत ज़्यादा था। आर.के. मिश्रा, जिन्हें मैं उनके प्रशिक्षण के दिनों से एक असाधारण अधिकारी मानती आई थी, अब केन्द्रीय औद्योगिक सुरक्षा बल, मुम्बई से मेरे साथ मुख्यालय में उप-महानिरीक्षक (प्रशासन) के पद पर काम करने आ गए थे, हालाँकि ज़रा अनिच्छा से। असल में उन्हें मैंने वही वाक्य कह कर आने के लिए राज़ी किया था—जंगल में मोर नाचा किसने देखा। पर वहाँ पहुँचते ही, जब मैं सुरक्षा बल की ज़रूरतों को आयोग के सम्मुख प्रस्तुत करने के लिए केन्द्रीय औद्योगिक सुरक्षा बल का अभ्यावेदन तैयार करने में दिन-रात जुटी हुई थी, उन्होंने मेरे साथ पूरा-पूरा सहयोग किया।

पुलिस संघ की ओर से हमारा मुख्य अनुरोध यह था कि पुलिस प्रमुखों व राज्य स्तर पर महानिदेशकों का शीर्ष वेतनमान 80,000 रुपये निर्धारित किया जाए। हम उप-महानिरीक्षक का पद भी ख़त्म कर देना चाहते थे क्योंकि इससे

भारतीय प्रशासनिक सेवा के साथ समता की समस्याएँ उठ रही थीं।

हमने उम्मीद की थी कि जिस दिन भारतीय पुलिस सेवा संघ के प्रतिनिधि-मंडल को आयोग के सामने प्रस्तुत होना होगा, अनेक वरिष्ठ अधिकारी हमारे पक्ष को मज़बूत करने के लिए साथ आएँगे। दुर्भाग्य से बहुतों ने क़दम पीछे खींच लिये, 'गला ख़राब है, इसलिए आना मुमकिन नहीं' जैसे कमज़ोर बहाने बनाए।

मैं समझ गई कि वे सामने नहीं आना चाहते। अन्ततः बस दो वरिष्ठ अधिकारी—केन्द्रीय औद्योगिक सुरक्षा बल के महानिदेशक एस.आई.एस. अहमद व जम्मू-कश्मीर के महानिदेशक कुलदीप खोड़ा—हमारे संग गए।

आयोग की रिपोर्ट आई तो यह देख हमें बड़ी निराशा हुई कि शीर्ष वेतनमान केवल सीमा सुरक्षा बल, आसूचना ब्यूरो व केन्द्रीय अन्वेषण ब्यूरो जैसे बलों के महानिदेशकों तक ही पहुँचाया गया है, राज्य पुलिस के महानिदेशकों तक नहीं। हमने आशा नहीं छोड़ी। पुनरीक्षण प्रक्रिया के दौरान हमने दोबारा प्रयास किए और इसमें हमें राष्ट्रीय सुरक्षा सलाहकार एम.के. नारायणन, आसूचना ब्यूरो के निदेशक पी.सी. हलदर, व विशेष सुरक्षा सचिव के.सी. वर्मा की सहायता व मार्गदर्शन प्राप्त था।

ई.एस.एल. नरसिंहन, जो पूर्व भारतीय पुलिस सेवा अधिकारी और छत्तीसगढ़ के तत्कालीन राज्यपाल थे, महाराष्ट्र पुलिस के महानिदेशक ए.एन. रॉय, आन्ध्र प्रदेश पुलिस के महानिदेशक एस.एस.पी. यादव व रेलवे सुरक्षा बल के महानिदेशक रणजीत सिन्हा ने मुझे अपना पूरा-पूरा समर्थन दिया।

पुलिस संघ ने गृह मंत्री शिवराज पाटिल व संयुक्त प्रगतिशील गठबंधन (यू.पी.ए) की अध्यक्ष सोनिया गांधी सहित अनेक गणमान्य व्यक्तियों के सामने अपना पक्ष रखा। बैचमेट बी.वी. वांग्चू ने, जो विशेष सुरक्षा दल के निदेशक थे, हम लोगों को श्रीमती सोनिया गांधी से मिलवाया और हमने अपना पक्ष रखा तो उनकी प्रतिक्रिया बहुत सकारात्मक रही। उन्होंने कहा कि नक्सल विरोधी कार्रवाइयों में बहुत पुलिसवाले अपने प्राण गँवा रहे हैं, उनके लिए कुछ किया जाना वास्तव में बहुत ज़रूरी है। पर सबसे बड़ी मदद मेरे पुराने मुख्यमंत्री बॉस लालू प्रसाद की ओर से मिली, जो तब केन्द्र सरकार में रेल मंत्री थे।

उन्होंने हमें मिलने का समय दिया और मेरे और राकेश समेत अनेक पुलिस अधिकारी उनसे मिलने गए। इस दौरान दिल्ली के समारोहों में मैं अक्सर

लालू प्रसाद से मिलती रहती थी और वे कुछ मज़ाक में, कुछ संजीदगी से पूछा करते थे, 'आपने बिहार क्यों छोड़ा? झारखंड काडर में क्यों चली गईं? आपको बिहार लौट आना चाहिए।'

इस बार उन्होंने सीधा सवाल किया, 'आपको कौन सी बात परेशान कर रही है?'

मैंने जब अपनी परेशानी बयान की तो वे बोले कि यह एक बड़ा मुद्दा है। 'मैं आज इसे मंत्रिमंडल की बैठक में उठाऊँगा। अगर वे न माने तो बैठक छोड़कर चला आऊँगा!' उन्होंने कहा मैं अपना अनुरोध लिख कर दे दूँ और मैंने अपनी बात एक पर्ची पर हिन्दी में लिखकर उन्हें दे दी। वे तभी मंत्रिमंडल की बैठक के लिए चले गए।

बाद में सुना वे वास्तव में राज्य स्तर पर महानिदेशकों के लिए सबसे ऊँचे वेतनमान की स्वीकृति पर अड़ गए थे और मंत्रिमंडल के साथियों के सख़्त विरोध के बावजूद इसे स्वीकार करवा कर ही माने थे।

एक व्यक्ति को तो उनका शब्दों का खेल भी याद था, 'मलाई में मक्खी क्यों डाल दिया?' अपने विशिष्ट अन्दाज़ में उन्होंने अपने कैबिनेट के साथियों से पूछा था, उनका इशारा था कि जब पुलिस के लिए सरकार इतना कुछ कर रही है तो छोटी-सी बात के लिए क्यों अपने अच्छे काम पर दाग़ लगा रही है।

पुलिस संघ के लिए यह एक बड़ी उपलब्धि थी जिसका प्रभाव सारे राज्यों की पुलिस पर पड़ने वाला था और मैं ख़ुश थी कि हमारा कड़ा परिश्रम आख़िर रंग ले ही आया।

मेरा एक अन्य प्रिय काम था झारखंड में केन्द्रीय औद्योगिक सुरक्षा बल के लिए भूमि लेना। जब मैंने पदों की स्वीकृति के लिए काम आरम्भ किया तो समझ आया कि स्वीकृति देने में मंत्रालय इसलिए भी हिचकिचा रहा है क्योंकि तैनाती की एवज़ में सार्वजनिक क्षेत्र की इकाइयों से पैसे वसूल करना एक बड़ी समस्या थी। श्री अहमद जब महानिदेशक के पद पर आए तो यह समझ गए और बकाया-वसूली अभियान चलाने में हमारी मदद की। हमारी रणनीति के अनुसार अब हमने सार्वजनिक क्षेत्र की इकाई के लेखा विभाग से ही नहीं, उनके शीर्ष पदाधिकारियों से सम्पर्क करना शुरू कर दिया और इसके परिणाम भी बेहद सकारात्मक निकले। उस साल हमने बकाया की रिकॉर्ड राशि वसूल की जो हमारे सुरक्षा बल के लिए बहुत अच्छी बात थी।

किन्तु राँची स्थित हैवी इंजीनियरिंग कॉर्पोरेशन, (एच.ई.सी.) जिस पर केन्द्रीय औद्योगिक सुरक्षा बल के कई करोड़ रुपए बाकी थे, इस देय राशि का भुगतान नहीं कर पाई क्योंकि वह 'बीमार' हो गई थी। एच.ई.सी. भारी उद्योगों के मंत्रालय के अधीन आती थी जहाँ मैंने संयुक्त सचिव एम.के. सिंह के साथ, जो उत्तर प्रदेश काडर से थे, अच्छा तादात्म्य बना लिया था। उन्होंने एक दिलचस्प सुझाव दिया—क्यों न हम पैसे की जगह आपको ज़मीन दे दें?

जितना ही मैं इस नए प्रकार के समाधान के बारे में सोचती उतना ही वह अच्छा लगता। केन्द्रीय औद्योगिक सुरक्षा बल में बहुत से लोग मेरे दृष्टिकोण से सहमत नहीं थे, वे चाहते थे कि बल अपना पैसा वसूल करे। किन्तु हमें महानिदेशक का समर्थन था और हमने इस दिशा में कार्रवाई की शुरुआत कर दी। एच.ई.सी. के पास राँची में एक चुनींदा स्थान पर कुछ ज़मीन थी। बहुत बार की बैठकों और बातचीत के बाद गृह मंत्रालय एवं भारी उद्योग मंत्रालय आख़िर सहमति पर पहुँच गए।

लेकिन जब केन्द्रीय औद्योगिक सुरक्षा बल ने कब्ज़ा लेने की कोशिश की तो स्थानीय जनजातियाँ ज़मीन पर धरना देकर बैठ गईं। मैं जब राँची में ज़मीन पर पहुँची तो वहाँ झंडों, तम्बू और नारेबाज़ी के साथ पूरे ज़ोर-शोर से आन्दोलन चल रहा था। हम कब्ज़ा नहीं ले पाए।

जब एन.आर. दास ने महानिदेशक पद सँभाला मैंने उन्हें इस बात के लिए राज़ी कर लिया कि एक बार वे झारखंड के मुख्यमंत्री शिबू सोरेन से मिल लें। मेरा तर्क था कि यदि श्री सोरेन को हमारे दावे में दम नज़र आया तो हमें ज़मीन मिल जाएगी। मेरा काडर चूँकि झारखंड था, श्री दास ने मेरी समझ पर भरोसा किया और मेरे साथ राँची तक आ गए। मुख्यमंत्री से मिलने के बाद बस कुछ ही मिनट का समय लगा।

'हाँ, हाँ, वह ज़मीन आपको मिल जाएगी' श्री सोरेन ने हमें विश्वास दिलाया, और बस बात वहीं ख़त्म हो गई।

हमारा सुरक्षा बल एक राज्य की राजधानी में चुनींदा स्थान पर अट्ठावन एकड़ ज़मीन लेने में कामयाब हो गया।

राँची में केन्द्रीय औद्योगिक सुरक्षा बल के परिसर का उद्घाटन 8 जनवरी, 2017 को गृह मंत्री राजनाथ सिंह के हाथों हुआ। इस परिसर के भीतर महानिरीक्षक पूर्वी सेक्टर का कार्यालय, वरिष्ठ कमांडेंट का कार्यालय, एक रिज़र्व बटालियन, एक डॉग ट्रेनिंग स्कूल और एक प्रशिक्षण कैम्पस है।

जिस दिन इस परिसर का उद्घाटन हुआ मेरे पास जाने-माने भारतीय पुलिस सेवा अधिकारी के. विजय कुमार—वही जो वीरप्पन और उसके खूँखार चंदन तस्कर गिरोह का ख़ात्मा करने के लिए प्रसिद्ध हैं—का फ़ोन आया। केन्द्रीय औद्योगिक सुरक्षा बल के परिसर के उद्घाटन के लिए श्री विजय कुमार गृह मंत्री के साथ गए थे। उन्हें जब बताया गया कि सुरक्षा बल के लिए इस ज़मीन के अधिग्रहण के लिए मैंने कितना श्रम किया था उन्होंने मुझसे फ़ोन पर कहा, 'इस ज़मीन का अधिग्रहण आपने किया था, आज यहाँ एक विशाल परिसर का उद्घाटन हो रहा है। बधाई हो।' उनकी इस विनम्रता ने मेरा दिल छू लिया।

हर दिशा से विरोध होने के बावजूद भी मैं यह ज़मीन लेने को उत्सुक थी क्योंकि मेरी आँखों में एक सपना था, जिसके पीछे सुरक्षा बल के पूर्व महानिदेशक श्री त्रिनाथ मिश्रा के शब्द थे। वे सदा कहा करते थे कि आने वाले सालों में बटालियन खड़ी करने और मुख्यालय बनाने के लिए ज़मीन की कमी पड़ने लगेगी।

'जो भी सरकार ज़मीन दे उसे ले लो, भले ही वहाँ तुरन्त कुछ बनाया न जा सके', उनकी सलाह हमेशा यही हुआ करती थी।

इसीलिए एच.ई.सी. से बकाया राशि की एवज में ज़मीन ले लेना मेरी नज़र में फ़ायदे का सौदा था। राँची का परिसर आज झारखंड और केन्द्रीय औद्योगिक सुरक्षा बल, दोनों के लिए ही मूल्यवान बन गया है। मैंने भी यही सोचा था कि झारखंड में अगर केन्द्रीय औद्योगिक सुरक्षा बल का अपना एक केन्द्र हो तो सुरक्षा बल व नए राज्य—ख़ासतौर पर ऐसा राज्य जहाँ नक्सलवाद का प्रभाव बढ़ता ही जा रहा था—दोनों का लाभ ही लाभ होगा। एक अर्धसैनिक परिसर होने का अर्थ था निर्माण के ठेके, नए स्कूल, अस्पताल और इन सबसे जुड़ी हर प्रकार की गतिविधि में वृद्धि और उससे आगे आर्थिक विकास! यह बड़ी तस्वीर दिखा कर मैं राज्य के अधिकारियों को राज़ी कर सकी कि अड़चनें न खड़ी करें। और फिर अपने गृह राज्य के लिए कुछ भला करने से अच्छा भी लग रहा था।

श्री एन.आर. दास अन्तिम महानिदेशक थे जिनके साथ मैंने काम किया। बोकारो में जब मैं उप-महानिरीक्षक थी तब वे राउरकेला इस्पात संयंत्र में उप-महानिरीक्षक थे और हम दोनों के बीच तभी से अच्छी आपसी समझ बनी हुई थी। क्योंकि पहले भी सुरक्षा बल में काम करते हुए वे अनेक कठिन परिस्थितियों

से निपट चुके थे, उन्हें यह समझने में देर नहीं लगी कि क्या किया जाना है। निर्णय लेना उनके स्वभाव में था और नए विचारों का वे स्वागत करते थे।

श्री एन.आर. दास के महानिदेशक का पदभार सँभालने के बाद शीघ्र ही मेरी पदोन्नति अतिरिक्त महानिदेशक पद पर हो गई और मेरा स्थान लेने के लिए किसी को चुनने का दायित्व उन्होंने मुझे ही सौंप दिया। महानिरीक्षक (कार्मिक) के पद के लिए मैंने मेघालय के स्वराज बीर सिंह को चुना। प्रशान्त कुमार, उप-महानिरीक्षक (कार्मिक) व दो सहायक महानिरीक्षक—टी. सेल्वन तथा के.बी.पी. शर्मा वाली हमारी टीम ने अब राजपत्रित श्रेणियों की कमी भरने के उपाय निकालने के लिए अपना पूरा ज़ोर लगा दिया। महानिदेशक चूँकि केन्द्रीय औद्योगिक सुरक्षा बल के अनुभवी पदाधिकारी थे उन्होंने तुरन्त हमारे इस सुझाव का, कि सेवारत कार्मिकों को ही सीमित विभागीय प्रतियोगी परीक्षा योजना के तहत 'स्थानीय पद' व त्वरित पदोन्नति दे दी जाए, अनुमोदन कर दिया। इसके चलते सारी पद-श्रेणियों के लिए बड़ी संख्या में पदोन्नति दी गई।

इसके साथ हमने सुरक्षा बल के अत्यन्त कुशाग्र अधिकारी रतनदीप जोशी के अधीन—जिन्होंने भारतीय प्रौद्योगिकी संस्थान (आई.आई.टी.) से एम.एससी. की थी—अलग से एक भर्ती प्रकोष्ठ भी खोला। भर्ती के नए दिशानिर्देश व व्यावसयिक तरीके निर्धारित करने में उन्होंने प्रशंसनीय कार्य किया व सम्पूर्ण प्रक्रिया को पारदर्शी व सुदृढ़ बनाया। इस प्रकार श्री दास के कार्यकाल के दौरान हम समस्त पद-श्रेणियों के लिए भर्ती कर पाए और किसी एक भर्ती को भी किसी भी समय पर चुनौती नहीं दी गई।

इन सारी बातों से केन्द्रीय औद्योगिक सुरक्षा बल और अधिक मज़बूत बना जिससे हम नई अपेक्षाओं को पूरा करने में कामयाब हुए। इन अपेक्षाओं में दिल्ली हवाईअड्डे में विशाल टी 3 टर्मिनल का खोला जाना और 2010 के राष्ट्रमंडल खेलों का आयोजन शामिल है।

*

2004 में जब हम दिल्ली आए तो सरकारी आवास में न जा कर वसन्त कुंज में अम्मा-बाबूजी के फ्लैट को ठीक-ठाक करवाया और राकेश और मैं उसी में रहने लगे थे। राकेश पुलिस अनुसन्धान एवं विकास (रिसर्च एंड डेवेलपमेंट)

ब्यूरो में निदेशक पद पर काम कर रहे थे, तुषार को गुड़गाँव में जेनपैक्ट में अच्छा काम मिल गया था और वह मुम्बई से वापस आ गया था। बेटा फिर साथ रहने लगा तो हम दोनों फूले न समाए।

इस बीच राष्ट्रीय विधि संस्थान विश्वविद्यालय, भोपाल में कैम्पस प्लेसमेंट के दौरान अंशुमान को आई.सी.आई.सी.आई. बैंक में काम मिल गया था। नौकरी पाने वाला वह कैम्पस में पहला था तो बहुत उत्साहित था। हम भी ख़ुश थे कि इतनी अच्छी नौकरी उसे अपनी ही योग्यता से मिली है।

2006 में परिवार एक दुखद अनुभव से गुज़रा। मेरी सास, जो हमारे साथ रह रही थीं, गिर पड़ीं और उनकी जाँघ की हड्डी टूट गई। हम उन्हें अखिल भारतीय आयुर्विज्ञान संस्थान (एम्स) ले गए जहाँ डॉक्टर ने कहा कि क्योंकि उन्हें कोई अन्य बड़ी स्वास्थ्य समस्या नहीं है, बस एक छोटी-सी सर्जरी करनी पड़ेगी। लेकिन उनके डॉक्टर को कहीं काम से बुला लिया गया और सर्जरी एक सप्ताह के लिए स्थगित करनी पड़ी।

एक सप्ताह में उनका स्वास्थ्य इस हद तक बिगड़ गया कि वेंटिलेटर पर रखना पड़ा और फिर गहन चिकित्सा केन्द्र में ले जाना पड़ा। राकेश, तुषार और मेरे लिए उन्हें इस दशा में देखना अत्यन्त कष्टदाई था क्योंकि वे फिर गहन चिकित्सा केन्द्र से बाहर नहीं आईं। चीज़ें एक के बाद एक बिगड़ती गईं और अनेक जटिलताओं से जूझते हुए वे गिरने के एक माह बाद इस संसार से चली गईं। हमें विश्वास नहीं हो रहा था कि बस थोड़ा-सा गिर जाने से ऐसा कैसे हो गया। अन्तिम दिनों में वे भी मेरे श्वसुर की तरह कहने लगी थीं, 'मेरा समय आ गया है, अब मुझे जाने दो।' वे इक्यासी वर्ष की थीं।

2007 के करीब हमने तुषार के विवाह की चर्चा छेड़ना शुरू कर दिया। उसके लिए अनेक रिश्ते आ रहे थे; हमने उससे पूछा कि क्या उसके मन में कोई है। पर उसने कहा कि हम जिससे कहेंगे वह मिलने को तैयार है। हमें पटना के एक परिचित परिवार से रिश्ता आया। मेघना बहुत गुणी थी और मैं जानती थी कि तुषार एक कामकाजी लड़की से शादी करना चाहता है। हमें वह पसन्द भी बहुत थी पर निर्णय तो लड़के-लड़की को ही करना था, हम उन्हें बस मिला सकते थे। जब दोनों ने हाँ कर दी तो हमें बड़ी ख़ुशी हुई। लेकिन शादी को कुछ महीनों के लिए स्थगित करना पड़ा क्योंकि तुषार को अमरीका के केलॉग स्कूल ऑफ़ मैनेजमेंट में एम.बी.ए. में प्रवेश मिल गया।

उनका विवाह दिसम्बर 2008 में सम्पन्न हुआ। मैं उत्साहित थी कि अब घर में पहली बार एक लड़की होगी। कभी-कभी माँ-बाप अपने बेटे के जीवन में एक स्त्री के आ जाने से ईर्ष्यालु हो जाते है, विशेषकर माँ। पर मेरे मन में यह भाव कभी नहीं आया। मैंने सदा यही आशा की कि मेरे बेटों को उनका मन-पसन्द जीवनसाथी मिले, वे बस हमारी चुनी हुई लड़की से ही शादी न कर लें। मुझे ख़ुशी हुई कि मेघना भी तुषार के संग अमरीका जाएगी क्योंकि मुझे लगता था कि सबसे दूर एक-दूसरे को जानने-समझने, परस्पर निकट आने का यह अच्छा मौक़ा है।

23

अन्त : एक नया आरम्भ

31 अक्तूबर, 2010 को मैंने भारतीय पुलिस सेवा से अवकाश लिया। वह एक युग का अन्त था, ड्यूटी पर मेरा आख़िरी दिन।

पिछले कुछ वर्ष काम में और व्यक्तिगत तौर पर बहुत व्यस्त रहे थे। 2009 में जब महानिदेशक एन.आर. दास के कार्यालय में मुझे औपचारिक पिपिंग समारोह के साथ पदोन्नत कर के अतिरिक्त महानिदेशक बनाया गया तो मैंने सोचा कि केन्द्रीय औद्योगिक सुरक्षा बल में तो अतिरिक्त महानिदेशक का पद है नहीं, तो शायद अब यहाँ से जाने का वक़्त आ गया है। परन्तु श्री दास ने ज़ोर दिया कि मैं वहीं रहूँ, वे देखेंगे कि मेरा पद उच्च श्रेणी का कर दिया जाए। अप्रैल 2010 में मैं केन्द्रीय औद्योगिक सुरक्षा बल में विशेष महानिदेशक बन गई।

और इस प्रकार केन्द्रीय औद्योगिक सुरक्षा बल में, जहाँ पहले इसलिए आई थी कि अपने बच्चों को बोकारो में एक अच्छे स्कूल में भेज सकूँ, मैं छह लम्बे वर्ष रही! अब मुझे एक स्थान पर लगातार तैनाती के लाभ नज़र आते हैं, विशेषकर वरिष्ठ पदों पर। छह सालों में मैंने चार महानिदेशकों के साथ काम किया जिससे बड़े विस्तार और पुनर्गठन की इस अवधि के दौरान मुझमें निरन्तरता का एहसास बना रहा। केन्द्रीय औद्योगिक सुरक्षा बल अब घर जैसा लगने लगा था; शायद ही इसके बारे में कुछ ऐसा हो जो मुझे मालूम नहीं था।

आख़िरी बार वर्दी पहनते हुए मैंने ख़ुद से पूछा कि जिस सेवा में मैंने चौंतीस साल बिताए, उसे छोड़कर जाते हुए क्या मैं उदास हूँ, और कुछ आश्चर्य के साथ पाया कि नहीं, मैं उदास नहीं हूँ। बल्कि ख़ुश हूँ कि एक अच्छा वातावरण छोड़कर जा रही हूँ। सन्तुष्ट हूँ कि इतना सब कुछ कर पाई,

कि लोग मेरा सम्मान करते हैं, कि मैंने इतने मज़बूत रिश्ते कायम किए। मेरे लिए इन सारी बातों का मूल्य है।

कोई पछतावा? बस यही कि इसके पहले कि महानिदेशक के पद पर मैं किसी संस्था की प्रमुख बन पाती मेरी सेवानिवृत्ति का समय आ गया। इस अवसर का न मिलना थोड़ा खलता है, लेकिन सिर्फ़ तभी जब मुझे याद आता है कि नानी ने मुझे पहली क्लास में दो साल पढ़ाया था, उन्होंने सोचा ही नहीं था कि इस छोटी-सी लड़की का कभी अपना कैरियर होगा और उस एक साल पर, बाद में गँवाए गए सालों के अतिरिक्त, इतना कुछ निर्भर करेगा।

पर मेरे स्वभाव में ही है कि आगे देखूँ और आगे की सोच कर मैं पहले ही उत्साहित थी। जब भी लोग मुझसे पूछते कि सेवानिवृत्ति के बाद मैं क्या करूँगी, मैं कहती, 'काम करती रहूँगी' पर कहाँ, यह अभी नहीं जानती थी।

महानिदेशक व अन्य अधिकारियों ने यह कहते हुए कि मैं हमेशा उनके दिल में रहूँगी, मुझे बहुत स्नेह के साथ विदाई दी। मेरी आँखों में आँसू आ गए थे, जिन्हें मैंने पलकें झपका कर रोक लिया।

*

लोगों ने मान लिया था कि मैं सरकार के साथ ही काम ढूँढूँगी, परन्तु किसी से कुछ कहना मेरे स्वभाव के विरुद्ध है। बोकारो में पुलिस अधीक्षक के पद पर काम करने के बाद से मुझे अपनी तैनाती के लिए कभी किसी से कहना नहीं पड़ा, तो अब मैं नहीं चाहती थी कि वापस सरकार के पास जाऊँ और काम माँगू। मैं देख चुकी थी कैसे कुछ वरिष्ठ अधिकारी सेवानिवृत्ति के बाद का कोई पद पाने के लिए सत्ता के गलियारों में इधर से उधर भटकते फिरते हैं; मैं यह नहीं करना चाहती थी।

'रिटायर होते ही काम खोजना शुरू कर देना; यह सोच कर बैठी मत रहना कि काम चलकर मेरे पास आएगा', मेरे पुराने महानिदेशक एस.आई. एस. अहमद ने मुझे समझाया था। तो मैंने रोज़गार-मूलक नेटवर्किंग साइट, लिंक्डइन पर अपना प्रोफ़ाइल बनाया और अपने भाई समीर से, जो कॉर्पोरेट सेक्टर में काम करता है, बात की।

दिसम्बर में जूलियो रिबेरो का फ़ोन आया। 'आप रिटायर हो गईं? बताया ही नहीं!'

'बताने को क्या है, सर? जी, मैं रिटायर हो गई' हँस कर मैंने जवाब दिया।

श्री रिबेरो ने कहा उनके पास मेरे लिए कुछ है। 'दिल्ली में हमारा एक दफ़्तर है, कोई आपके साथ सम्पर्क करेगा', बिना कुछ और बताए उन्होंने कहा। राकेश और मैं बड़े उत्सुक थे कि क्या काम हो सकता है। जल्द ही एक सज्जन ने फ़ोन किया।

'श्री रिबेरो ने हिदायत दी है कि आपको हम अपना निज़ामुद्दीन वाला दफ़्तर दिखा दें। आप कब आ सकती हैं, मै'म?'

मैं अब अपना कौतूहल रोक नहीं पाई, मैंने पूछा, 'आप कहाँ से फ़ोन कर रहे हैं, कौन सा दफ़्तर है?'

जवाब मिला कि वे इंडियन म्यूज़िक इंडस्ट्री से बोल रहे हैं। मैं दंग रह गई। न मैं म्यूज़िक के विषय में कुछ जानती थी न उसकी इंडस्ट्री के विषय में; म्यूज़िक के साथ मेरा आख़िरी साबका तब पड़ा था जब कम उम्र में मैंने और मौसेरी बहन रंजना ने मिल कर अपने संगीत शिक्षक को भगा दिया था!

अगले दिन मैं निज़ामुद्दीन गई, जहाँ एक छोटा सा, कायदे से बना हुआ कार्यालय मिला। मालूम हुआ कि इंडियन म्यूज़िक इंडस्ट्री (आई.एम.आई.), जिसकी टीम प्रत्येक राज्य में है, रिकॉर्ड किए गए संगीत के कॉपीराइट की तैयारी, संरक्षण एवं सुरक्षा करती है। उन्होंने यह भी बताया कि इसके पहले भारतीय पुलिस सेवा के पूर्व अधिकारी जे.एन. सक्सेना और प्रकाश सिंह आई.एम.आई. के प्रमुख रह चुके हैं। आख़िर सारी बात समझ आने लगी।

कुछ सप्ताह बाद श्री रिबेरो ने कहा कि मैं उनसे मुम्बई में मिलूँ। जाने से पहले मैं और राकेश अनुमान लगाते रहे कि क्या काम होगा। दोनों मानते थे कि श्री रिबेरो के साथ काम करने का अनुभव बढ़िया ही होगा। 'जो भी जॉब कहेंगे करने के लिए, मैं करूँगी', मैंने कहा।

श्री रिबेरो ने मुझे आई.एम.आई. के प्रमुख समन्वयक (को-ऑर्डिनेटर) के पद का प्रस्ताव दिया। काम दिल्ली के कार्यालय से करना था और काम था देश भर में काम कर रही टीमों का गठन एवं प्रबन्धन। काम शुरू करने के साथ ही मैं आई.एम.आई. की कार्यकलापों को सुव्यवस्थित करने और विभिन्न राज्यों में काम कर रही टीमों को पुनर्नियोजित करने में लग गई।

श्री रिबेरो से मिल कर जब मैं मुम्बई से लौट रही थी तो एक और फ़ोन आया। अचरज की बात, फ़ोन केन्द्रीय अन्वेषण ब्यूरो के पूर्व निदेशक आर.के. राघवन का था।

जब मैं सेवारत थी, केन्द्रीय औद्योगिक सुरक्षा बल के महानिदेशक ने मुझे चेन्नई में वाणिज्य मंडल (चैम्बर ऑफ़ कॉमर्स) के सामने तटीय सुरक्षा पर वक्तव्य देने के लिए कहा। वक्ता की माँग डॉ. राघवन की ओर से आई थी जिन्होंने पैनल परिचर्चा के पश्चात मुझसे दो-चार बातें कीं और पूछा कि सेवानिवृत्ति के बाद मेरी क्या योजना है। उन्हें भी मैंने यही बताया कि काम तो करना चाहती हूँ पर इसके लिए सरकार से मिलने वाली नहीं हूँ।

डॉ. राघवन इस समय एक दिन के लिए दिल्ली में थे और मुझसे मिलना चाहते थे। मैंने जब बताया कि अभी मैं मुम्बई से वापसी के रास्ते में हूँ तो वे बोले कि उतरने के बाद मैं दिल्ली हवाईअड्डे के प्रस्थान क्षेत्र की ओर आ जाऊँ, चेन्नई का विमान पकड़ने के पहले वे मुझसे वहीं मिल लेंगे। हम केवल पाँच मिनट के लिए मिले, उन्होंने बस इतना कहा, 'हम चाहते हैं आप टाटा कन्सल्टेन्सी सर्विसेज़ (टी.सी.एस.) में होमलैंड सिक्योरिटी पर सलाहकार की हैसियत से काम करें।'

एक दिन में मुझे दो सर्वथा अप्रत्याशित जगहों से काम के प्रस्ताव मिले, जिससे मेरा यह विश्वास और भी मज़बूत हो गया कि मेरे जीवन में कुछ दिन एक नए मोड़ की तरह आए हैं। यह बहुत रोमांचक था।

टी.सी.एस. में मैंने डॉ. राघवन, बैचमेट और महाराष्ट्र के पूर्व पुलिस महानिदेशक डी. शिवानन्दन व राष्ट्रीय सुरक्षा गारद (एन.एस.जी.) से अवकाश प्राप्त ब्रिगेडियर जी.एस. सिसोदिया के साथ काम किया और मुझे बहुत आनन्द आया।

हमारे काम के क्रम में मुझे टी.सी.एस. के प्रसिद्ध लीडर एस. रामादुरई के साथ काम करने का सौभाग्य मिला, जिन्होंने इस आई.टी. कंपनी का कायाकल्प कर उसे आज इस महाकाय विश्वव्यापी जंतु का आकार दे दिया है, बयालीस देशों को वह सॉफ़्टवेयर सेवाएँ प्रदान कर रही है और उसमें 4,53,000 लोग काम कर रहे हैं। इतने विशाल व विविध कार्यबल की सुरक्षा व संरक्षा पर विशेष ध्यान दिया जाना ज़रूरी था। टी.सी.एस. के तत्कालीन मुख्य कार्यकारी अधिकारी व टाटा समूह के वर्तमान अध्यक्ष श्री एन. चन्द्रशेखरन के साथ हमारी नियमित बैठकें होतीं जहाँ मैं हर बार कर्मचारियों के कल्याण के प्रति उनके गहरे सरोकार से चकित रह जाती थी। मैंने यह भी देखा कि कर्मचारियों को उन पर कितना भरोसा था, उन्हें हमेशा ऐसा लगता था कि उनकी उठाई समस्या अगर 'चन्द्रा' तक पहुँच जाए तो वे उसके बारे में कुछ न कुछ ज़रूर करेंगे।

टी.सी.एस. के कर्मचारियों में एक तिहाई महिलाएँ है; जल्द ही पाया कि उनकी सुरक्षा और संरक्षा सम्बन्धी ज़रूरतों पर मैं ख़ास ध्यान दे रही हूँ। ये युवा लड़कियाँ हैं, इनमें से अनेक पहली बार काम कर रही हैं और घर-परिवार से दूर बड़े शहरों में अपना जीवन जी रही हैं। मेरे लिए बहुत सन्तोष की बात है कि पुलिस में काम करने, और युवाओं को रास्ता बताने के मेरे पुराने अनुभव यहाँ काम आए और चेन्नई, कोलकाता, लखनऊ और दिल्ली में टी.सी.एस. के एसोसिएट्स को मैं बहुत सारे मुद्दों पर सलाह दे सकी। इसके साथ ही मैं आज के युवाओं और उनकी अपनी ही समस्याओं, कॉर्पोरेट जीवन के तौर-तरीकों से सीधे सम्पर्क में आ गई हूँ। मैं चूँकि सरकारी सेवा में थी, कामकाजी जीवन के कुछ पहलुओं को मुझे नए सिरे से सीखना पड़ा जिसने मुझे बहुत समृद्ध किया है।

काम के प्रस्ताव केवल दो पर ही नहीं रुके थे। समीर ने मेरा नाम नोवो नॉर्डिस्क फ़ाउंडेशन में दिया था जिन्होंने मुझसे बिहार में एक सामूहिक मधुमेह जाँच-कार्यक्रम का प्रमुख बनने के लिए कहा। बिहार तो मेरा घर है और वहाँ काम करना मुझे हमेशा अच्छा लगता है। बिहार सरकार के स्वास्थ्य विभाग के साथ हमने एक समझौता ज्ञापन (एम.ओ.यू.) पर हस्ताक्षर किए और प्रत्येक ज़िले में बड़े पैमाने पर मधुमेह जाँच-अभियान चलाया।

भारतीय वाणिज्य एवं उद्योग महासंघ (फ़िक्की) के कहने पर टी.सी.एस. ने मुझे अपने होमलैंड सिक्योरिटी वर्टिकल के लिए नामित किया और यह काम बहुत गहमा-गहमी भरा और दिलचस्प निकला। इसके बाद फ़िक्की ने जब अपना एक निजी सिक्योरिटी वर्टिकल आरम्भ किया तो केन्द्रीय औद्योगिक सुरक्षा बल में मेरे लम्बे कार्यकाल को देखते हुए मुझसे उसका मुखिया बनने को कहा। इस वर्टिकल में मैं अब भी सलाहकार की हैसियत से काम कर रही हूँ।

सेवानिवृत्ति के बाद मिला विविध प्रकार का काम एक सुखद आश्चर्य था और मेरे लिए सतत ऊर्जा का स्रोत भी।

*

महिला-मुद्दों पर काम करने का जुनून मुझे आज भी है। सेवानिवृत्ति के बाद से ही स्कूलों, कॉलेजों, संस्थाओं व कॉर्पोरेट कार्यालयों की ओर से वहाँ आ कर भाषण देने के आमंत्रण आते रहते हैं। 8 मार्च को अन्तर्राष्ट्रीय महिला

दिवस पर मेरी डायरी हमेशा भरी रहती है! वास्तव में तो पूरा माह महिला-मुद्दों, महिला अधिकारों और उनकी क़ानून-सम्बन्धी सजगता पर गोष्ठियों व परिचर्चाओं के लिए आमंत्रण आते रहते हैं। कितनी भी व्यस्त क्यों न रहूँ, मेरी कोशिश रहती है कि ज़्यादा से ज़्यादा आमंत्रण स्वीकार करूँ क्योंकि मैं अपने अनुभव साझा करने में यकीन करती हूँ और चाहती हूँ कि नारी सशक्तिकरण के लिए जितनी हो सके उतनी मदद करूँ।

पूरी ज़िन्दगी मैं कोशिश करती रही कि अधिक महिलाओं को वर्दीधारी सेवाओं में आने के लिए प्रोत्साहित करूँ। सेवानिवृत्ति के बाद भी राह बताने और क़ानूनी सलाह देने का काम ज़ारी है।

मेरे सबसे दिलचस्प कामों में एक था 2014 में उत्तराखंड पुलिस के पूर्व महानिदेशक स्वर्गीय कंचन चौधरी भट्टाचार्य के साथ काबुल जाना। उस युद्धग्रस्त देश में हम 'ऑक्सफ़ैम' के—जो बिना मुनाफ़े के काम करने वाला एक अन्तर्राष्ट्रीय संगठन है—आमंत्रण पर अफ़ग़ान महिला पुलिस के साथ मिलने-जुलने के लिए गए थे।

मकसद था कि वहाँ के महिला पुलिस बल में सुधार लाने और उन्हें अधिक कार्यकुशल बनाने में सहायता के लिए विचारों का आदान-प्रदान किया जाए। अफ़ग़ानिस्तान में फैली अशान्ति को देखते हुए मेरा परिवार मेरी इस यात्रा को लेकर असहज था, लेकिन चूँकि महिलाओं के उत्थान के लिए यहाँ कुछ करने का मौक़ा था तो मैं जाने की बहुत इच्छुक थी।

कश्मीर की याद दिलाते भव्य पर्वतों के बीच स्थित और हर मोड़ पर सशस्त्र सुरक्षाकर्मियों से घिरा काबुल हमारे सामने एक रहस्य की तरह खुला। आने-जाने पर लगे प्रतिबंधों और मेज़बानों द्वारा हमें सुनाई गई 'न किए जा सकने वाले' कामों की लम्बी सूची के अलावा जिस बात ने मेरा ध्यान खींचा वह यह थी कि अफ़ग़ानिस्तान में महिलाओं की स्थिति में सुधार के लिए बड़ी संख्या में अन्तर्राष्ट्रीय ग़ैरसरकारी संस्थाएँ (एन.जी.ओ.) और सहायता एजेंसियाँ काम कर रही थीं।

उनकी महिला पुलिस का हाल देखकर हमें बहुत दुख हुआ। भारत के विपरीत वहाँ के पुलिस-बल या समाज में महिला पुलिसकर्मी की न कोई प्रतिष्ठा थी, न सम्मान। परिणाम स्वरूप शिक्षित या प्रतिष्ठित महिलाएँ पुलिस बल में आने को तैयार नहीं थीं। केवल वही आ रही थीं जो बेरोज़गार थी और जिनके पास अन्य कोई विकल्प न था। दुभाषिए के माध्यम से पुलिस में

नई भर्ती युवा महिलाओं से बात करते हुए हम यह जान कर दंग रह गए कि महिला पुलिस को वहाँ इतनी नीची नज़र से देखा जाता है कि उनमें से कुछ वर्दी में घर जाने में लज्जित और असुरक्षित अनुभव करती हैं।

यह भारत में हमारे अनुभव के—जहाँ वर्दी ही हमें प्रतिष्ठा और सुरक्षा की भावना देती है—बिलकुल ही उलट था।

भर्ती होते ही कामचलाऊ प्रशिक्षण के बाद वे छोटे-मोटे कामों में लग जातीं जिसके कारण पुलिस बल और समाज में वे और भी हाशिए पर चली जातीं। पुलिस अधीक्षक श्रेणी की एकमात्र महिला अधिकारी से हम मिले। उन्हें काबुल के एक ज़िले का प्रभार सौंपा गया था, पर हमें मालूम चला कि वास्तव में उन्हें पुलिस वाला कोई भी काम करने ही नहीं दिया जाता था। यहाँ तक कि उनकी सुरक्षा में तैनात पुलिसकर्मी भी उन्हें हिकारत की नज़र से ही देखते थे।

किन्तु सरकार पूरी ईमानदारी से महिला पुलिस की स्थिति सुधारने में लगी थी। मंत्रालय के पदाधिकारी, ग़ैर-सरकारी संस्थाएँ, महिला-अधिकारों के पक्षकार समूह—सभी यह समझने को उत्सुक थे कि भारत में हम क्या कर रहे हैं। हमने बताया कि भारत में कैसे पुलिस के प्रत्येक स्तर पर महिलाओं की भर्ती एक साझा स्पर्धात्मक परीक्षा के माध्यम से की जाती है और फिर पुरुषों के साथ बराबरी का पूर्णत: व्यावसायिक प्रशिक्षण दिया जाता है। हमने उन्हें यह समझाने की कोशिश की कि महिलाओं की स्थिति में सुधार के लिए ज़रूरी है कि उन्हें मुख्य धारा में लाया जाए और उनसे केवल छोटे-मोटे या क्लर्कों वाले काम न लेकर वह सब कुछ उपलब्ध कराया जाए जो पुलिस के वास्तविक कर्तव्यों के निर्वाह के लिए आवश्यक होता है।

हम ज़रा भारी मन लिए ही लौटे, इस उम्मीद के साथ कि हमारे सुझावों से महिला पुलिस को अधिक व्यावसायिक बनने, और वह सम्मान व प्रतिष्ठा पाने में मदद मिलेगी जिसकी वे हकदार हैं। दुख की बात है कि कुछ बदला नहीं।

*

निजी जीवन में पिछले कुछ साल मेरे और राकेश के लिए नई ख़ुशियाँ लेकर आए—हम दादा-दादी बन गए।

एम.बी.ए. पूरा करने के बाद काम करने के लिए तुषार पहले हॉन्गकॉन्ग गया, फिर लंदन और आख़िरकार, और हमारे लिए यह दिली ख़ुशी की बात

थी, दिल्ली लौट आया। तुषार और मेघना का बेटा हुआ—कियान और फिर बेटी—सायरा। उनका संग-साथ हमारे लिए सबसे बड़ी ख़ुशी हैं, हालाँकि अंशुमान और उसके परिवार का यहाँ न होना अखरता है, वे लोग मुम्बई में रहते हैं।

क़ानून में स्नातकोत्तर की पढ़ाई करने अंशुमान भी यूपॅन गया। उसके बाद हमने लड़की देखनी शुरू की और उसे पुलिस में अपने एक निकट मित्र की बेटी अपेक्षा से मिलवाया जो ख़ुद इंजीनियर है और डिजिटल विज्ञापन के क्षेत्र में काम कर रही थी। दोनों ने विवाह करने का निर्णय लिया तो हमें बड़ी प्रसन्नता हुई। 2016 में वे बड़ौदा में एक सुन्दर समारोह में विवाह-सूत्र में बँध गए। जनवरी 2020 में उनके घर एक बिटिया, तनिष्का, ने जन्म लिया।

मेरे मन में हमेशा एक बेटी की साध थी तो पोतियों का जन्म मेरे लिए निजी तौर पर बहुत बड़ी घटना थी। सन्तान की सन्तान का जन्म संसार की सबसे अनूठी अनुभूतियों में से है। मेरी अपनी सन्तान के लिए मेरे पास हमेशा समय की कमी ही रहा करती थी, पर अब मुझे अपने पोते-पोतियों को दिनोंदिन बड़ा होते देखने का—उनके खेलों में शामिल होने, उनकी बातें सुनने, उन्हें कहानियाँ सुनाने का सुख हासिल है।

पोते-पोतियों पर अपना लाड़ मैं कुछ इस तरह लुटाती हूँ जैसे बेटों पर लुटाने की कभी न सोचती और अब, ख़ासतौर जब बाबूजी और अपने दोनों बेटों के बीच का मधुर सम्बन्ध याद आता है, मुझे ख़ुद में अम्मा-बाबूजी दिखाई देने लगते हैं।

कामकाजी महिला होने के नाते अपनी पोतियों के लिए मेरी आकांक्षाएँ बहुत ऊँची हैं। बहुएँ हों या पोतियाँ, मैं कभी नहीं चाहूँगी कि कैरियर के चुनाव में वे सामने कोई रुकावट महसूस करें। अपनी राह चुनने, और चुनी हुई राह पर ख़ुश रहने की उन्हें पूरी आज़ादी होनी चाहिए।

अपने लिए मैं काम की एक रोमांचक राह चुन पाई, यह मेरा अनन्य सौभाग्य था। सेवामुक्त हुए दस साल से अधिक हो गए, आज भी मैं अपना काम उसी सकारात्मकता के साथ करती हूँ, जैसे कि अपने काम के पहले दिन किया था।

24

एक (महिला) पुलिस अधिकारी

अपनी 34 वर्ष की पुलिस सेवा को मैं कैसे देखती हूँ? भारतीय पुलिस सेवा की एक अधिकारी के तौर पर या भारतीय पुलिस सेवा की महिला अधिकारी के तौर पर? एक आदर्श दुनिया में मैंने कहा होता भारतीय पुलिस सेवा की अधिकारी के तौर पर। पर सच यह है कि कार्य जीवन की यात्रा में 'महिला' उपसर्ग मेरे साथ वैसे ही लगा रहा जैसे कंधे की पट्टी पर लगे सितारे।

रा.पु.अ. में प्रशिक्षण के दिनों से ही मैंने बस इतना ही चाहा था कि मेरे साथ बाकी सबकी बराबरी पर व्यवहार किया जाए—जल्द ही इस अन्तर को मैंने एक सम्मान-पदक की भाँति धारण करना सीख लिया। समझ लिया कि बजाय इसके कि बराबरी के नाम पर अपने स्त्री होने की ओर से आँखें मूँद लूँ, बेहतर होगा कि अपने काम में नारी का स्पर्श जोड़ूँ न और अधिक स्त्रियों के पुलिस बल में आने के रास्ते खोलूँ। बिहार में भारतीय पुलिस सेवा की मैं प्रथम महिला अधिकारी थी। यह मेरा विशेषाधिकार और कर्तव्य था कि इस अनूठी विशिष्टता को कायम रखूँ। तो जहाँ-जहाँ मेरी तैनाती हुई, वहाँ-वहाँ मैंने पुलिस-बल को स्त्रियों की ज़रूरतों के प्रति जागरूक करने का प्रयास किया फिर वे स्त्रियाँ हमारे पुलिस कार्य-बल के भीतर रही हों, या फिर बाहर जनता में।

मुझे सदा लगा कि देश की महिलाएँ पुलिस थानों से डरती हैं। उन्हें वे अपने शत्रु से प्रतीत होते हैं और उनके बस में हो तो वे कभी, कभी वहाँ अकेली न जाएँ। लेकिन, महिलाओं के विरुद्ध होने वाले अपराधों पर अगर हम रोक लगाना चाहते हैं तो अपने थानों को महिलाओं के लिए सुरक्षित बनाना होगा। मेरे कैरियर के शुरुआत की दो घटनाओं ने इस बड़ी आवश्यकता को रेखांकित किया।

तब मैं दानापुर में सहायक पुलिस अधीक्षक थी। एक दोपहर मैं बीहटा पुलिस थाने के अन्दर गई तो देखा सफ़ेद साड़ी पहने एक औरत बरामदे के एक कोने में सिकुड़ी बैठी है। इतनी छोटी, कि पल भर को लगा कि बस कपड़े की एक गठरी है। थाना-प्रभारी से पूछा वह वहाँ क्यों बैठी है तो उसने कोई स्पष्ट जवाब नहीं दिया। तो मैंने ख़ुद उससे सवाल किया।

रोते-रोते उसने बताया कि उसका बेटा मारा गया है और वह रपट लिखवाना चाहती है। लेकिन सुबह से बैठी इन्तज़ार कर रही है क्योंकि थाने में काग़ज़ ही नहीं है! थानेदार ने कहा है कि रपट लिखवानी है तो जा कर काग़ज़ ख़रीद कर लाए लेकिन उसके पास पैसे नहीं हैं।

इस असंवेदनशीलता पर मुझे बहुत ग़ुस्सा आया। एक माँ को, जिसने अपना पुत्र खोया है, तंग करने के लिए मैंने थाना-प्रभारी को आड़े हाथों लिया। 'लेकिन मैडम सर, हमारे पास काग़ज़ नहीं है!' उसने अपना प्रतिरोध दर्ज किया। मैंने कहा कि काग़ज़ लाना थाना-प्रभारी का काम है, उस माँ का नहीं और निर्देश दिया कि रिपोर्ट तुरन्त लिखी जाए।

मेरा ख़याल था कि केवल निर्धन ग्रामीण महिलाएँ ही थाने जाने से हिचकती हैं पर मेरी यह ग़लतफ़हमी मेरे अपने घर में टूट गई।

मैं पटना से बाहर थी जब एक दिन अम्मा ने फ़ोन कर के कहा कि एक बुज़ुर्ग रिश्तेदार घर से ग़ायब हो गई हैं। चिन्ता से वे बेहाल थीं। मैं एक गम्भीर मामले में फँसी थी तो अम्मा से कहा, 'साथ वाले थाने में जा कर गुमशुदगी की रिपोर्ट क्यों नहीं लिखा देतीं? मैं लौटते ही देख लूँगी।' अम्मा तो सकते में आ गईं। मुझसे बेहद नाराज़ हो गईं कि मैंने उनसे अकेले थाने जाने की बात भी कैसे कही।

मुझे समझ आया कि बेटी पुलिस अधिकारी है, फिर भी अम्मा में अकेले पुलिस थाने जाने का आत्मविश्वास नहीं है। वे संकोच अनुभव करती हैं। दुख की बात है कि देश की अधिकांश महिलाओं का ख़याल आज भी यही है।

पर समस्या केवल पुलिस और जनता के बीच आपसी जुड़ाव के अभाव की नहीं थी। मैं तब पुलिस सेवा में नई थी और पटना में पुलिस लाइंस के निरीक्षण के लिए उप-महानिरीक्षक एल.वी. सिंह के साथ थी जब अचानक वे बोले, 'यह बहुत बड़ा पाप है,' और तेज़ी से वहाँ से निकल गए।

उनकी नज़र का पीछा करते हुए मैंने देखा सफ़ेद साड़ी में एक महिला, ट्रे में जूठे प्याले लेकर जा रही है; वह कर्तव्य की राह में शहीद हुए एक

कॉन्स्टेबल की विधवा थी और करुणा के आधार पर पुलिस में नियुक्त की गई थी। श्री सिंह ने कहा कि किसी भी पुलिसकर्मी का मनोबल यह जान कर गिर जाएगा कि कभी यदि उसे कुछ हो जाए तो उसकी पत्नी के नसीब में यह सब करना आएगा। उस महिला की नियुक्ति तो कॉन्स्टेबल पद पर हुई थी, पर उसे केवल सबको चाय देने या अधिकारियों के लिए खाना पकाने जैसे छोटे काम ही दिए जाते थे।

जब मैं कुछ वरिष्ठ हुई तो मारे गए कॉन्स्टेबलों की विधवाएँ मेरी एक प्राथमिकता बन गईं। महिला अधिकारी होने का इस्तेमाल मैं उन्हें इस बात के लिए प्रेरित करने के लिए करती कि जो नौकरियाँ उन्हें दी जा रही हैं उन्हें स्वीकार कर लें, उनमें यह आत्मविश्वास जगाने की कोशिश करती कि पुलिस का काम वे भी कर सकती हैं। कभी-कभी अपने प्राधिकार का प्रयोग मैं युवा विधवाओं का भविष्य सुरक्षित करने के लिए भी करती थी।

एक कॉन्स्टेबल की मृत्यु विवाह के शीघ्र बाद ही हो गई। परिवार मेरे पास आया और अनुरोध किया कि करुणा के आधार पर मृतक के छोटे भाई को नौकरी दे दी जाए जो अपनी विधवा भाभी की देखभाल करेगा। मैं लड़की से मिली जो अभी बहुत कम-उम्र थी। मुझे ख़ुशी थी कि परिवार उसे उसके माता-पिता के पास नहीं भेज रहा था, जबकि अधिकांश मामलों में ऐसा ही होता था।

लेकिन मैंने उनसे पूछा, 'भाई उससे शादी क्यों नहीं कर सकता?' मैंने ज़ोर दिया कि दोनों अगर शादी कर लें तो नियमों में थोड़ी ढील देकर मैं भाई को नौकरी दे दूँगी। शायद मुझे इसमें अपनी टाँग नहीं अड़ानी चाहिए थी पर मुझे लड़की की चिन्ता सताती रहती थी।

कुछ दिनों बाद परिवार दूसरी शादी की फ़ोटो लेकर लौटा; उसके बाद मैं लड़की से मिली और अपनी तसल्ली की कि उसके देवर ने सच ही उससे शादी कर ली है।

1984 के सिख विरोधी दंगों के बाद मैंने यह पक्का करने की कोशिश की थी कि बोकारो में सारी विधवाओं का पुनर्वास हो जाए और सिफ़ारिश की थी कि प्रत्येक विधवा को नौकरी मिले, वह नौकरी बोकारो इस्पात संयंत्र दे, सहायक उद्योग दें या पुलिस या फिर सरकार। हालाँकि जब यह हुआ मैं वहाँ से जा चुकी थी पर यह जान कर कि मेरी सिफ़ारिशें मान ली गईं, मुझे ख़ुशी हुई थी। उन महिलाओं को—जिन्होंने अपने पति, पिता और बेटों को

खोया था—यह समझाने के लिए कि दी जा रही नौकरी वे ले लें, मैंने उनके साथ घंटों बिताए थे।

मुझे लगता है कि हमारे समाज में एक महिला, ख़ासतौर पर एक विधवा का भविष्य केवल काम करने से ही सुरक्षित हो सकता है।

केन्द्रीय औद्योगिक सुरक्षा बल में मेरे आख़िरी कुछ सालों में ओडिशा के दामनजोड़ी में हमारी एक सुरक्षा-इकाई पर नक्सल हमला हुआ जिसमें हमारे बहुत सारे लोग मारे गए। एक विधवा को इतना अधिक दुख और आघात पहुँचा कि उसने दी जा रही नौकरी लेने से इनकार कर दिया, उसका परिवार भी नहीं चाहता था कि वह केन्द्रीय औद्योगिक सुरक्षा बल में काम करे। जब वह दिल्ली आई तो उसके और उसके माता-पिता के साथ मैं बहुत देर तक बैठी और आख़िर उन्हें राज़ी कर ही लिया कि यह मौक़ा न छोड़ें। इस बात से महानिदेशक एन.आर. दास काफ़ी अभिभूत हो गए कि किसी तरह मैंने उसे यह समझा ही दिया कि नौकरी ले लेने में ही समझदारी है। वे बोले उन्होंने उस दिन मेरे व्यक्तित्व का एक नया पहलू देखा।

मैं चूँकि इस स्थिति में थी कि परिवर्तन ला सकूँ तो अपने सुरक्षा बल की भलाई को सबसे ऊपर रखते हुए जब भी बन पड़ता, महिला कार्मिकों की सहायता किया करती थी।

केन्द्रीय औद्योगिक सुरक्षा बल के मुख्यालय में अनेक महिलाएँ लिपिकीय विभागों में थीं तो अनेक कॉन्स्टेबल पद पर थीं। मैं उप-महानिरीक्षक (प्रशासन) थी, जब एक छोटे से अनुरोध के साथ वे मेरे पास आईं। कार्यालय की इमारत पाँच मंज़िला थी पर महिला शौचालय भूतल पर ही था। वे गर्भवती हों अथवा मासिक धर्म के दिन हों, हर बार ज़रूरत पड़ने पर उनके पास नीचे भूतल पर आने के सिवा दूसरा कोई चारा न होता था।

मैंने निर्णय लिया कि पुरुषों के शौचालयों को, जो काफ़ी बड़े थे, विभाजित करके प्रत्येक मंज़िल पर महिलाओं के लिए शौचालय बनवाए जाएँ। मेरे इस काम का पुरुषों ने विरोध किया, परन्तु महिलाओं के लिए यह बहुत बड़ी राहत थी।

मुद्दा शौचालयों का नहीं, स्वीकार्यता का है। उस हर कार्यालय में, जहाँ मैंने अपने कैरियर की शुरुआत में काम किया, ज़िलों की बात तो छोड़ ही दीजिए—अपराध अनुसन्धान विभाग और पटना मुख्यालयों में भी—हम महिलाओं को जनसुविधाएँ साझा करनी पड़ती थी। जब हम प्रशिक्षणार्थी

थे तो रा.पु.अ. जैसे उच्च कोटि के संस्थानों का भी यही हाल था। जब मैं सहायक निदेशक बन कर कैम्पस पर लौटी तो मुख्य भवन में महिलाओं के लिए अलग शौचघर पर अड़ गई। हाँ, श्री अली ने मेरे इस प्रयास को पूरा समर्थन दिया।

*

अर्धसैनिक बल की महिला बटालियन के प्रबन्धन पर विशेष ध्यान देना होता था। केन्द्रीय रिज़र्व पुलिस बल में 88 (म) बटालियन के साथ हमें किन समस्याओं का सामना करना पड़ा था, यह मैं पिछले एक अध्याय में पहले ही बता चुकी हूँ। वह एक बड़ी सीख थी। हम जब झारखंड पुलिस की नींव रख रहे थे तो मैंने झारखंड सशस्त्र पुलिस में एक महिला बटालियन खड़ी करने की पैरवी की थी। प्रत्येक बटालियन का अपना ही एक ढाँचा होता है जिसके आधार पर कार्मिकों की भर्ती की जाती है। मैंने केन्द्रीय रिज़र्व पुलिस बल से 88 महिला बटालियन की संरचना का बुनियादी खाका माँग कर उसके आधार पर झारखंड सशस्त्र पुलिस की महिला बटालियन का ढाँचा तैयार किया। झड़ौदा कलाँ के अपने अनुभव को ध्यान में रखते हुए मैंने आरम्भ से ही महिलाओं के लिए एक अलग कैम्पस की माँग की।

केन्द्रीय औद्योगिक सुरक्षा बल के दायित्वों में इतना अधिक विस्तार हुआ था कि वर्ष 2000 के मध्य तक बड़ी संख्या में महिला कार्मिकों की आवश्यकता अनुभव की जाने लगी। परन्तु कमांडेंट इसके विरुद्ध थे और बार-बार कहते थे कि महिलाओं को सँभालना या उनसे काम लेना कितना कठिन है। महिला कार्मिकों को शामिल करने के लिए ज़रूरी एक पृथक बुनियादी ढाँचा खड़ा करने को भी वे तैयार नहीं थे।

महिला कार्मिकों की तत्काल भर्ती की ज़रूरत के प्रति मैंने महानिदेशक एन.आर. दास को आश्वस्त कर दिया था। फिर कमांडेंट सवाल उठाने लगे, 'उनका प्रशिक्षण कहाँ होगा? उनकी बैरकों का क्या? उन्हें प्रशिक्षित कौन करेगा? हमारे पास महिला प्रशिक्षक नहीं हैं।' बावजूद इस तमाम विरोध के, मैं बड़ी संख्या में महिलाओं की भर्ती पर डटी रही। 'मुझे पुरुषों ने प्रशिक्षण दिया था, उन्हें भी देंगे', मैंने दलील दी।

केन्द्रीय औद्योगिक सुरक्षा बल ने जब मध्य प्रदेश में बड़वाह और छत्तीसगढ़

में भिलाई के प्रादेशिक प्रशिक्षण केन्द्रों में महिला भर्तियों का प्रशिक्षण प्रारम्भ किया तो केन्द्रीय औद्योगिक सुरक्षा बल का अनुभव याद करते हुए हुए हमने महिलाओं के रहने का स्थान घेर कर अलग करवा दिया ताकि पुरुषों की ओर से कोई समस्या न खड़ी हो। अनेक बार उनकी दीक्षांत परेड में केन्द्रीय औद्योगिक सुरक्षा बल द्वारा मुझे मुख्य अतिथि के तौर पर आमंत्रित किया जाता। सारी महिलाएँ एक महिला पुलिस अधिकारी को देख कितनी प्रसन्न हो जाती थीं! मुझे भी यह देख बड़ी ख़ुशी होती कि वर्दी वाले अपने नए जीवन को उन महिलाओं ने बहुत अच्छी तरह अपना लिया है।

कमांडेंट लोगों ने इसे पहले मेरी एक सनक मान कर ख़ारिज कर दिया था। बहुत बाद में उन्होंने समझा कि जनता के साथ हर स्तर पर बढ़ते सम्पर्क को देखते हुए व्यावसायिक रूप से प्रशिक्षित महिला टुकड़ी के बिना केन्द्रीय औद्योगिक सुरक्षा बल का काम नहीं चल सकता। यह वक़्त की ज़रूरत थी और मुझे ख़ुशी है कि मैं सही समय पर सही जगह पर थी और उनकी भर्ती और प्रशिक्षण पर नज़र रख सकी।

सारे अर्धसैनिक बलों में महिलाओं ने पारम्परिक तौर पर बहुत अच्छा प्रदर्शन किया है। केन्द्रीय रिज़र्व पुलिस बल की महिलाओं ने संयुक्त राष्ट्र संघ के अधीन शान्ति सैनिक के रूप में लाइबेरिया में शान्ति व्यवस्था बनाए रखने के लिए और अपने अच्छे काम के लिए सम्मान पाया और देश को गौरवान्वित किया।

जहाँ कहीं मेरी तैनाती हुई, मैंने महिला अधिकारियों को आगे बढ़ने में मदद की। कभी-कभी वरिष्ठ अधिकारी महिला अधिकारियों के प्रति कुछ अधिक ही सुरक्षात्मक हो जाते थे। मुश्किल जगहों पर उनकी ड्यूटी न लगाते, या नाइट-राउंड से छूट दे देते। पर मैं इसे प्रोत्साहन नहीं देती थी। मेरा ज़ोर इस बात पर रहता कि महिलाओं की तैनाती बराबरी के स्तर पर हो और उनसे अपेक्षित हर काम वे करें। मेरा कहना था, 'मेरी ट्रेनिंग ऐसे ही हुई थी, मैंने इसी प्रकार काम किया है और ये महिलाएँ भी वही करेंगी।'

महिला होने का वे नाजायज़ फ़ायदा उठाएँ, यह बात मुझे पसन्द नहीं थी। हालाँकि कुछ के साथ मेरी सहानुभूति रहती पर वे यदि व्यवस्था का फ़ायदा उठाने की कोशिश करतीं तो मैं उनके साथ सख़्ती से पेश आती थी। स्पष्ट शब्दों में उन्हें बता देती थी कि हर बार वे घरेलू मसलों का कारण बता कर तैनाती से मना नहीं कर सकतीं। महिलाओं के स्थानांतरण व अन्य मामलों

से सम्बन्धित नीतियों के निर्धारण से पहले सारे महानिदेशक मुझसे परामर्श अवश्य करते थे।

सिर्फ़ इसलिए कि एक महिला हूँ, मैं अनावश्यक छूट देने की पैरवी नहीं करती थी, पर स्त्री की विशेष आवश्यकताओं की ओर से आँखें भी नहीं मूँदती थी। आशा है मैंने सदा एक सन्तुलित दृष्टिकोण सामने रखा।

*

महिलाओं व बच्चों के विरुद्ध अपराधों ने मुझे सदा झकझोरा है, आँखों में आँसू भी भर आए हैं जिन्हें छिपाना मैंने ज़रूरी नहीं समझा। एक पुलिस अधिकारी के भीतर संवेदना होना ग़लत क्यों है? दोषियों पर मैं कभी दया नहीं दिखाती थी, भले ही मेरे सहकर्मी कभी-कभी यह कह कर कि मैं 'भावनाओं' में बह कर काम कर रही हूँ, मेरे प्रयासों को छोटा कर के क्यों न दिखाएँ।

जब मैंने शुरुआत की थी तो अपराध अनुसन्धान विभाग के दहेज-विरोधी प्रकोष्ठ में, घरेलू हिंसा और दहेज के कारण हुई मौतों के मामलों में कार्रवाई करने की गुंजाइश बहुत कम थी क्योंकि दहेज निरोधक अधिनियम में दम ही नहीं था। हम अगर गिरफ़्तारियाँ करते भी थे तो तुरन्त ही आरोपियों को ज़मानत भी मिल जाती थी। 1983 में प्रधानमंत्री इंदिरा गांधी ने धारा 498ए को भारतीय दंड संहिता में शामिल करवाया जिससे वैवाहिक जीवन में क्रूरता को ग़ैर-ज़मानती, गैर-शमनीय (ऐसा अपराध जिसे किसी भी समझौते के तहत अदालत के बाहर कम या क्षमा न किया जा सके) व संज्ञेय अपराध करार दिया गया। आख़िर अब हम कार्रवाई करने की स्थिति में आ गए थे।

अगर पिता आ कर बताए कि बेटी पर अत्याचार हो रहा है तो अविलम्ब जा कर हम पति और ससुराल वालों को गिरफ़्तार कर लेते थे। इसका असर अच्छा पड़ने लगा। मेरे विचार से केवल एक महिला प्रधानमंत्री ही 498ए जैसा क़ानून ला सकती थी। हालाँकि महिलाओं द्वारा इस क़ानून के दुरुपयोग के उदाहरण भी मिलते हैं, लेकिन जितना भला इसने किया है, मुझे लगता है कि इस बदलाव को ला कर श्रीमती गांधी ने देश की बड़ी सेवा की है।

जब मैं बोकारो में पुलिस अधीक्षक थी, एक फ़ोन ने मुझे अन्दर तक कँपा दिया था। 'मुझे सताया जा रहा है, मेरी बेटी को गरम पानी से जला डाला है, प्लीज़, मदद करिए!' बिना रुके मैंने पुलिस उपाधीक्षक (टाउन) से उसके घर

जाने के लिए कहा जहाँ उसने पाया कि दो साल की बेटी को गरम पानी के टब में धकेल दिया गया था और उसके पूरे नन्हे से शरीर पर लाल धब्बे उभर आए थे। उसने पति को गिरफ़्तार कर लिया।

मामला बहुत बड़ा बन गया। पति मेरी बिरादरी से था, तो बिरादरी वाले मुझ पर दबाव डालने लगे कि उसके ख़िलाफ़ कार्रवाई न करूँ। मैं टस से मस न हुई, पत्नी ने बयान दे दिया था और बेटी पर अत्याचार होने के स्पष्ट प्रमाण थे। पत्नी ने उस पर घरेलू हिंसा और दहेज़ की माँग करने के आरोप भी लगाए।

मेरे पास हमारे पटना मुख्यालय से फ़ोन आने लगे कि मैं चूँकि एक स्त्री हूँ, इस मामले को लेकर ज़्यादा ही भावुक हो रही हूँ। मेरे वरिष्ठों ने यहाँ तक इशारा किया कि अपने विफल विवाह की वजह से मैं इस महिला के पति पर कुछ अधिक कठोरता दिखा रही हूँ। इन सारी बेमतलब बातों पर ध्यान न देकर मैं बस क़ानून पर चलती रही।

सालों बाद पटना में एक विवाह समारोह में वही महिला मेरे पास आई। उसके साथ चल रहे व्यक्ति ने कृतज्ञता के साथ कहा, 'आपने इनकी ज़िन्दगी बचा ली। वे लोग तो इन्हें और इनके बच्चे को मार ही डालते, आपने बचा लिया।' मैं समझ गई कि बाद में उस महिला ने इस भले आदमी से शादी कर ली थी और यह देखकर कि आख़िर उसके साथ सब ठीक हो गया था, मुझे अत्यधिक हर्ष हुआ।

*

एक अन्य ऐतिहासिक घटना यह घटी कि काम करने की सारी जगहों पर यौन-उत्पीड़न की रोकथाम के लिए 1997 में विशाखा दिशानिर्देशों को लागू कर दिया गया। अर्धसैनिक बलों में मैं ऐसी अनेक जाँच-कार्रवाइयों का हिस्सा बनी।

केन्द्रीय औद्योगिक सुरक्षा बल में अतिरिक्त महानिदेशक के पद पर मेरे कार्यकाल के दौरान गृह मंत्रालय ने मुझसे तमिलनाडु में केन्द्रीय रिज़र्व पुलिस बल की एक घटना की छानबीन करने को कहा। एक जूनियर डॉक्टर ने एक उप-महानिरीक्षक पर अश्लील छींटाकशी करने का आरोप लगाया था। एक भी प्रत्यक्षदर्शी नहीं था। दोनों में कौन विश्वसनीय है, यही तय करना था।

मैंने जिससे भी बात की, सब आरोपी उप-महानिरीक्षक के पक्ष में बोले,

लेकिन यह भी कहा कि महिला डॉक्टर अपने काम में सक्षम और ईमानदार है। कुछ ने डॉक्टर के 'तलाकशुदा' होने का ज़िक्र भी किया, मानो इस तथ्य का मामले से कुछ लेना-देना हो! सीनियर डॉक्टर से बात करना उपयोगी हो सकता था परन्तु वे बाई-पास सर्जरी के बाद स्वास्थ्य लाभ कर रहे थे। केन्द्रीय रिज़र्व पुलिस बल की इकाई तक मैं कई बार गई पर कहीं कुछ पता नहीं चला। महीनों बाद मुझे सीनियर डॉक्टर से फ़ोन पर बात करने का मौक़ा मिला। 'हाँ, उस दिन ज़रूर कुछ हुआ होगा; वह आई थी और मेरी पत्नी को बताया था कि डी.आई.जी. ने उसके साथ अभद्र व्यवहार किया है, वह बहुत परेशान थी।' मैंने उनका बयान रिकॉर्ड किया और अपना निष्कर्ष मंत्रालय को भेज दिया कि आरोप सच हैं जिसके बाद मंत्रालय द्वारा डी.आई.जी. को अनिवार्यत: सेवानिवृत्त कर दिया गया।

दुर्भाग्य से घरेलू हिंसा विरोधी क़ानून के समान ही महिलाएँ इस क़ानून का भी दुरुपयोग करती हैं, जिससे वास्तविक पीड़ितों की बड़ी हानि होती है। मेरी जानकारी में अगर कोई झूठा मामला आता तो मैं महिला शिकायतकर्ता को बख़्शती नहीं थी।

एक बार नागपुर में केन्द्रीय रिज़र्व पुलिस बल में एक डॉक्टर के विरुद्ध, एक जूनियर महिला डॉक्टर ने यौन उत्पीड़न का आरोप लगाया। पहले, जब वह डॉक्टर मेरे अधीन काम कर रहा था, मैं उसे जानती थी। वह एक सक्षम, नेकनाम डॉक्टर था। पर मेरी राय जो भी रही हो, मैंने तय किया कि यह मामला खुले दिमाग़ के साथ देखूँगी। क्लीनिक पहुँच कर, जहाँ कथित यौन उत्पीड़न हुआ था, पीड़िता के कहे अनुसार जब मैंने घटनाक्रम दोहराना शुरू किया तो बयान में छेद नज़र आए। छानबीन आगे बढ़ाने पर पता चला कि यह डॉक्टर अधिकारी और उसका पति, दोनों ही केन्द्रीय रिज़र्व पुलिस बल में थे और सिविल सेवा परीक्षा की तैयारी कर रहे थे जिसके कारण वे समूह केन्द्र (जीसी) के बाहर ड्यूटी करने से इनकार करते आ रहे थे।

सारे साक्ष्यों के आधार पर हम यह स्थापित करने में सफल हो गए, यह मामला बदनीयती से बनाया गया था। अपने वरिष्ठ के विरुद्ध इस महिला डॉक्टर ने इस इरादे से आरोप लगाए थे कि अनुशासनहीनता के लिए उसके ख़िलाफ़ दंडात्मक कार्रवाई न की जा सके। विशाखा दिशानिर्देशों के अनुसार एक कमेटी बनाई जानी थी जिसका एक सदस्य स्थानीय गैर-सरकारी संस्था से आना था। गैर-सरकारी संस्था के प्रतिनिधि ने मेरे निष्कर्ष से सहमति प्रगट की

और हमने वह मामला झूठा करार दिया। शिकायतकर्ता को सेवा से निष्कासित करने की मैंने ज़ोरदार सिफ़ारिश की क्योंकि वह सेवा में बने रहने के योग्य नहीं थी। अपने एक साथी मनुष्य के ख़िलाफ़ उसने भयावह आरोप लगाया था और उसे उपलब्ध क़ानूनी उपाय का घोर दुरुपयोग किया था।

एक अन्य मामले में, महाराष्ट्र में केन्द्रीय औद्योगिक सुरक्षा बल की इकाई के एक उप-कमांडेंट ने एक महिला कॉन्स्टेबल को नियमानुसार सरकारी घर खाली करने के लिए कहा और बदले में उस पर उत्पीड़न का इल्ज़ाम थोप दिया गया। मामला बहुत उलझ गया क्योंकि जाँच अधिकारी एक महिला कमांडेंट थी और गवाहों को जाँचे-परखे बिना महिला कॉन्स्टेबल का पक्ष ले रही थी। पर बातों का सिलसिला क्योंकि बैठ नहीं रहा था तो अधिकारियों ने निर्णय लेने के लिए फ़ाइलें मेरे सामने रख दीं। मैंने नए सिरे से जाँच करने के आदेश दिए जिसके बाद उप-कमांडेंट निर्दोष पाया गया। शिकायतकर्ता महिला को अन्तत: नौकरी से बाहर कर दिया गया। मैंने जब महिला कमांडेंट से पूछा कि वह झूठे आरोप का साथ क्यों दे रही थी तो उसने कहा कि सुरक्षा बल में एक दूसरी महिला के विरुद्ध जाना उसके लिए मुश्किल होता। इस गुटबाज़ी जैसे व्यवहार से मुझे बहुत क्षोभ हुआ था।

इस तरह के मामलों की वजह से ही वर्दी वाले हमारे बलों में महिलाओं को पुरुषों के साथ बराबरी पर जोड़ने में बड़ी अड़चन पैदा होती है। इसके निहितार्थों से महानिदेशक भी अछूते नहीं रह पाते। महिला अधिकारियों ने कई बार मेरे पास आ कर ज़रा खेद के साथ कहा कि जब भी किसी विषय पर चर्चा करने वे महानिदेशक के कमरे में जाती हैं तो वे दरवाज़ा हमेशा खुला रखते हैं जबकि पुरुष अधिकारियों के साथ ऐसा नहीं करते। कुछ वरिष्ठ अधिकारियों को मैंने यह कहते भी सुना कि अपने कार्यालय में वे किसी महिला अधिकारी से अकेले नहीं मिलते, अपने निजी सचिव को उपस्थित रहने के लिए कहते हैं। महिला अधिकारियों के लिए यह बहुत लज्जाजनक है और मेरे विचार से वरिष्ठ अधिकारियों को ऐसा करने से बचना चाहिए।

बल के एक अंश को अलग-थलग कर देना कभी किसी समस्या का समाधान नहीं होता।

*

इन पन्नों में मैंने एक महिला पुलिस अधिकारी के रूप में अपना जीवन परत दर परत सामने रखा। पर एक स्त्री के रूप में मेरे जीवन का क्या?

हमारे कार्य जीवन के प्रारम्भ में राकेश जब बतौर पुलिस अधीक्षक (ग्रामीण) पदोन्नत हो कर पटना लौटे तो एक निर्धारित घर के हकदार थे। सारा जीवन मैंने एक घर, एक परिवार चाहा था। वह चाह अब पूरी हो रही थी। मैंने फ़र्नीचर ख़रीदा और बड़े प्यार से अपना ड्राइंग-रूम, डाइनिंग-रूम और बेड-रूम सजाया। किचेन और तुषार का खेलने का कमरा भी सजाया। खाना पकाना मुझे बहुत पसन्द था और मेरा पकाया खाना राकेश जिस तरह साफ़ कर देते, मुझे देखकर बेहद अच्छा लगता था। राकेश और बेटों की देखभाल करना हमेशा तृप्ति देता है।

मुझे लगता है कि एक समर्पित पत्नी, एक वात्सल्यपूर्ण माँ और एक अच्छी अफ़सर होना सम्भव है और ये भूमिकाएँ परस्पर विरोधी नहीं हैं। अपने पूरे सेवाकाल में मैंने घर और काम में सदा सन्तुलन बनाए रखने की कोशिश की, एक के लिए कभी दूसरे को छोड़ना नहीं चाहा। फिर वह चाहे राकेश की बहनों की शादी में उनकी मदद हो, सास-ससुर या अम्मा-बाबूजी की देखभाल हो, बच्चों का पालन-पोषण हो, भतीजे-भतीजियों, भाँजे-भाँजियों, चचेरे, फुफेरे, ममेरे, मौसेरे भाई-बहनों की देखभाल हो, मुझे लगता है एक स्त्री में इतना सामर्थ्य होता है कि अपने आस-पास के लोगों में निस्वार्थ प्रेम बाँट सके।

भारतीय पुलिस सेवा की एक महिला अधिकारी के रूप में, बल्कि देखा जाए तो बस एक महिला के रूप में भी अपने नारीत्व का मूल हमें सँजोकर रखना चाहिए। यह एक दुर्लभ देन है जिस पर हमें क्षण-क्षण बदलती परिस्थितियों को हावी नहीं होने देना चाहिए।

अन्त में बस इतना कि ख़ुद को मैं धन्य मानती हूँ कि इस संस्मरण को लिखने की प्रक्रिया में अपनी पूरी यात्रा मैं दोबारा जी सकी, कि मुझे बिहार पुलिस की प्रथम महिला आई.पी.एस. अधिकारी होने का अवसर मिला। आशा करती हूँ कि इस असाधारण जीवन के साथ मैं न्याय कर पाई।

परन्तु अपनी इस कहानी का अन्त यदि मैंने उस स्त्री की कहानी से न किया जिसने इसे सम्भव बनाया तो न्याय न होगा।

25

आज़ादी की सौगात

दूसरे बच्चे के जन्म के बाद जल्द ही जब मैं मई 1983 में पुलिस अधीक्षक पद पर बोकारो आई तो शुरुआत में नन्हे अंशुमान को पटना में परिवार की देखरेख में छोड़, तुषार को साथ लाई थी। मदद के लिए अम्मा ने घर की एक पुरानी नौकरानी पचिया को साथ कर दिया था।

मैंने देखा, बोकारो के पुलिस अधीक्षक वाले बंगले में ग्लास नाइलॉन की साड़ी में लिपटी एक लम्बी, गहरी साँवली स्त्री रसोई में खड़ी है। पीठ पर एक बच्चा कपड़े के लम्बे टुकड़े से बँधा था। इतनी पतली कि एकदम कंकाल लग रही थी।

'कौन है?' सार्जेंट मेजर से मैंने पूछा। उसका नाम ऐग्नेस है, सार्जेंट मेजर ने बताया। पिछले पुलिस अधीक्षक—वही जिन्हें पुलिस लाइंस में हुई गड़बड़ के कारण जल्दी-जल्दी में स्थानांतरित कर दिया गया था—के दोनों लड़कों की वह देखभाल किया करती थी। वे लोग उसे साथ नहीं ले गए तो यह आस लगाए है कि नई पुलिस अधीक्षक रख लेगीं। लेकिन मैं तो अपना स्टाफ़ साथ लेकर आई थी। बल्कि चाहती थी कि वह आउट हाउस खाली करे तो पचिया वहाँ रहे।

ऐग्नेस मुझे डरी हुई आँखों से देख रही थी, हालाँकि बोली एक शब्द भी नहीं। सार्जेंट मेजर ने उसकी वकालत की। 'रख लीजिए मैडम। इसका पति भी नहीं है। कहाँ जाएगी? ज़्यादा माँगेगी भी नहीं। बस तीस रुपए महीना और आपकी रसोई से थोड़ा खाना।'

मैं जल्दी में थी कि कार्यालय जा कर पुलिस अधीक्षक का कार्यभार सँभालूँ, तो यह बात वहीं छूट गई। लौटी तो देखा वह तब भी घर में थी। मैं

दुविधा में पड़ गई। क्या करूँगी उसका? फिर मैं काम में इतनी व्यस्त हो गई कि अगले कुछ दिन उसे लगभग भूली ही रही। दो सप्ताह के बाद मैं अंशुमान को बोकारो ले आई। दोनों लड़कों को सँभालना मुश्किल काम था। मैंने देखा ऐग्नेस ख़ुद आगे बढ़कर मदद को आती। वह बहुत सफ़ाई पसन्द थी, दूध की बोतलें बहुत अच्छी तरह धोया करती, अंशुमान को बहुत कुशलता से सँभालती। गोद में झूला झुला कर उसे सुला भी देती जो किसी भी माँ के लिए वरदान से कम नहीं!

इस कुछ विचित्र सी महिला में, जो ख़ामोशी से मेरी गृहस्थी में चली आई थी, मेरी दिलचस्पी जागने लगी। अपनी जीवन कथा उसने मुझे सुनाई। ऐग्नेस के गाँव का नाम लोंगा था, जो बोकारो के निकट, गुमला ज़िला का एक आदिवासी गाँव था। बहुत छुटपन में ही शादी हो गई थी और दो साल बाद ही पति को पेट की बीमारी के कारण खो दिया था। बेटे के साथ अकेली रह गई तो वह माता-पिता के साथ रहने लगी। रोज़ी-रोटी का कोई ज़रिया नहीं था और आगे अँधेरा ही अँधेरा था। उसकी दयनीय हालत देखते हुए उसकी बहन मेरी, जो बोकारो में कॉन्स्टेबल थी, ऐग्नेस को उस शहर में ले आई।

बेटे को गाँव में माँ के पास छोड़कर ऐग्नेस काम करने बोकारो आ गई। उसने बताया कि उसका शोषण हुआ और उसने एक बेटी को जन्म दिया। इसी बच्ची को मैंने उसकी पीठ पर बँधा देखा था। वह पुलिस अधीक्षक के परिवार के लिए काम करने लगी, पर जब वे चले गए तो उसे समझ नहीं आया कि कहाँ जाए।

गाँव में एक बेटा और गोद में एक बेटी—कैसा जीवन होगा इस स्त्री का? बच्चों का भविष्य क्या होगा? इस बेबस स्त्री के लिए मेरा दिल करुणा से भर गया और उसके लिए कुछ करने को मैं जैसे अन्दर से ही विवश हो गई।

एक शाम हम सब मेरी जीप में बाहर जा रहे थे। मैं ड्राइवर के साथ वाली सीट पर थी और ऐग्नेस बच्चों के साथ पीछे वाली सीट पर बैठी थी। अचानक एक थाने से बहुत ज़रूरी फ़ोन आया। ड्राइवर से मैंने कहा कि जीप उस थाने की तरफ़ ले जाए और ऐग्नेस से कहा कि गाड़ी में लड़कों के साथ बैठी रहे ताकि मैं अन्दर जा कर अपना काम कर आऊँ।

मैं लौट कर आई तो देखा कि ऐग्नेस मुझे अजीब सी नज़रों से देख रही है। 'आप पुलिस थाने के अन्दर गई थीं? मुझे तो यह भी नहीं पता कि पुलिस थाना दिखता कैसा है', उसकी आँखें अविश्वास से गोल हो गई थीं।

वह इस बात से दंग थी कि एक महिला इतने रुतबे के साथ थाने के अन्दर चली गई। मुझे लगता है उस दिन के बाद से वह मुझे एक नई रोशनी में देखने लगी।

मैंने ऐग्नेस से पूछा कि क्या वह पढ़ी-लिखी है। 'हाँ, दूसरी पास हूँ', बड़े गर्व से उसने बताया। पर सच में वह साक्षर नहीं थी। बतौर पुलिस अधीक्षक मैंने महिलाओं को होमगार्ड का प्रशिक्षण देने की व्यवस्था आरम्भ की थी। होमगार्ड एक रिज़र्व बल है जिसे क़ानून-व्यवस्था या बन्दोबस्त ड्यूटी में आवश्यकता पड़ने पर पुलिस की सहायता के लिए बुलाया जाता है।

'तुम होमगार्ड की ट्रेनिंग क्यों नहीं कर लेती?' ऐग्नेस को मैंने सुझाव दिया। मुझे नहीं लगता उसे इसका मतलब समझ आया पर क्योंकि मैंने कहा था इसलिए वह चली गई।

और फिर कुछ अद्‌भुत हुआ। ठीक जैसे रा.पु.अ. में पहली बार पहनने पर भारतीय पुलिस सेवा की वर्दी ने मुझे नई पहचान दी थी, मैंने देखा कि होमगार्ड की वर्दी ने कैसे ऐग्नेस का हुलिया बदल दिया। जीवन में शायद पहली बार वह स्वयं को सशक्त महसूस कर रही थी। वह वर्दी में थी, मार्च कर रही थी, थोड़ा-बहुत आग्नेयास्त्र चलाने का भी प्रशिक्षण मिला था। उसकी चाल-ढाल और देह-भाषा बदलने लगी। वह अधिक चुस्त हो गई, बात करना सीख गई, अधिक जीवन्त हो गई। होमगार्ड को क्योंकि निश्चित वेतन भी मिलता है, उसकी जेब में अधिक पैसा भी आ गया।

ऐग्नेस को अगर हम उसका नाम लिखना सिखा दें तो उसके लिए बैंक खाता भी खोला जा सकता है, मैंने सोचा। तो एक कॉन्स्टेबल से मैंने कहा कि उसे कुछ लिखना-पढ़ना सिखा दे। हालाँकि मुश्किल था उसके लिए पर आख़िरकार उसने अपना पूरा नाम—ऐग्नेस बिलुंग—लिखना सीख ही लिया। इस प्रकार बैंक में उसका खाता खोला गया ताकि वह अपना वेतन बचा सके। इसके साथ ही ऐग्नेस और मेरी लम्बी यात्रा की शुरुआत हुई।

*

1986 में जब मेरी और राकेश की तैनाती हैदराबाद में हुई तो हम ज़रा खोया हुआ-सा महसूस कर रहे थे क्योंकि पचिया, जिसकी दो बेटियाँ ब्याही जानी थीं, वापस अपने गाँव जाना चाहती थी। यह सच था कि हमारी पुरानी दाई दो

बेटियों को माँ के पास छोड़ हमारी देखभाल करने चली आई थी। अब समय आ गया था कि उसे वापस घर जाने दिया जाए।

लेकिन हमारे बेटों का क्या होगा? मैं और राकेश इस समस्या पर विचार कर ही रहे थे कि ऐग्नेस ने आ कर कहा, 'मैं आपके साथ हैदराबाद चलूँगी।'

उसके इस फ़ैसले ने मुझे कुछ चकित कर दिया। पर उसने कहा वह इस बारे में बहुत अच्छी तरह सोच चुकी है; बेटी को वह माँ के पास भेज देगी ताकि मेरे लिए काम करती रह सके। मैंने देखा अपने जीवन की कमान वह अपने हाथ में ले रही है। हम ज़रूर बहुत ज़्यादा ख़ुश हो गए। ऐग्नेस तब तक मेरे घर का अभिन्न हिस्सा बन चुकी थी, अंशुमान को पीठ पर बाँधे वह हर काम पर नज़र रखती थी। अंशुमान भी उससे बहुत हिलमिल गया था।

अब चूँकि हम बिहार के बाहर जा रहे थे, हमारे साथ वह निजी हैसियत से ही आ सकती थी। मैं नहीं चाहती थी कि उसकी आय में कोई कमी आए इसलिए मैंने उसे होमगार्ड का वेतन देते रहने का फ़ैसला किया था और हमारे लिए यह थोड़ा महँगा पड़ने वाला था। पर ऐग्नेस अपना पैसा बचा कर गाँव भेजना ज़ारी रख सकती थी।

हैदराबाद आ कर ऐग्नेस सचमुच ही खिल गई और उसका अपना व्यक्तित्व खुल कर सामने आया। गाँव की वह दबी, सहमी स्त्री गुम हो गई। एक वरिष्ठ अधिकारी के आवास के साथ आमतौर पर जो अर्दली व अन्य सुविधाएँ मिलती हैं वे सब यहाँ नहीं थी तो रा.पु.अ. में हमारा घर चलाने वाली प्रमुख व्यक्ति ऐग्नेस ही बन गई। पानी की बाल्टियाँ भरने, रसोई सँभालने, बच्चों की देखभाल करने में वह हमारा हाथ बँटाती।

जिस तरह हम भारतीय पुलिस सेवा के विभिन्न राज्यों के अधिकारियों के साथ मेलजोल से अपने क्षितिज का विस्तार कर रहे थे, हमारे बच्चे साथ-साथ बड़े हो रहे थे, मैंने देखा ऐग्नेस भी अन्य अधिकारियों के स्टाफ़ के साथ मिलजुल रही थी, कैम्पस में अकेले आ-जा रही थी। वह एक सुरक्षित स्थान था, अत: मैं चिन्तित नहीं थी।

तब से जहाँ भी मेरी तैनाती हुई—पटना, बोकारो, दिल्ली, राँची—ऐग्नेस सदा मेरे साथ रही। उसके बिना हम अपने घर की कल्पना तक नहीं कर सकते थे; ऐग्नेस हमारा परिवार बन गई थी। सारे मित्र और परिजन भी उससे बहुत स्नेह करने लगे थे। उसे सब के बारे में सब कुछ मालूम था, किसे कॉफ़ी पसन्द है, कौन अपनी चाय में चीनी लेता है और कितनी लेता है, किस

भतीजे को चीज़ टोस्ट अच्छा लगता है, किस भाँजी को ऑमलेट चाहिए। जब कभी हमारे माता-पिता साथ आ कर रहते वह उनका बहुत ख़याल रखती थी।

ऐग्नेस बहुत ईमानदार थी। मुझे याद नहीं मैंने कभी कहीं ताला लगाया हो। उसने कभी मुझसे कुछ नहीं माँगा, बस एक बार भाई को पुलिस में नौकरी दिलवाने का अनुरोध किया था, वह भी इसलिए कि उसके परिवार वाले हमेशा दबाव डालते थे। उसके भाई को मैं बिहार सैन्य पुलिस में भर्ती करवा पाई जिससे ऐग्नेस बहुत ख़ुश हो गई।

जब तक मेरी तैनाती झारखंड में हुई उसका बेटा इरैनियस बड़ा हो चुका था और अब वह चाहती थी कि मैं उसे भी पुलिस में लगवा दूँ। वह अधिक पढ़ा-लिखा नहीं था और माँ के पैसे पर जी रहा था। अक्सर वह हमारे दरवाज़े पर आ कर खड़ा हो जाता और ऐग्नेस से पैसे माँगता।

झारखंड पुलिस बड़ी संख्या में भर्ती कर रही थी और जनजातीय उम्मीदवारों के लिए आरक्षण भी था पर छोटे कद के कारण इरैनियस का चयन कॉन्स्टेबल पद के लिए नहीं हो पाया। पर ऐग्नेस ने मुझ पर दबाव बनाए रखा। मेरे बेटों के लिए वह दूसरी माँ के समान थी पर उसके बेटे से मुझे भी कोफ़्त होती थी। ऐग्नेस के लिए मैं कुछ करना चाहती थी।

पुलिस में रसोइयों की कमी हमेशा बनी रहती है तो मैंने अपने ड्राइवर से कहा कि इरैनियस को आस-पास किसी ढाबे में लगा दे जहाँ वह बिना वेतन के काम करेगा और खाना बनाना सीखेगा। मेरे रिश्तेदारों को यह देखकर मज़ा आ रहा था कि मैं किस चक्कर में पड़ी हूँ पर लड़के ने छह महीने तक मेहनत की और पुलिस में रसोइये का काम पा ही लिया। माँ होने के नाते ऐग्नेस के मन को शान्ति मिली कि उसने अपने बेटे की नौकरी लगवा दी है।

ऐग्नेस की बेटी स्कॉलैस्टिका ने जब स्कूल पूरा कर लिया तो मैंने औद्योगिक प्रशिक्षण संस्थान (आईटीआई) में दाख़िला लेने में उसकी मदद की और बाद में कॉलेज में बीए की पढ़ाई के लिए नाम लिखवाया।

*

सेवा से अवकाश लेने के बाद हम दिल्ली में ही रहे। मैं समझ रही थी कि हम सबकी उम्र हो रही है, घर में मदद करने के लिए मैं एक लड़की रख लूँगी पर ऐग्नेस को अपने साथ ही रखूँगी।

राकेश की आँख की सर्जरी के लिए नवम्बर 2013 में हम चेन्नई के संकरा नेत्रालय गए थे। जब लौटे तो ऐग्नेस ने कहा उसकी तबीयत ठीक नहीं है, उससे खाया नहीं जा रहा। उसने शॉल हटाया तो मुझे यह देखकर धक्का लगा कि उसका पेट फूला हुआ है, मुझे चिन्ता हुई कि ट्यूमर तो नहीं है। मैंने उसे इलाके के डॉक्टर के पास भेजा। एक्सरे और अल्ट्रासाउंड में आया कि उसके पेट में पानी जमा हो गया है।

उसे लेकर मैं घर के नज़दीक के एक निजी अस्पताल—रॉकलैंड अस्पताल—गई, जहाँ डॉक्टरों ने पानी बाहर निकाला और परीक्षण के लिए भेज दिया। जब रिपोर्ट आई तो हमसे कैंसर विज्ञान (ऑन्कोलोजी) के डॉ. अरुण कुमार से मिलने को कहा गया। डॉक्टर ने कहा कि ऐग्नेस अंडाशय (ओवेरियन) कैंसर की तीसरी स्टेज पर है। मेरे बगल में बैठी ऐग्नेस समझ भी नहीं पाई कि क्या बताया गया है पर मेरा भाव देखकर वह आतुर हो कर पूछने लगी, 'यह क्या बोल रहे हैं?'

मैं इतनी विचलित थी कि कुछ बोल ही नहीं पाई।

डॉक्टर ने कहा उसकी तुरन्त सर्जरी ज़रूरी है जिसका ख़र्च लाखों में आएगा। पैसा एक वैश्विक भाषा है और ऐग्नेस समझ गई कि क्या बात हो रही है। उसने एकदम घबरा कर मेरी ओर देखा, 'मेम साहिब, मेरे पास तो इतना पैसा ही नहीं है, ऑपरेशन कैसे होगा?'

आँसुओं को पीते हुए मैंने उससे कहा कि पैसे की चिन्ता न करे, वह हमारा परिवार है, उसके इलाज पर हम ख़र्च करेंगे।

डॉक्टर ने बताया कि सर्जरी के बाद भी ऐग्नेस के पास ज़्यादा से ज़्यादा बस दो-ढाई साल की ज़िन्दगी ही बची है। यह बात मैंने ऐग्नेस से नहीं कही। घर लौटी तो बिलकुल टूटी हुई थी पर कोशिश कर रही थी कि मालूम न होने दूँ। लेकिन ऐग्नेस मुझे बहुत अच्छी तरह जानती थी और बार-बार पूछ रही थी, 'आप इतनी उदास क्यों लग रही हैं?'

ऐग्नेस की कई बार सर्जरी हुई और कीमो-थैरेपी के कई चक्र चले। इलाज के कारण उसे तेज़ दर्द होता था, मन से वह एकदम हार जाती थी। कभी-कभी रात भर वह दर्द से चिल्लाती, राकेश उसके लिए गर्म पानी की बोतलें तैयार करते, मैं पीठ सहलाती। घर को हमने जैसे कैंसर-परिचर्या वॉर्ड में बदल दिया था और अन्य घरेलू सहायकों के साथ मिल कर उसकी देखभाल करते थे। बाद में जब ऐग्नेस को चौबीस घंटे की देखभाल की ज़रूरत हुई तो उसकी बहन

अल्बीसिया हमारे साथ रहने लगी। पर जब भी ऐग्नेस थोड़ा बेहतर महसूस करती वह उठ कर घर में काम करने लग जाती। मैं बार-बार उससे कहती कि पैसे की चिन्ता न करे, ताज़े फल खाए, आराम करे।

घर के एक-एक व्यक्ति ने, बहनों और बेटों ने भी, साथ दिया और अगले सोलह माह तक ऐग्नेस के उपचार के लिए जो सम्भव था हमने किया।

डॉ. कुमार को बहुत आश्चर्य हुआ। 'विश्वास नहीं होता। कैंसर का इलाज इतना महँगा है। लोग तो अपने सगों को छोड़ देते हैं और आप हैं कि घरेलू सहायिका पर इतना ख़र्च कर रहे हैं?'

उनके शब्दों ने मुझ पर बहुत असर किया। मैंने सोचा ऐग्नेस ने हमारे लिए इतना कुछ किया है, हमारे बच्चों को बड़ा किया, उन्हें संस्कार दिए, हम सबको प्यार दिया, सबकी देखभाल की। वह अगर हमारा परिवार नहीं है तो कौन है?

दिसम्बर 2014 में कुछ मित्रों ने सुझाव दिया कि ऐग्नेस को हम शान्ति अवेदना सदन ले जाएँ जहाँ मरणासन्न कैंसर रोगियों के अन्तिम दिनों को आसान बनाने के सारे उपाय किए जाते हैं। क्रिसमस के आस-पास का समय था, तो ऐग्नेस ख़ुशी से वहाँ चली गई। वहाँ की ईसाई साध्वियों (नन) ने प्रार्थना के साथ उसे एक साफ़-सुथरे, और उत्सव भरे वातावरण में रखा। ईसाई साध्वियाँ अद्‌भुत हैं; जो सेवा वे कर रही हैं, मेरे मन में उनके लिए बहुत अधिक आदर-सम्मान है। मरणासन्न को शान्ति पहुँचाने की इस निस्वार्थ सेवा के लिए वे कोई शुल्क नहीं लेतीं। ऐग्नेस के अन्तिम क्रिसमस पर उसके साथ रहने को अंशुमान चेन्नई से आया। तुषार उन दिनों लंदन से आया हुआ था, आँखों में आँसू लिए वह भी ऐग्नेस से मिला।

अंशुमान और ऐग्नेस के बीच विशुद्ध प्रेम का नाता था। जब भी वह हॉस्टल या काम से घर आता तो उसे गले लगा लेता। ऐग्नेस उसकी माँगे पूरी करते नहीं अघाती थी। दिन हो या रात, अंशुमान की पसन्द का खाना पकाने में उसे कभी थकान नहीं लगती थी। उसकी मृत्यु से दो दिन पहले राकेश ने उसे अंशुमान की दो तस्वीरें दीं। उनमें से एक में उसने अंशुमान को पीठ पर बाँध रखा था। मुस्कुरा कर उसने उस तस्वीर को अपने दिल से लगा लिया। राकेश समझ गए कि इस समय वह अंशुमान के साथ एकात्म है और उसे शुभकामनाएँ दे रही है।

ऐग्नेस से अधिक सौम्य और स्नेहमय मैंने कोई नहीं देखा।

अम्मा को दिल्ली लाने मुझे पटना जाना था, उसके पहले मैं ऐग्नेस से

मिलने गई। कभी वह होश में होती कभी नहीं। 'ठीक से रहना ऐग्नेस, लौट कर आऊँगी तो तुम्हें घर ले चलूँगी', मैंने कहा। वापसी पर जब मैं दिल्ली हवाईअड्डे पर उतरी और फ़ोन शुरू किया तो पता चला कि पन्द्रह मिनट पहले ऐग्नेस नहीं रही। राकेश ने बताया किसी भी अन्य माँ की तरह वह एक आख़िरी बार अपने बेटे को देखने के लिए रुकी रही, जब तक बेटे को देख नहीं लिया साँस अटकी रही। आख़िर इरैनियस आया और ऐग्नेस दो-तीन दिन के भीतर ही चली गई। दफ़न के लिए उसके शव को हमने उसके गाँव गुमला भेजने का प्रबन्ध किया।

राकेश और मैं हर साल ऐग्नेस की पुण्यतिथि पर शान्ति अवेदना सदन में दान करते हैं। उसने कहा था कि उसकी बचत उसकी बेटी की शादी में लगाई जाए, हमने सुनिश्चित किया कि ऐसा ही हो। स्कॉलैस्टिका की शादी में परिवार से हम सबने अपना योगदान किया। इतने बरसों से ऐग्नेस के परिवार ने हमारे साथ सम्पर्क बनाए रखा है।

मैं हमेशा कहती हूँ कि घर के बाहर मैं सफल हो पाई क्योंकि घर के अन्दर ऐग्नेस थी।

मेरा पारिवारिक जीवन जिस प्रकार का रहा—घर में आने वाले मेहमानों और सम्बन्धियों का ताँता, परिवार की ज़िम्मेदारियाँ, बूढ़े माता-पिता, नन्हे बच्चे—अगर मैं हरदम घर और काम के बीच फँसी रहती तो इतनी लगन के साथ अपने कैरियर पर काम न कर पाती।

यह ऐग्नेस के कारण सम्भव हुआ कि मैं वैसी अधिकारी और गृहिणी बन सकी, जैसी बनना चाहती थी।

मुझे बस इतना करना होता था कि रोज़ सुबह दस मिनट के लिए ऐग्नेस के साथ घर की ज़रूरतों पर बात कर लूँ और फिर मैं काम पर जा सकती थी, इस इत्मीनान के साथ कि सारा काम ठीक से हो जाएगा। यही नहीं, ऐग्नेस मेरा ध्यान भी बहुत अच्छी तरह रखती थी। मैं घर आती तो कपड़े इस्त्री किए मिलते, गीज़र में पानी गर्म होता और कॉफ़ी तैयार मिलती।

ऑस्ट्रेलिया में संगठनात्मक व्यवहार के पाठ्यक्रम में पढ़ाया गया था कि निजी सहायक अच्छा हो तो एक कार्यकारी अधिकारी को अपने सारे लक्ष्य पाने में मदद मिलती है। मुझे लगता है कि एक कामकाजी महिला के लिए—जो घर और दफ़्तर दोनों ही जगहों पर कार्यकारी की तरह काम करती है—घर में एक सक्षम और भरोसेमन्द सहायक का होना भी उतना ही महत्त्वपूर्ण है।

ऐग्नेस को खोने के कुछ माह बाद राकेश और मैं येरूशलैम गए। राकेश अपने साथ ऐग्नेस की एक तस्वीर ले गए थे और जब हमने यीशु की पवित्र कब्र वाले चर्च (चर्च ऑफ़ द होली सेपल्कर) में ऐग्नेस की अनंत शान्ति के लिए प्रार्थना की, राकेश उस तस्वीर को पकड़े रहे।

मेरे पति राकेश यदि मेरे पंखों तले की हवा थे, तो यह दुबली, बेघर आदिवासी लड़की, जो मुश्किल से लिख-पढ़ सकती थी मेरे कार्य जीवन की रीढ़ थी। वर्दी ने यदि मुझे प्रतिष्ठा दी तो ऐग्नेस ने वह वर्दी पहनने की आज़ादी दी। एक दिन भी ऐसा नहीं गुज़रता जब मैं ऐग्नेस को कृतज्ञता के साथ याद नहीं करती या परिवार में उसकी कमी को महसूस नहीं करती।

और अन्त में

यह किताब पूरी कर पाती, उसके पहले ही मैंने अम्मा को खो दिया...अम्मा को खो दिया! कह देना कितना आसान है, सह पाना कितना मुश्किल। मेरी आँख खुलने के बाद से जीवन के इकहत्तर वर्षों तक वे सदा मेरे साथ बनी रहीं। वे मेरी माँ भी थीं और बहन भी—रोई तो उन्होंने आँसू पोंछे, कमज़ोर पड़ी तो ताक़त दी, दोराहे पर रास्ता दिखाया, कठिन वक़्त पर मदद का हाथ बढ़ाया। मेरी क्षमता पर अटूट विश्वास रखने वाली मेरी कर्मठ, संस्कारी, सौम्य अम्मा...

प्यारी अम्मा,

नियति के हाथों मैं कितनी बेबस थी अम्मा कि तुम्हें हमसे दूर जाते देखती रही और कुछ भी न कर सकी! बाकी जितने साल तुम्हारे बिना बीतेंगे तुम्हारा प्यार, तुम्हारा दया-भाव मेरा सम्बल बने रहेंगे। तुम्हारी दी सीख मेरी धरोहर है। तुम्हारा साथ और अडिग भरोसा ही मेरी कामयाबी की वजह है।

जो भी हूँ तुम्हारे ही कारण हूँ।

तुम्हारी बहुत याद आती है अम्मा!

जीवन-क्रम में अचानक आ पहुँचे एक मोड़ ने जब माता-पिता द्वारा निर्धारित की गई गृहिणी की भूमिका को खारिज कर दिया, तब असामान्य मुश्किलों को पार करते हुए मंजरी देश की प्रतिष्ठित पुलिस सेवा में आनेवाली बिहार की पहली महिला बनीं।

मैडम सर, उनकी पहली किताब—जिसकी पृष्ठभूमि में भागलपुर में अभियुक्तों को अन्धा बनाने, 1984 के सिख-विरोधी दंगे, बिहार में लालूप्रसाद का शासनकाल जैसे महत्त्वपूर्ण प्रसंग हैं—एक महिला की नज़र से की गई भारतीय पुलिस सेवा (आई.पी.एस.) की एक भीतरी पड़ताल हैं।

यह किताब सुरक्षा में पली एक लड़की के भारतीय पुलिस सेवा की सबसे अगली कतार तक पहुँचने का मर्मस्पर्शी विवरण है। एक ऐसी स्त्री द्वारा साहस, दृढ़ता और नेतृत्वकला में दिया गया सबक है जिसने सहकर्मियों का अविश्वास और उपहास सहते हुए भी नए-नए रास्ते खोजे और सफलता पाई।

यह कहानी आपको अपने सपने पूरे करने की प्रेरणा और असम्भव ऊँचाइयाँ छूने की हिम्मत देगी।

एक स्त्री के सफलता के शिखर तक की चढ़ाई का, उसकी दृढ़ता और अपनी एक स्वतंत्र पहचान गढ़ने की उसकी अनूठी लगन का अद्‌भुत व मार्मिक संस्मरण।

—राधा सरमा हेग्डे

प्रोफ़ेसर, न्यूयॉर्क यूनिवर्सिटी

सहज-सुन्दर शैली में लिखे गए इस संस्मरण में रचा-बसा मनोभाव मंजरी की कुशल लेखनी ने खूब पकड़ा है।

—आर.के.राघवन

भा.पु.से. (सेवानिवृत्त) व राजनयिक

किसी दूसरे की ज़िन्दगी की घटनाओं के सीधे सच्चे विवरण में वह ताकत होती है कि आपको हमेशा के लिए बदल दे। आशा है कि *मैडम सर* आपके लिए यही काम करेगी।

—प्रमथ राज सिन्हा

संस्थापक, आई.एस.बी. तथा अशोका यूनिवर्सिटी

यह मेरा सौभाग्य है कि पिछले पैंतालीस साल से मैं मंजरी को जानता हूँ। भारत सरकार के तत्कालीन गृहराज्य मंत्री अरुण नेहरू ने मुझे हैदराबाद स्थित राष्ट्रीय पुलिस अकादमी के शिक्षण संकाय के लिए भारतीय पुलिस सेवा के एक योग्य अधिकारी को चुनने का जिम्मा सौंपा था।

पहले मैंने किरण बेदी से पूछा पर उन्होंने सीधे ही 'न' कह दिया। भारतीय पुलिस सेवा में तब ऐसी महिला अधिकारी गिनती की ही थीं जिनके पास भा.पु.से. के प्रशिक्षणार्थियों को प्रशिक्षण देने के लिए अपेक्षित अनुभव हो। मैंने उन सभी की वार्षिक गोपनीय रिपोर्ट पढ़ी और मेरा ध्यान बिहार काडर की दम्पती मंजरी और राकेश जारुहार पर जा टिका। फ़ील्ड में मंजरी का रिकॉर्ड शानदार था। राकेश दिलो-दिमाग़ से पढ़ने-लिखने वाले इनसान थे। मुझे लगा ये दोनों ही राष्ट्रीय पुलिस अकादमी की अपेक्षाओं पर खरे उतरेंगे। अकादमी के निदेशक ए.ए. अली से सलाह ली तो वे तुरन्त सहमत हो गए। राकेश और मंजरी भी अपने गृहराज्य बिहार में मुख्यधारा का पुलिस कार्य छोड़कर आने को तैयार थे। इस बात से वे सभी लोग जिनके हित इस तैनाती से जुड़े थे, ख़ुश थे।

मंजरी न सिर्फ़ सही मूल्य व न्यायबोध रखने वाली एक सक्षम पुलिस अधिकारी हैं, वे और राकेश बहुत भले इनसान भी हैं—यही गुण उस जनता की माँग है जिसकी सेवा के लिए ही हम हैं।

भारतीय पुलिस सेवा में मंजरी के ये अनुभव पाठक को, देश के संविधान, क़ानून और जनता के लिए उनकी प्रतिबद्धता का कायल कर देंगे जिनकी रक्षा और सेवा की शपथ उन्होंने ली थी।

प्रतियोगी परीक्षा उत्तीर्ण करने पर मंजरी जब चुनी गईं, तब भारतीय पुलिस सेवा में महिला अधिकारी बहुत ही कम थीं। बिहार में तो वे सबसे पहली थीं! इसलिए मुझे हैरत नहीं कि उनके तत्कालीन उच्चाधिकारी इस बात को लेकर आशंकित थे कि कठिन परिस्थितियों वे कितनी कारगर साबित होंगी। पर अपने आप को उन्होंने बखूबी साबित किया। प्रभावी व नेतृत्व देने में समर्थ कनिष्ठ अधिकारियों की खोज में रहने वाले उच्चाधिकारियों में उनकी माँग सदा बनी रही। यह किताब बताएगी कि क्यों!

—जूलियो रिबेरो

भा.पु.से. (सेवानिवृत्त)

एक स्त्री द्वारा सफलता के शिखर तक की चढ़ाई का यह एक मार्मिक और अद्‌भुत संस्मरण है। मंजरी के जीवन की कहानी उनकी दृढ़ता और

अपनी एक स्वतंत्र पहचान गढ़ने की उनकी अनूठी लगन का बयान है। इस बेहद ईमानदार आत्मकथ्य में मंजरी हमें अपने जीवन के निजी प्रसंगों व घटना-जगत के बीच से गुज़ारती ले चलती हैं। समय समय पर भीतर उठी आकांक्षाओं का खाका खींचती यह किताब जहाँ एक व्यक्ति की प्रेरणादाई तस्वीर है, वहीं भारत के सामाजिक और सार्वजनिक जीवन में लिंग-आधारित जटिलताओं की झलक भी दिखाती है।

मंजरी से मेरा परिचय दिल्ली विश्वविद्यालय में हमारे छात्र जीवन के दौरान हुआ था। बीते कई सालों में मैंने देखा कि जूनियर पुलिस अधिकारी के पद से शुरुआत करने के बाद लगातार एक के बाद एक सीढ़ी चढ़ते हुए वह कैसे केन्द्रीय औद्योगिक सुरक्षा बल (सी.आई.एस.एफ़.) के विशेष महानिदेशक के पद पर पहुँची। यह राह आसान नहीं थी। कितनी मुश्किल थी, इसे यह किताब बहुत बारीकी से उभारती है। *मैडम सर* एक व्यक्तिगत यात्रा की अद्भुत कथा है जो मंजरी के अनुभवों पर रोशनी तो डालती ही है, साथ ही यह भी बताती चलती है कि भारत में एक कामकाजी महिला के रूप में अपना अस्तित्व बनाए रखने और सफलता हासिल करने के क्या मायने होते हैं।'

—राधा सरमा हेग्डे

प्रोफ़ेसर, मीडिया, कल्चर एंड कम्यूनिकेशन, न्यूयॉर्क यूनिवर्सिटी

मन में हमेशा से यह एहसास रहा कि भारतीय पुलिस सेवा से अवकाश लेने के बाद अपने कैरियर के विषय में जिन महिला अधिकारियों ने अपने विचार लिखे, वे काफ़ी नहीं हैं। लम्बे समय से महसूस की गई इस ज़रूरत को मंजरी जारुहर का यह सुन्दर संस्मरण—कम-से-कम आंशिक रूप से पूरा करता है।

सहज सीधी शैली में लिखे गए इस संस्मरण में रचा-बसा मनोभाव मंजरी की कुशल लेखनी ने खूब पकड़ा है! ऐसी सकारात्मकता जो अभिभूत कर दे। बीते कल में बिहार के बारे में बुरा ही सोचा और कहा जाता था, पर मंजरी ने खुद को उस निराशा के स्वर से दूर रखा जो कभी बीमारू की गिनती में आने वाले इस राज्य से—जो अराजक और पिछड़ा होने की अपनी छवि आज तेज़ी से पीछे छोड़ता जा रहा है—सम्बन्धित सारे लेखन की ख़ासियत हुआ करता था।

लेखिका ने अनेक ऐसी पेचीदा स्थितियों का वर्णन किया है जिन्हें उन्होंने बहुत सफ़ाई से सुलझाया। याद रहे कि मंजरी जब भारतीय पुलिस

सेवा में आईं, पुलिस बल में ऊँचे पदों पर ज़्यादा महिलाएँ नहीं हुआ करती थीं। इसलिए अनुसरण के लिए मंजरी के सामने कोई आदर्श नहीं था। फ़ील्ड मे भी ऐसी समस्याएँ आती थीं जो उनकी स्थिति को डगमगा सकती थीं और वहाँ भी मंजरी को अपने ही समाधान और उपाय निकालने पड़ते थे। अपने संस्मरण से वे एक ऐसी निडर और साहसी लीडर के रूप में उभरती हैं जो बिहार जैसे कठिन राज्य में पुलिस कार्य के दौरान आने वाली चुनौतियों से निपटने में पूरी तरह सक्षम थीं।

इस सब के बीच मंजरी को अपने दो बेटों को भी बड़ा करना था, सुनिश्चित करना था कि उनकी अनदेखी न हो। पति राकेश ने, जो स्वयं भी भारतीय पुलिस सेवा के व्यस्त अधिकारी थे, ज़रूर हाथ बँटाया होगा पर कौन सा ऐसा पति है जो माँ की जगह ले सके? मंजरी में जो गरिमा, जो निर्भीकता है उसके लिए मैं उनका बहुत सम्मान करता हूँ। नि:सन्देह वे भारतीय नारी का सर्वोत्तम उदाहरण हैं।

प्रत्येक महिला पुलिसकर्मी को—वह चाहे किसी भी पद पर हो और प्रतिकूल वातावरण में अपनी ड्यूटी निभाने के लिए प्रेरणा की खोज में हो—यह किताब पढ़नी ही चाहिए।

—आर.के. राघवन

भा.पु.से. (सेवानिवृत्त) व पूर्व राजनयिक